Pierre Flambeau NGAYAP

LE DROIT PARLEMENTAIRE AU CAMEROUN

L'Harmattan

5-7, rue de l'École-Polytechnique, 75005 Paris

http://www.editions-harmattan.fr

ISBN : 978-2-343-11278-7
EAN : 9782343112787

SOMMAIRE

LISTE DES REFERENCES UTILISEES

C	Constitution du Cameroun
C France	Constitution française
CE	Code électoral du Cameroun
CEP	Loi fixant les procédures de fonctionnement des commissions d'enquête parlementaire au Cameroun
DC	Décision du Conseil constitutionnel français
LOLF	Loi organique relative aux lois de finances de la France
RAN France	Règlement de l'Assemblée nationale française
RFE	Loi portant régime financier de l'Etat du Cameroun
RIAN	Règlement intérieur de l'Assemblée nationale du Cameroun
RICP	Règlement intérieur du Congrès du parlement camerounais
RIS	Règlement intérieur du Sénat du Cameroun
RS France	Règlement du Sénat français

AVANT-PROPOS

Le bicaméralisme est devenu une réalité au Cameroun en 2013. A la suite de l'élection de 70 sénateurs le 14 avril 2013, de la nomination de 30 autres par le président de la République le 8 mai et de l'adoption par le Sénat de son règlement intérieur[1] lors de la session de plein droit (du 14 mai au 12 juin), le parlement camerounais a commencé, dès la session ordinaire ouverte le 13 juin 2013, la procédure de la « navette parlementaire » entre les deux chambres (Assemblée nationale et Sénat) le composant.

Sénateur de cette première législature du Sénat, il m'est rapidement apparu que les premières incompréhensions entre les deux chambres étaient en grande partie liées à une certaine méconnaissance des règles de cette nouvelle forme de parlementarisme expérimentée pour la première fois dans le Cameroun indépendant. Par ailleurs, un grand nombre de balbutiements de la seconde chambre s'explique par une maîtrise insuffisante, aussi bien par les sénateurs que par les fonctionnaires du Sénat, des mécanismes de fonctionnement tant de la Haute chambre que du bicaméralisme et du parlementarisme rationalisé[2] tels que définis à la fois par la Constitution et les règlements intérieurs des deux assemblées.

Avec l'avènement effectif de cette seconde chambre[3], les impératifs de collaboration d'une part, entre les deux assemblées et, d'autre part, entre les deux chambres du parlement et le gouvernement, ont été spécialement mis en relief.

Il m'a alors semblé utile de mettre à la disposition des uns et des autres un ouvrage à triple prétention : d'abord, permettre aux acteurs de premier rang (sénateurs, députés, membres du gouvernement, membres des cabinets ministériels et de l'administration, y compris de l'administration parlementaire) de

---

[1] Promulguée comme loi n° 2013/006 du 10 juin 2013 portant règlement intérieur du Sénat.

[2] On n'engagera pas le débat constitutionnel sur la nature du régime politique camerounais. Régime présidentiel, semi-présidentiel, présidentialiste ? Par souci de simplicité, l'on retiendra sa nature semi-présidentielle d'un point de vue strictement constitutionnel, comprise comme la combinaison à la fois des caractères présidentiels et parlementaires du régime. Au régime présidentiel, ce régime mixte emprunte la prééminence d'un président de la République élu au suffrage universel direct et détenant de pouvoirs propres importants. Du régime parlementaire, il reconnaît un gouvernement responsable devant l'Assemblée nationale, celle-ci pouvant interpeller celui-là jusqu'à le renverser, à travers la mise en œuvre des mécanismes des questions écrites ou orales, des commissions d'enquête, de la question de confiance ou de la censure. Le parlementarisme rationalisé est alors l'une des déclinaisons du caractère parlementaire de ce régime hybride. V. *infra*.

[3] Bien que le Sénat soit créé depuis 1996 (Constitution du 18 janvier 1996), sa mise en place a été assez laborieuse. Elle devait normalement intervenir après celle des régions dont les conseillers constituent, avec les conseillers municipaux, le corps électoral. Une disposition transitoire de la Constitution issue de la révision de 2008 prévoit (art. 67-6) que « au cas où la mise en place du Sénat intervient avant celle des régions, le collège électoral des sénateurs est composé exclusivement des conseillers municipaux ». De fait, les premiers sénateurs ont été élus (en avril 2013) ou nommés (en mai 2013), sans que les conseils régionaux aient été mis en place.

disposer d'un outil d'information et de consultation aisée ; ensuite, offrir au public intéressé par le fonctionnement des institutions politiques des notions essentielles pour comprendre l'organisation et le fonctionnement du parlement camerounais ; enfin, participer à l'animation de la vie universitaire et intellectuelle en proposant aux enseignants, chercheurs et étudiants en droit, aux magistrats, avocats, journalistes et intellectuels en général, une contribution à la connaissance du droit parlementaire du Cameroun.

Largement inspiré du droit constitutionnel français et spécifiquement du droit parlementaire français, le droit parlementaire camerounais exposé ici y fait abondamment référence. En particulier, la jurisprudence du Conseil constitutionnel camerounais étant encore balbutiante alors que celle de son homologue français est extrêmement riche, l'interprétation de nombreuses dispositions de la Constitution, des règlements intérieurs de l'Assemblée nationale et du Sénat et d'autres instruments juridiques fondamentaux de droit parlementaire camerounais ou le touchant (tels la loi portant régime financier de l'Etat[4], le Code électoral[5], la loi fixant les procédures de fonctionnement des commissions d'enquête parlementaire[6], la loi portant règlement intérieur du Congrès du parlement[7]) est abondamment illustrée par les décisions du Conseil constitutionnel français. Les grands constitutionnalistes spécialisés dans le droit parlementaire comme Pierre Avril et Jean Gicquel, notamment à travers leur magistral "*Droit parlementaire*"[8], mais aussi Marcel Prélot, Guy Carcassonne, Simon-Louis Formery, Pauline Türk, ont été souvent convoqués pour éclairer le chemin de cette œuvre.

Le règlement intérieur du Sénat adopté en mai 2013 lors de la session de plein droit suivant l'élection et la désignation de ses premiers membres a été profondément modifié lors de la session ordinaire de juin 2014. La révision a été engagée principalement aux fins d'harmonisation des règlements intérieurs des deux chambres. Alors que le règlement intérieur de l'Assemblée nationale, lui aussi révisé au cours de la même session, a été promulgué en septembre 2014[9], celui du Sénat n'a été promulgué que deux ans plus tard, en octobre 2016[10]. Les deux chambres ont saisi l'opportunité de la tenue de cette session d'harmonisation de leurs règlements intérieurs pour préciser la procédure de vérification des cas d'incompatibilité du mandat de parlementaire avec certaines fonctions, qui était antérieurement traitée de manière plutôt elliptique.

---

[4] Loi n° 2007/006 du 26 décembre 2007.

[5] Loi n° 2012/001 du 19 avril 2012 modifiée et complétée par la loi n° 2012/017 du 21 décembre 2012.

[6] Loi n° 2014/015 du 18 juillet 2014.

[7] Loi n° 2014/017 du 9 septembre 2014.

[8] Pierre Avril et Jean Gicquel, *Droit parlementaire*, 4e éd., 2010, Paris, Montchrestien. La 5e édition (2014) est sans apport nouveau significatif.

[9] Loi n° 2014/016 du 9 septembre 2014 portant règlement intérieur de l'Assemblée nationale.

[10] Loi n° 2016/011 du 27 octobre 2016 modifiant et complétant certaines dispositions de la loi n° 2013/006 du 10 juin 2013 portant Règlement intérieur du Sénat.

Malgré la subsistance entre les deux règlements intérieurs de discordances, parfois fâcheuses, les deux textes ont été, avant leur promulgation [ou leur mise en application], déclarés conformes à la Constitution par le Conseil constitutionnel. Ils permettent désormais aux deux chambres du parlement de disposer de bases juridiques harmonisées pour faire fonctionner normalement le bicaméralisme institué par la Constitution,.

INTRODUCTION

QU'EST-CE QUE LE DROIT PARLEMENTAIRE ?

Le droit parlementaire est la partie du droit constitutionnel[1] qui traite des règles suivies dans l'organisation, la composition, les pouvoirs et le fonctionnement des assemblées politiques[2]. Mais, les assemblées politiques assujetties à ce droit sont les assemblées politiques délibérantes, c'est-à-dire, les assemblées qui votent des textes de valeur contraignante pour l'ensemble de la collectivité. Les assemblées politiques délibérantes portent le nom de Chambre des députés, Assemblée nationale, Chambre ou Assemblée des représentants (du peuple) pour ce qui est de la première chambre dite chambre basse, et de Sénat, Chambre des conseillers, Conseil des Etats ou Haut Conseil de la République pour la seconde chambre dite chambre haute ou Haute chambre.

Les chambres d'avis et de conseil (comme le Conseil économique et social, mais aussi le Sénat dans certains pays lorsqu'il n'a pas de prérogatives législatives) et les chambres consulaires (comme les chambres d'agriculture, les chambres de commerce, les chambres d'industrie et des mines) ne sont pas des assemblées politiques délibérantes.

Les assemblées politiques délibérantes constituent le parlement. On peut ainsi dire que le droit parlementaire est le droit qui gouverne les parlements.

Avec les développements récents des études et recherches universitaires sur les parlements ainsi que les évolutions au cours de la seconde moitié du vingtième siècle du fonctionnement des parlements, notamment à travers le renforcement de leurs prérogatives, l'institution du contrôle obligatoire de leurs règlements et le contrôle de constitutionnalité des lois par un organe juridictionnel (Cour constitutionnelle ou Conseil constitutionnel) ainsi que l'abondante jurisprudence constitutionnelle qui en découle, le droit parlementaire est devenu une discipline universitaire à part entière[3].

---

[1] Le droit constitutionnel est la branche du droit public dont l'objet est l'étude des institutions politiques, du mode de dévolution et d'exercice des différents pouvoirs, de l'étendue et de la limite de ceux-ci, du statut et de l'organisation de l'Etat, des rapports entre les gouvernants et les gouvernés. Plus simplement, selon Marcel Prélot, le droit constitutionnel est l'ensemble des règles juridiques relatives aux institutions grâce auxquelles l'autorité s'établit, se transmet ou s'exerce dans l'Etat. Le droit public, lui, est l'ensemble des règles organisant l'Etat et ses démembrements et régissant les rapports entre la puissance publique et les particuliers (Serge Guinchard et Thierry Debard [dir.], *Lexique des termes juridiques*, 22e éd., 2014-2015, Paris, Dalloz).

[2] Marcel Prélot, *Introduction au droit parlementaire*, Politique n° 21/24, 1963, p. 11.

[3] Pierre Avril et Jean Gicquel, *Droit parlementaire*, 4e éd., 2010, Paris, Montchrestien, p. VI.

Le droit parlementaire classique est essentiellement le droit constitutionnel parlementaire. Il se distingue des autres sous-branches du droit parlementaire qui ne rentrent pas généralement dans le champ de l'étude de cette discipline : le droit administratif parlementaire qui étudie le fonctionnement des services administratifs du parlement, le statut du personnel, le régime des biens ou le droit financier parlementaire qui a trait au régime financier du parlement, lequel est distinct du régime financier général de l'Etat en raison de l'autonomie financière dont jouit le parlement.

En réalité, le droit parlementaire doit être vu sous un double prisme : le prisme du domaine qu'il régit et celui de la nature de ses règles.

Vu sous le prisme du domaine qu'il régit, le droit parlementaire est « l'ensemble des règles applicables aux assemblées politiques délibérantes »[4]. Ces règles sont édictées par la Constitution, les lois portant règlement intérieur des assemblées parlementaires, les mesures d'ordre intérieur (arrêtés du bureau, arrêtés du président de la chambre) ou sont issues des pratiques suivies par elles ou de la jurisprudence.

Vu sous le prisme de la nature des règles, le droit parlementaire est « le droit spécial des assemblées politiques délibérantes »[5]. Il est spécial en vertu de la Constitution qui prévoit que chaque chambre du parlement « fixe, elle-même, ses règles d'organisation et de fonctionnement sous forme de loi portant règlement intérieur »[6]. Cette autonomie et ce pouvoir d'auto-organisation qui sont reconnus aux chambres du parlement par la Constitution, leur confèrent une « légalité particulière »[7] (par opposition à la légalité générale) qui fait du droit parlementaire un droit spécial. Comme lorsque pour une matière, la loi spéciale déroge à la loi générale, le droit parlementaire déroge au droit constitutionnel, sans pour autant pouvoir le contredire puisque les règlements intérieurs des chambres du parlement ne peuvent être « mis en application » que si le Conseil constitutionnel a déclaré leur conformité à la Constitution[8].

De spécial, le droit parlementaire peut devenir autonome, jusqu'à altérer ou neutraliser l'application de la Constitution. En effet, les « précédents » dans la formation des règles écrites dans les règlements intérieurs des assemblées et dans leur interprétation contribuent à développer une sorte de droit parallèle au droit constitutionnel. Vu sous le prisme de la nature des normes, le droit parlementaire peut ainsi être défini comme l'ensemble des règles que suivent les membres du parlement dans leur comportement individuel ou collectif[9]. Ces règles sont prescrites par la « loi intérieure » de chaque chambre (le règlement

---

[4] *Ibid.*, p. 2.
[5] *Ibid.*
[6] Art. 17-2 et 22-2 C.
[7] Pierre Avril et Jean Gicquel, *op. cit.*, p. 2.
[8] Art. 47-1 C.
[9] Pierre Avril et Jean Gicquel, *op. cit.*, p. 3.

intérieur) et les décisions d'application prises par les organes de celle-ci (arrêtés du bureau ou arrêtés du président de la chambre).

Le droit parlementaire, vu sous le prisme de la nature des normes, apparaît ainsi comme plus restrictif que lorsqu'il est vu sous le prisme du domaine qu'il régit. On retiendra donc l'acception la plus large.

Avant de donner une définition plus complète du droit parlementaire, on rappellera ses trois principales sources communément reconnues :

- le droit écrit : il est composé de la Constitution, des lois et règlements parlementaires, c'est-à-dire les lois portant règlement intérieur des assemblées et les mesures d'ordre intérieur propres à chacune d'elles ;

- les normes non écrites : ce sont les « précédents », les traditions et pratiques suivies par les chambres ;

- la jurisprudence de la Cour constitutionnelle ou du Conseil constitutionnel.

On définira en définitive le droit parlementaire comme l'ensemble des règles applicables au parlement telles qu'elles sont édictées par la Constitution, les lois et règlements parlementaires ou telles qu'elles émanent des « précédents », traditions et pratiques suivies par les assemblées ainsi que de la jurisprudence constitutionnelle.

En raison de sa vocation et de ses cibles privilégiées, la présente étude s'appesantira spécialement sur le droit constitutionnel parlementaire. L'on sera néanmoins amené, en raison des liens qu'il a avec le droit administratif parlementaire et le droit financier parlementaire, à évoquer des aspects relevant de ces deux dernières sous-branches du droit parlementaire.

On étudiera les sources du droit parlementaire au chapitre premier.

Les membres du parlement sont les parlementaires. A l'Assemblée nationale, ce sont les députés. Au Sénat, ce sont les sénateurs. Députés et sénateurs bénéficient d'un statut dont on étudiera les éléments au chapitre II.

En application du principe de la séparation des pouvoirs[10] consacré par la Constitution, les assemblées parlementaires jouissent d'une autonomie administrative et financière[11]. L'organisation du parlement, qui fait ainsi appel au droit administratif parlementaire et au droit financier parlementaire, fera l'objet du chapitre III.

---

[10] La séparation des pouvoirs est le principe (formulé par Locke et surtout par Montesquieu) qui tend à prévenir les abus du pouvoir en confiant l'exercice de celui-ci à plusieurs organes, chargés chacun d'une fonction différente (législative, exécutive, judiciaire) et en mesure de se faire mutuellement contrepoids. La séparation des pouvoirs peut être stricte (indépendance des trois pouvoirs caractéristique du régime présidentiel) ou souple (collaboration des pouvoirs exécutif et législatif caractéristique du régime parlementaire).

[11] Art. 102-1 RIAN (loi n° 2014/016 du 9 septembre 2014 portant règlement intérieur de l'Assemblée nationale), art. 117 RIS (loi n° 2016/011 du 27 octobre 2016 modifiant et complétant certaines dispositions de la loi n° 2013/006 du 10 juin 2013 portant règlement intérieur du Sénat).

Le titre III de la Constitution consacré au pouvoir législatif, après avoir affirmé que « le pouvoir législatif est exercé par le parlement qui comprend deux (2) chambres : l'Assemblée nationale et le Sénat »[12], énonce : « le parlement légifère et contrôle l'action du gouvernement »[13]. La Constitution établit ainsi clairement les deux fonctions essentielles du parlement. La première a trait aux activités normatives du parlement et la seconde se rattache à ses activités politiques. La fonction normative du parlement (légiférer) sera étudiée au chapitre IV. La fonction politique du parlement (contrôler l'action du gouvernement) fera l'objet du chapitre V.

La Constitution confère au parlement une troisième fonction : la fonction de représentation de la nation et des collectivités territoriales décentralisées. S'agissant de la représentation de la nation, si le parlement est l'émanation directe (pour l'Assemblée nationale[14]) ou indirecte (pour le Sénat[15]) du peuple, chacun de ses membres représente l'ensemble de la nation en vertu de la Constitution et de la théorie de la souveraineté nationale[16]. La représentation nationale des parlementaires sera étudiée dans le cadre de l'examen du statut des députés et des sénateurs (au chapitre II). En revanche, c'est l'institution du Sénat (et du Sénat seul[17]) qui assure la représentation des collectivités territoriales décentralisées. La manière dont cette représentation est assurée sera étudiée au chapitre III.

---

[12] Art. 14-1 C.
[13] Art. 14-2 C.
[14] Art. 15-1 C.
[15] Art. 20-2 C.
[16] Art. 15-2 C. Sur la théorie de la souveraineté nationale, v. *infra*, les caractères du mandat parlementaire, chap. II, sect. I.
[17] Art. 20-1 C.

CHAPITRE PREMIER

LES SOURCES DU DROIT PARLEMENTAIRE AU CAMEROUN

Le droit parlementaire camerounais tire ses origines de trois sources : les sources écrites (section I), les sources non écrites (section II) et la jurisprudence du Conseil constitutionnel[1] (section III).

SECTION I
LES SOURCES ECRITES

Les principales sources écrites du droit parlementaire camerounais sont de cinq ordres : la Constitution (§ 1), les lois portant règlement intérieur des assemblées parlementaires (§ 2), la loi portant règlement intérieur du Congrès du parlement (§ 3), la loi fixant les procédures de fonctionnement des commissions d'enquête parlementaire (§ 4) et la loi portant régime financier de l'Etat (§ 5).

§ 1. LA CONSTITUTION

La Constitution est la loi fondamentale de l'Etat. C'est la norme suprême. La Constitution du Cameroun du 18 janvier 1996 pose les principes concernant la composition et les pouvoirs du parlement, la durée des pouvoirs de chaque assemblée, le nombre de ses membres, le régime des sessions, la composition et les pouvoirs de la conférence des présidents, les règles du parlementarisme rationalisé.

Ces principes seront examinés tout au long de cette étude. Le parlementarisme rationalisé est un régime parlementaire réglementé de manière à pallier les inconvénients résultant de l'absence d'une majorité cohérente. Il vise donc à assurer l'efficacité et la stabilité du gouvernement. Il définit de manière précise le domaine de la loi, les mécanismes indispensables à l'équilibre et à la bonne marche des fonctions politiques, les conditions de la mise en jeu de la responsabilité politique du gouvernement (question de confiance, motion de censure, délai de réflexion, majorité qualifiée pour refuser la confiance ou

[1] Le Conseil constitutionnel institué par la Constitution du 18 janvier 1996 n'est pas encore mis en place. Selon cette Constitution, ses attributions sont exercées jusqu'à sa mise en place par la Cour suprême (art. 67-4 C).

voter la censure et, dans le cas où la confiance est refusée ou la censure votée, démission immédiate du gouvernement), les irrecevabilités opposables aux initiatives parlementaires, les pouvoirs de la conférence des présidents, la fixation de l'ordre du jour, la procédure législative, notamment la procédure à suivre dans la discussion législative (en commission et en plénière), l'exercice du droit d'amendement, le fonctionnement du bicaméralisme (procédure de la « navette », « procédure paritaire », « droit de dernier mot »). En théorie constitutionnelle, le régime politique camerounais est, comme celui de la France, un régime semi-présidentiel. Ce type de régime comporte d'un côté, comme en régime présidentiel, un chef de l'Etat à forte légitimité démocratique et, de l'autre, des mécanismes classiques du régime parlementaire. C'est de cette seconde dimension du régime que procède le parlementarisme rationalisé.

§ 2. LES LOIS PORTANT REGLEMENT INTERIEUR DES ASSEMBLEES PARLEMENTAIRES

On examinera d'abord le contenu (A) puis la nature juridique (B) du règlement intérieur des assemblées parlementaires.

A) CONTENU DU REGLEMENT INTERIEUR DES ASSEMBLEES

Chaque chambre du parlement fixe elle-même ses règles d'organisation et de fonctionnement sous forme de loi portant règlement intérieur[2]. L'objet du règlement intérieur est donc d'organiser le fonctionnement interne de la chambre.

Le règlement intérieur détermine la composition, le mode de désignation des membres de la chambre et de fonctionnement de ses organes (bureau, conférence des présidents, commissions, groupes parlementaires) ainsi que les attributs des membres de ceux-ci. Il fixe le régime des immunités et des indemnités parlementaires. Il reprend ou complète les conditions d'éligibilité, le régime des inéligibilités, des incompatibilités et des vacances prévus par le Code électoral. Il organise les procédures suivies dans les délibérations tant en conférence des présidents, en commission qu'en séance plénière. Celles-ci ont trait au dépôt des textes, à la fixation de l'ordre du jour, à l'organisation des débats, à la tenue des séances, à la procédure de discussion en séance plénière, à la procédure d'adoption des questions soumises à la chambre, au mode de votation, à la délégation de vote. C'est toujours le règlement intérieur des assemblées qui précise les moyens d'information et de contrôle du parlement, notamment les moyens de contrôle de l'action du gouvernement par le biais des questions orales ou écrites, des pétitions et des commissions d'enquête parlementaire[3]. C'est lui qui précise le mode de représentation du parlement au sein des organismes publics, des institutions interparlementaires et des groupes parlementaires d'amitié.

---

[2] Art. 17-2 et 22-2 C.

[3] Art. 35 C.

Le règlement intérieur organise la police au sein du parlement et fixe les règles disciplinaires applicables à ses membres, tant pendant les travaux qu'en cas d'absence. Il fixe l'organisation des services administratifs du parlement.

B) NATURE JURIDIQUE DU REGLEMENT INTERIEUR DES ASSEMBLEES

Contrairement aux règlements de l'Assemblée nationale et du Sénat français qui sont le produit d'une proposition de résolution initiée par chaque chambre elle-même et qui donne lieu à une résolution qui est une « décision d'ordre intérieur » d'application immédiate sans intervention du président de la République pour sa promulgation, les règlements intérieurs des assemblées parlementaires camerounaises sont le produit d'une proposition de loi. Cette proposition de loi est, certes, initiée par les seuls parlementaires de la chambre concernée en vertu du principe de l'autonomie des chambres, mais après avoir suivi la procédure législative classique (à l'exception de la « navette » et de ses suites éventuelles, notamment la « procédure paritaire » et le « droit de dernier mot »), elle aboutit à une loi. Une fois adoptée et après contrôle de constitutionnalité par le Conseil constitutionnel, la loi portant règlement intérieur de la chambre doit être promulguée par le président de la République.

En raison de ce que le règlement intérieur, avant sa « mise en application », doit avoir été déclaré conforme à la Constitution, il est, par définition, un texte d'inspiration constitutionnelle. Les dispositions du règlement intérieur des chambres qui touchent au mécanisme des institutions (donc à la Constitution) sont essentiellement celles relatives à la délimitation du domaine de la loi, à la procédure législative, aux rapports entre la chambre et le gouvernement au cours de la procédure législative ou du contrôle de l'action gouvernementale, aux rapports entre les chambres (procédure de la « navette », « procédure paritaire »).

§ 3. LA LOI PORTANT REGLEMENT INTERIEUR DU CONGRES DU PARLEMENT

Lorsque le président de la République veut s'adresser au parlement ou lui envoyer un message, lorsque les membres du Conseil constitutionnel doivent prêter serment ou lorsque le parlement doit se prononcer sur un projet ou une proposition de révision de la Constitution, les deux chambres du parlement se réunissent en « Congrès du parlement », à la demande du président de la République. L'organisation et le fonctionnement du Congrès du parlement sont régis par un règlement dont on examinera le contenu (A) et la valeur juridique (B). On y reviendra à l'occasion de l'étude des lois constitutionnelles dans le cadre de l'examen des procédures législatives spéciales (v. *infra*, chap. IV, sect. II).

A) CONTENU DU REGLEMENT INTERIEUR DU CONGRES

La loi portant règlement intérieur du Congrès du parlement rappelle les compétences constitutionnelles de l'institution. Celle-ci est convoquée pour entendre une communication ou recevoir un message du président de la République, recevoir le serment des membres du Conseil constitutionnel et se prononcer sur un projet ou une proposition de révision constitutionnelle. Cette loi fixe les conditions d'exercice des compétences ainsi énoncées. Elle détermine les organes du Congrès qui sont le bureau, la conférence des présidents et la commission spéciale, fixe leur composition et leurs attributions. Elle précise les modalités de la tenue des séances du Congrès, le mode de votation, les modalités de la délégation de vote, les règles de police à observer au sein du Congrès, le régime disciplinaire et les moyens financiers du Congrès.

B) NATURE JURIDIQUE DU REGLEMENT INTERIEUR DU CONGRES

Le règlement intérieur du Congrès du parlement est de même nature juridique que le règlement intérieur des assemblées parlementaires. Elle est le produit d'une proposition de loi. En l'espèce, la proposition de loi portant règlement intérieur du Congrès du parlement a été initiée par un groupe de députés et de sénateurs, ensuite examinée au cours de la session parlementaire de juin 2014 à l'Assemblée nationale puis au Sénat selon la procédure législative classique. Une fois adoptée en termes identiques par les deux chambres, la loi a été soumise au contrôle de constitutionnalité du Conseil constitutionnel, « avant sa mise en application », en réalité, avant sa promulgation. Mais, contrairement au règlement intérieur des assemblées parlementaires qui est soumis à un contrôle de constitutionnalité en vertu de la Constitution, c'est la loi portant règlement intérieur du Congrès du parlement qui, elle-même, prescrit un tel contrôle. C'est toujours elle qui désigne le président de l'Assemblée nationale comme unique autorité chargée de la saisine du Conseil constitutionnel aux fins de ce contrôle.

> On notera que le contrôle de constitutionnalité du règlement intérieur du Congrès est un contrôle d'office et *a priori*, c'est-à-dire obligatoire et avant sa mise en application, alors que la Constitution réserve ce type de contrôle au règlement intérieur des assemblées parlementaires. Comme on le verra (*infra*), le contrôle de constitutionnalité des autres lois (et des engagements internationaux) est facultatif. En réalité, en raison de l'identité de nature juridique du règlement intérieur du Congrès du parlement et de celui des chambres qui le composent, c'est la Constitution qui devrait instituer le contrôle de constitutionnalité obligatoire et préalable du règlement intérieur du Congrès.

Les dispositions du règlement intérieur du Congrès qui touchent au mécanisme des institutions (donc à la Constitution) et qui doivent faire l'objet d'un contrôle de constitutionnalité sont essentiellement celles relatives aux compétences du Congrès, à l'organe qui préside les débats du Congrès, à la capacité d'initiative des projets ou des propositions de révision constitutionnelle, aux matières pouvant faire l'objet de révision de la Constitution, à la majorité nécessaire pour adopter un projet ou une proposition de révision constitutionnelle, aux conditions de « seconde » délibération.

§ 4. LA LOI FIXANT LES PROCEDURES DE FONCTIONEMENT DES COMMISSIONS D'ENQUETE PARLEMENTAIRE

Les procédures de fonctionnement des commissions d'enquête parlementaire prévues par les règlements intérieurs des deux chambres, sans être abrogées, ont été harmonisées et complétées dans le cadre d'une loi commune (la loi fixant les procédures de fonctionnement des commissions d'enquête parlementaire) votée dans les conditions du droit commun (proposition de loi initiée par un groupe de députés et de sénateurs, examen selon la procédure classique de la navette). La constitution des commissions d'enquête parlementaire, leurs pouvoirs et les modalités de leur fonctionnement sont spécialement examinées dans le cadre de l'étude de la fonction politique du parlement (v. *infra*, chap. V, sect. I).

§ 5. LA LOI PORTANT REGIME FINANCIER DE L'ETAT

La loi portant régime financier de l'Etat fixe les conditions d'élaboration, de présentation, d'exécution et de contrôle de l'exécution de la loi de finances. Comme toute loi, la loi de finances (qui, en réalité, se subdivise en trois catégories : la loi de finances de l'année, la loi de finances rectificative et la loi de règlement) est examinée et votée par le parlement. Mais en raison de ses particularités en tant qu'elle touche tous les compartiments de la vie nationale et intervient de manière cyclique chaque année à la même époque, la loi de finances n'est pas une loi ordinaire. Elle est examinée et votée selon des procédures législatives spéciales. C'est également la loi portant régime financier de l'Etat qui fixe les règles d'information du parlement par le gouvernement en vue de l'examen de la loi de finances (v. *infra*, chap. IV, sect. II).

SECTION II
LES SOURCES NON ECRITES

Une partie du droit parlementaire est constituée de règles non écrites, que l'on rassemble sous le vocable de « précédents »[4]. En droit parlementaire, les précédents sont des pratiques répétées, acceptées aussi bien par le parlement que par le gouvernement et généralement tolérées ou ignorées par le Conseil constitutionnel lorsqu'il est appelé à se prononcer sur leur valeur juridique. Ces pra-

[4] Pierre Avril et Jean Gicquel, *op. cit.*, p. 17.

tiques répétées ne peuvent cependant pas acquérir une force obligatoire ; elles ne peuvent par conséquent pas faire jurisprudence, puisque le juge n'intervient pas pour les constater. Les interprétations qui peuvent en être faites par l'exécutif ou le législatif, et non le judiciaire, ne peuvent avoir que « l'autorité de la chose décidée » et non « l'autorité de la chose jugée »[5]. En fait, il ne s'agit pas de coutumes parce que leur nature n'est pas juridique, mais de conventions entre intervenants politiques (entre parlementaires ou entre parlementaires et membres du gouvernement). A l'inverse des coutumes, les conventions ont un caractère politique.

Il est par exemple de convention que chaque parti qui constitue un groupe parlementaire se voit attribuer au moins une vice-présidence de la chambre, que la distribution globale des postes dans les différents bureaux des commissions générales doit s'efforcer de reproduire la configuration politique de la chambre.

Normalement, l'orateur parle à la tribune[6]. Cependant, il arrive souvent que, dans le cadre de la séance des questions orales des sénateurs au gouvernement, lorsque le sénateur auteur d'une question a posé sa question et le membre du gouvernement intéressé lui a répondu, que le président du Sénat (ou le président de séance) demande à l'auteur de la question s'il est satisfait par la réponse du gouvernement, autrement dit, s'il souhaite répliquer. Pour répondre à l'interpellation du président, le sénateur devrait normalement aller à la tribune puisqu'il ne peut parler qu'à la tribune. Lorsque l'orateur s'estime satisfait de la réponse du gouvernement, il reste généralement à sa place, assis ou debout, et déclare qu'il est satisfait par la réponse du ministre. Ces conventions entre intervenants politiques sont des « précédents ».

SECTION III
LA JURISPRUDENCE DU CONSEIL CONSTITUTIONNEL

En droit parlementaire, le Conseil constitutionnel intervient essentiellement pour statuer sur la conformité à la Constitution des règlements intérieurs de l'Assemblée nationale et du Sénat et du règlement intérieur du Congrès du parlement « avant leur mise en application » (§ 1) et pour contrôler la constitutionnalité des lois votées et en instance de promulgation (§ 2). Il peut également intervenir pour arbitrer les conflits d'attribution entre les institutions de l'Etat dans la mesure où le parlement est concerné, tels le cas de l'empiètement du parlement dans le domaine réglementaire ou de celui du gouvernement dans le domaine de la loi (§ 3). Les autres cas d'intervention du Conseil constitutionnel sont extraparlementaires et concernent notamment l'arbitrage des conflits d'attribution entre les régions ou entre l'Etat et les régions, le contrôle de régu-

[5] *Ibid.*, p. 23.
[6] Art. 51-4 RIAN, art. 63-1 RIS.

larité et la proclamation des résultats des élections présidentielles et parlementaires ainsi que des consultations référendaires.

§ 1. LE CONTROLE DE CONSTITUTIONNALITE DES REGLEMENTS INTERIEURS DES ASSEMBLEES ET DU CONGRES DU PARLEMENT

Le contrôle de constitutionnalité des règlements intérieurs des assemblées parlementaires et du Congrès du parlement vise à s'assurer que celui-ci ne s'attribue pas, intentionnellement ou non, des prérogatives dont le constituant a voulu expressément le priver dans le cadre de la rationalisation du parlementarisme[7]. Même si la loi de 2004 portant organisation et fonctionnement du Conseil constitutionnel réserve au seul président de la chambre intéressée, le pouvoir de saisine du Conseil constitutionnel aux fins de contrôle de conformité du règlement intérieur à la Constitution, on peut considérer que, parce que cette saisine est obligatoire et non facultative, cette loi n'est pas elle-même contraire à la Constitution, laquelle ouvre la saisine, outre aux présidents des chambres, au président de la République, au tiers des députés et au tiers des sénateurs[8].

Le contrôle de conformité qu'exerce le Conseil constitutionnel consiste à confronter le texte à contrôler (le règlement intérieur et chacune de ses modifications) au texte de référence (la Constitution). Le texte à contrôler est le règlement intérieur seul (et chacune de ses modifications). Les autres mesures intérieures, notamment les arrêtés du bureau pris pour son application[9] (et les arrêtés conjoints des bureaux des deux chambres pour ce qui concerne le Congrès du parlement) ne sont pas soumises au contrôle de constitutionnalité. S'agissant de la notion de conformité, la loi portant organisation et fonctionnement du Conseil constitutionnel prévoit en son article 27, alinéa 5 : « le règlement intérieur n'entre en vigueur qu'après avoir été reconnu dans sa totalité conforme à la Constitution ». L'alinéa 1 du même article qui dispose : « Lorsque le Conseil constitutionnel déclare que le règlement intérieur de l'Assemblée nationale ou du Sénat contient une disposition contraire à la Constitution, cette disposition ne peut être mise en application », résonne en écho à l'article 50-2 de la Constitution : « Une disposition [une *décision* dans le texte] déclarée inconstitutionnelle ne peut être ni promulguée ni mise en application ».

La jurisprudence du Conseil constitutionnel français[10] distingue les dispositions du règlement intérieur qui font application d'une règle constitutionnelle de celles qui n'entrent pas directement dans le champ des prévisions constitutionnelles et considère que les premières doivent respecter le principe de similitude,

---

[7] Pauline Türk, *Les institutions de la Vᵉ République*, 6ᵉ éd., 2013-2014, Paris, Gualino, p. 213.
[8] Loi n° 2004/004 du 21 avril 2004, art. 47-2 C.
[9] Le droit parlementaire camerounais ne connaît pas la formule (française) de l'Instruction générale du bureau, qui équivaut à un « décret » d'application du règlement intérieur.
[10] Décision n° 78-97 DC du 27 juillet 1978.

c'est-à-dire doivent respecter strictement la lettre de la règle constitutionnelle, « sans rien y ajouter ni en retrancher », mais que les secondes doivent seulement respecter les principes de compatibilité et de non-contrariété, c'est-à-dire ne pas être incompatibles avec les prévisions constitutionnelles ni contraires à elles[11]. Autrement dit, les seules dispositions des règlements parlementaires qui doivent être impérativement conformes à la Constitution sont celles « qui reproduisent, ou prolongent nécessairement, des dispositions constitutionnelles »[12].

Le tableau ci-dessous reprend les dispositions des règlements intérieurs de l'Assemblée nationale et du Sénat qui répondent au principe de similitude avec les règles constitutionnelles, c'est-à-dire « qui reproduisent, ou prolongent nécessairement, des dispositions constitutionnelles ».

DISPOSITIONS DES REGLEMENTS INTERIEURS DU SENAT ET DE L'ASSEMBLEE NATIONALE REPONDANT AU PRINCIPE DE SIMILITUDE AVEC LES REGLES CONSTITUTIONNELLES

CONSTITUTION	REGLES CONCERNEES	REGLEMENT INTERIEUR DE L'ASS. NAT.	REGLEMENT INTERIEUR DU SENAT
Art. 14-5	Incompatibilité du mandat de député avec celui de sénateur		Art. 7-1
Art. 16-1 et 21-1	Session de plein droit	Art. 3-2	Art. 3-2
Art. 16-2 et 21-2	Régime des sessions	Art. 3-3, 3-5	Art. 4-1
Art. 16-3 et 21-3	Session extraordinaire	Art. 3-7, 3-8	Art. 4-3
Art. 18-1 et 23-1	Fixation de l'ordre du jour	Art. 39-1	Art. 48-1
Art. 18-2 et 23-2	Composition de la conférence des présidents	Art. 39-2	Art. 48-2
Art. 18-4 et 23-4	Priorité gouvernementale sur l'ordre du jour, Examen de plein droit des propositions de loi	Art. 39-4	Art.48-5, 48-6
Art. 22-1	Publicité des séances plénières, Séances à huis clos	Art. 45-1, 45-2	Art. 56
Art. 29-2	Nature du texte examiné en séance plénière	Art. 60-1, 60-3	Art. 71-1, 71-2 et 71-3
Art. 29-3 Art. 30-3(b)	Droit d'amendement	Art. 59-2, 59-3 Art. 60-3 Art. 61-2 à 5 Art. 62 Art. 64-2 à 5	Art. 70-6, 70-7 Art. 71-2, 71-3 Art. 73-2 à 5 Art. 74 Art. 76-3(b)

[11] Pierre Avril et Jean Gicquel, *op. cit.*, p. 11.

[12] Guy Carcassonne et Marc Guillaume, *La Constitution introduite et commentée par*, 12e éd., 2014, Paris, Seuil, p. 297.

CONSTITUTION	REGLES CONCERNEES	REGLEMENT INTERIEUR DE L'ASS. NAT.	REGLEMENT INTERIEUR DU SENAT
Art. 30-1	Déclenchement de la navette parlementaire	Art. 64-1	Art. 76-2
Art. 30-3	Délai d'examen des textes reçus de l'Assemblée nationale par le Sénat, traitement du texte par le Sénat, retour de la navette à l'Assemblée nationale, traitement par l'Assemblée nationale du texte reçu du Sénat, procédure paritaire, droit de dernier mot	Art. 64-2 à 64-6, Art. 32 à 37	Art. 67-3, Art. 41 à 46
Art. 30-3(a)	Procédure d'urgence	Art. 26 et 56	Art. 35 et 68
Art. 31-1	Promulgation des lois, demande de nouvelle lecture, saisine du Conseil constitutionnel	Art. 65-1 à 65-3	Art. 77-1 à 77-3
Art. 31-3	Publication des lois	Art. 65-4	Art. 77-4
Art. 32	Message du président de la République aux assemblées	Art. 44-1 et 44-2	Art. 54
Art. 35-1	Droit des parlementaires de contrôler l'action du gouvernement par voie de questions orales ou écrites	Art. 75 et 76	Art. 92-1 à 92-3
Art. 35-2	Obligation du gouvernement de fournir des renseignements au parlement	Art. 77	Art. 90-5 et 90-6
Art. 35-3	Séance hebdomadaire des questions orales	Art. 78 et 79	Art. 92

C'est ainsi que le Conseil constitutionnel a déclaré contraires à la Constitution l'article 3 nouveau, alinéas 2, 3, 4, 5, 6 et 7, les articles 4 nouveau, 5 nouveau, 6 nouveau, 7 nouveau et 10 nouveau *in fine* de la proposition de loi adoptée qui sera par la suite promulguée comme loi n° 2002/005 du 2 décembre 2002 modifiant la loi n° 73/1 du 8 juin 1973 portant règlement intérieur de l'Assemblée nationale[13].

Le libellé de l'article 47-1, 2e tiret de la Constitution, relatif au contrôle de conformité des règlements intérieurs des assemblées parlementaires à la Constitution, est sujet à caution. Cette disposition soumet la « mise en application » des règlements intérieurs des assemblées parlementaires à leur déclaration préalable de conformité à la Constitution par le Conseil constitutionnel. Dès lors qu'aucune loi ne peut être appliquée si elle n'a été au préalable promulguée par le président de la République, ce n'est pas la mise en application des règlements

[13] Décision n° 001/CC/02-03 du 28 novembre 2002.

intérieurs des chambres qui devrait être visée par cette disposition, mais leur promulgation. Sachant que la saisine du Conseil constitutionnel suspend le délai de promulgation[14], cet article 47-1 C devrait s'écrire :

« Le Conseil constitutionnel statue souverainement sur :
- (...),
- les règlements intérieurs de l'Assemblée nationale et du Sénat, *avant leur promulgation*, quant à leur conformité à la Constitution,
- (...). »

Il en est de même en ce qui concerne le règlement intérieur du Congrès du parlement dont l'article 37-3 est élaboré selon la même inspiration : « Avant sa mise en application (...), le Conseil constitutionnel statue souverainement sur le règlement intérieur du Congrès du parlement, quant à sa conformité à la Constitution. »

La formule « avant leur mise en application » retenue dans la Constitution et le règlement intérieur du Congrès a été malencontreusement empruntée à la Constitution française qui, en son article 61-1, dispose : « Les lois organiques[15], avant leur promulgation, et les règlements des assemblées parlementaires, avant leur mise en application, doivent être soumis au Conseil constitutionnel qui se prononce sur leur conformité à la Constitution ».

Cette distinction des périodes d'entrée en vigueur des lois organiques et des règlements des assemblées parlementaires s'explique uniquement par l'idée que les règlements des assemblées françaises ne procèdent pas d'une proposition de loi, sujette à promulgation, mais d'une proposition de résolution qui, après son adoption, débouche sur une résolution immédiatement applicable, sans avoir besoin de franchir l'étape de la promulgation. En droit français, le règlement parlementaire relève en effet de ce que le droit administratif appelle les « mesures d'ordre intérieur ». Celles-ci ne requièrent pas l'intervention d'un pouvoir extérieur, en l'occurrence le chef de l'exécutif, pour la décision de son entrée en vigueur au moyen de l'acte de promulgation.

En droit camerounais, le règlement parlementaire (de chaque chambre ou du Congrès du parlement) est une loi qui, avant sa mise en application, doit être promulguée et, avant sa promulgation, subir un contrôle de constitutionnalité. Si, à l'issue de ce contrôle, le Conseil constitutionnel conclut à la non-conformité ou à la contrariété de certaines dispositions du règlement intérieur à la Constitution, celui-ci est retourné au président de la chambre (ou aux présidents des deux chambres dans le cas du Congrès) avec mention des dispositions

---

[14] Art. 47-3, 2e § C.

[15] Les lois organiques sont des lois votées par le parlement pour préciser ou compléter les dispositions de la Constitution. Cette catégorie de lois n'existe pas dans l'ordonnancement juridique camerounais.

censurées. La chambre ou les chambres peuvent alors, soit remettre en conformité les dispositions censurées à l'issue d'un réexamen, soit les retirer purement et simplement du texte. L'autorité habilitée renvoie de nouveau le texte revu au Conseil constitutionnel. Si le Conseil constitutionnel conclut cette fois à la conformité ou à la non-contrariété, il est retourné, avec cette mention, au président de la chambre concernée pour transmission au président de la République, aux fins de promulgation.

Les décisions du Conseil constitutionnel s'imposant « aux pouvoirs publics et à toutes les autorités administratives, militaires et juridictionnelles, ainsi qu'à toute personne physique ou morale »[16], les dispositions d'un texte censurées par le Conseil constitutionnel ne pouvant être mises en application, serait contraire à la Constitution, la transmission par le président de la chambre au président de la République pour promulgation d'un règlement intérieur contenant des dispositions censurées par le Conseil constitutionnel.

De même, serait contraire à la Constitution, la promulgation d'un règlement intérieur contenant des dispositions censurées par le Conseil constitutionnel. En effet, la promulgation est « l'acte par lequel le chef de l'Etat atteste l'existence de la loi et donne l'ordre aux autorités publiques d'observer et de faire observer cette loi »[17] dans l'ensemble de ses dispositions, autrement dit, lui donne son caractère exécutoire. Le chef de l'Etat ne peut pas attester l'existence d'une loi contenant des dispositions inconstitutionnelles sanctionnées comme telles par le Conseil constitutionnel.

La formule de promulgation d'une loi se présente comme suit :

« Le parlement a adopté, le président de la République promulgue la loi dont la teneur suit : ». Suit alors le texte de la loi tel qu'adopté par le parlement et transmis par le président de l'Assemblée nationale (ou par le président du Sénat lorsqu'il s'agit du règlement intérieur du Sénat) au président de la République.

Le dernier article de la loi précise toujours le mode de sa publication, généralement formulé en ces termes :

« La présente loi sera enregistrée, publiée suivant la procédure d'urgence puis insérée au Journal officiel en français et en anglais ».

La publication suivant la « procédure d'urgence » est devenue le mode de publication le plus courant dans les décrets de promulgation des lois. Selon la procédure d'urgence, la loi entre en vigueur, c'est-à-dire est exécutoire, dès sa publication.

---

[16] Art. 50-1 C.

[17] Arrêt du Conseil d'Etat français du 8 février 1974. Pierre Avril et Jean Gicquel, *op. cit.*, p. 170.

§ 2. LE CONTROLE DE CONSTITUTIONNALITE DES LOIS

A l'inverse du contrôle de constitutionnalité des règlements intérieurs des assemblées parlementaires et du règlement intérieur du Congrès du parlement qui est obligatoire, le contrôle de constitutionnalité des lois est facultatif. Il est facultatif parce que les autorités habilitées à saisir le Conseil constitutionnel peuvent – elles n'y sont pas tenues – le saisir, afin qu'il statue sur la constitutionnalité des lois votées (et des traités et accords internationaux régulièrement approuvés en forme législative par le parlement) et en instance de promulgation[18].

Les deux contrôles de constitutionnalité – le contrôle des règlements intérieurs des assemblées et du Congrès, et le contrôle des lois – sont exercés *a priori*, c'est-à-dire qu'ils interviennent avant la « mise en application » pour le premier et avant la promulgation et l'entrée en vigueur pour le second. Ils sont aussi dits préventifs parce qu'ils ont pour objet de prévenir l'entrée en vigueur d'un acte inconstitutionnel[19]. Ces deux contrôles sont également dits *in abstracto* (abstraits), ou faits par voie d'action, c'est-à-dire exercés indépendamment d'une situation particulière, pour faire vérifier objectivement la conformité de la loi à la Constitution.

Quant à la saisine du Conseil constitutionnel aux fins de contrôle de constitutionnalité des lois, elle est dite « fermée », parce qu'elle est réservée à quelques autorités (le président de la République, le président de l'Assemblée nationale, le président du Sénat, un tiers des députés ou un tiers des sénateurs, les présidents des exécutifs régionaux).

En principe donc, une loi promulguée ne peut plus être contestée devant le Conseil constitutionnel.

> Mais, le Conseil constitutionnel français a atténué cette « règle de l'immunité de la loi promulguée » en considérant que, s'il estime qu'une disposition déjà promulguée est contraire à la Constitution, bien qu'il ne puisse pas la censurer, il peut la « contester à l'occasion de l'examen des dispositions législatives qui la modifient, la complètent ou affectent son domaine »[20]. Autrement dit, le Conseil constitutionnel peut faire obstacle à la promulgation d'une loi qui viendrait ultérieurement modifier, compléter ou affecter le domaine de celle dont l'inconstitutionnalité est constatée[21].

Si le Conseil constitutionnel ne peut pas censurer une loi dont il constate l'inconstitutionnalité, alors qu'elle est déjà publiée, les juridictions administratives et judiciaires peuvent se prévaloir de l'autorité (de chose jugée) attachée aux décisions du Conseil pour écarter ladite loi, par le biais d'un contrôle par voie d'exception à l'occasion des litiges dont elles sont saisies.

---

[18] Art. 47-3 C.
[19] Pauline Türk, *op. cit.*, p. 219.
[20] Décision n° 85-187 DC du 25 janvier 1985.
[21] Guy Carcassonne et Marc Guillaume, *op. cit.*, p. 300.

En 1999, le Conseil constitutionnel français a, pour la première fois, déclaré contraires à la Constitution, des dispositions d'une loi en vigueur[22]. Mais, bien que déclarée inconstitutionnelle, une telle loi est maintenue en application car elle ne peut pas être censurée.

Depuis la réforme constitutionnelle du 23 juillet 2008 en France, le Conseil constitutionnel peut désormais exercer un contrôle *a posteriori* des lois en vigueur par voie d'exception, au moyen de la question prioritaire de constitutionnalité (QPC). Il s'agit d'un contrôle *in concreto*, c'est-à-dire en liaison avec une situation concrète de litige. Ainsi, lorsque dans le cadre d'un litige soumis au juge ordinaire (juge judiciaire ou administratif), une partie soutient que la disposition législative qu'on lui applique est inconstitutionnelle en ce qu'elle porte atteinte aux droits et libertés que la Constitution garantit, le juge, après avoir vérifié sans délai que trois conditions sont réunies [1° que la disposition contestée s'applique bien au litige ou constitue le fondement des poursuites, 2° qu'elle n'a pas déjà été déclarée conforme à la Constitution par le Conseil constitutionnel à l'occasion d'un contrôle précédent (sauf changement de circonstances) et 3° que la question n'est pas dénuée de caractère sérieux ou soulève une question nouvelle], il transmet la question à la juridiction suprême de son ordre (Cour de cassation ou Conseil d'Etat). C'est le premier filtre. La juridiction suprême saisie effectue un second filtre : il assure les mêmes vérifications que le premier juge et décide de saisir ou non le Conseil constitutionnel de la QPC. Le Conseil constitutionnel, dans le cas où il est saisi, statue dans le cadre d'un « procès constitutionnel » où les parties peuvent faire entendre leurs arguments à l'occasion d'un débat contradictoire. Si le Conseil décide l'inconstitutionnalité de la disposition législative contestée, celle-ci est abrogée. Le parlement peut, par la suite, combler le vide juridique né de cette abrogation.

Le contrôle de constitutionnalité par voie d'action ne porte pas uniquement sur le fond, c'est-à-dire sur la conformité des dispositions de la loi contrôlée à la Constitution. Il porte également sur la forme, c'est-à-dire sur la régularité de la procédure d'élaboration de la loi, autrement dit sur le respect des règles de valeur constitutionnelle relatives à la procédure législative[23]. Sous ce rapport, le Conseil constitutionnel français considère que les dispositions du règlement parlementaire déclarées conformes à la Constitution ne font pas partie des règles de valeur constitutionnelle. Autrement dit, le règlement parlementaire ne fait pas partie du « bloc de constitutionnalité »[24].

Ainsi, le non respect de l'ensemble des règles de la « navette parlementaire » ou celles de la « procédure paritaire » prévues par la Constitution, peut constituer un motif d'inconstitutionnalité de la loi. Il peut s'agir[25] :

---

[22] Décision n° 99-410 DC du 15 mars 1999.

[23] Pierre Avril et Jean Gicquel, *op. cit.*, p. 12.

[24] Le « bloc de constitutionnalité » est l'ensemble des règles de valeur constitutionnelle susceptibles d'être appliquées par le Conseil constitutionnel dans le cadre de son contrôle de constitutionnalité des lois et pour lequel il estime que le parlement est lié dans l'exercice de son pouvoir législatif. En droit constitutionnel français, ce corpus est composé des principes et droits contenus dans le corps (le dispositif articulé) de la Constitution de 1958, de ceux auxquels renvoie son préambule (c'est-à-dire les principes et droits qui résultent de la Déclaration des droits de l'homme et du citoyen de 1789 et du préambule de la Constitution de 1946 ainsi que les droits et devoirs définis dans la Charte de l'environnement de 2004), des principes, règles et objectifs de valeur constitutionnelle qui en sont déduits et notamment les « principes fondamentaux reconnus par les lois de la République ».

[25] Art. 30-3 C.

- du non respect du délai de dix jours à partir de la réception du texte de l'Assemblée nationale que doit observer le Sénat pour l'adopter, y apporter des amendements ou le rejeter en tout ou partie ;

- du non respect du délai de 48 heures à partir de la réception du texte du président du Sénat par le président de l'Assemblée nationale, pour le transmettre au président de la République aux fins de promulgation ;

- du retour par le président du Sénat au président de l'Assemblée nationale d'un texte amendé par le Sénat, sans mention de l'amendement apporté afin que l'Assemblée nationale procède à un nouvel examen, amenant ainsi le président de celle-ci à transmettre le texte au président de la République pour promulgation, sans approbation dudit amendement par l'Assemblée nationale ;

- de la chambre basse qui violerait la « règle de l'entonnoir », c'est-à-dire délibérerait en situation de « navette » sur des articles déjà votés en termes identiques par le Sénat au lieu de se limiter aux dispositions restant en discussion, c'est-à-dire, celles modifiées ou rejetées par la chambre haute. Il y a lieu, toutefois, de noter que la remise en discussion d'articles déjà votés dans les mêmes termes par les deux chambres reste possible à la demande du gouvernement[26].

Lorsque le Conseil constitutionnel a exercé le double contrôle de constitutionnalité (sur la procédure et sur le fond), il déclare si la loi est conforme ou non à la Constitution. Il peut la déclarer totalement ou partiellement conforme. Les dispositions d'une loi déclarées inconstitutionnelles sont inapplicables. Elles ne peuvent donc être promulguées. Le Conseil constitutionnel peut également déclarer une disposition législative conforme à la Constitution, sous réserve de l'interprétation qu'il en donne.

§ 3. L'ARBITRAGE DES CONFLITS D'ATTRIBUTION ENTRE LES INSTITUTIONS DE L'ETAT

La Constitution prévoit que seuls les textes relevant de la compétence du parlement, c'est-à-dire ceux qui sont du domaine de la loi, peuvent être inscrits à son ordre du jour[27]. Il peut ainsi se trouver une proposition de loi qui empiète dans le domaine réglementaire, ou un projet de loi qui touche une matière ne relevant pas du domaine de la loi. En cas de doute ou de litige sur la recevabilité d'un texte, c'est-à-dire sur le fait de savoir s'il est du domaine de la loi, le président de la République, le président de l'assemblée parlementaire concernée ou un tiers des parlementaires de la chambre considérée est habilité à saisir le Conseil constitutionnel, qui en décide.

[26] Décisions n° 89-268 DC du 29 décembre 1989 et n° 90-274 DC du 29 mai 1990.
[27] Art. 18-3 et 23-3 C.

CHAPITRE II

LE STATUT DES DEPUTES ET DES SENATEURS

Contrairement aux membres de la fonction publique de l'Etat dont le titre est attribué par nomination, les membres des assemblées parlementaires sont des membres d'une fonction publique dont le mandat est attribué par l'élection. Le mandat parlementaire est une fonction publique spéciale : la fonction publique élective. Les membres de la fonction publique de l'Etat sont appelés fonctionnaires. Ceux de la fonction publique investis par l'élection sont appelés députés ou sénateurs.

On verra que cette règle connaît des infléchissements puisque tous les sénateurs ne sont pas investis par l'élection. 70 sénateurs sont élus au suffrage universel indirect sur la base régionale tandis que 30 sont nommés par le président de la République (v. *infra*, sect. II, § 2).

Le contenu du mandat parlementaire est déterminé par la Constitution et les lois. Le mandat parlementaire présente un certains nombre de caractères constitutifs du statut du député ou du sénateur (section I). Le mode de désignation des parlementaires est différent selon qu'ils sont députés ou sénateurs et, parmi les sénateurs, selon qu'ils sont élus ou nommés. Mais certaines conditions d'éligibilité sont les mêmes pour tous les parlementaires (section II). Le mandat de parlementaire est soumis à certaines restrictions qui visent les activités incompatibles (section III). En vue d'assurer son indépendance, le mandat parlementaire est protégé (section IV). Afin d'assurer son honorabilité et favoriser l'accession de toutes les catégories sociales au mandat parlementaire, le député ou le sénateur bénéficie d'une indemnité. Certains parlementaires bénéficient en outre de privilèges (section V). En contrepartie des avantages de son statut, le parlementaire est tenu à certaines obligations (section VI).

SECTION I
LES CARACTERES DU MANDAT PARLEMENTAIRE

L'élection des députés et des sénateurs confère à ceux-ci un mandat parlementaire. Le mandat parlementaire n'est pas un mandat au sens du Code civil. En droit civil, le mandat, également appelé procuration, est un acte par lequel une personne (le mandant) donne à une autre (le mandataire) le pouvoir de faire quelque chose pour lui et en son nom. Le contrat ne se forme que par l'acceptation du mandataire. Le mandat parlementaire ne repose pas sur un contrat quelconque entre l'électeur et l'élu. Entre celui-ci et celui-là, il n'existe ni lien de subordination, ni accord de volonté[1]. Le mandat parlementaire revêt trois caractères essentiels : il est général (§ 1), indépendant (§ 2) et irrévocable (§ 3).

§ 1. LE MANDAT PARLEMENTAIRE EST GENERAL

Chaque député représente l'ensemble de la nation[2]. Plus généralement, chaque détenteur d'un mandat parlementaire (député ou sénateur) représente la nation tout entière. Ainsi, les parlementaires ne sont pas les représentants d'une circonscription particulière, mais de toute la nation et il ne peut leur être donné de mandat. L'élu est choisi « dans » une circonscription et non « par » une circonscription. Il n'y a ni lien contractuel entre les électeurs d'une circonscription et leur parlementaire, ni lien juridique entre le parlementaire et la circonscription dans laquelle il a été choisi[3]. Bien que choisi dans une circonscription électorale donnée, le parlementaire, quand il siège au parlement, sert ou « veut » pour l'ensemble de la nation car le but de sa présence au parlement est général. Lorsqu'il est au parlement, il exprime la volonté de l'ensemble de la nation et non celle des seuls électeurs qui l'ont élu ou de la seule circonscription qui l'a choisi.

Bien que la Constitution ne dispose pas explicitement, comme pour le député, que le sénateur représente lui aussi l'ensemble de la nation, la doctrine le considère comme tel puisque le sénateur, comme le député, est choisi « dans » une circonscription et non « par » une circonscription. Il exprime ou détermine la volonté de l'ensemble de la collectivité et non celle des seuls électeurs qui l'ont élu ou de la seule circonscription qui l'a élu ou de celui qui l'a nommé[4].

> L'idée que le parlementaire représente la nation tout entière et non la circonscription qui l'a élu a été construite au XVIe siècle. Lors des élections de 1777 en Angleterre, le candidat Edmund Burke s'adressait en ces termes à ses électeurs de la circonscription de Bristol : « Vous êtes appelés à choisir un député. C'est bien. Mais, lorsque vous l'aurez choisi, il ne sera pas député de Bristol, il sera membre de la Chambre des Communes ». A la même époque, en France, lors de la convocation des Etats généraux de 1789, le règlement de l'Assemblée nationale précisait que « les pouvoirs dont les députés seront munis devront être généraux et suffisants pour proposer, remontrer, aviser et consentir ». La Constitution française de 1793 affirme : « Chaque député appartient à la nation entière ». Si un élu écrit une lettre intitulée « Lettre à mes électeurs », il doit être compris qu'il ne s'adresse pas aux seuls électeurs de sa circonscription, mais à tous les citoyens électeurs, comme Robespierre écrivait en 1792 ses « Lettres à ses commettants » en précisant qu'il s'adressait à tous les Français[5]. Le Conseil constitutionnel français

[1] Pierre Avril et Jean Gicquel, *op. cit.*, p. 29.
[2] Art. 15-2 C.
[3] Pierre Avril et Jean Gicquel, *op. cit.*, p. 31.
[4] François Robbe, *La représentation des collectivités territoriales par le Sénat,* Annuaire des collectivités locales, Année 2000, vol. 20, n° 1, pp. 626 ss.
[5] Pierre Avril et Jean Gicquel, *op. cit.*, p. 31.

confirme cette position constitutionnelle et doctrinale en considérant que même « les députés représentant les Français établis hors de France représentent au parlement la nation tout entière et non la population de leur circonscription d'élection »[6].

C'est en vertu de ce principe qu'un élu ne peut bénéficier de droits spécifiques en fonction de sa circonscription d'élection. De même, la disparition ou la division d'une circonscription ou sa fusion avec une autre ne peut affecter le mandat.

L'autre conséquence du caractère général du mandat parlementaire est l'interdiction de constituer des groupes de défense d'intérêts particuliers, locaux ou professionnels. Les groupes parlementaires ont une vocation générale parce qu'ils sont constitués sur la base de certaines opinions politiques relatives à l'exercice du mandat au nom de la nation tout entière.

§ 2. LE MANDAT PARLEMENTAIRE EST INDEPENDANT, LE MANDAT IMPERATIF EST NUL

L'élection du parlementaire est un acte-condition[7] : tout candidat qui remplit les conditions pour être élu, accède au statut prévu par la Constitution. C'est une forme particulière de nomination, qui ne crée aucun lien personnel, subjectif, entre celui qui nomme et celui qui est nommé (comparable ainsi à la situation d'un fonctionnaire que sa nomination fait accéder au statut de son corps). Les parlementaires tiennent donc leur pouvoir de la Constitution, et non d'un contrat passé avec les électeurs, *a fortiori* avec une autorité, un parti ou un groupe d'intérêt.

En droit civil, un mandat impératif est un pouvoir délégué à une personne ou à une organisation désignée afin de mener une action prédéfinie et selon des modalités précises auxquelles elle ne peut déroger. En politique, le mandat impératif désigne un mode de représentation dans lequel l'élu a l'obligation de respecter les directives de ses électeurs sur la base desquelles il a été désigné (instructions, votes, reddition des comptes), sous peine de révocation. Le mandat impératif en politique est lié à la notion de souveraineté populaire selon laquelle c'est le peuple qui est titulaire de la souveraineté, chaque citoyen en détenant une fraction. Dans le cadre de la souveraineté populaire, les parlementaires détiennent un mandat impératif et ne représentent que leurs électeurs.

En revanche, selon la théorie de la souveraineté nationale issue de la Révolution française de 1789 et aujourd'hui reconnue par la plupart des démocraties, les parlementaires sont les représentants de la nation et non les mandataires de

[6] Décision n° 573 DC du 8 janvier 2009.

[7] Un acte-condition est un acte dont le résultat est de rendre applicable à un individu une norme juridique qui ne lui était pas applicable jusqu'alors. L'individu se trouve alors dans une situation juridique entièrement préétablie par le droit.

leurs électeurs, ni de quiconque. Tout engagement que viendrait à souscrire un parlementaire, même volontairement, est nul de plein droit[8]. Cette disposition est d'ordre public.

Les principes du mandat parlementaire sont ainsi la conséquence de la théorie de la souveraineté nationale. Cette doctrine pose que chaque parlementaire concourt à l'exercice de la souveraineté nationale, dans les conditions fixées par la Constitution. Puisque c'est la nation, entité collective indivisible et donc distincte des individus qui la composent, qui est titulaire de la souveraineté, ceux qui la représentent ne peuvent recevoir d'injonction de quiconque. Il ne peut leur être donné de mandat, c'est-à-dire d'instructions qui les obligent. Le parlementaire se détermine donc librement dans l'exercice de son mandat. Il ne peut être juridiquement lié ni par les engagements qu'il aurait pu prendre avant son élection, ni par les demandes de ses électeurs en cours de mandat. Ainsi, est posé le principe de l'indépendance du mandat de parlementaire. La conséquence de ce statut d'indépendance est la nullité du mandat impératif[9], laquelle vise à protéger l'indépendance et la liberté du parlementaire dans l'exercice de son mandat.

La présence de cette disposition au seul chapitre de la Constitution consacré à l'Assemblée nationale (titre III, chapitre 1er) pourrait laisser croire que le mandat impératif est nul uniquement pour les députés et qu'il serait autorisé pour les sénateurs. En vertu du principe de la souveraineté nationale, le statut des sénateurs est identique à celui des députés. Les sénateurs, qu'ils soient élus ou nommés, ne peuvent recevoir d'instructions ni des électeurs de leur circonscription d'élection ou de nomination, ni, dans le cas des sénateurs nommés, de l'autorité qui les a nommés. De même, ils ne peuvent être juridiquement tenus de respecter les engagements qu'ils viendraient à prendre avant ou après leur élection ou leur nomination.

Pratiquement, le mandat impératif consiste, pour un parlementaire, une fois élu (ou nommé), à remettre au parti politique qui l'a investi et/ou l'a fait élire ou duquel il est issu, une lettre de démission non datée, à s'engager à reverser au parti qui l'a investi ou duquel il est issu, une partie de son indemnité parlementaire ou à signer un ou des engagements contenus dans un document établi par le groupe parlementaire auquel il est inscrit. Un tel document ou un tel engagement est un contrat. Mais il est dépourvu de portée juridique et ne peut être opposé à celui qui l'a souscrit.

Plus généralement, il est interdit la constitution au sein du parlement et la réunion dans l'enceinte du palais de l'une ou l'autre des chambres, de groupements permanents tendant à la défense d'intérêts particuliers, locaux ou professionnels et entraînant pour leurs membres, l'acceptation d'un mandat impératif.

---

[8] Guy Carcassonne et Marc Guillaume, *op. cit.*, p. 160.
[9] Art. 15-3 C.

De même, il est interdit à tout député et à tout sénateur d'adhérer à une association ou à un groupement de défense d'intérêts particuliers, locaux ou professionnels, ou de souscrire à son égard, des engagements concernant sa propre activité parlementaire, lorsque cette adhésion ou ces engagements impliquent l'acceptation d'un mandat impératif.

§ 3. LE MANDAT PARLEMENTAIRE EST IRREVOCABLE

La conséquence de la nullité du mandat impératif est l'irrévocabilité du mandat parlementaire. Si l'élu n'exécute pas le mandat que lui auraient donné les électeurs ou l'autorité qui l'a choisi, ou ne se conforme pas aux engagements qu'il aurait contractés auprès d'eux, il ne peut être révoqué. L'interdiction du mandat impératif ne veut toutefois pas dire que les candidats à la députation ou à la fonction de sénateur n'ont pas le droit de prendre des engagements vis-à-vis de leurs électeurs, ou de l'autorité qui les a investis ou nommés, ni de les respecter une fois élus ou nommés. La pratique des professions de foi et des programmes présentés lors des campagnes électorales est d'ailleurs très répandue. Certains élus s'attachent à respecter leurs engagements, non seulement parce qu'ils y croient, mais aussi dans la perspective d'une réélection ou d'une renomination. La discipline de groupe qui pèse sur les parlementaires affiliés à un groupe parlementaire est également une réalité.

La nullité du mandat impératif est essentiellement une notion juridique. Le député ou le sénateur est libre de tenir ses engagements, comme il est libre de ne pas les honorer ou de ne pas suivre la discipline d'attitude ou de vote prescrite par son groupe parlementaire. Mais, s'il ne les honore pas, il ne peut encourir de sanction juridique. La sanction ne peut être que politique : le député ou le sénateur pourra ne pas recevoir de nouveau la confiance des électeurs la prochaine fois, ou ne pas être renommé ou, en interne, pourra ne pas être de nouveau patronné ou investi comme candidat pour la prochaine élection ou encore, pourra être exclu de son parti pour indiscipline, mais, dans tous les cas, il ne peut perdre son mandat parlementaire. Le mandat impératif n'est donc pas interdit, il est simplement nul, il n'a aucune portée juridique à l'égard de ceux qui y souscrivent, il ne peut leur être opposé.

> Lors des élections législatives de 2007 en France, l'un des leaders de la droite a soutenu que les candidats qui sollicitaient l'investiture de l'UMP ou du Nouveau Centre avaient dû signer un document par lequel ils s'engageaient « à ne pas voter de motion de censure durant la législature et à voter toutes les lois de finances ». De même, le président du groupe socialiste à l'Assemblée nationale française a envoyé le 17 octobre 2012 une lettre aux députés de son groupe leur rappelant que le règlement du groupe prévoit que « les députés qui adhèrent au Groupe s'engagent à adopter et respecter un mode de fonctionnement collectif, (que) les questions qui engagent le Groupe sont librement débattues mais, une fois la position du Groupe arrêtée, la discipline de vote est une règle impérative ». Ces candidats ou ces élus ont souscrit à ces engagements mais, en vertu de la Constitution, ceux-ci sont nuls de plein droit.

SECTION II

LA DESIGNATION DES DEPUTES ET DES SENATEURS

Bien que le régime électoral de l'Assemblée nationale et du Sénat ressortit plus au droit électoral qu'au droit parlementaire, on l'examinera sommairement, en raison des liens et surtout des clarifications qu'il convient de faire avec des questions connexes comme le régime des inéligibilités et celui des incompatibilités.

La Constitution renvoie à la loi le pouvoir de fixer le régime électoral de l'Assemblée nationale et du Sénat ainsi que le régime des inéligibilités, des incompatibilités, des immunités, des indemnités et des privilèges des membres du parlement[10]. Le régime électoral, le régime des inéligibilités et des incompatibilités sont fixés par le Code électoral. Le régime des immunités est fixé, pour les députés, par l'ordonnance n° 72-12 du 26 août 1972 et, pour les sénateurs, par l'article 25 du règlement intérieur du Sénat. Les modalités de l'élection des députés et des sénateurs sont communes pour certains aspects et distinctes pour d'autres.

§ 1. DISPOSITIONS SPECIFIQUES A L'ELECTION DES DEPUTES

On examinera successivement le découpage des circonscriptions législatives (A), le mode de scrutin (B), les conditions d'éligibilité (C), le régime des inéligibilités (D), la déchéance (E), la durée du mandat (F), la vacance des sièges et le remplacement des députés (G).

A) DECOUPAGE DES CIRCONSCRIPTIONS LEGISLATIVES

Pour l'élection des députés, la circonscription électorale est le département. « Toutefois, compte tenu de leur situation particulière, certaines circonscriptions peuvent faire l'objet d'un découpage spécial par décret du président de la République »[2].

Le découpage spécial des circonscriptions législatives a toujours été l'objet de critiques compte tenu des arrière-pensées politiques qu'il véhicule. Ici comme ailleurs, le pouvoir a toujours tendance à délimiter les circonscriptions de façon à avantager les candidats qui lui sont favorables. C'est la technique du *gerrymandering*. La France a esquissé une solution à ces critiques en instituant dans la Constitution, une commission indépendante qui « se prononce par un avis public sur les projets de texte et propositions de loi délimitant les circons-

---

[10] Art. 14-6 C.

[2] Art. 149 CE. Le dernier découpage est intervenu à la faveur du décret n° 2013/223 du 3 juillet 2013, à trois mois des élections législatives du 30 septembre 2013. V. *infra*, chap. III, sect. III.

criptions pour l'élection des députés ou modifiant la répartition des sièges de députés ou de sénateurs »[3]. Au Cameroun, sans qu'il soit besoin de modifier la Constitution, une telle commission indépendante pourrait être instituée par la loi (par exemple par une modification du Code électoral).

Sans contester le pouvoir de l'exécutif de procéder aux découpages des circonscriptions électorales, on considère que l'avis public d'une commission indépendante sur les découpages est de nature à tempérer la volonté de l'exécutif de découper les circonscriptions de manière intéressée. En France, cette commission est composée, entre autres, de démographes, de géographes et de politologues. Un découpage objectif devrait se faire en fonction de la population et non des électeurs inscrits car les députés représentent les citoyens, y compris les mineurs, qu'ils soient inscrits sur les listes électorales ou non.

B) MODE DE SCRUTIN POUR L'ELECTION DES DEPUTES

Le mode de scrutin pour l'élection des députés (tout comme celui des sénateurs, du président de la République, des conseillers régionaux et des conseillers municipaux), tire son fondement de la Constitution qui dispose : « Les autorités chargées de diriger l'Etat tiennent leurs pouvoirs du peuple par voie d'élections au suffrage universel direct ou indirect, sauf dispositions contraires de la présente Constitution »[4]. Cette dernière précision vise notamment les sénateurs qui sont nommés.

Les députés sont élus au suffrage universel direct et secret[5]. L'élection se fait au scrutin uninominal majoritaire à un tour lorsque la circonscription ne comporte qu'un siège. Elle a lieu au scrutin de liste à un tour, sans vote préférentiel ni panachage, lorsque la circonscription comporte deux ou plus de deux sièges. Chaque parti politique existant légalement présente une liste complète comportant autant de candidats, choisis parmi ses membres, qu'il y a des sièges à pourvoir[6]. Les candidats doivent donc être membres des partis politiques qui les présentent. Pour chaque siège à pourvoir, il est prévu un candidat titulaire et un candidat suppléant.

La constitution de chaque liste de candidats doit tenir compte à la fois des différentes composantes sociologiques de la circonscription concernée et du genre.

La notion de composantes sociologiques n'est pas définie par la loi électorale. La jurisprudence du Conseil constitutionnel interprète très largement cette notion et y inclut les ethnies, les tribus, les groupes minoritaires, les religions, les cultures, les traditions, les langues, les catégories socioprofessionnelles.

---

[3] Art. 25-3 C France.
[4] Art. 2-2 C.
[5] Art. 15-1 C, art. 148 CE.
[6] Art. 151 CE.

La loi électorale ne précise pas non plus comment le genre est pris en compte. Mais, la jurisprudence du Conseil constitutionnel est plus claire ici. Lorsque la circonscription ne comporte qu'un siège, la prise en compte du genre concerne le candidat titulaire et son suppléant. Le suppléant doit être du genre opposé de celui du titulaire. A partir de deux sièges, la prise en compte du genre concerne uniquement les titulaires. Il suffit que l'un des titulaires soit d'un genre opposé de celui des autres. Tous les suppléants peuvent être du même genre. Il s'agit là d'une interprétation *a minima* de la prise en compte du genre. Dans une circonscription comme celle du Mfoundi (circonscription de la Capitale) qui compte sept sièges, concevoir qu'il y ait une seule femme parmi les sept titulaires et aucune parmi les sept suppléants, n'est assurément pas conforme à l'esprit de la loi. A défaut d'une révision du Code électoral pour préciser la notion de prise en compte du genre, le Conseil constitutionnel devrait retenir une interprétation qui assure plus d'équilibre entre les genres dans la constitution des listes de candidats.

> L'on pourrait retenir que, pour 1 siège, le titulaire et le suppléant soient de genres différents, pour 2 ou 3 sièges, l'un des titulaires soit d'un genre différent de celui de l'autre ou des deux autres titulaires, pour 4 sièges, un ou deux titulaires soient d'un genre différent et qu'à partir de 5 sièges, deux ou trois titulaires soient d'un genre différent. La même clé de représentation des genres devrait être reprise pour les suppléants.

En cas de scrutin de liste, l'élection a lieu selon le mode mixte, c'est-à-dire combinant le système majoritaire et la représentation proportionnelle. Dans les circonscriptions à scrutin de liste, si une liste obtient la majorité absolue des suffrages exprimés, elle se voit attribuer la totalité des sièges à pourvoir. Si aucune liste n'obtient la majorité absolue des suffrages exprimés, la liste arrivée en tête se voit attribuer un nombre de sièges égal à la moitié des sièges à pourvoir, arrondi, le cas échéant, à l'entier supérieur. Le restant des sièges est réparti aux autres listes à la représentation proportionnelle suivant la règle du plus fort reste. Les listes ayant obtenu moins de 5% de suffrages exprimés au niveau de la circonscription ne sont pas admis à la répartition proportionnelle des sièges. Les sièges sont attribués aux candidats dans l'ordre de présentation sur chaque liste[7].

C) CONDITIONS D'ELIGIBILITE

Pour être candidat aux élections législatives, il faut remplir cinq conditions : être de nationalité camerounaise, être âgé de 23 ans révolus, jouir du droit de vote, être régulièrement inscrit sur une liste électorale, savoir lire et écrire le français ou l'anglais[8]. Aucune condition de résidence n'est exigée car le député représente la nation tout entière.

---

[7] Art. 152 CE.
[8] Art. 156 CE.

L'étranger qui a acquis la nationalité camerounaise par naturalisation n'est éligible qu'à l'expiration d'un délai de dix ans à compter de la date d'acquisition[9].

D) REGIME DES INELIGIBILITES

Sont inéligibles, les personnes qui ne remplissent pas les conditions d'éligibilité ci-dessus.

Sont également inéligibles pendant l'exercice de leurs fonctions et pendant les six mois qui suivent la cessation de ces fonctions, les fonctionnaires d'autorité, c'est-à-dire les personnels des services de la sûreté et de la police ainsi que les militaires et assimilés des forces armées[10].

De même, sont inéligibles les personnes qui, de leur propre fait, se sont placées dans une situation de dépendance ou d'intelligence vis-à-vis d'une personne, d'une organisation, d'une puissance étrangère ou d'un Etat étranger[11].

Cette inéligibilité est constatée par le Conseil constitutionnel à la diligence de toute personne intéressée ou du ministère public. Un candidat à l'élection de député (ou de sénateur) peut donc saisir le Conseil constitutionnel, s'il considère par exemple qu'un autre candidat dans la même circonscription possède une double nationalité, celle-ci n'étant pas reconnue au Cameroun, en l'état actuel du droit positif.

E) LA DECHEANCE DU DEPUTE

La déchéance est la conséquence de l'inéligibilité. Les conditions d'éligibilité doivent continuer d'être remplies, pour le député et pour le suppléant, pendant toute la durée du mandat. Si l'inéligibilité du député ou du suppléant est révélée postérieurement à la proclamation des résultats de l'élection (parce qu'elle serait passée inaperçue auparavant), il est déchu de plein droit de cette qualité.

Il en est de même si l'inéligibilité survient à la suite d'une condamnation définitive postérieure à l'élection. Mais, cette condamnation doit avoir entraîné la privation du droit de vote du parlementaire. Est également déchu de plein droit de sa qualité, le député ou son suppléant qui, pendant la durée du mandat, se trouve ne plus être éligible dans les conditions fixées pour cette fin.

[9] Art. 157 CE.
[10] Art. 159 CE.
[11] Art. 158-1 CE.

La déchéance du député titulaire est constatée par le Conseil constitutionnel, à la requête du bureau de l'Assemblée nationale. Celle du suppléant l'est d'office. Le Conseil constitutionnel se bornant à « constater » la déchéance du député titulaire, sa saisine par le bureau de l'Assemblée nationale est réputée obligatoire. La saisine n'est pas obligatoire dans le cas du suppléant, le Conseil constitutionnel constatant la déchéance d'office. En cas de condamnation définitive postérieure à l'élection, la requête du bureau doit se faire à la diligence du ministère public près la juridiction qui a prononcé la condamnation.

F) DUREE DU MANDAT DES DEPUTES

Le mandat des députés commence le deuxième mardi suivant la proclamation des résultats de l'élection des députés par le Conseil constitutionnel[12]. Le titre juridique de député est constitué par la proclamation des résultats de l'élection par le Conseil constitutionnel, mais les députés n'entrent en fonction que le deuxième mardi suivant cette proclamation. C'est à cette date que commence la session ordinaire dite de plein droit[13]. Lors de la séance inaugurale, le doyen d'âge donne lecture du procès-verbal de proclamation des résultats des élections législatives et des noms des candidats proclamés élus députés, transmis par le Conseil constitutionnel[14].

Le mandat des députés est de cinq ans[15]. Cette longévité porte le nom de législature. Lorsque le mandat va jusqu'à son terme, la prochaine élection a lieu au plus tard quarante jours avant l'expiration du mandat en cours[16]. Les députés sont rééligibles[17].

La législature peut être écourtée ou allongée par le vote d'une loi par l'Assemblée nationale, à la demande du président de la République, après consultation du président du Conseil constitutionnel et des bureaux de l'Assemblée nationale et du Sénat, « en cas de crise grave ou lorsque les circonstances l'exigent »[18]. La législature 2007-2012 a été prorogée trois fois (pour un total de près de 14 mois) sans que les circonstances qui avaient exigé cette prorogation aient été précisées.

---

[12] Art. 148-4 et 5 CE.

[13] Art. 16-1 C, art. 148-5 CE. En année électorale, cette session ordinaire de plein droit se présente comme une quatrième session en marge des trois sessions ordinaires (de mars, juin et novembre) d'une durée maximum de 30 jours prévues par l'article 16-2 de la Constitution. Elle se distingue de celles-ci par sa durée plus brève puisqu'elle vise principalement à mettre en place le bureau définitif et à vérifier les cas d'incompatibilité.

[14] Art. 15 RIAN.

[15] Art. 15-1 C, art. 148-1 CE.

[16] Art. 148-3 CE.

[17] Art. 148-2 CE.

[18] Art. 15-4 C.

G) VACANCE DES SIEGES ET REMPLACEMENT DES DEPUTES

La vacance d'un siège résulte de l'absence du titulaire du mandat[19]. Le mode de remplacement du titulaire du mandat est différent selon qu'il est décédé, a démissionné avec son suppléant ou a quitté sa fonction pour tout autre motif.

Lorsque la vacance fait suite au décès ou à la démission conjointe du titulaire et de son suppléant, il est procédé à des élections partielles dans les douze mois suivant la vacance du siège pour pourvoir à celle-ci. Toutefois, il n'y a pas lieu à l'élection partielle si la vacance se produit moins d'un an avant la fin de la législature[20].

Dans tous les autres cas, le suppléant est appelé à siéger à la place du titulaire jusqu'à la fin du mandat[21]. Il en est ainsi si le titulaire démissionne seul (sans son suppléant) ou s'il est appelé à occuper une autre fonction publique (membre du gouvernement, du Conseil constitutionnel, etc.).

§ 2. DISPOSITIONS SPECIFIQUES A L'ELECTION ET A LA NOMINATION DES SENATEURS

A) LES CIRCONSCRIPTIONS SENATORIALES

La circonscription électorale du Sénat est la région. Chacune des dix régions du Cameroun est représentée au Sénat par dix sénateurs dont sept sont élus au suffrage universel indirect sur la base régionale et trois nommés par décret du président de la République[22].

B) MODE DE SCRUTIN POUR L'ELECTION DES SENATEURS

L'élection des sénateurs a lieu au scrutin de liste à un tour, sans vote préférentiel ni panachage. Chaque parti politique présente une liste de sept candidats choisis parmi ses membres. Pour chaque siège à pourvoir, il est prévu un candidat titulaire et un candidat suppléant. La constitution de chaque liste de candidats doit tenir compte à la fois des différentes composantes sociologiques dans la région et du genre. Les observations et propositions faites ou suggérées pour l'élection des députés restent valables (v. *supra*).

---

[19] Pierre Avril et Jean Gicquel, *op. cit.*, p. 36.
[20] Art. 155 CE.
[21] Art. 154 CE.
[22] Art. 20-1 C, art. 214 CE.

Lorsque l'on prend les listes des sénateurs élus en avril 2013, l'on se rend compte que quatre listes comportent une seule femme chacune, cinq listes comportent deux femmes chacune et une liste comporte trois femmes. Elections Cameroon, l'organe de régulation des élections, et le Conseil constitutionnel ont ainsi validé des listes de sept candidats ne comportant qu'une seule femme. S'agissant des 30 sénateurs nommés, sur les dix circonscriptions, trois comptent une femme chacune, les sept autres, aucune femme.

L'élection a lieu selon le mode mixte, c'est-à-dire combinant le système majoritaire et la représentation proportionnelle. Si une liste obtient la majorité absolue des suffrages exprimés, elle est proclamée élue et remporte la totalité des sept sièges mis en compétition. Si aucune liste n'obtient la majorité absolue des suffrages exprimés, il est attribué à la liste ayant la majorité relative la moitié des sièges à pourvoir, arrondie à l'entier supérieur, soit quatre sièges. Les trois sièges restants sont répartis entre toutes les listes, y compris celle ayant obtenu la majorité relative, à la représentation proportionnelle, suivant la règle du plus fort reste. Sont exclues de cette répartition, les listes ayant obtenu moins de 5% de suffrages exprimés au niveau de la région. Les sièges sont attribués aux candidats dans l'ordre de présentation sur chaque liste[23].

C) CONDITIONS D'ELIGIBILITE ET DE NOMINATION, INELIGIBILITES

Pour être candidat aux élections sénatoriales ou nommé sénateur, il faut remplir six conditions. Il faut d'abord être citoyen camerounais d'origine. Cette condition est plus sévère que pour la députation puisque les naturalisés peuvent être élus députés. Il faut en outre être âgé de 40 ans révolus, jouir du droit de vote, être régulièrement inscrit sur une liste électorale, savoir lire et écrire le français ou l'anglais, justifier d'une résidence effective sur le territoire de la région[24]. Cette dernière condition n'est pas exigée pour être éligible comme député. Bien que représentant la nation entière comme le député, le sénateur représente plus spécifiquement les collectivités territoriales décentralisées et doit par conséquent justifier d'une résidence sur le territoire de celle dans laquelle il se présente.

Comme les députés, sont inéligibles et ne peuvent être nommés sénateurs, pendant l'exercice de leurs fonctions et pendant les six mois qui suivent la cessation de ces fonctions, les personnels des services de la sûreté et de la police ainsi que les militaires et assimilés des forces armées[25].

Le décret nommant les sénateurs intervient dans un délai maximal de dix jours suivant la proclamation des résultats des élections sénatoriales par le Conseil constitutionnel[26].

---

[23] Art. 218 CE.
[24] Art. 220 CE.
[25] Art. 159 CE.
[26] Art. 215-3 CE.

D) LA DECHEANCE DU SENATEUR

Comme pour le député et son suppléant, les conditions d'éligibilité ou de nomination doivent continuer d'être remplies, pour le sénateur et pour le suppléant, pendant toute la durée du mandat. Est par conséquent déchu de plein droit de sa qualité de sénateur ou de suppléant, celui dont l'inéligibilité se révèle postérieurement à la proclamation des résultats de l'élection, celui dont l'inéligibilité survient à la suite d'une condamnation définitive postérieure à l'élection, celui qui, pendant la durée du mandat, se trouve ne plus être éligible ou nommable dans les conditions fixées. Comme pour le député, la déchéance du sénateur titulaire est constatée par le Conseil constitutionnel à la diligence du bureau du Sénat. Celle du suppléant est d'office.

E) DUREE DU MANDAT DES SENATEURS

Le mandat des sénateurs commence le troisième mardi suivant la proclamation des résultats de l'élection des sénateurs par le Conseil constitutionnel[27]. Le titre juridique de sénateur est constitué par la proclamation des résultats de l'élection par le Conseil constitutionnel pour les sénateurs élus, et par le décret nommant les autres sénateurs, mais tous n'entrent en fonction que le troisième mardi suivant cette proclamation. C'est à cette date que commence la session de plein droit consacrée par la Constitution[28]. Lors de la séance inaugurale, le doyen d'âge donne lecture du procès-verbal de proclamation des résultats des élections sénatoriales et des noms des candidats proclamés élus, transmis par le Conseil constitutionnel. Il donne ensuite lecture du décret du président de la République portant nomination des autres sénateurs[29]. Comme celui des députés, le mandat des sénateurs est de cinq ans[30]. Mais, contrairement à celui des députés, il ne peut être ni abrégé ni prorogé. La prochaine élection a lieu au plus tard quarante jours avant l'expiration du mandat en cours[31]. Les sénateurs sont rééligibles[32]. Le mandat des sénateurs nommés est renouvelable[33].

F) VACANCE DES SIEGES ET REMPLACEMENT DES SENATEURS

Le mode de remplacement du titulaire du mandat est différent selon qu'il est élu ou nommé, qu'il est décédé ou a quitté sa fonction pour tout autre motif. En cas de décès d'un sénateur élu, il est procédé à des élections partielles à

[27] Art. 215-1 et 215-2 CE.
[28] Art. 21-1 C, art. 215-2 CE.
[29] Art. 7-1 RIS.
[30] Art. 151-1 C, art. 214-2 CE.
[31] Art. 216-2 CE.
[32] Art. 214-3 CE.
[33] Art. 214-4 CE.

l'échelon de la région concernée. Les élections partielles se déroulent au scrutin uninominal s'il n'y a qu'un seul siège vacant à pourvoir, au scrutin de liste s'il y a plusieurs sièges vacants à pourvoir. Dans tous les autres cas de vacance de siège de sénateur élu, le sénateur suppléant est appelé à siéger à la place du titulaire jusqu'à la fin du mandat[34].

Le sénateur Abba Boukar, élu en avril 2013 dans la circonscription de l'Extrême-Nord, a préféré son mandat local lorsqu'il a été réélu maire de Mora (dans le département du Mayo-Sava) après les municipales de septembre 2013. Il a été remplacé par sa suppléante, Saki Lamine.

Dans tous les cas de vacance de siège de sénateur nommé (pour cause de décès, démission ou nomination à une fonction incompatible), un nouveau sénateur est nommé pour achever le mandat, à la diligence du président du Sénat.

De fait, plusieurs sénateurs élus ou nommés, décédés, n'ont pas été remplacés, plus de trois ans après leur décès.

SECTION III
LES INCOMPATIBILITES DU MANDAT PARLEMENTAIRE

Alors que les inéligibilités visent essentiellement à protéger les électeurs contre les pressions, les incompatibilités ont pour but de protéger l'indépendance du parlementaire et de prévenir les conflits d'intérêts. Les inéligibilités présentent un caractère absolu en ce qu'elles font obstacle soit à la candidature (lorsqu'elles se révèlent avant l'élection ou, pour les sénateurs nommés, avant la nomination), soit à l'exercice du mandat (lorsqu'elles se révèlent postérieurement à l'élection ou à la nomination). En revanche, les incompatibilités n'ont qu'une portée relative. Elles n'empêchent pas l'exercice du mandat. Elles imposent uniquement au parlementaire de choisir entre le mandat et l'activité incompatible. On examinera la procédure de vérification des incompatibilités (§ 1) avant d'étudier les différents cas d'incompatibilité (§§ 2 à 5).

§ 1. PROCEDURE DE VERIFICATION DES INCOMPATIBILITES

La procédure de vérification des cas d'incompatibilité est désormais extrêmement détaillée dans les deux chambres. Après la proclamation des résultats de l'élection des députés par le Conseil constitutionnel ou après la proclamation des résultats de l'élection de 70 sénateurs par le Conseil constitutionnel et la nomination de 30 autres par le président de la République, chaque parlementaire adresse au secrétariat général de la chambre des pièces permettant de procéder à la vérification des cas d'incompatibilité.

---

[34] Art. 219 CE, art. 26 RIS.

A l'Assemblée nationale, ces pièces sont composées d'un extrait d'acte de naissance ou un jugement supplétif en tenant lieu, une copie certifiée conforme de la carte nationale d'identité, un document attestant de la fin ou de la suspension de toute activité incompatible avec le mandat de député et une déclaration sur l'honneur de la fin ou de la suspension des activités incompatibles.

Au Sénat, il est exigé des sénateurs une seule pièce : une déclaration sur l'honneur (en double exemplaire et sur imprimé spécial délivré par le secrétariat général du Sénat) indiquant, soit que le concerné ne se trouve dans aucun des cas d'incompatibilité prévus par la loi, soit qu'il se trouve dans un ou des cas d'incompatibilité qu'il indique en précisant son choix entre le mandat et les activités incompatibles[35].

Le Conseil constitutionnel français considère que l'obligation de déclaration sur l'honneur des activités incompatibles s'impose aux parlementaires pendant toute la durée du mandat, et non seulement en début de mandat[36].

A la session de plein droit qui suit l'élection des députés ou l'élection et la nomination des sénateurs, sous la présidence du doyen d'âge, il est mis en place des bureaux de vérification[37]. Au Sénat, il est mis en place quatre bureaux de vérification, chacun étant composé de 25 sénateurs au plus[38]. Le nombre de bureaux et de députés les composant n'est pas précisé à l'Assemblée nationale. Les bureaux de vérification sont élus en séance publique, au scrutin de liste secret, à la majorité absolue[39]. La composition de chaque liste doit refléter (strictement au Sénat, autant que possible à l'Assemblée nationale) la configuration politique de la chambre[40]. Les bureaux de vérification sont élus pour toute la durée de la législature[41]. Chacun désigne en son sein un président, un vice-président, deux secrétaires et un rapporteur[42].

Au Sénat, les bureaux de vérification statuent sur le cas de tous les sénateurs. A l'Assemblée nationale, les bureaux de vérification ne statuent que sur les cas des députés dont les noms figurent sur une liste à eux soumise[43]. Si le Règlement intérieur de l'Assemblée nationale ne précise pas qui prépare ces listes et sur quelles bases, on peut présumer qu'elles sont préparées par les soins du secrétaire général de la chambre sur la base des déclarations sur l'honneur de la fin ou de la suspension des activités incompatibles ainsi que du document soumis par les députés attestant de la fin ou de la suspension de toute activité incompatible avec le mandat.

---

[35] Art. 5 RIAN, art. 8 RIS.
[36] Décision n° 87-6 I DC du 24 novembre 1987.
[37] Art. 6-1 RIAN, art. 9-1 RIS.
[38] Art. 9-1 RIS.
[39] Art. 6-2 RIAN, art. 9-2 RIS.
[40] Art. 6-2 RIAN, art. 9-1 RIS.
[41] Art. 7-1 RIAN, art. 9-3 RIS.
[42] Art. 7-2 RIAN, art. 9-4 RIS.
[43] Art. 6-1 RIAN, art. 8 RIS.

Au Sénat, les bureaux de vérification disposent d'un délai de 72 heures pour dresser procès-verbal de leurs travaux[44]. Un tel délai n'est pas fixé à l'Assemblée nationale.

Afin de garantir la transparence du processus en ce qui concerne d'une part, les pièces fournies par les parlementaires, notamment, pour les députés, les documents attestant de la fin ou de la suspension des activités incompatibles et, pour tous les parlementaires, les déclarations sur l'honneur, d'autre part, les délibérations des bureaux de vérification, les procès-verbaux des travaux des bureaux de vérification ainsi que les documents soumis par les parlementaires peuvent être consultés sur place et sans déplacement par tout parlementaire[45].

A l'Assemblée nationale, tout député constatant une anomalie dans les pièces fournies par un autre député ou dans les procès-verbaux des délibérations des bureaux de vérification, peut adresser une réclamation au doyen d'âge en début de législature et, en cas d'élection partielle en cours de législature, au président de la chambre. Le doyen d'âge ou le président saisit le bureau de vérification compétent. Le bureau de vérification saisi doit transmettre ses conclusions au doyen d'âge ou au président dans un délai de cinq jours. L'examen de ces conclusions est inscrit d'office à l'ordre du jour de la séance qui suit l'expiration de ce délai[46].

Dans les deux chambres, les rapports des bureaux de vérification sont affichés et distribués aux parlementaires[47]. A l'Assemblée nationale seule, si, après affichage et distribution des rapports des bureaux de vérification, survient de nouveau une contestation portant sur un cas d'incompatibilité, le bureau de vérification compétent est dessaisi et l'Assemblée nationale, en séance plénière, crée une commission d'enquête complémentaire composée des présidents et des secrétaires de tous les bureaux de vérification. Cette commission dispose d'un délai de 72 heures pour déposer ses conclusions, lesquelles donnent lieu à un vote définitif de la chambre sur ce cas[48].

Dans les deux chambres, si le rapport d'un bureau de vérification ne fait état d'aucun cas d'incompatibilité, il est adopté sans débat en séance plénière. S'il fait par contre état d'un cas d'incompatibilité, la chambre, en séance plénière, donne un délai de dix jours à l'élu concerné pour se démettre du mandat ou de la fonction incompatible. A l'expiration de ce délai, si le cas d'incompatibilité persiste, la démission d'office du concerné est constatée[49]. Son suppléant est alors appelé à siéger à sa place jusqu'à la fin du mandat[50].

---

[44] Art. 9-5 RIS.
[45] Art. 7-5 RIAN, art. 9-6 RIS.
[46] Art. 8-2 et 8-3 RIAN.
[47] Art. 9-1 RIAN, art. 10-1 RIS.
[48] Art. 10 RIAN.
[49] Art. 9-1 a) et b) RIAN, art. 10-1 a) et b) RIS.
[50] Art. 154 CE.

Lorsque le parlementaire acquiert postérieurement à son élection un mandat ou une fonction élective propre à le placer dans un des cas d'incompatibilité, il dispose du même délai de dix jours « pour choisir le mandat ou la fonction qu'il abandonne, faute de quoi c'est la fonction ou le mandat acquis ou renouvelé à la date la plus récente qui prend fin de plein droit »[51].

La vérification des cas d'incompatibilité est sans lien avec la validation des mandats des députés, aujourd'hui supprimée, parce que contraire à la Constitution. Le Conseil constitutionnel avait en effet, dans sa décision du 28 novembre 2002, déclaré les dispositions du règlement intérieur de l'Assemblée nationale sur la validation des mandats des députés contraires à la Constitution parce qu'elles apparaissaient « comme un contrôle *a posteriori* de la décision du Conseil constitutionnel déclarant élus des candidats à l'élection législative ».

§ 2. INCOMPATIBILITE DES FONCTIONS PUBLIQUES ELECTIVES

A) INCOMPATIBILITE ENTRE LE MANDAT DE DEPUTE ET CELUI DE SENATEUR

La règle est que le mandat de député est incompatible avec celui de sénateur, et vice-versa[52]. Mais, cette incompatibilité ne peut être constatée qu'après la proclamation des résultats des élections par le Conseil constitutionnel qui créent le cas d'incompatibilité. Elle ne peut être constatée avant, par exemple dès la publication du procès-verbal de la commission nationale de recensement général des votes qui n'indique que les présumés élus. Ces présumés élus restent des « élus amphibies »[53], tant que leur élection n'est pas confirmée par le Conseil constitutionnel.

L'incompatibilité du mandat de député avec celui de sénateur vaut également pour le suppléant. Le mandat de député titulaire ou suppléant est incompatible avec celui de sénateur suppléant, et vice-versa.

B) INCOMPATIBILITE AVEC UN MANDAT LOCAL

Le mandat de député ou de sénateur est incompatible avec le mandat de maire ou de président de conseil régional[54], c'est-à-dire avec une fonction exécutive locale, mais il n'est pas incompatible avec le mandat de conseiller municipal ou de conseiller régional.

---

[51] Pierre Avril et Jean Gicquel, *op. cit.*, p. 46.
[52] Art. 14-5 C, art. 7-1 RIS. Le règlement intérieur de l'Assemblée nationale ne fait pas de distinction entre le caractère électif ou non des fonctions publiques incompatibles. Il prévoit uniquement que le mandat de député est incompatible avec l'exercice de toute fonction publique rétribuée « sur les fonds de l'Etat » (art. 4-2 RIAN).
[53] Sur la notion d'élu amphibie, v. Pierre Avril et Jean Gicquel, *op. cit.*, p. 39.
[54] Art. 4-1 et 4-2 RIAN, art. 7-2 RIS. Art. 162-2 CE.

§ 3. INCOMPATIBILITE DES FONCTIONS PUBLIQUES NON ELECTIVES

Les fonctions publiques non électives incompatibles sont essentiellement celles de membres du gouvernement, de membres du Conseil constitutionnel ou de membres du Conseil économique et social, de délégué du gouvernement auprès d'une communauté urbaine ou de président de chambre consulaire. Cette incompatibilité s'étend aux fonctions de président de conseil d'administration d'un établissement public ou d'une entreprise du secteur public ou parapublic, ainsi qu'au statut de salarié, y compris de dirigeant, des mêmes établissements et entreprises[55]. Elle ne concerne cependant pas les fonctions d'enseignant à titre titulaire ou vacataire de l'enseignement supérieur.

Une exception est faite à la procédure de vérification des incompatibilités pour ce qui concerne les fonctions publiques non électives. Deux cas peuvent se présenter : la fonction publique non élective est occupée avant l'élection (A) ou attribuée en cours de mandat (B).

A) CAS DE LA FONCTION PUBLIQUE NON ELECTIVE EXERCEE AVANT L'ELECTION

Si un agent public et, de manière générale, tout titulaire d'une fonction publique non élective, est déclaré élu député ou sénateur, il est censé avoir opté pour le mandat parlementaire. Cette solution repose sur l'idée que c'est le mandat confié par le suffrage universel qui est préféré, parce que la fonction publique non élective était exercée antérieurement à l'acquisition du mandat électif.

La solution ne va pas d'elle-même si le fonctionnaire est nommé sénateur. Il doit garder la liberté de faire le choix entre la fonction publique non élective et le mandat (lui aussi non électif) qui lui est confié. A l'Assemblée nationale, même avant que ne soient mis en place les bureaux de vérification, le fonctionnaire étant réputé avoir opté pour le mandat de député, doit immédiatement quitter son poste, être remplacé dans ses fonctions et être placé en position de détachement auprès de l'Assemblée nationale[56]. Il dispose néanmoins d'un délai d'un mois pour faire connaître qu'il accepte ou non le mandat de député. Si, dans ce délai, il déclare ne pas accepter le mandat que lui a confié le suffrage universel, il reprend de plein droit son poste dans la fonction publique de l'Etat.

---

[55] Pour bien marquer la séparation des pouvoirs, c'est la Constitution qui consacre l'incompatibilité du mandat de parlementaire avec la fonction de membre du gouvernement (art. 13 C), de membre de la Cour suprême ou du Conseil constitutionnel (art. 51-5 C). Art. 4-1 et 4-2 RIAN, art. 7-2, 7-3 RIS, art. 162 CE.

[56] Art. 4-2 RIAN. De même, le fonctionnaire élu ou nommé au Sénat est automatiquement placé en position de détachement (art. 133-1 RIS).

B) CAS DE LA NOMINATION D'UN PARLEMENTAIRE A UNE FONCTION PUBLIQUE NON ELECTIVE EN COURS DE MANDAT

Un parlementaire nommé membre du gouvernement ou assimilé, membre du Conseil constitutionnel, membre du Conseil économique et social, délégué du gouvernement auprès d'une communauté urbaine, président de chambre consulaire, président de conseil d'administration d'un établissement public ou d'une entreprise du secteur public et parapublic, ou nommé à toute autre fonction publique non élective, est réputé avoir opté pour la fonction à laquelle il est nommé s'il n'a pas expressément exprimé de volonté contraire. Cette acceptation entraîne son remplacement par son suppléant. Il y a néanmoins lieu de préciser que l'incompatibilité ne s'applique pas aux parlementaires désignés membres des conseils d'administration desdits établissements ou entreprises.

§ 4. INCOMPATIBILITE DES MISSIONS CONFIEES PAR LE GOUVERNEMENT

Les missions temporaires ou extraordinaires confiées en cours de mandat à un parlementaire par le gouvernement, ne sont pas considérées comme activités incompatibles, à condition que ces missions n'excèdent pas deux ans, ce délai pouvant être renouvelé après avis du bureau de la chambre[57]. Les parlementaires à qui sont confiées de telles missions sont appelés « parlementaires en mission de longue durée ». *A contrario*, si la mission excède deux ans sans renouvellement, l'assemblée doit prendre acte de la cessation du mandat du titulaire, qui est alors remplacé par son suppléant.

§ 5. CAS DES ACTIVITES PRIVEES

Les activités privées des parlementaires ne sont pas incompatibles avec l'exercice de leur mandat. Deux types d'actes privés sont cependant interdits : certains actes de plaidoirie de parlementaires exerçant la profession d'avocat (A) et l'usage de la qualité de parlementaire dans la publicité commerciale (B).

A) CERTAINS ACTES DE PLAIDOIRIE DE PARLEMENTAIRES EXERCANT LA PROFESSION D'AVOCAT

Le parlementaire exerçant la profession d'avocat ne peut plaider ni consulter pour le compte d'établissements publics ou d'entreprises du secteur public ou parapublic (sauf s'il en était le conseil avant son élection), ni contre l'Etat ou une personne publique.

---

[57] Art. 4-3 et 4-4 RIAN, art. 7-5 et 7-6 RIS.

A contrario, il peut plaider pour l'Etat ou pour une personne publique. Il ne peut exercer aucun acte de sa profession dans les affaires pénales visant les crimes et délits contre la chose publique (c'est-à-dire les atteintes à la sûreté et aux garanties de l'Etat, les atteintes à l'autorité publique, les atteintes à la Constitution, notamment les délits électoraux, les empiètements sur les pouvoirs législatif, exécutif ou judiciaire, les coalitions contre les lois, le fonctionnement d'un service public ou la sûreté de l'Etat)[58], ni en matière de presse ou d'atteinte au crédit ou à l'épargne[59].

B) L'USAGE DE LA QUALITE DE PARLEMENTAIRE DANS LA PUBLICITE COMMERCIALE

Sous peine de sanction disciplinaire, il est interdit au parlementaire de faire état ou de laisser faire état de sa qualité dans une entreprise financière, industrielle ou commerciale ou dans l'exercice de professions libérales ou autres[60]. L'interdiction s'étend à tout motif autre que l'exercice du mandat parlementaire. En réalité, cette interdiction concerne essentiellement l'utilisation de la qualité de parlementaire dans une publicité relative à ces entreprises ou professions. Les papiers en-tête et les cartes de visite sont considérés comme des objets publicitaires et sont donc concernés.

SECTION IV
LES IMMUNITES PARLEMENTAIRES

Selon le principe de la séparation des pouvoirs, le parlementaire ne peut pleinement exercer son mandat que s'il est indépendant à la fois du pouvoir exécutif et du pouvoir judiciaire. Afin de protéger le mandat du parlementaire vis-à-vis des atteintes de ces pouvoirs, deux types de mesures sont prévues : l'irresponsabilité (§ 1) et l'inviolabilité (§ 2). La première vise à protéger l'indépendance du mandat alors que la seconde a pour objet de protéger le mandat des entraves qui pourraient être apportées à son exercice. La première vise les actes accomplis dans l'exercice des fonctions de parlementaire. La seconde a trait aux actes relevant du droit pénal et détachables de l'activité parlementaire. Ces mesures, qui sont d'ordre public, ne sont pas instituées pour protéger les parlementaires, mais pour protéger l'institution parlementaire. Elles constituent

[58] V. Code pénal (loi n° 2016/007 du 12 juillet 2016), art. 102 à 226.
[59] Pierre Avril et Jean Gicquel, *op. cit.*, p. 44.
[60] Art. 121 RIAN, art. 135 RIS, art. 163-2 CE.

ce que l'on appelle les immunités parlementaires. La Constitution renvoie à la loi le pouvoir de fixer leur régime[61].

§ 1. L'IRRESPONSABILITE PARLEMENTAIRE

L'irresponsabilité parlementaire est prévue par le règlement intérieur du Sénat et par une ordonnance pour ce qui concerne les députés[62]. L'irresponsabilité est une mesure de nature fonctionnelle. Elle vise à protéger la fonction, l'indépendance du mandat ; autrement dit, la séparation des pouvoirs. Ce privilège couvre le parlementaire à raison de certains actes qu'il est amené à prendre dans le cadre de son mandat. Ainsi, aucun membre du parlement ne peut être poursuivi, recherché, arrêté, détenu ou jugé à l'occasion des opinions ou votes émis par lui dans l'exercice de ses fonctions. Il s'agit donc d'une irresponsabilité pénale.

Cette protection qui soustrait l'élu au droit commun, est à la fois absolue et perpétuelle. Elle est absolue « parce qu'elle est l'absolue condition d'une parole et d'une conviction totalement libres »[63]. Elle concerne tous les propos, opinions et avis émis ainsi que tous les actes accomplis par le parlementaire dans l'exercice de ses fonctions. Elle ne peut être levée. Elle est perpétuelle, ou permanente, en ce qu'elle couvre la période du mandat, et après.

La notion d'opinions émises ou d'actes accomplis « dans l'exercice de ses fonctions » est au cœur de cette immunité. Pour que cette immunité s'applique, il faut que l'opinion émise ou l'acte accompli soit directement rattaché à l'exercice du mandat. Cette immunité vise à protéger le mandat et non son détenteur. Les opinions et actes détachables ne sont donc pas concernés. Ceux-ci relèvent plutôt de l'inviolabilité. Les opinions et votes protégés sont uniquement ceux tenus ou faits en séance plénière, en commission, en réunion du bureau de la chambre, au sein des groupes parlementaires, dans les rapports parlementaires, lors des réunions de compte rendu parlementaire ou lors des missions parlementaires[64]. Les propos tenus par un parlementaire dans les réunions publiques (conférences, colloques, meetings, campagnes électorales) comme dans les médias (à l'occasion des interviews, débats et tribunes) relèvent du droit commun et ne sont pas protégés.

La frontière entre les propos protégés ou non peut être parfois floue. En effet, un compte rendu des activités du parlement (généralement appelé « compte rendu parlementaire ») fait de bonne foi dans les journaux ou à l'occasion d'une interview ne devrait pas donner lieu à action.

---

[61] Art. 14-6 C. Les immunités des députés sont fixées par l'ordonnance n° 72-12 du 26 août 1972 et celles des sénateurs par la loi portant règlement intérieur du Sénat (art. 25).
[62] Art. 25-2 RIS, art. 1er de l'ordonnance n° 72-12 du 26 août 1972.
[63] Guy Carcassonne et Marc Guillaume, *op. cit.*, p. 157.
[64] Pierre Avril et Jean Gicquel, *op. cit.*, p. 50.

Si cette immunité exclut toute suite judiciaire, elle ne signifie toutefois pas impunité. Le parlementaire reste passible de sanctions disciplinaires et pécuniaires. Ainsi, la censure avec inscription au procès-verbal est prononcée sur proposition du président de la chambre, par celle-ci à la majorité des membres présents et au scrutin secret, contre un parlementaire ayant provoqué une scène tumultueuse en séance publique ou adressé à un collègue des injures, provocations ou menaces. Elle entraîne l'interdiction de prendre la parole au cours de la séance durant laquelle elle a été prononcée ainsi qu'au cours des trois séances suivantes. Elle entraîne également la privation de l'indemnité représentative des frais de mandat pendant deux mois[65].

La censure avec exclusion temporaire est prononcée dans les mêmes conditions contre un parlementaire qui a fait appel à la violence en séance publique, s'est rendu coupable d'outrages envers la chambre ou envers son président, s'est rendu coupable d'injures, de provocations ou de menaces envers le président de la République ou un membre du gouvernement. Elle entraîne l'interdiction de prendre part aux travaux de la chambre et de reparaître dans le palais de l'assemblée jusqu'à l'expiration de la septième séance qui suit celle où la mesure a été prononcée. Elle entraîne également la privation de l'indemnité de frais de mandat pendant six mois[66].

§ 2. L'INVIOLABILITE PARLEMENTAIRE

Cette immunité, également destinée à protéger la séparation des pouvoirs, permet au parlementaire d'échapper aux poursuites pénales pour crimes et délits, intentées pour des actes détachables de son activité parlementaire, c'est-à-dire étrangers à l'exercice de son mandat. Elle vise à empêcher le gouvernement (par l'intermédiaire du parquet) à porter atteinte aux assemblées parlementaires à travers leurs membres. Aucun parlementaire ne peut ainsi être poursuivi en matière criminelle ou correctionnelle[67].

L'inviolabilité est une mesure personnelle. Elle protège le parlementaire, en sa qualité d'individu, pour les actes qu'il accomplit hors de ses fonctions. Ces actes peuvent être soit ceux de sa vie privée, soit ceux de sa vie publique détachables de son activité parlementaire.

Cette immunité ne soustrait pas le parlementaire aux poursuites pénales, mais elle le protège « contre des poursuites abusives et vexatoires intentées contre lui à raison des faits étrangers à l'exercice » de son mandat[68]. Elle le protège également contre les mesures restrictives de liberté (contrôle judiciaire)

---

[65] Art. 98 RIAN, art. 105 RIS.
[66] *Ibid.*
[67] Art. 19-3 RIS.
[68] Pierre Avril et Jean Gicquel, *op. cit.*, p. 51.

et celles privatives de liberté (arrestation, garde à vue, détention). Celles-ci sont en effet suspendues de plein droit sur réquisition de la chambre ou, hors session, de son bureau, afin de permettre au parlementaire d'achever ses travaux[69].

Alors que l'irresponsabilité est absolue (elle ne peut être levée), l'inviolabilité a un caractère relatif. Cette immunité peut être levée sur autorisation de la chambre pendant les sessions ou, hors session, sur autorisation du bureau[70]. Autrement dit, le parlementaire peut être poursuivi en matière criminelle ou correctionnelle, pour des faits étrangers à l'exercice de son mandat, à condition que la chambre à laquelle il appartient l'autorise. Cette autorisation préalable se justifie par l'idée que l'immunité protège le mandat et non le détenteur du mandat et que la restriction ou la suppression de la liberté du parlementaire restreint ou supprime sa capacité d'exercer son mandat.

Cette immunité ne joue pas en cas de flagrant délit ou de crimes et délits contre la sûreté intérieure ou extérieure de l'Etat tels qu'ils sont fixés par le Code pénal. Aucune autorisation n'est par conséquent requise dans ces cas. La flagrance a trait à un crime ou un délit qui est en train d'être commis (flagrance au sens strict) ou qui vient d'être commis. Elle est aussi constituée lorsqu'il existe des indices sérieux laissant penser que le concerné a participé à l'infraction. Hors les cas de flagrant délit ou de crimes et délits commis contre la sûreté de l'Etat pour lesquels la procédure de droit commun s'applique, la demande d'autorisation des poursuites à l'encontre d'un parlementaire en matière criminelle ou correctionnelle, déclenche la procédure de levée de son immunité.

Contrairement à une idée répandue, lorsque l'on parle de levée d'immunité, seule l'inviolabilité est concernée puisque l'autre immunité, l'irresponsabilité, est, par principe, intouchable.

Concrètement, le procureur général, saisi d'un fait punissable pénalement commis par un parlementaire, adresse une demande d'autorisation de poursuites au président de la chambre à laquelle il appartient, par l'intermédiaire du garde des Sceaux. Le procureur ne peut pas saisir directement le président de la chambre puisque « le parlement ne connaît qu'un seul interlocuteur : le gouvernement »[71]. En cas de compétence des juridictions militaires, le ministre en charge de la défense adresse la demande d'autorisation des poursuites au président de l'assemblée concernée et en informe le garde des Sceaux. A peine de nullité, la demande doit « indiquer avec précision » les mesures envisagées (mesures d'arrestation ou mesures restrictives ou privatives de liberté) ainsi que les motifs invoqués[72].

---

[69] Art. 3 de l'ordonnance n° 72-12 du 26 août 1972.
[70] Art. 19-3 RIS, art. 2 de l'ordonnance n° 72-12 du 26 août 1972.
[71] Pierre Avril et Jean Gicquel, *op. cit.*, p. 53.
[72] Instruction générale du bureau de l'Assemblée nationale et du Sénat français.

Le Conseil constitutionnel français considère que, pour autoriser la levée de l'immunité d'un parlementaire, l'assemblée à laquelle il appartient doit avoir jugé la demande du procureur « sérieuse, loyale et sincère ». Sérieuse, c'est-à-dire qu'elle « repose sur des faits constitutifs de crime ou délit imputable au parlementaire », loyale et sincère, c'est-à-dire « non fondée sur des arrière-pensées politiques »[73].

La chambre n'a pas à se prononcer sur le fond, c'est-à-dire sur les faits. En outre, l'autorisation de l'action pénale donnée par la chambre (en session) ou le bureau (hors session), ne concerne que les faits mentionnés dans la demande transmise par le garde des Sceaux ou le ministre en charge de la défense.

Si, juridiquement, le parlementaire dont l'immunité a été levée conserve son mandat, il est intenable politiquement qu'il continue à l'exercer pendant le temps des poursuites.

On l'a vu, l'inviolabilité est limitée à la personne du parlementaire. Elle ne s'étend pas aux locaux qu'il occupe à titre professionnel ou privé. Il peut donc être pratiqué des perquisitions dans ses bureaux ou à son domicile. L'on notera également que cette immunité ne joue pas en matière de contraventions pénales, ni de poursuites civiles, mais uniquement en matière criminelle ou correctionnelle.

Le parlement camerounais a déjà eu à lever l'immunité de deux de ses membres. En février 2005, celle de Doh Gah Gwayin III, député de la circonscription de Ngo-Ketunjia-Sud (région du Nord-Ouest), impliqué dans une affaire de meurtre et, en août 2009, celle de Dieudonné Ambassa Zang, député de la circonscription de Mefou-et-Afamba (région du Centre), pour détournement de deniers publics lorsqu'il était ministre des Travaux publics.

SECTION V
LES INDEMNITES ET LES PRIVILEGES PARLEMENTAIRES

La Constitution renvoie à la loi[74] le pouvoir de fixer le régime des indemnités et des privilèges parlementaires.

§ 1. LES INDEMNITES PARLEMENTAIRES

« La démocratie suppose une égale possibilité d'accès au parlement, qui, elle-même, implique que ceux qui y sont élus puissent vivre »[75] décemment et être à l'abri des tentations. Tel est le fondement de l'indemnité parlementaire, laquelle est ainsi instituée pour deux objectifs : l'égalité et l'indépendance financière.

[73] Décision n° 62-18 DC du 10 juillet 1962.
[74] Art. 14-6 C.
[75] Guy Carcassonne et Marc Guillaume, *op. cit.*, p. 152.

L'indemnité parlementaire vise d'abord à garantir que l'accès aux mandats parlementaires ne sera pas réservé à ceux qui ont le plus de moyens, que « nul ne soit écarté de l'enceinte législative par des considérations pécuniaires »[76]. Le candidat à la fonction de parlementaire sait que, s'il est élu, il pourra assumer sa tâche en vivant décemment. Il peut donc prendre des dispositions pour conduire une campagne électorale convenable financièrement, y compris en s'endettant, sachant qu'il pourra désintéresser ses créanciers en prélevant sur ce qu'il recevra du parlement. L'indemnité parlementaire vise ensuite à garantir l'indépendance financière du parlementaire une fois élu, en le mettant à l'abri du besoin et donc, des tentations[77]. L'indemnité parlementaire comprend les émoluments auxquels sont attachés des avantages divers (A) et des indemnités spéciales (B, C et D). Elle ne peut toutefois être cumulée avec une autre rémunération publique (E). Le parlementaire a, par ailleurs, droit à une pension de retraite (F).

A) LES EMOLUMENTS

L'indemnité parlementaire est constituée de deux éléments principaux : l' « indemnité parlementaire » proprement dite (parfois improprement appelée indemnité législative de base) équivalente à un salaire de base, et l' « indemnité représentative des frais de mandat », destinée à couvrir une partie des charges du mandat de parlementaire[78].

Eléments fondamentaux constitutifs des émoluments du parlementaire, ces deux indemnités sont complétées par divers avantages servis pour couvrir d'autres charges et assurer les commodités de la fonction : indemnité pour fonctionnement du secrétariat parlementaire, indemnité de domesticité (ou contribution à la rémunération du chauffeur et du personnel domestique), prime pour boissons (ou contribution aux réceptions), prime pour redevance d'eau, prime pour redevance d'électricité, prime pour redevance téléphonique, prime pour carburants. L'ensemble, majoré des allocations familiales, est mandaté mensuellement au parlementaire, moyennant les retenues obligatoires au titre de l'IRPP (impôt sur le revenu des personnes physiques), des centimes additionnels à l'IRPP, de la pension de retraite, de la taxe communale, de la redevance audiovisuelle et de la contribution au Crédit foncier. Ces retenues sont calculées sur la base de la seule indemnité parlementaire. L'indemnité pour frais de mandat n'est pas soumise à l'impôt[79].

---

[76] Eugène Pierre, *in* Simon-Louis Formery, *La constitution commentée*, 13e éd., 2010-2011, Paris, Hachette, p. 66.

[77] Pierre Avril et Jean Gicquel, *op. cit.*, p. 56.

[78] Art. 110-1 RIAN, art. 128-1 RIS.

[79] Elle n'est pas, non plus, saisissable. Art. 114 RIAN, art. 131 RIS.

Certains parlementaires se voient retenir de leurs émoluments, sur leur accord, des cotisations au profit de leur parti politique ou de leur groupe parlementaire.

Les autres indemnités (indemnités de session, indemnités pour charges administratives spéciales, indemnité de représentation ou de fonction, v. *infra*) ne figurent pas sur le bulletin d'émoluments et ne sont naturellement pas, elles non plus, soumises à l'impôt. Bien que dans la tradition camerounaise, les salaires et les émoluments ne sont pas rendus publics, la longue liste des indemnités et primes versées au parlementaire ne devrait pas laisser croire que celui-ci mène un train de vie princier. Au-delà des obligations directement liées au mandat, la fonction « d'assistance sociale » du parlementaire absorbe une grande partie de ses revenus, les fonds dits de microprojets (à l'Assemblée nationale) ou d'intervention sénatoriale (au Sénat) étant notoirement insuffisants. Ces fonds permettent aux parlementaires de réaliser quelques actions concrètes au profit des populations de leurs circonscriptions électorales : équipements d'écoles en tables-bancs ou de mairies en ordinateurs et autres matériels de bureau, réalisation de forages d'eau, distribution de fournitures scolaires aux élèves, d'engrais ou de semences aux paysans, etc.

B) LES INDEMNITES DE SESSION

A l'occasion de chaque session parlementaire, il est versé aux parlementaires une « indemnité de session » pour couvrir les charges de la session et celles liées à l'éloignement de la résidence habituelle[80]. En outre, en raison de leurs activités spéciales au cours de certaines sessions, le doyen d'âge, les deux plus jeunes membres de la chambre, les membres des bureaux des commissions et le rapporteur général de la Commission des Finances et du Budget, perçoivent une « indemnité spéciale de session »[81].

C) L'INDEMNITE POUR CHARGES ADMINISTRATIVES SPECIALES

Au Sénat, il est versé à tous les sénateurs une « indemnité pour charges administratives spéciales »[82] destinée à couvrir les charges de leur permanence parlementaire (loyer, factures d'eau, d'électricité et de téléphone, acquisition et maintenance du matériel informatique, réception des électeurs et autres visiteurs) et au renouvellement de leur garde-robe – car ils doivent, par leur apparence, refléter le prestige de l'institution. Il est présumé qu'un parlementaire ne peut correctement tenir son mandat s'il n'entretient pas une permanence ou un cabinet parlementaire dans sa circonscription électorale. La rémunération de la secrétaire du parlementaire étant prise en charge par l'allocation pour fonctionnement du secrétariat parlementaire comprise dans les émoluments, on considère que l'indemnité pour charges administratives spéciales devrait davantage couvrir la rémunération de l'assistant parlementaire, mais on sait que, dans la

[80]Art. 110-2 RIAN, art. 128-2 RIS.
[81]Art. 113 RIAN, art. 130 RIS.
[82] Fixée par arrêté du bureau.

réalité, à peine 20% des parlementaires emploient, même occasionnellement, de tels personnels.

A l'Assemblée nationale, une indemnité de même nature existe, mais elle est officiellement destinée à la seule rémunération des assistants parlementaires[83]. L'assistant parlementaire est un collaborateur du parlementaire (généralement de bon niveau intellectuel, souvent juriste, politiste ou fiscaliste, parfois recruté parmi les étudiants doctorants), qui l'assiste dans le conseil juridique et fiscal, la recherche documentaire, la pré-étude des projets ou propositions de loi dès qu'ils sont distribués en conférence des présidents ou en séance, la préparation des « avant-propositions » de loi, la préparation de rapports et de notes juridiques ou d'autre nature sur les affaires ou textes soumis par le parlementaire.

Les relations entre le parlementaire et son assistant parlementaire, son secrétaire, son chauffeur, etc. tout comme celles entre le bureau d'un groupe et le personnel de son secrétariat ressortissent au droit privé (embauche, conditions de travail, licenciement).

Au Sénat, les sénateurs secrétaires au bureau, parce qu'ils ne bénéficient pas des avantages en nature accordés aux membres du bureau dits résidents (v. *infra*, § 2), reçoivent une petite indemnité compensatrice appelée « indemnité pour appui aux charges sociales spéciales de rang ».

D) LES INDEMNITES DE REPRESENTATION ET DE FONCTION

En raison des fonctions qu'ils occupent, les membres des bureaux des chambres et des groupes parlementaires perçoivent une indemnité de fonction. Parce que les membres des bureaux représentent leur chambre en toutes circonstances et notamment dans toutes les cérémonies publiques[84], parce que les membres des bureaux des groupes parlementaires représentent les membres des groupes dans certaines activités parlementaires, les uns et les autres perçoivent une indemnité (pour frais) de représentation[85].

E) STATUT DES PARLEMENTAIRES LIES A L'ADMINISTRATION

L'indemnité parlementaire ne peut être cumulée avec une autre rémunération publique à l'exclusion des pensions de retraite dues au titre des droits des fonctionnaires ainsi que des vacations des enseignants d'université. Ainsi, les parlementaires qui étaient fonctionnaires en activité avant leur accession au parlement et ceux qui, depuis leur accession au parlement, se voient confier des fonc-

[83] Art. 110-1 RIAN.
[84] Art. 18 RIAN, art. 18-2 RIS.
[85] Art. 131 RIS.

tions rétribuées dans la fonction publique ou dans un organisme public ou parapublic, ne peuvent cumuler l'indemnité parlementaire et le traitement afférent à leurs fonctions. C'est le montant le plus élevé (du traitement ou de l'indemnité parlementaire) qui est retenu[86]. Les fonctionnaires qui accèdent au parlement sont automatiquement placés en position de détachement conformément au Statut général de la fonction publique de l'Etat[87]. Ils continuent de bénéficier de leurs avancements dans la fonction publique de l'Etat pendant la durée de leur mandat[88]. Quant aux agents relevant du Code du Travail, ceux qui accèdent au parlement voient leurs contrats de travail suspendus pendant la durée du mandat, sous réserve des dispositions dudit Code[89].

F) LA PENSION DE RETRAITE DES PARLEMENTAIRES

Sur l'indemnité parlementaire, une cotisation pour pension (à raison de 10%) est prélevée chaque mois pour alimenter la caisse de retraite des parlementaires de la chambre. Y contribue l'institution parlementaire à raison du double du montant cotisé par le parlementaire. Le parlementaire a droit à la pension de retraite proportionnelle s'il a exercé deux mandats consécutifs et à la pension de retraite d'ancienneté (dite pension à taux plein) à la suite de trois mandats consécutifs[90]. Toutefois, il peut prétendre à la pension de retraite proportionnelle s'il cumule dix annuités de cotisation au cours d'un mandat, et à la pension d'ancienneté s'il cumule 15 annuités de cotisation au cours de deux mandats[91]. Compte tenu de l'âge moyen plus élevé des sénateurs (l'âge minimum pour être sénateur est de 40 ans, alors que celui pour être député est de 23 ans), le droit à pension est ouvert aux sénateurs s'ils quittent la Haute chambre dès la fin du premier mandat, ou avant le terme du second mandat, auquel cas il leur est versé une pension appelée « prime de sécurité sociale »[92].

A côté de la pension de retraite du parlementaire, les parlementaires, anciens agents publics, continuent de bénéficier de leur pension de retraite de la fonction publique de l'Etat[93]. S'ils sont anciens travailleurs du secteur privé ou parapublic, relevant ainsi du Code du Travail, ils continuent de percevoir la pension de retraite à laquelle ils avaient droit avant leur élection au parlement (ou leur nomination au Sénat)[94].

---

[86] Art. 111 RIAN, art. 129 RIS.
[87] Art. 133-1 RIS.
[88] Art. 116 RIAN.
[89] Art. 133-2 RIS.
[90] Art. 118-1 RIAN.
[91] Art. 118-2 RIAN.
[92] Arrêté du bureau du Sénat portant détermination du régime des pensions du Sénat.
[93] Art. 117-1 RIAN.
[94] Art. 117-2 RIAN.

§ 2. LES PRIVILEGES PARLEMENTAIRES

A côté des privilèges que constituent les immunités, les autres privilèges parlementaires sont de deux ordres : ils sont matériels (A) ou protocolaires (B).

A) LES PRIVILEGES MATERIELS

Les privilèges matériels sont réservés aux membres du bureau dits résidents. L'expression « membres du bureau résidents » n'est pas consacrée par les règlements intérieurs des chambres mais résulte de la pratique parlementaire. Sont « membres du bureau résidents » le président, les vice-présidents et les questeurs. Les privilèges dont ils bénéficient sont étendus aux membres du bureau résidents assimilés, à savoir les présidents de groupe parlementaire (assimilés aux vice-présidents) et les vice-présidents de groupe parlementaire (assimilés aux questeurs)[95]. Les membres du bureau résidents et assimilés sont censés résider en permanence dans la Capitale politique, siège du parlement. Ils ont droit à un hôtel de fonction, aux moyens de transport et à un personnel domestique[96]. Les présidents de groupe ont, de plus, droit à des indemnités et des avantages liés à leurs fonctions[97]. Les bureaux des groupes parlementaires ont droit à un local de service et à un secrétariat dans l'enceinte de la chambre concernée[98].

B) LES PRIVILEGES PROTOCOLAIRES

Compte tenu de leur insertion dans l'ordonnancement général du protocole de l'Etat, les privilèges protocolaires du président de chacune des chambres du parlement, des membres des bureaux et des parlementaires sont fixés par décret du président de la République. Depuis la mise en place du Sénat en mai 2013, qui induit l'effectivité du bicaméralisme et une nouvelle articulation des règles de protocole, ledit décret n'a pas encore été pris. Toutefois, le Protocole d'Etat, à l'occasion des cérémonies publiques, précise l'ordre de passage ou la place que les présidents et les membres des bureaux des deux chambres doivent occuper en raison de leurs rangs.

A l'occasion des cérémonies publiques (fêtes nationales, réunions et réceptions officielles, etc.), le président du Sénat et les autres membres du bureau du Sénat, dans l'ordre de préséance établi lors de leur élection, arrivent juste avant le président de la République. A l'issue de la cérémonie, le président du Sénat et les autres membres du bureau du Sénat quittent la place des fêtes ou la salle de réunion ou de réception, juste après le président de la République, suivis du

[95] Art. 119-2 et 119-3 RIAN, art. 134-2 et 134-3 RIS.
[96] Art. 119-1 RIAN, art. 134-1 RIS.
[97] Art. 114 RIAN, art. 131 RIS.
[98] Art. 119-5 RIAN, art. 134-5 RIS.

président de l'Assemblée nationale et des autres membres du bureau de la chambre basse, puis du Premier ministre, du président du Conseil économique et social, du premier président de la Cour suprême et du procureur général près ladite Cour, ensuite des autres membres du gouvernement. De même, à l'occasion de la cérémonie de présentation par les corps constitués nationaux des vœux de Nouvel An au président de la République, le président du Sénat et les autres membres du bureau du Sénat sont reçus en premier, suivis du président de l'Assemblée nationale et des membres de son bureau, puis du Premier ministre et des autres membres du gouvernement, du président et des autres membres du bureau du Conseil économique et social, ensuite du premier président de la Cour suprême, du procureur général près ladite Cour, des présidents des chambres de ladite Cour (chambre judiciaire, chambre administrative, chambre des comptes), ensuite des autres conseillers à la Cour suprême. A l'occasion de la présentation des mêmes corps constitués après la prestation de serment du président de la République élu, le protocole devrait être à l'avenant.

Cette préséance du président du Sénat sur le président de l'Assemblée nationale et, par voie de conséquence, celle de l'ensemble du bureau du Sénat sur celui de la chambre basse[99] tire son fondement du titre de « deuxième personnalité de l'Etat » attribué au président du Sénat en raison de son pouvoir constitutionnel à exercer l'intérim du président de la République en cas de décès, de démission ou d'empêchement définitif de ce dernier.

En l'absence du décret actualisé fixant les règles de protocole à observer à l'occasion des cérémonies publiques, préséances, honneurs civils et militaires, celles-ci, dans les régions, les départements et les arrondissements, sont plus floues et laissées à l'appréciation des autorités administratives locales. Le décret en vigueur[100] est manifestement obsolète, et pas uniquement en raison de l'avènement du Sénat.

Les membres des bureaux des deux chambres ont droit à un passeport diplomatique. Les autres parlementaires, en mission de leur chambre, ont droit à un passeport de service.

SECTION VI
LES DEVOIRS DU PARLEMENTAIRE

En contrepartie des droits attachés à son statut (droit d'expression écrite et orale, droit d'amendement, droit de vote, droit de contrôle de l'action du gouvernement, immunités, indemnités, privilèges), le parlementaire est tenu à certaines obligations, notamment celles d'assiduité (§1) et de dignité (§2).

---

[99] C'est le bureau, et non le seul président de la chambre, qui représente l'institution parlementaire « dans toutes les cérémonies publiques », art. 18 RIAN, art. 18-2 RIS.
[100] Décret n° 76/424 du 16 décembre 1976.

Le droit d'appartenir à une commission ou un groupe sera examiné dans le cadre de l'étude des formations intérieures du Parlement (chap. III, sect. IV), les droits d'amendement et de vote seront examinés dans le cadre de l'étude de la procédure législative (chap. IV) et les droits d'expression écrite et orale ainsi que le droit de contrôle de l'action gouvernementale dans celui de l'étude de la fonction politique du parlement (chap. V).

§ 1. L'ASSIDUITE

Les deux chambres du parlement se réunissent aux mêmes dates, soit en session ordinaire, chaque année aux mois de mars, juin et novembre, soit en session extraordinaire. Mais, les deux chambres ne sont convoquées simultanément que si les matières portées à l'ordre du jour concernent l'une et l'autre[101]. Ainsi, l'Assemblée nationale sera convoquée seule si elle doit proroger ou abréger son mandat[102]. Chaque chambre siégera seule à l'occasion de la session de plein droit qui suit son élection[103].

Pendant les sessions parlementaires, même si le règlement intérieur ne l'exige pas formellement, le parlementaire doit assister aux séances plénières et aux travaux des commissions dont il est membre ainsi qu'aux réunions de la conférence des présidents et du bureau, s'il en est membre.

C'est pour limiter l'absentéisme que la délégation de vote est strictement réglementée[104]. En réalité, la délégation de vote s'étend à la présence pendant les séances plénières et les travaux en commissions. Les seuls motifs d'absence acceptés sont, selon la formule consacrée, « ceux liés à l'exercice du mandat » et les cas de maladie. Il n'est naturellement pas considéré comme liée à l'exercice du mandat, l'absence pour cause de tournée de compte rendu parlementaire, laquelle ne se fait normalement que pendant l'intersession.

En cas d'absences répétées non justifiées, le parlementaire est sanctionné par une pénalité financière. Ainsi, lorsqu'il a manqué à trois séances publiques consécutives ou à autant de séances de commissions dont il est membre, sans excuse légitime admise par la chambre ou la commission selon le cas, après avoir été invité par le bureau concerné à fournir toutes explications ou justifications qu'il juge utiles, il encourt la perte du bénéfice de la moitié (à l'Assemblée nationale) ou de la totalité (au Sénat) de son indemnité parlementaire pendant la durée de son absence et les deux mois qui suivront sa reprise d'activité. De plus, au Sénat, au-delà de trois séances, il encourt la perte du bénéfice de la totalité de ses indemnités (indemnité parlementaire et indemnité pour frais de mandat)[105].

---

[101] Art. 14-3 C.
[102] Art. 15-4 C.
[103] Art. 16-1 et 21-1 C.
[104] Art. 71 à 74 RIAN, art. 86 à 89 RIS.
[105] Art. 100 RIAN, art. 116 RIS.

§ 2. LA DIGNITE

Le parlementaire doit, dans l'exercice de son mandat, se comporter avec la dignité qui sied à sa fonction[106]. Les peines applicables en cas de violation de cette règle vont du rappel à l'ordre simple ou avec inscription au procès-verbal (A) à la censure avec inscription au procès-verbal ou avec exclusion temporaire (B).

A) LE RAPPEL A L'ORDRE

Le rappel à l'ordre simple et le rappel à l'ordre avec inscription au procès-verbal ressortissent à la compétence du président de la chambre. Est rappelé à l'ordre, le parlementaire qui refuse d'accomplir un acte qui lui est prescrit par le président, le doyen d'âge lorsque celui-ci officie, ou un organe de la chambre, ou qui cause un trouble quelconque à la chambre par ses interruptions, ses attaques personnelles ou de toute autre manière ou qui, par les mêmes agissements, empêche le déroulement des travaux ou la liberté des délibérations en commission[107]. Est également rappelé à l'ordre l'orateur qui, au cours d'une séance du Congrès du parlement, persiste dans le refus opposé à l'invitation du président du Congrès de ne pas s'écarter de la question en discussion[108].

Est rappelé à l'ordre, avec inscription au procès-verbal, le parlementaire qui aura été rappelé à l'ordre trois fois au cours de la même séance ou de séances consécutives en plénière ou en commission[109]. Peut également faire l'objet d'un rappel à l'ordre avec inscription au procès-verbal, l'orateur qui, au cours d'une séance du Congrès du parlement, ne défère pas à l'invitation du président du Congrès à quitter la tribune[110].

B) LA CENSURE

La censure avec inscription au procès-verbal et la censure avec exclusion temporaire ne peuvent être infligées que par la chambre elle-même, sur proposition de son président, par un vote au scrutin secret, à la majorité des parlementaires présents.

La censure avec inscription au procès-verbal, encore appelée censure simple, est prononcée à l'encontre du parlementaire qui a provoqué une scène tumultueuse en séance publique ou qui a adressé à un collègue des injures, provocations ou menaces. Cette peine entraîne, outre l'interdiction de prendre la parole

---

[106] Pauline Türk, *op. cit.*, p. 114.
[107] Art. 97-2 et 26-4 RIAN, art. 113-2 et 35-4 RIS.
[108] Art. 26-3 RICP.
[109] Art. 97-5 RIAN, art. 113-5 RIS.
[110] Art. 26-4 RICP.

au cours de la séance durant laquelle elle a été prononcée ainsi qu'au cours des trois séances suivantes, la privation de l'indemnité représentative de frais de mandat pendant deux mois[111].

Encourt la censure avec exclusion temporaire, le parlementaire qui a fait appel à la violence en séance publique, s'est rendu coupable d'outrages envers la chambre ou envers son président, s'est rendu coupable d'injures, provocations ou menaces envers le président de la République ou un membre du gouvernement. Cette peine entraîne l'interdiction de prendre part aux travaux de la chambre et de reparaître dans le palais de la chambre jusqu'à l'expiration de la septième séance qui suit celle où la mesure a été prononcée. Elle entraîne, en outre, la même sanction pécuniaire que pour la censure simple (privation de l'indemnité de frais de mandat), mais pendant six mois (au lieu de deux)[112].

Peut également faire l'objet d'une censure simple ou d'une censure avec exclusion temporaire, l'orateur qui, ayant fait l'objet d'un rappel à l'ordre avec inscription au procès-verbal au cours d'une séance du Congrès du parlement, ne défère pas à l'invitation du président du Congrès à quitter la tribune[113].

[111] Art. 98-2 et 98-3 RIAN, art. 114-2 et 114-3 RIS.
[112] Art. 98-4 et 98-5 RIAN, art. 114-4 et 114-5 RIS.
[113] Art. 26-4 RICP.

CHAPITRE III

L'ORGANISATION DU PARLEMENT

Selon la Constitution, « le pouvoir législatif est exercé par le parlement qui comprend deux (2) chambres : l'Assemblée nationale et le Sénat »[1].

Le parlement du Cameroun est donc un parlement bicaméral (section I). Les deux chambres du parlement ont les mêmes missions : légiférer et contrôler l'action du gouvernement[2]. Si les membres des deux chambres représentent la nation[3], le Sénat exerce une représentation supplémentaire : il représente les collectivités territoriales décentralisées[4]. C'est son « bonus constitutionnel » (section II). La composition des deux chambres est fixée par la Constitution (section III), mais celle-ci renvoie leur organisation et leur fonctionnement à leurs règlements intérieurs. L'organisation comprend d'une part les organes chargés de diriger l'activité parlementaire et, d'autre part, les services administratifs. Les premiers sont composés des organes directeurs que préside le président de la chambre (section IV) et des formations intérieures (section V). Les seconds sont regroupés au sein d'un secrétariat général placé sous la responsabilité d'un secrétaire général (section VI).

SECTION I
UN PARLEMENT BICAMERAL

Les deux chambres du parlement assurent la représentation nationale, mais l'Assemblée nationale représente plus spécifiquement la population tandis que le Sénat représente les territoires (organisés en collectivités territoriales décentralisées)[5]. Selon la formule de Marcel Prélot, l'Assemblée nationale « reflète la démographie et l'opinion publique comme un instantané »[6], alors que le Sénat traduit la géographie de la République, « ses communautés, c'est-à-dire sa permanence »[7]. Autrement dit, l'Assemblée nationale traduit l'expression des élec-

[1] Art. 14-1 C.
[2] Art. 14-2 C.
[3] V. *supra*, chap. II, sect. I, § 1.
[4] Art. 20-1 C.
[5] Guy Carcassonne et Marc Guillaume, *op. cit.*, p. 142.
[6] Pauline Türk, *op. cit.*, p. 107.
[7] Pierre Avril et Jean Gicquel, *op. cit.*, p. 62.

teurs à un moment précis alors que le Sénat, en représentant des territoires, des régions aux contours géographiques immuables, assurent la permanence de la République.

Outre les deux formes distinctes de représentation, le bicaméralisme est utile en ce que la seconde chambre « permet une réflexion qui, ne serait-ce que matériellement du fait des "navettes", diminue le risque de foucades, de décisions hâtives prises sous l'empire d'un événement, d'une émotion. Elle joue ainsi un rôle de modération et de pondération. Elle diversifie les points de vue, les expériences, les préoccupations des auteurs de la loi, et peut contribuer, de ce fait, à une meilleure qualité de la production législative. A tous égards donc, le bicaméralisme est intrinsèquement bon »[8].

Alors que les députés sont élus au suffrage universel direct[9], les sénateurs sont élus au suffrage universel indirect sur la base régionale[10]. Le collège électoral des sénateurs est composé des représentants des régions (conseillers régionaux) et des représentants des communes (conseillers municipaux)[11]. Les régions et les communes constituent les collectivités territoriales décentralisées. Ce sont ces collectivités que représente le Sénat[12]. Parce que les conseillers municipaux des 360 communes sont en nombre infiniment plus élevé que les conseillers régionaux des dix régions, parce que les conseils municipaux fournissent plus de 90% du corps électoral du Sénat, on peut dire que le Sénat représente plus les communes que les régions et, pour paraphraser Gambetta[13], que le Sénat est le « Grand Conseil des communes du Cameroun ». D'autant plus que les régions ne sont pas encore mises en place, plus de vingt ans après leur institution par la Constitution.

Il serait pourtant temps que les régions soient mises en place, en raison de leur impact sur le développement économique, social et culturel prenant en compte les spécificités et les particularités régionales, à la faveur de la décentralisation qui leur transfère un certain nombre de compétences et les ressources (financières et humaines) pour les exercer. Il serait pourtant justifié que le nombre des conseillers régionaux à fixer soit suffisamment élevé pour réduire le rapport numérique entre eux et les conseillers municipaux pour faire du Sénat le « Grand Conseil des régions et des communes du Cameroun », plus conforme à l'esprit de la Constitution et de la décentralisation que celle-ci consacre.

Sous ce rapport, les 30 sénateurs nommés par le président de la République devraient être nommés dans l'esprit de représenter, outre les chefferies tradi-

[8] Guy Carcassonne et Marc Guillaume, *ibid.*
[9] Art. 15-1 C.
[10] Art. 20-2 C.
[11] Art. 222-1 CE.
[12] Art. 20-1 C.
[13] Discours de Belleville de 1875.

tionnelles comme actuellement, les partis politiques qui dirigeraient entièrement ou partiellement des régions et des mairies sans avoir remporté des sièges à l'occasion des élections sénatoriales, puisque l'esprit de la nomination d'une partie des sénateurs est, notamment, de corriger les déséquilibres politiques et sociologiques issus du suffrage universel indirect.

Quels que soient les aménagements imaginables, le bicaméralisme d'Etat unitaire sera toujours un « bicaméralisme inégalitaire » ou « incomplet » selon la formule de Marcel Prélot[14], car si les deux chambres votent les lois et contrôlent politiquement le gouvernement, celui-ci n'est responsable que devant l'Assemblée nationale qui peut, seule, le renverser en lui refusant la confiance ou en votant une motion de censure. Par ailleurs, en cas de désaccord persistant entre les deux chambres dans le cadre de la procédure législative, le président de la République peut, à l'issue de la procédure dite paritaire, « donner le droit de dernier mot » à la chambre basse pour voter seule la loi.

A titre de confirmation du caractère inégalitaire du bicaméralisme d'Etat unitaire, on notera également que, lorsque le parlement se réunit en Congrès, cette instance est présidée par le bureau de l'Assemblée nationale seul et que, lorsque le président de la République entre en fonction, son serment est reçu par le président de l'Assemblée nationale.

SECTION II
LA FONCTION DE REPRESENTATION DU SENAT

« Le Sénat représente les collectivités territoriales décentralisées »[15]. Cette disposition de la Constitution soulève trois questions de doctrine constitutionnaliste. Signifie-t-elle que les collectivités territoriales décentralisées (CTD) bénéficient d'un droit à être représentées au Sénat ou que les élus des collectivités territoriales décentralisées doivent y être représentés en tant que tels (§ 1) ? Signifie-t-elle ensuite, en se fondant sur la règle constitutionnelle selon laquelle « chaque région est représentée au Sénat par dix (10) sénateurs »[16], que les sénateurs sont les représentants des régions (§ 2) ? Signifie-t-elle enfin que le Sénat a une mission constitutionnelle spécifique à l'égard des collectivités territoriales décentralisées (§ 3) ?

[14] Marcel Prélot, *in* Guy Carcassonne et Marc Guillaume, *op. cit.*, p. 63.
[15] Art. 20-1 C.
[16] Art. 20-2 C.

§ 1. LES COLLECTIVITES TERRITORIALES DECENTRALISEES DEVRAIENT-ELLES ETRE REPRESENTEES AU SENAT ?

La Constitution dispose : « La souveraineté nationale appartient au peuple qui l'exerce soit par l'intermédiaire du président de la République et des membres du parlement, soit par voie de référendum. Aucune fraction du peuple ni aucun individu ne peut s'en attribuer l'exercice »[17]. Le peuple exerce donc la souveraineté nationale, soit directement par voie de référendum, soit en donnant mandat de le représenter (le mandat représentatif) au président de la République et aux membres du parlement. Il est par contre expressément interdit qu'une fraction du peuple (regroupée par exemple en collectivité territoriale décentralisée) exerce la souveraineté nationale. Ceci signifie que seul le peuple peut bénéficier d'une représentation politique. Seul lui peut donner un mandat représentatif. Cette représentation limitative exclut ainsi la possibilité pour toute autre entité politique autre que le peuple, d'exercer ou de participer à l'exercice de la souveraineté nationale. Les collectivités territoriales décentralisées ne peuvent donc pas être représentées en tant que telles au sein du Sénat. Représenter les collectivités territoriales décentralisées n'implique donc pas nécessairement la présence d'élus des communes et des régions au Sénat. Autrement dit, on peut imaginer un Sénat dans lequel ne siège aucun conseiller municipal ni aucun conseiller régional, *ès qualité*, sans que cela soit inconstitutionnel.

§ 2. LES SENATEURS REPRESENTENT-ILS LES REGIONS DANS LESQUELLES ILS SONT DESIGNES ?

Selon le Conseil constitutionnel français, « dans la mesure où le Sénat assure la représentation des collectivités territoriales de la République, le Sénat doit être élu par un corps électoral qui est lui-même l'émanation de ces collectivités ; par suite, ce corps électoral doit être essentiellement composé de membres des assemblées délibérantes des collectivités territoriales »[18]. Suivant cette position jurisprudentielle, ce sont les collectivités territoriales décentralisées qui doivent constituer le corps électoral chargé d'élire les sénateurs. Précisément, ce sont les membres des assemblées délibérantes des collectivités territoriales décentralisées qui constituent le corps électoral des sénateurs, à savoir les conseillers régionaux et les conseillers municipaux. Comme les conseils municipaux sont l'émanation du peuple, comme le premier et le plus important contingent des grands électeurs des conseillers régionaux est composé des conseillers municipaux, émanation du peuple[19] (à l'échelon des départements, ils élisent les délé-

[17] Art. 2-1 C.

[18] Décision n° 2000-431 DC du 6 juillet 2000.

[19] Le second collège électoral est composé des chefs traditionnels de premier, deuxième et troisième degrés autochtones, lesquels élisent les représentants du commandement traditionnel, toujours à l'échelon du département (art. 243-1 CE).

gués des départements), on peut affirmer, en conformité avec la position du Conseil constitutionnel français, que le corps électoral des sénateurs est « essentiellement » composé des assemblées délibérantes des collectivités territoriales décentralisées.

Une disposition transitoire de la Constitution issue de la révision de 2008 prévoit que « au cas où la mise en place du Sénat intervient avant celle des régions, le collège électoral pour l'élection des sénateurs est composé exclusivement des conseillers municipaux »[20].

Comme les collectivités territoriales décentralisées sont des émanations du peuple, « c'est bien le peuple indivisible, assemblée de citoyens juridiquement identiques, qui est représenté au Sénat à travers les collectivités territoriales »[21]. La représentation des collectivités territoriales décentralisées au sein du Sénat est donc une représentation indirecte du peuple. La disposition constitutionnelle qui prévoit que « chaque région est représentée au Sénat par dix (10) sénateurs dont sept (7) sont élus au suffrage universel indirect sur une base régionale »[22] vise donc d'abord à indiquer à quel échelon se situe le suffrage indirect. La région joue essentiellement le rôle de circonscription électorale.

Même si chaque région est représentée au Sénat par le même nombre de sénateurs, les sénateurs ne sont pas les représentants spécifiques et individuels de la région dans le cadre de laquelle ils ont été désignés, comme ils le seraient dans un système fédéral. En effet, dans les systèmes fédéraux, les secondes chambres ont pour fonction de représenter spécialement et individuellement les composantes de la fédération. Dans les systèmes politiques unitaires, les sénateurs assurent la représentation globale et indifférenciée de l'ensemble des collectivités territoriales décentralisées. Au Cameroun, chaque sénateur représente les dix régions, chaque sénateur représente la République tout entière. On rejoint la position doctrinale construite au XVIe siècle pour expliquer le caractère général du mandat parlementaire : les parlementaires ne sont pas les représentants d'une circonscription particulière, mais de toute la nation. Le sénateur est choisi « dans » une circonscription et non « par » une circonscription. Il n'y a ni lien contractuel entre les électeurs d'une circonscription et leur sénateur, ni lien juridique entre le sénateur et la circonscription dans laquelle il a été choisi[23].

On l'a vu, cette position doctrinale a été confirmée par le Conseil constitutionnel français qui considère que les parlementaires représentent au parlement, la nation tout entière et non la population de leur circonscription d'élection[24]. Dire que le Sénat représente les collectivités territoriales décentralisées, c'est donc d'abord exprimer une modalité de représenter le peuple souverain.

[20] Art. 67-6 C. Loi constitutionnelle n° 2008/001 du 14 avril 2008.
[21] François Robbe, *op. cit.*, p. 627.
[22] Art. 20-2 C.
[23] Pierre Avril et Jean Gicquel, *op. cit.*, p. 31.
[24] Décision n° 2009-573 DC du 8 janvier 2009.

§ 3. LE SENAT A-T-IL UNE MISSION SPECIFIQUE A L'EGARD DES COLLECTIVITES TERRITORIALES DECENTRALISEES ?

La conséquence de la représentation des collectivités territoriales décentralisées comme simple modalité de représentation du peuple est que, même si le Sénat est désigné par les membres des assemblées délibérantes des collectivités territoriales décentralisées, il n'a pas une vocation constitutionnelle à être spécialement le défenseur des collectivités territoriales décentralisées[25]. Une autre partie de la doctrine constitutionnaliste, suivant en cela la pratique récente du Sénat français, considère cependant que la représentation des collectivités territoriales décentralisées par le Sénat est une mission spécifique, une fonction institutionnelle, en plus des fonctions communes aux deux chambres qui consistent à exprimer la volonté générale de la nation, notamment dans le cadre de l'élaboration de la loi, et à contrôler l'action du gouvernement.

Confortée par l'obligation de soumettre en premier lieu au Sénat français les projets de loi « ayant pour principal objet l'organisation des collectivités territoriales »[26] – la Constitution camerounaise ne reconnaît pas cette priorité –, cette fonction institutionnelle de représentation des collectivités territoriales, que l'ancien président du Sénat français, Christian Poncelet, qualifie de « bonus constitutionnel »[27], se traduit par le développement de la décentralisation qui tend à faire du Sénat un acteur majeur de ce processus et le défenseur du pouvoir local face au pouvoir national. Les sénateurs ont donc tendance à s'attribuer une mission spéciale, celle de « gardien vigilant de la décentralisation » et à se considérer comme la « maison des collectivités territoriales décentralisées », « les porte-parole des élus locaux » en se mettant particulièrement à leur écoute, en leur rendant visite régulièrement, au moins autant qu'à l'occasion des tournées (à l'instar de celles des députés) des comptes rendus parlementaires, en tenant avec eux des réunions d'échanges, des séminaires, des colloques…

De façon plus institutionnelle, en France, le Sénat organise des Etats généraux (Etats généraux des élus locaux, Etats généraux de la démocratie territoriale) et le Salon annuel des maires. Au plan interne, le Sénat français, pour affirmer son rôle de représentant des collectivités territoriales, a créé une « délégation sénatoriale aux collectivités territoriales et à la décentralisation » qui veille, d'une part, au respect de la libre administration et de l'autonomie financière et fiscale des collectivités territoriales et, d'autre part, à la compensation financière des transferts de compétences et de personnel, évalue les conditions de l'application locale des politiques publiques intéressant les collectivités territoriales, participe activement à la fonction de contrôle du Sénat dans les domaines intéressant le statut, l'activité et l'avenir des collectivités territoriales.

---

[25] François Robbe, *op. cit.*, p. 632.

[26] Révision de la Constitution française du 28 mars 2003.

[27] Sophie Lamouroux, *Les relations entre le Sénat et la décentralisation*, Youscribe, 2011.

SECTION III
COMPOSITION DES CHAMBRES DU PARLEMENT

L'Assemblée nationale est composée de 180 députés élus au suffrage universel direct. Ce nombre peut être modifié par la loi[28]. Deux décrets sont intervenus le 3 juillet 2013, l'un pour fixer la répartition des sièges par circonscription électorale à l'Assemblée nationale, l'autre pour découper certaines circonscriptions électorales et répartir les sièges au sein desdites circonscriptions[29]. La carte électorale qui en est issue s'établit comme dans le tableau ci-après.

Dans ce tableau, les circonscriptions spéciales sont celles qui, à la troisième colonne, ont une dénomination distincte de celle des départements mentionnée à la deuxième colonne.

CIRCONSCRPTIONS LEGISLATIVES ET NOMBRE DE SIEGES

REGION ET NOMBRE DE SIEGES DE DEPUTES	DEPARTEMENT	CIRCONSCRIPTION LEGISLATIVE	NOMBRE DE SIEGES PAR CIRCONS-CRIPTION
ADAMAOUA (10 sièges)	Djerem	Djerem	1
	Faro-et-Déo	Faro-et-Déo	1
	Mayo-Banyo	Mayo-Banyo	2
	Mbéré	Mbéré	3
	Vina	Vina	3
CENTRE (28 sièges)	Haute-Sanaga	Haute-Sanaga	2
	Lékié	Lékié-Est	3
		Lékié-Ouest	2
	Mbam-et-Inoubou	Mbam-et-Inoubou	3
	Mbam-et-Kim	Mbam-et-Kim	1
	Mefou-et-Afamba	Mefou-et-Afamba	2
	Mefou-et-Akono	Mefou-et-Akono	1
	Mfoundi	Mfoundi	7
	Nyong-et-Kellé	Nyong-et-Kellé	3
	Nyong-et-Mfoumou	Nyong-et-Mfoumou	2
	Nyong-et-So'o	Nyong-et-So'o	2

[28] Art. 15-1 C. Faut-il comprendre que la Constitution autorise une simple loi, opérant selon la procédure ordinaire, à modifier une de ses dispositions, au lieu de recourir à la procédure spéciale de révision par le biais du Congrès du parlement (art. 63-1, 63-2 et 63-3 C) ou à la procédure référendaire de révision (art. 63-4 C) ? Normalement, non. La loi qui modifie la Constitution ne peut être qu'une loi constitutionnelle ou une loi référendaire. Cette précision de l'article 15-1 de la Constitution serait alors superflue.

[29] Décrets n° 2013/222 et 2013/223 du 3 juillet 2013.

REGION ET NOMBRE DE SIEGES DE DEPUTES	DEPARTEMENT	CIRCONSCRIPTION LEGISLATIVE	NOMBRE DE SIEGES PAR CIRCONS-CRIPTION
EST (11 sièges)	Boumba-et-Ngoko	Boumba-et-Ngoko	2
	Haut-Nyong	Haut-Nyong	3
	Kadey	Kadey	3
	Lom-et-Djerem	Lom-et-Djerem	3
EXTREME-NORD (29 sièges)	Diamaré	Diamaré-Centre	2
		Diamaré-Nord	1
		Diamaré-Ouest	1
		Diamaré-Sud	1
	Logone-et-Chari	Logone-et-Chari	4
	Mayo-Danay	Mayo-Danay-Est	3
		Mayo-Danay-Nord	1
		Mayo-Danay-Sud	1
	Mayo-Kani	Mayo-Kani-Nord	3
		Mayo-Kani-Sud	2
	Mayo-Sava	Mayo-Sava	4
	Mayo-Tsanaga	Mayo-Tsanaga-Est	1
		Mayo-Tsanaga-Nord	4
		Mayo-Tsanaga-Sud	1
LITTORAL (19 sièges)	Moungo	Moungo-Nord	3
		Moungo-Sud	3
	Nkam	Nkam	1
	Sanaga-Maritime	Sanaga-Maritime	3
	Wouri	Wouri-Centre	3
		Wouri-Est	4
		Wouri-Ouest	1
		Wouri-Sud	1
NORD (12 sièges)	Bénoué	Bénoué-Est	2
		Bénoué-Ouest	2
	Faro	Faro	1
	Mayo-Louti	Mayo-Louti	4
	Mayo-Rey	Mayo-Rey	3
NORD-OUEST (20 sièges)	Boyo	Boyo	2
	Bui	Bui-Centre	2
		Bui-Ouest	1
		Bui-Sud	1

REGION ET NOMBRE DE SIEGES DE DEPUTES	DEPARTEMENT	CIRCONSCRIPTION LEGISLATIVE	NOMBRE DE SIEGES PAR CIRCONS-CRIPTION
NORD-OUEST (20 sièges) (suite)	Donga-Mantung	Donga-Mantung-Centre	2
		Donga-Mantung-Est	1
		Donga-Mantung-Ouest	1
	Menchum	Menchum-Nord	1
		Menchum-Sud	1
	Mezam	Mezam-Centre	1
		Mezam-Nord	1
		Mezam-Sud	1
	Momo	Momo-Est	2
		Momo-Ouest	1
	Ngo-Ketunjia	Ngo-Ketunjia-Nord	1
		Ngo-Ketunjia-Sud	1
OUEST (25 sièges)	Bamboutos	Bamboutos	4
	Hauts-Plateaux	Hauts-Plateaux	2
	Haut-Nkam	Haut-Nkam	3
	Koung-Khi	Koung-Khi	2
	Menoua	Menoua	5
	Mifi	Mifi	2
	Ndé	Ndé	2
	Noun	Noun-Centre	4
		Noun-Nord	1
SUD (11 sièges)	Dja-et-Lobo	Dja-et-Lobo	5
	Mvila	Mvila	3
	Océan	Océan	2
	Vallée-du-Ntem	Vallée-du-Ntem	1
SUD-OUEST (15 sièges)	Fako	Buea-Centre urbain	1
		Fako-Est	2
		Fako-Ouest	1
	Lebialem	Lebialem	1
	Koupe-Manengouba	Koupe-Manengouba	2
	Manyu	Manyu	3
	Meme	Kumba-Centre urbain	1
		Meme-Ouest	1
	Ndian	Ndian	3
TOTAL (180 sièges)			Total : 180

Au Sénat, chaque région est représentée par dix sénateurs dont sept élus au suffrage universel indirect sur la base régionale et trois nommés par le président de la République[30].

Chaque parlementaire reçoit, au cours d'une cérémonie officielle en début de législature (et, pour celui qui intègre la chambre au cours de la législature, à la première session à laquelle il prend part) et pour la durée de celle-ci, un insigne, une écharpe tricolore aux couleurs du drapeau du Cameroun et une cocarde tricolore pour son véhicule. Les insignes sont portés par les parlementaires lorsqu'ils sont dans les cérémonies publiques, lorsqu'ils sont en mission et en toutes circonstances où ils ont à faire connaître leur qualité[31]. L'écharpe tricolore est portée uniquement à l'occasion des cérémonies officielles. Ces attributs sont en principe restitués au secrétariat général de la chambre en fin de mandat ou en cas d'interruption de celui-ci quelle qu'en soit la raison.

A l'Assemblée nationale, ces attributs sont également remis au secrétaire général de la chambre en sa qualité de membre *ex officio* du bureau. Ce droit est discutable car le secrétaire général de l'assemblée n'est pas membre de la chambre. Il s'agit d'attributs liés au statut de parlementaire.

SECTION IV
LES ORGANES DIRECTEURS DU PARLEMENT

Les organes directeurs des assemblées parlementaires sont le bureau (§ 1) et la conférence des présidents (§ 2).

§ 1. LE BUREAU

Selon la période, on distingue le bureau d'âge (A) et le bureau définitif (B).

A) LE BUREAU D'AGE

Au début de la législature et à l'ouverture de la première session ordinaire de chaque année législative, il est mis en place un bureau d'âge composé, pour chaque chambre, du plus âgé des parlementaires présents, appelé doyen d'âge ou président d'âge[32], et des deux plus jeunes membres[33]. Le bureau d'âge a essentiellement pour mission de superviser les opérations conduisant à l'élection du président de la chambre. A l'Assemblée nationale, il a en outre pour rôle d'organiser et de conduire les opérations de vérification des cas

---

[30] Art. 20-2 C.
[31] Art. 120 RIAN, art. 23 RIS.
[32] Art. 1 et 2 RS France.
[33] Art. 14-1 RIAN, art. 12-1 RIS.

d'incompatibilité. Aucun débat, aucun vote, à l'exception des votes liés aux opérations ci-dessus mentionnées, ne peut avoir lieu sous la présidence du doyen d'âge.

B) LE BUREAU DEFINITIF

Au début de la législature et à l'ouverture de la première session ordinaire de chaque année législative, sous la présidence du bureau d'âge et avant toute délibération autre que celle en lien avec la révision du règlement intérieur, il est procédé à l'élection du bureau définitif[34].

1. Composition du bureau définitif

Le bureau définitif est composé comme suit :

COMPOSITION DU BUREAU DE L'ASSEMBLEE NATIONALE	COMPOSITION DU BUREAU DU SENAT
1 président	1 président
1 premier vice-président	1 premier vice-président
5 vice-présidents	4 vice-présidents
4 questeurs	3 questeurs
12 secrétaires	8 secrétaires
Total : 23 membres	Total : 17 membres

Le président du bureau définitif est élu au scrutin uninominal, à la majorité absolue des suffrages valablement exprimés. A défaut de la majorité absolue au premier tour, il est procédé à un second tour pour lequel la majorité relative suffit[35]. Après dépouillement du scrutin par deux scrutateurs désignés par le doyen d'âge parmi les parlementaires présents, ce dernier en proclame le résultat et invite le président élu à prendre place immédiatement au fauteuil[36].

Sous la présidence du président du bureau définitif, il est procédé à l'élection des autres membres dudit bureau. Le premier vice-président est élu selon les mêmes modalités que le président[37]. Les autres vice-présidents, les questeurs et les secrétaires « sont élus en même temps, au cours de la même séance plénière, à la majorité des suffrages valablement exprimés, sur une liste commune présentée par les partis politiques représentés » à la chambre[38]. La liste ainsi com-

[34] Art. 15-4 RIAN, art. 14-1 RIS.
[35] Art. 17-1 RIAN, art. 15-1 RIS.
[36] Art. 17-2 et 17-3 RIAN, art. 15-2 et 15-3 RIS.
[37] Art. 17-4 et 17-5 RIAN, art. 16-1 et 16-2 RIS.
[38] Art. 17-6 RIAN, art. 17-1 RIS.

posée doit, compte tenu des postes de président et premier vice-président, refléter la configuration politique de la chambre dans toute la mesure du possible, « sauf refus de certains partis politiques de participer au bureau »[39]. Il s'agit donc d'un scrutin plurinominal consensuel. Il est pourtant souvent arrivé que la liste dite consensuelle n'ait pas pris en compte tous les partis politiques représentés à la chambre, sans qu'aucun n'ait pourtant refusé de participer au bureau. A la chambre haute, les victimes de cette injustice ont toujours su faire preuve de pondération et de sagesse (ne dit-on pas que le sénat est la chambre des Sages ?) en ne protestant pas bruyamment.

Les membres du bureau définitif sont élus pour un an. Ils sont rééligibles. Toutefois, les membres du bureau définitif élus au cours de la session de plein droit restent en fonction jusqu'à l'élection du bureau définitif à l'ouverture de la première session ordinaire de l'année législative suivante[40]. Le secrétaire général de la chambre, nommé par arrêté du bureau, est membre *ex officio* du bureau[41].

2. Pouvoirs du bureau définitif et de ses membres

Le bureau exerce des fonctions collectives (a) et ses membres ont des attributions spécifiques (b).

a) Les fonctions collectives du bureau

En tant que collégialité, le bureau définitif exerce d'abord une fonction dirigeante. Il a tous pouvoirs pour présider les délibérations de la chambre et pour organiser tous ses services[42]. Il organise les services de la chambre par voie d'« arrêtés du bureau ».

Le bureau exerce ensuite une fonction protocolaire. Il représente la chambre dans toutes les cérémonies publiques[43].

On l'a vu, tirant avantage du statut du président du Sénat comme deuxième personnalité de l'Etat en raison de ce qu'il assure l'intérim du président de la République en cas de vacance de la présidence de la République, le bureau du Sénat occupe protocolairement la deuxième place à l'occasion des cérémonies publiques. Vient ensuite le bureau de l'Assemblée nationale. Cette position protocolaire renforce le prestige du Sénat.

---

[39] Art. 17-7 RIAN, art. 17-2 RIS.
[40] Art. 17-8 et 17-9 RIAN, art. 17-3 RIS.
[41] Art. 16-2 RIAN, art. 22 RIS. Arrêté du bureau du Sénat n° 2013/002/AB/SEN et n° 2013/003/AB/SEN du 18 juin 2013 portant nomination du secrétaire général et d'un secrétaire général adjoint du Sénat.
[42] Art. 18 RIAN, art. 18-2 RIS.
[43] *Ibid.*

b) Les attributions des membres du bureau

Chacun des présidents d'assemblée parlementaire détient des attributions constitutionnelles. Il soumet les textes reçus à la délibération de la chambre, il fait fonctionner la « navette parlementaire », il désigne trois membres du Conseil constitutionnel, il peut saisir ledit Conseil pour contrôle de constitutionnalité des lois avant leur promulgation, il est consulté en cas de prorogation ou d'abrègement du mandat des députés tout comme il est consulté en cas de projet de référendum sur un projet de réforme.

Spécifiquement, le président du Sénat assure l'intérim du président de la République en cas de vacance de la présidence de la République. Quant au président de l'Assemblée nationale, il transmet les lois adoptées par le parlement au président de la République aux fins de promulgation, il peut promulguer les lois en cas de carence du président de la République, il préside le Congrès.

Outre ses attributions constitutionnelles, le président préside le bureau et la conférence des présidents. Il ouvre la séance plénière, dirige les débats, fait observer le règlement intérieur et maintient l'ordre. Il peut, à tout moment, suspendre ou lever la séance[44]. Il accorde et retire la parole. Il ne peut lui-même prendre la parole dans un débat que pour présenter l'état de la question et y ramener. S'il veut prendre part aux débats, il cède le fauteuil à un des vice-présidents dans l'ordre de préséance et ne peut le reprendre qu'après que la discussion a été épuisée sur la question[45]. Il clôture les discussions. Il proclame le résultat des votes. Une règle coutumière veut que « le président de séance ne participe pas au vote car selon l'adage, le président n'a pas parti quand il préside »[46]. Le président signe, avec celui des secrétaires membres du bureau qui l'a assisté au « perchoir » (à l'Assemblée nationale) ou au « plateau » (au Sénat), les procès-verbaux des séances.

Les vice-présidences sont essentiellement honorifiques. Toutefois, le premier vice-président et les autres vice-présidents, en cas d'absence ou d'empêchement du président, le suppléent (dans l'organisation des réunions et la direction des débats) ou le représentent (dans les cérémonies et les missions) dans l'ordre de préséance établi par le bureau[47]. Il est de convention que l'ordre de préséance établi par le bureau soit celui constitué lors de l'élection de ses membres, et que l'une des vice-présidences soit attribuée au parti politique autre que le parti majoritaire qui est en mesure de constituer un groupe parlementaire.

Les missions des questeurs ne sont pas tout à fait identiques selon qu'ils sont de l'Assemblée nationale ou du Sénat. A l'Assemblée nationale, sous la direction du bureau, ils sont chargés de l'évaluation, de l'audit et du contrôle de

---

[44] Art. 46-1 RIAN, art. 57-1 RIS.
[45] Art. 52 RIAN, art 64 RIS.
[46] Pierre Avril et Jean Gicquel, *op. cit.*, p. 77.
[47] Art. 19-2 RIAN, art. 19 RIS.

l'ensemble des services de la chambre[48]. A la Haute chambre, cette mission se limite au contrôle et au contrôle des seuls services administratifs et financiers[49].

Dans les deux chambres, dans le cadre du contrôle des finances, « les questeurs émettent leurs avis sur les engagements de dépenses soumis dans les limites fixées par arrêté du bureau »[50]. L'agent comptable « est tenu de leur fournir tous les documents et toutes les pièces nécessaires à l'exercice de leur contrôle »[51].

A l'Assemblée nationale, ce sont les questeurs qui préparent le projet de budget de l'Assemblée nationale, le soumettent au bureau et le rapportent devant la Commission des Finances et du Budget[52], alors qu'au Sénat, c'est le secrétaire général, « en concertation avec les questeurs », qui prépare le projet de budget du Sénat, le soumet au bureau et le rapporte devant la Commission des Finances et du Budget de la Haute chambre[53].

> Au parlement français, les questeurs ont des compétences plus larges. Ils sont chargés de tous les problèmes d'administration intérieure de l'assemblée (personnel, locaux, matériel) avec leurs implications financières. Ils exercent une sorte de collégialité de la fonction de secrétaire général dans les assemblées parlementaires camerounaises.

Compte tenu de leurs missions permanentes, les questeurs sont assistés de personnels administratifs propres. L'ensemble des services qui les emploient forme la questure.

> Alors que l'opposition constituée en groupe parlementaire (le groupe du SDF, Social Democratic Front) dispose d'un des quatre postes de questeur à l'Assemblée nationale, tous les trois questeurs du Sénat appartiennent au même groupe du parti majoritaire (RDPC, Rassemblement démocratique du peuple camerounais).

Les secrétaires au bureau de la chambre supervisent ou veillent à la bonne rédaction des procès-verbaux des séances publiques et en donnent lecture à la demande. En séance, ils inscrivent les parlementaires qui demandent la parole, contrôlent et constatent les votes, contrôlent les délégations de vote, dépouillent les scrutins et en constatent les résultats[54].

§ 2. LA CONFERENCE DES PRESIDENTS

La composition (A) et les pouvoirs (B) de la conférence des présidents sont définis par la Constitution et précisés par les règlements intérieurs des deux chambres.

---

[48] Art. 19-4 et 104-1 RIAN. Dans la pratique, leurs pouvoirs s'étendent aux actes de gestion.
[49] Art. 20 et 121 RIS.
[50] Art. 104-1 RIAN, art. 126-2 RIS.
[51] *Ibid.*
[52] Art. 104-2, 104-3 et 106-1 RIAN.
[53] Art. 123-1 et 123-2 RIS.
[54] Art. 19-3 RIAN, art. 21 RIS.

A) COMPOSITION

La conférence des présidents comprend : les présidents des groupes parlementaires, les présidents des commissions générales et les membres du bureau de la chambre. Le gouvernement y est toujours représenté, généralement par le ministre chargé des relations avec les Assemblées ou le représentant de celui-ci mais, en aucun cas, pas par un collaborateur de membre du gouvernement[55].

Le représentant du gouvernement n'est pas membre de la conférence des présidents. Il participe simplement à ses travaux, même comme, en vertu des règles du parlementarisme rationnalisé, ses positions y sont déterminantes, notamment en matière de fixation de l'ordre du jour (v. *infra*). La conférence des présidents ne peut toutefois valablement siéger en son absence. En revanche, sa présence n'est obligatoire en commission ou en plénière que lorsque les discussions portent sur des textes relevant de la compétence du gouvernement, notamment à l'occasion de l'examen des projets de loi[56].

B) POUVOIRS

Réunie à la diligence et sous la présidence du président de la chambre, la conférence des présidents examine l'ordre des travaux de l'assemblée. En coordination avec le ministre chargé des relations avec les assemblées, elle en règle l'ordre du jour, délibère sur la procédure législative et les activités de contrôle de l'action du gouvernement, notamment l'organisation des séances des questions orales au gouvernement[57].

La conférence des présidents statue sur la recevabilité des textes déposés sur le bureau de la chambre et, si elle les déclare recevables, décide de leur affectation à la commission générale compétente ou à une commission spéciale pour examen au fond et, le cas échéant, à une ou d'autres commissions générales, pour avis.

Seuls les textes relevant du domaine de la loi sont recevables. Même lorsqu'ils seraient recevables parce que compris dans le domaine de la loi, restent irrecevables les propositions de loi (et les amendements présentés par les parlementaires) qui auraient « pour effet, s'ils sont adoptés, soit une diminution des ressources publiques, soit l'aggravation des charges publiques sans réduction à due concurrence d'autres dépenses ou création de recettes nouvelles d'égale importance »[58].

[55] Art. 18-2 et 23-2 C, art. 39-2 RIAN, art. 48-2 et 48-3 RIS.
[56] Art. 25-4 et 44-3 RIAN, art. 34-4 et 55-1 RIS.
[57] Art. 18-1 et 23-1 C, art. 39-1 RIAN, art. 48-1 RIS.
[58] Art. 18-3(a) et 22-3(a) C.

S'il s'agit d'un projet de loi, la conférence des présidents indique le ou les membres du gouvernement appelés à défendre le texte. En réalité, ce ou ces membres du gouvernement sont désignés par l'auteur constitutionnel des projets de loi, le président de la République, par l'intermédiaire de son représentant, le ministre chargé des relations avec les assemblées. Lorsque la commission compétente a terminé ses travaux et rédigé son rapport, la conférence des présidents inscrit le texte à l'ordre du jour de la chambre.

L'ordre du jour est l'ensemble des questions inscrites au programme d'une séance. Il comporte « en priorité et dans l'ordre que le gouvernement a fixé, la discussion des projets de loi ou des propositions de loi qu'il a acceptées »[59]. L'acceptation du gouvernement ne porte que sur les propositions de loi. Etant à l'initiative des projets de loi, son rôle se limite dans ce cas à indiquer la place que chacun prendra dans l'ordre du jour si celui prévu par la conférence des présidents ne lui convient pas.

Si le gouvernement est maître de l'ordre du jour, la chambre reste maîtresse de la fixation des séances consacrées à l'examen des questions inscrites à l'ordre du jour, c'est-à-dire des dates et des horaires[60].

> Toutefois, le ministre en charge des relations avec les assemblées devant faire sa propre « navette » pour participer aux travaux des deux chambres (sauf s'il se fait suppléer par un collègue du gouvernement), il est de coutume que les dates et les horaires des travaux en commission et des séances plénières sont fixés en concertation avec lui.

Par exception au principe de l'ordre du jour prioritaire du gouvernement, « au cours de chaque session ordinaire, une séance par semaine est réservée par priorité aux questions des membres du parlement et aux réponses du gouvernement »[61]. Aucune des chambres ne devrait en conséquence renoncer à cette « niche » hebdomadaire des questions au gouvernement en raison de la charge législative en général, ou de l'ordre du jour législatif fixé par le gouvernement en particulier. Cette « niche » devrait durer aussi longtemps que les questions orales retenues pour la séance ne sont pas épuisées.

L'ordre du jour établi par la conférence des présidents, éventuellement aménagé compte tenu de la priorité fixée par le gouvernement, est notifié à celui-ci. Pratiquement, compte tenu de la tenue parfois simultanée des travaux de commissions ou des séances plénières des deux assemblées, les conférences des présidents des deux chambres (à travers leurs secrétaires généraux) sont amenées à coordonner les agendas des travaux et séances avec le représentant du gouvernement afin que celui-ci puisse assister à l'ensemble ou se faire suppléer, le cas échéant, par l'un de ses collègues.

---

[59] Art. 18-4 et 23-4 C, art. 39-4 RIAN, art. 48-5 RIS.
[60] Pierre Avril et Jean Gicquel, *op. cit.*, p. 126.
[61] Art. 35-3 C.

SECTION V
LES FORMATIONS INTERIEURES DU PARLEMENT

En droit parlementaire, on entend par « formations intérieures » les regroupements de parlementaires organisés au sein de la chambre. Elles sont également appelées « formations restreintes » parce qu'elles sont composées d'un nombre limité de parlementaires. Les formations intérieures ont pour missions de préparer les positions qui feront l'objet de discussion et de décisions par l'assemblée plénière.

On distingue deux types de formations intérieures : les groupes parlementaires (§ 1) et les commissions (§ 2). Les premières sont politiques, les secondes sont techniques. Mais, le sort des secondes est déterminé par la position des premières. Compte tenu de la formule de composition des commissions, largement dictée par le poids des groupes, la valeur des travaux des commissions n'est plus simplement préparatoire. Ils sont généralement entérinés en séance plénière.

§ 1. LES GROUPES PARLEMENTAIRES

A) CONSTITUTION DES GROUPES PARLEMENTAIRES

Les groupes parlementaires sont des ensembles de parlementaires réunis par affinités politiques pour défendre des idées communes au sein de l'assemblée. On les considère comme la continuation parlementaire des partis politiques bien qu'en droit, il n'existe pas de rapports entre les deux entités qui ressortissent à des ordres juridiques différents.

Pour constituer un groupe parlementaire, il faut réunir au moins 15 députés à l'Assemblée nationale et au moins 10 sénateurs au Sénat. Les affinités politiques qui unissent les membres d'un groupe sont matérialisées par une « déclaration politique » commune signée d'eux. Cette déclaration politique – qui contient les orientations politiques et les grandes lignes du programme d'action politique du groupe –, accompagnée de la liste des signataires, est remise au doyen d'âge ou au président de la chambre et publiée au Journal officiel des débats de la chambre[62].

> La remise de la déclaration politique est un acte de principe. Le Conseil constitutionnel français considère qu'elle n'emporte aucun contrôle sur son contenu car « déclarer que la déclaration politique d'un groupe contiendrait des positions contraires aux dispositions de la Constitution relatives au respect, par les partis politiques, des principes de la souveraineté nationale et de la démocratie, aboutirait à empêcher la formation même de ce groupe »[63].

[62] Art. 20 RIAN, art. 28 et 29 RIS.
[63] Décision n° 59-2 DC des 17, 18 et 24 juin 1959.

Chaque groupe régulièrement constitué désigne, en son sein, un bureau composé d'un président, d'un vice-président et d'un secrétaire. La composition de ce bureau est communiquée au président de la chambre. Les bureaux de groupes parlementaires ont droit à un local de service et à un secrétariat administratif pris en charge, pour partie, par les subventions de l'assemblée et, pour partie, par les cotisations des membres du groupe.

La constitution d'un groupe parlementaire (tout comme l'adhésion à un groupe) reste toutefois une faculté et non une obligation. Mais, les avantages à se constituer en groupe sont tels que les partis d'envergure moyenne se fixent généralement comme objectif électoral, l'atteinte du nombre minimal d'élus pour constituer un groupe. En effet, le président de groupe est, de droit, membre de la conférence des présidents. Il a rang et les avantages de vice-président de la chambre. A ce titre, il a droit à un hôtel de fonction, aux moyens de transport et à un personnel domestique. Il a, en outre, droit à des indemnités. La présidence de groupe est ainsi une position très convoitée. Le vice-président de groupe a rang et les avantages de questeur et a droit, à ce titre, aux mêmes avantages matériels que le président de groupe. Le secrétaire de groupe a rang et les avantages de secrétaire du bureau de la chambre[64].

Les règlements intérieurs des deux assemblées précisent que les groupes doivent être constitués par partis politiques. Cette précision interdit donc, en principe, que deux partis ayant des affinités politiques et ayant le nombre de membres pour constituer chacun un groupe, puissent former un groupe commun. Cette éventualité ne présente d'ailleurs aucun intérêt pour les partis en question. Les avantages politiques et matériels attachés à la constitution d'un groupe sont tels qu'un parti n'a aucun intérêt à les partager avec un autre susceptible de bénéficier tout seul des mêmes avantages.

Les parlementaires qui sont membres d'un parti qui n'a pas le nombre de membres requis pour constituer un groupe peuvent, soit s'apparenter ou se rattacher au groupe de leur choix, soit ne s'inscrire dans aucun groupe. Les premiers sont appelés « apparentés » ou « rattachés », les seconds sont dits « non-apparentés » ou « non-inscrits ».

L'apparentement à un groupe est subordonné à l'agrément du bureau du groupe. Il est porté à la connaissance du président de la chambre sous la double signature du parlementaire apparenté et du président du groupe. Le président de l'assemblée communique les apparentements à la chambre. Les apparentés ne sont pas pris en compte dans la détermination du nombre de parlementaires nécessaire pour constituer un groupe. Ils comptent toutefois pour le calcul des sièges à accorder aux groupes dans les diverses commissions de la chambre. Le parlementaire apparenté n'est pas tenu de suivre la discipline du groupe en cas de vote du groupe.

[64] Art. 119 RIAN, art. 134 RIS.

Le rattachement, quant à lui, est purement administratif. Il n'est pas communiqué à la chambre, il n'implique qu'un simple accord de tendance et vise surtout à procurer au parlementaire rattaché, des facilités administratives de travail.

Aucun parlementaire ne peut appartenir ou être apparenté ou rattaché à plus d'un groupe. Les noms des groupes, leur composition, la liste des membres de leurs bureaux et de leurs apparentés sont publiés au Journal officiel des débats de la chambre.

Les non-inscrits peuvent se réunir pour former la « réunion administrative des non-inscrits » et désignent un délégué pour les représenter.

> Au cours de la législature 2013-2018, sont non-inscrits, à l'Assemblée nationale, les députés UNDP (Union nationale pour la démocratie et le progrès), UDC (Union démocratique du Cameroun), UPC (Union des populations du Cameroun), MDR (Mouvement démocratique pour la défense de la République), MRC (Mouvement pour la renaissance du Cameroun) et, au Sénat, les sénateurs UNDP, MDR, ANDP (Alliance nationale pour la démocratie et le progrès) et FSNC (Front pour le salut national du Cameroun).

La liberté de choix de s'apparenter, de se rattacher ou de ne pas s'inscrire (y compris, dans ce dernier cas, même lorsque l'on appartient à un parti disposant du nombre de membres pour constituer un groupe), traduit l'indépendance du mandat parlementaire.

B) ROLE ET FONCTIONNEMENT DES GROUPES PARLEMENTAIRES

Parce qu'ils sont constitués sur la base de certaines opinions politiques relatives à l'exercice du mandat au nom de la nation tout entière, les groupes parlementaires ont une vocation générale. Il est en conséquence interdit de constituer des groupes de défense d'intérêts particuliers, locaux ou professionnels. Par l'intermédiaire de leurs bureaux ou collégialement, les groupes parlementaires participent à la désignation des membres du bureau de l'assemblée, des commissions (commissions générales, commissions spéciales, commissions mixtes paritaires, commissions d'enquête parlementaire) et des membres envoyés par les assemblées dans les organisations interparlementaires. Ils contrôlent le dépôt des questions écrites ou orales de leurs membres au gouvernement, le dépôt des propositions de lois ou d'amendements. Ils contrôlent les positions de leurs membres en plénière dans le cadre de la discussion et du vote des textes, sous réserve de ne pas porter atteinte au principe fondamental du droit de vote personnel de chaque membre du parlement[65].

En vertu du principe de la nullité du mandat impératif, un parlementaire n'est pas tenu – on l'a vu – d'adhérer au groupe parlementaire de son parti ni de respecter la discipline de vote prescrite par son groupe car son statut de parlementaire est protégé. Les seules sanctions qu'il encourt en cas d'indiscipline

[65] Décision n° 69-37 DC du 20 novembre 1969 du Conseil constitutionnel français.

sont celles d'être exclu de son parti ou de son groupe parlementaire ou de ne pas être investi comme candidat à la prochaine élection.

§ 2. LES COMMISSIONS

Les commissions sont des formations intérieures du parlement qui ont un rôle essentiellement préparatoire. Elles ont pour missions de préparer et de fournir à l'assemblée les éléments pour l'aider à prendre ses décisions. La nature de ces décisions détermine le type de commission. Lorsque la décision que l'assemblée doit prendre est le vote d'une loi ou lorsqu'elle doit se prononcer sur une résolution, une pétition ou une activité interne de la chambre, la commission préparatoire est une « commission générale ». Si l'assemblée doit décider de publier un rapport d'enquête parlementaire, celui-ci est préparé par une « commission d'enquête parlementaire ».

Les commissions d'enquête parlementaire seront étudiées au chapitre V consacré à la fonction politique du parlement. On ne s'attardera pas sur les « commissions spéciales » dont l'existence est plus théorique que réelle et qui sont normalement constituées pour « l'examen d'affaires notamment d'intérêt national »[66]. En effet, des questions d'intérêt national manifeste comme la révision de la Constitution, l'adoption du Code électoral, du Code pénal ou de la loi portant répression des actes terroristes ont toujours été confiées à la commission générale compétente, en l'occurrence la Commission des Lois constitutionnelles.

Le cas particulier des « commissions mixtes paritaires » qui interviennent en fin de procédure législative, et non en début, comme le font les commissions générales, sera évoqué dans le cadre de l'étude de la fonction normative du parlement (chapitre IV).

On examinera successivement la constitution (A), l'organisation (B) et le fonctionnement (C) des commissions générales.

A) CONSTITUTION DES COMMISSIONS GENERALES

Les commissions générales ont essentiellement un objet législatif. Elles sont constituées pour examiner et mettre en forme les textes sur lesquels l'assemblée doit se prononcer. Ces textes sont soit les projets de loi, soit les propositions de loi ou de résolution. En effet, selon le règlement intérieur de l'Assemblée nationale, « les projets de loi dont l'Assemblée nationale est saisie par le président de la République sont déposés sur le bureau de la chambre pour être transmis par le président de l'Assemblée nationale à la conférence des présidents qui décide de leur recevabilité et de leur transmission à une commission générale »[67]. « Les propositions de loi et de résolution émanant des députés (...) sont adressées au président de l'Assemblée nationale pour être transmises à la conférence des

---

[66] Art. 31 RIAN, art. 40 RIS.
[67] Art. 38-1(a) RIAN.

présidents qui décide de leur recevabilité et de leur transmission à une commission générale »[68]. Le règlement intérieur du Sénat est à l'avenant[69].

Au début de la première session de chaque année législative, après l'élection du bureau définitif, l'Assemblée nationale constitue neuf commissions générales composées en nombre égal de députés, pour l'étude des affaires qui lui sont soumises[70]. L'égalité du nombre de membres des commissions n'est pas requise au Sénat. Cependant, chacune des commissions de la Haute assemblée doit comporter au moins dix sénateurs[71].

Avant la constitution des commissions générales, les présidents de groupe établissent et remettent au président de la chambre la liste de leurs membres et des membres apparentés. Cette liste est affichée et consignée au procès-verbal puis publiée au Journal officiel des débats[72]. Ils remettent également au président de la chambre la liste de leurs membres (apparentés compris), candidats aux différentes commissions générales, sachant que chaque groupe dispose, dans chaque commission générale, d'un nombre de sièges proportionnel à son importance numérique[73].

Les sièges sont répartis entre les groupes à la représentation proportionnelle suivant la règle de la plus forte moyenne. Le président de la chambre attribue les sièges restants après cette répartition aux parlementaires « non-inscrits »[74]. Sachant que l'Assemblée nationale compte 180 députés et le Sénat 100 sénateurs, une première répartition attribue à chaque commission générale 20 membres à l'Assemblée nationale et 11 membres au Sénat. Les fonctions de membre d'une commission générale étant incompatibles avec les fonctions de président de la chambre[75], l'une des commissions générales de la chambre basse ne comportera que 19 membres.

Après cette première répartition, il est donné à chaque parlementaire la faculté d'appartenir à deux commissions générales[76]. Cette double appartenance est réglée par les présidents des groupes parlementaires et par la prise en compte des souhaits exprimés par les « non-inscrits ». Cette seconde répartition doit permettre le respect de la règle de l'égalité du nombre des membres des neuf commissions générales à l'Assemblée nationale. Dans la pratique, peu de parlementaires sont membres de deux commissions générales.

[68] Art. 38-1(b) RIAN.
[69] Art. 47-1(a) et (b) RIS.
[70] Art. 21-1 RIAN.
[71] Art. 25-1 RIS.
[72] Art. 22-1 RIAN, art. 31-1 RIS.
[73] Art. 22-2 et 22-4 RIAN, art. 31-2 et 26-4 RIS.
[74] Art. 22-3 RIAN, art. 31-3 RIS.
[75] Art. 29 RIAN, art. 38 RIS.
[76] Art. 22-8 RIAN, art. 30-5 RIS. Au parlement français, les commissions générales sont dénommées commissions permanentes.

Les listes des candidats aux commissions par groupe sont agrégées et affichées pendant une période minimum de 12 heures avant d'être soumises à la ratification par la chambre en séance plénière.

Afin de faciliter l'identification des commissions générales auxquelles la conférence des présidents transmet les textes jugés recevables en vue de leur examen, l'Assemblée nationale et le Sénat disposent des mêmes commissions générales quant à leurs dénominations et leurs compétences :

1) La Commission des Lois constitutionnelles, des Droits de l'Homme et des Libertés, de la Justice, de la Législation et du Règlement, de l'Administration examine les affaires relatives à la Constitution, au règlement, au statut des personnes, à la justice, aux collectivités territoriales décentralisées, etc.

2) La Commission des Finances et du Budget examine les affaires relatives au budget, à la fiscalité, aux contributions, à la monnaie, au crédit, au contrôle budgétaire, etc.

3) La Commission des Affaires étrangères s'occupe des questions des traités, des conventions et organisations internationales, etc.

4) La Commission de la Défense nationale et de la Sécurité est compétente pour les affaires relatives à la défense nationale, aux armées, à la gendarmerie, à la sûreté nationale, à la justice militaire, aux sapeurs pompiers, etc.

5) La Commission des Affaires économiques, de la Programmation et de l'Aménagement du territoire étudie les questions liées à l'aménagement du territoire, aux lois-programmes, au domaine de l'Etat, aux entreprises nationales, à l'urbanisme, à l'équipement, aux travaux publics, etc.

6) La Commission de l'Education, de la Formation professionnelle et de la Jeunesse s'occupe des questions d'enseignement du premier et du second degré, d'enseignement supérieur, d'éducation populaire, etc.

7) La Commission des Affaires culturelles, sociales et familiales traite des affaires liées à la culture, aux arts, à l'information, à la communication, à la santé publique, aux loisirs, aux œuvres sociales, à la prévoyance sociale, à la famille, à la femme, à l'enfant, aux personnes âgées, etc.

8) La Commission de la Production et des Echanges est compétente pour les affaires relatives à l'agriculture, à l'élevage, aux eaux et forêts, à la chasse, à la pêche, à l'énergie, aux industries, au tourisme, à la recherche scientifique, à la consommation, au commerce intérieur et extérieur, etc.

9) La Commission des Résolutions et des Pétitions examine les propositions de résolution, les pétitions, l'activité interne de la chambre et exploite les relations interparlementaires de la chambre.

B) ORGANISATION DES COMMISSIONS GENERALES

Après la constitution des commissions générales, le président de la chambre convoque celles-ci afin que chacune élise son bureau composé d'un président, d'un vice-président et de deux secrétaires. La Commission des Finances et du Budget désigne, en outre, un rapporteur général « pour les recettes » et des rapporteurs spéciaux « chargés des dépenses publiques et du contrôle de l'usage des fonds publics, y compris les fonds de développement publics »[77].

Les élections des bureaux des commissions générales se déroulant sous le contrôle politique des groupes parlementaires, il est de convention de considérer que la distribution globale des postes dans les différents bureaux des commissions générales doit « s'efforcer » de reproduire la configuration politique de la chambre.

La tendance récente des parlements de confier la présidence de la Commission des Finances à un parlementaire de l'opposition n'est pas d'actualité au parlement camerounais. De même, contrairement à d'autres parlements, le rapporteur général de la Commission des Finances n'est pas membre de droit de la conférence des présidents. L'opposition occupe cependant la présidence et la vice-présidence de deux ou trois commissions générales.

> Il n'y a pas de risque réel à confier la présidence de la Commission des Finances et du Budget à un parlementaire de l'opposition, la fonction de président de commission étant plus honorifique que substantielle, son rôle se limitant à distribuer la parole et à faire la police de la séance. Le président de commission n'a pas de voix prépondérante en cas de partage, hypothèse d'ailleurs improbable compte tenu de la configuration des commissions calquée sur celle de la chambre. Confier plus de présidences de commissions « de souveraineté » à l'opposition reviendrait simplement à « civiliser le système parlementaire »[78]. Il est vrai qu'un président de commission qui a de l'entregent peut développer, parfois à des fins propres ou à celles de sa formation politique, un tissu de relations utiles avec les responsables des administrations et des entreprises publiques.

C) FONCTIONNEMENT DES COMMISSIONS GENERALES

A l'exception de la Commission des Finances et du Budget qui peut siéger en tant que de besoin (hors session selon les modalités fixées par arrêté du bureau), les commissions ne peuvent valablement siéger que durant les sessions[79]. Les commissions sont saisies par la conférence des présidents de toutes les affaires relevant de leur compétence[80]. Communication de cette saisine est faite à la chambre à sa prochaine séance.

---

[77] Art. 69 RFE, art. 23-2 RIAN, art. 32-2 RIS.
[78] Guy Carcassonne et Marc Guillaume, *op. cit.*, p. 216.
[79] Art. 21-6 RIAN, art. 30-4 RIS.
[80] Art. 24-1 RIAN, art. 33-1 RIS.

L'examen au fond d'une affaire et la rédaction du rapport afférent ne peuvent être confiés qu'à une seule commission. Toutefois, les autres commissions générales peuvent demander à donner leur avis sur la même affaire. L'avis ainsi formulé est transmis au président de la commission saisie au fond. Les commissions saisies au fond et celles saisies pour avis sont convoquées à la diligence du secrétaire général de la chambre.

> Les parlementaires rencontrent une certaine réticence à obtenir la désignation de commissions pour avis, au motif que cela alourdirait et allongerait la procédure législative. Certains textes ayant des contenus transversaux gagneraient pourtant en qualité, y compris de débats, à travers l'examen par au moins deux commissions générales.

Le président de la commission générale organise les travaux de la commission. Les commissions siègent normalement à huis clos[81], mais les exigences de transparence et de communication avec les citoyens voudraient cependant que les travaux des commissions soient publics.

Pour chaque affaire, la commission compétente au fond désigne un rapporteur *ad hoc*, qui peut ne pas être membre du bureau de ladite commission. Les membres du gouvernement ont accès aux commissions lors des discussions portant sur des textes relevant de la compétence du gouvernement, autrement dit lorsqu'il s'agit de projets de loi. Ils doivent être entendus quand ils le demandent. Ils peuvent se faire accompagner et assister par de proches collaborateurs[82]. Le rapporteur général de la Commission des Finances et du Budget doit être entendu par toute commission qui examine un budget particulier soumis à son avis[83]. L'auteur d'une proposition de loi ou de résolution ou d'un amendement, non membre de la commission saisie au fond, peut – il devrait – être convoqué aux réunions de commission consacrées à l'examen de son texte. Il se retire au moment du vote[84]. Les parlementaires qui ne sont pas membres d'une commission générale peuvent assister, sans droit de parole, aux travaux de ladite commission sur autorisation de son président[85]. Ils peuvent lui adresser leurs propositions d'amendement du texte dont elle est saisie.

L'examen d'un texte commence par la présentation de l'économie du texte par l'auteur (le représentant du gouvernement pour le projet de loi, le parlementaire pour la proposition de loi ou de résolution), puis suit la discussion générale. Il se poursuit par la discussion des articles. Les amendements des parlementaires non membres de la commission saisie au fond cessent d'être recevables dès le début de la discussion des articles[86].

---

[81] Art. 94-6 RIAN, art. 110-6 RIS.
[82] Art. 25-4 RIAN, art. 34-4 RIS.
[83] Art. 25-7 RIAN, art. 34-7 RIS.
[84] Art. 25-5 RIAN, art. 34-5 RIS.
[85] Art. 25-2 RIAN, art. 34-2 RIS.
[86] Art. 25-6 RIAN, art. 34-6 RIS.

Les commissions sont toujours en nombre pour discuter. Toutefois, la présence de la moitié, plus un, de leurs membres est nécessaire pour la validité des votes[87]. Le système de la délégation de vote permet d'assurer toujours le quorum. Les décisions des commissions sont prises à la majorité simple des suffrages exprimés. Les votes en commission ont lieu à main levée, par assis et levé ou par procédé électronique (non encore effectif). Toutefois, les nominations ou désignations personnelles, comme la désignation des membres des bureaux des commissions, doivent se faire par scrutin secret[88]. En raison du « fait majoritaire », cette dernière exigence est rarement respectée.

Les rapports des commissions saisies au fond et les avis des commissions saisies pour avis doivent être approuvés en commission avant leur dépôt sur le bureau de la chambre. Ils sont ensuite distribués aux membres de la chambre[89]. Le procès-verbal des réunions d'une commission doit indiquer les noms des membres présents, excusés ou absents, les décisions de la commission ainsi que, s'il y a lieu, les résultats des votes. Sauf opposition du bureau de la commission, tout parlementaire non membre d'une commission peut prendre connaissance, sur place, du procès-verbal de la commission et des documents qui lui ont été remis[90].

Dans le cadre de ses travaux et pour la bonne exécution de ceux-ci, une commission peut proposer de charger un ou plusieurs de ses membres d'une mission portant sur des objets relevant de ses attributions[91].

Contrairement à la pratique parlementaire française qui n'autorise pas la constitution de sous-commissions, les commissions générales peuvent constituer des sous-commissions. Mais, seule la commission en corps dispose du pouvoir délibératif. Comme les commissions dont elles sont issues, les sous-commissions ne peuvent valablement siéger que durant les sessions (à l'exception des sous-commissions de la Commission des Finances et du Budget).

SECTION VI
LES SERVICES ADMINISTRATIFS DU PARLEMENT

Chacune des chambres du parlement jouit de l'autonomie administrative et financière[92]. En vertu de ce principe qui découle de celui de la séparation des pouvoirs sur lequel est bâtie la Constitution, chaque chambre, sous l'autorité de

---

[87] Art. 26-1 RIAN, art. 35-1 RIS.
[88] Art. 27-1 et 2 RIAN, art. 36-1 et 2 RIS.
[89] Art. 27-3 RIAN, art. 36-3 RIS.
[90] Art. 28-2 et 28-3 RIAN, art. 37-2 et 37-3 RIS.
[91] Art. 30-1 RIAN, art. 39-1 RIS.
[92] Art. 102 RIAN, art. 117 RIS.

son bureau, organise librement ses services, détermine leur fonctionnement, fixe le statut de son personnel. Les mesures prises par les organes administratifs des assemblées parlementaires pour organiser et réguler leur fonctionnement sont désignées « actes parlementaires ».

On étudiera successivement les actes parlementaires (§ 1), l'autonomie administrative (§ 2), la souveraineté financière (§ 3) et le statut des fonctionnaires parlementaires (§ 4).

§ 1. LES ACTES PARLEMENTAIRES

Constituent des actes parlementaires, les arrêtés du bureau de la chambre ou du président, les décisions du président, des questeurs, des commissions, du secrétaire général et des responsables placés sous l'autorité de celui-ci.

En raison de l'autonomie administrative et financière des assemblées, les actes parlementaires bénéficient de l'immunité juridictionnelle. Les juridictions tant administratives que judiciaires sont incompétentes à connaître des litiges qui peuvent en découler. Autrement dit, à l'occasion des litiges nés de leur application, les actes d'administration et de gestion des autorités du parlement sont insusceptibles de recours contentieux. Ils peuvent cependant faire l'objet de recours gracieux ou hiérarchique.

Les recours gracieux et hiérarchiques sont des recours administratifs. Ils sont portés devant l'administration auteur de l'acte que le recourant entend faire annuler parce qu'il prétend qu'il est illégal ou pour lequel il demande une réparation. Alors que le recours gracieux est adressé à l'autorité même dont émane la mesure contestée, le recours hiérarchique est porté devant un supérieur de cette autorité.

Trois exceptions confirment la règle de l'immunité juridictionnelle. D'abord, « l'Etat est responsable des dommages de toute nature causés par les services des assemblées parlementaires. Les actions en responsabilité sont portées devant les juridictions compétentes pour en connaître ». Ensuite, « les agents titulaires des services des assemblées parlementaires sont des fonctionnaires de l'Etat », quand bien même leur statut et leur régime de retraite seraient déterminés par le bureau de l'assemblée intéressée. Enfin, « la juridiction administrative est appelée à connaître de tous litiges d'ordre individuel concernant ces agents, et se prononce au regard des principes généraux du droit et des garanties fondamentales reconnues à l'ensemble des fonctionnaires civils et militaires de l'Etat ». « La juridiction administrative est également compétente pour se prononcer sur les litiges individuels en matière de marchés publics »[93].

Le juge administratif ne peut donc apprécier la légalité des actes réglementaires des assemblées parlementaires que par voie d'exception, à l'occasion d'un recours pour excès de pouvoir tendant à l'annulation d'une mesure à caractère individuel. Il est incompétent pour en connaître par voie d'action. Dans les instances ci-dessus visées, qui sont les seules susceptibles d'être engagées contre une assemblée parlementaire, l'Etat est représenté par le président de l'assemblée intéressée, lequel peut déléguer cette compétence.

---

[93] Loi n° 2003-710 du 1er août 2003, *in* Pierre Avril et Jean Gicquel, *op. cit.*, p. 175.

§ 2. L'AUTONOMIE ADMINISTRATIVE

Les services administratifs de la chambre sont placés sous la responsabilité d'un secrétaire général désigné par arrêté du bureau (A). D'autres services relèvent du Cabinet du président (B) ou des services de la questure (C).

A) LES SERVICES RELEVANT DU SECRETARIAT GENERAL

Bien que les services relevant du secrétariat général de chacune des chambres aient une organisation comparable parce qu'ayant des vocations semblables, ceux de l'Assemblée nationale sont mieux structurés, en raison de l'ancienneté de cette première chambre et de l'expérience qui en découle, notamment à travers leurs réorganisations successives. Leur organisation est fixée par un arrêté du bureau.

1. Les services du secrétariat général du Sénat

Au Sénat, le service le plus important, du point de vue du travail parlementaire, est la direction de la Législation, du Contrôle parlementaire et des Services linguistiques[94]. Elle est chargée des études et travaux liés à la procédure législative, de la production des documents de procédures, du traitement des dossiers de contrôle parlementaire, de la transcription, de la traduction et de l'interprétation.

Cette direction est organisée en quatre sous-directions. La plus importante est la sous-direction de la Loi. C'est elle qui prépare les séances publiques, produit les documents de procédures, prépare les réunions et assure le secrétariat de la conférence des présidents, prépare les dossiers du président pour la discussion en séance, contrôle le quorum avant l'ouverture des séances plénières, assiste le président pendant la séance lorsque des questions de procédure non prévues surgissent, met en forme, imprime et assure la transmission des textes résultant des délibérations, prépare le renvoi des lois adoptées à l'autre chambre, confectionne les procès-verbaux de séance et le Journal officiel des débats, recense les précédents en vue de l'établissement de la jurisprudence parlementaire.

> Le dossier du président, aussi appelé « feuilleton », comporte toutes les communications et interventions qu'il doit faire. Il retrace dans le détail les délibérations figurant à l'ordre du jour, les textes à discuter, les amendements déposés, l'ordre de leur examen (à travers le « dérouleur »). Le secrétaire général, assis à la gauche du président au « perchoir » (à l'Assemblée nationale) ou au « plateau » (au Sénat), détient le « dossier de séance » dont il remet les pièces au président au fur et à mesure et l'assiste dans les réponses aux questions relatives au déroulement des débats ou à celles portant sur l'application du règlement intérieur ou du droit parlementaire en général.

---

[94] Arrêté du bureau du Sénat n° 2013/005/AB/SEN du 23 août 2013.

Ces activités sont réparties entre deux services principaux : le service de la Procédure législative (qui effectue les études et travaux liés à la procédure législative et confectionne les procès-verbaux de séance) et le service des Séances et de la Codification (qui est chargé d'une part, de la préparation matérielle des travaux parlementaires et de la confection du Journal officiel des débats et, d'autre part, de l'impression et de la publication des textes adoptés, et de l'établissement des recueils des textes adoptés) ;

La deuxième sous-direction en importance est la sous-direction du Contrôle parlementaire. C'est elle qui s'occupe des questions écrites et orales au gouvernement et des travaux des commissions d'enquête parlementaire.

Compte tenu de sa spécificité constitutionnelle, cette sous-direction devrait être érigée en direction, faisant pendant à la direction de la Législation.

Les deux autres sous-directions sont celle de la Transcription, qui assure les travaux de sténotypie et de sténographie et élabore le compte rendu intégral des débats, et celle de la Traduction et de l'Interprétation, qui est chargée des travaux de traduction et d'interprétation, activités essentielles dans un pays bilingue. Lorsque l'administration de la chambre n'est pas critiquée par des parlementaires anglophones pour avoir présenté des documents en conférence des présidents, en séance, en commission ou en réunion du bureau uniquement en français, certains travaux et réunions sont retardés en vue d'apprêter les documents dans les deux langues officielles.

Si, comme suggéré, le contrôle de l'action gouvernementale est érigé en direction, la sous-direction de la Transcription et celle de la Traduction et de l'Interprétation deviendraient alors des services communs d'appui à la direction de la Législation et à celle du Contrôle parlementaire.

Les autres services administratifs du Sénat sont :

- la direction des Ressources humaines ;

- la direction du Budget et de la Solde, qui prépare et exécute le budget de la chambre en liaison avec les questeurs, assure le mandatement des émoluments des parlementaires, des salaires des personnels et des pensions ;

- l'agence comptable, de la comptabilité-matières et des bureaux de liaison à l'étranger encaisse les recettes, conserve et gère les fonds et les valeurs, vérifie la régularité des titres de paiement, paie les dépenses, tient la comptabilité générale de gestion, confectionne les comptes de gestion, assure la comptabilité-matières;

- la direction de la Coordination des services rattachés et des Relations internationales est chargée de la communication et des relations publiques (ces deux fonctions sont regroupées au sein d'une division de la Communication et des Relations publiques), du protocole, des cérémonies et des voyages officiels, du courrier, des travaux de secrétariat privés et des affaires personnelles des parlementaires, de la coopération interparlementaire et des relations internationales ;

- la direction des Services techniques communs est chargée de l'exploitation des systèmes d'information (informatique, internet, imprimerie...), de la préparation, de la réalisation et du suivi de l'exécution des marchés, des infrastructures, de l'acquisition et de la maintenance des équipements, de l'acquisition et de la gestion des moyens de transport, de l'entretien des bâtiments. Cette direction comprend deux divisions importantes : la division des Systèmes d'information et la division des Projets ;

- la direction de l'Action sociale et médicale ;

- la direction de la Documentation, des Archives et de la Recherche parlementaire gère la bibliothèque et les archives de la chambre et effectue les recherches intéressant le droit parlementaire.

Les directeurs de service sont nommés par arrêté du bureau sur proposition du secrétaire général. Afin de garantir son indépendance, l'agent comptable devrait être nommé sans interférence du secrétaire général de qui il relève. Alors qu'à l'Assemblée nationale, l'agent comptable est nommé par arrêté du bureau[95], au Sénat, il est, à l'instar des autres directeurs, nommé par arrêté du bureau sur proposition du secrétaire général[96].

2. Les services du secrétariat général de l'Assemblée nationale

Parmi les services essentiels du secrétariat général de l'Assemblée nationale, le plus important est la direction de la Législation et des Affaires linguistiques, qui comprend deux divisions : la division de la Loi et des Relations interparlementaires et la division du Contrôle de l'action gouvernementale et du Journal officiel des débats.

La division de la Loi et des Relations interparlementaires comprend deux sous-directions : la sous-direction de la Procédure législative (comprenant le service des Séances et des Commissions, le service du Compte rendu intégral et le service de la Codification) et la sous-direction de la Traduction et de l'Interprétation.

La division du Contrôle de l'action gouvernementale et du Journal officiel des débats comprend trois sous-directions : la sous-direction des Enquêtes et des Questions au gouvernement, la sous-direction du Journal officiel des débats et la sous-direction de la Transcription.

Ici aussi, comme au Sénat, l'organisation devrait être plus rationnelle. Il est en effet irrationnel que la sous-direction de la Traduction et de l'Interprétation soit rattachée à la seule division de la Loi et n'ait, en principe, aucun lien, ni opérationnel ni fonctionnel, avec la division du Contrôle de l'action gouvernementale alors que toutes les questions au gouvernement et toutes les séances y afférentes font l'objet de traduction et d'interprétation. De même, il n'y a aucune raison pour que la sous-direction de la Transcription soit rattachée à la seule division du Contrôle de l'action gouvernementale alors que l'importante production du compte rendu intégral des débats provient de l'activité liée à la procédure législative. Enfin, pourquoi la sous-direction du Journal officiel des débats serait-elle rattachée à la division du Contrôle de l'action gouvernementale alors qu'elle publie plus de textes provenant de la division de la Loi ?

Les autres services de l'Assemblée nationale sont :

---

[95] Art. 107-1 RIAN.

[96] Art. 125 RIS.

- la direction de la Coordination, comprenant deux sous-directions : la sous-direction des Affaires réservées des députés et la sous-direction de la Communication ;

- la direction du Budget et la Solde, comprenant deux sous-directions : la sous-direction du Budget et la sous-direction de la Solde et des Pensions ;

- l'agence comptable, comprenant le service de la Vérification des titres de paiement, le service de la Gestion et de la Comptabilité, le service de la Comptabilité-matières, la Caisse ;

- la direction de l'Administration générale, comprenant trois sous-directions : la sous-direction des Ressources humaines et du Contentieux, la sous-direction des Affaires sociales (action médicale, affaires sociales, restaurant des députés) et la sous-direction de la Maintenance et du Transport ;

- la direction des Services techniques communs, répartie en trois sous-directions : la sous-direction des Etudes, de la Programmation et des Projets, la sous-direction de l'Equipement et du Patrimoine et la sous-direction de l'Informatique et de l'Imprimerie ;

- la direction de l'Information documentaire, comprenant deux sous-directions : la sous-direction de la Bibliothèque et de l'Information documentaire et la sous-direction des Archives et des Recherches parlementaires ;

- la division du Contrôle du budget et du patrimoine, comprenant deux sous-directions : la sous-direction du Contrôle budgétaire et la sous-direction du Contrôle du patrimoine ;

- la division du Contrôle de la solde et des actes administratifs, comprenant la sous-direction du Contrôle des indemnités parlementaires et des pensions et la sous-direction du Contrôle de gestion administratif et du contentieux.

L'organigramme est complété par une cellule Organisation et méthodes (qui s'occupe du courrier et des archives), le service des Questeurs, les services spéciaux (secrétariat des groupes parlementaires et secrétariat des membres du bureau résidents) et le Centre de formation et de perfectionnement à l'administration parlementaire (Cfpap).

B) LE CABINET DU PRESIDENT

La sécurité, les affaires réservées du président, le protocole (qui organise les cérémonies officielles, les voyages officiels et les missions du président et des parlementaires, l'accueil et le séjour des hôtes officiels) relèvent du Cabinet du président qui est dirigé par un directeur de cabinet qui a rang et les avantages de secrétaire général de la chambre.

La sécurité de l'immeuble-siège de l'Assemblée nationale ou du Sénat selon le cas, celle du cabinet et des résidences du président, la protection personnelle du président, de sa famille, de ses hôtes et celle des membres du bureau de la chambre, sont assurées par un peloton de sécurité placé sous l'autorité d'un commandant de gendarmerie. Le peloton de sécurité rend les honneurs militaires dus au président et à ses hôtes de marque.

Outre le directeur de cabinet, le cabinet du président comprend un secrétariat particulier, des conseillers techniques, des chargés de mission et des attachés.

C) LES SERVICES DE LA QUESTURE

Les services de la questure sont chargés, sous l'autorité des questeurs, du contrôle des services administratifs et financiers de la chambre, du contrôle budgétaire et comptable des engagements des dépenses. A cet effet, ils disposent, en principe, de tous pouvoirs d'investigation.

§ 3. LA SOUVERAINETE FINANCIERE

La sauvegarde du principe d'autonomie financière du parlement relève du respect de la séparation des pouvoirs[97]. On examinera la préparation et le vote du budget de l'assemblée (A) et la gestion des finances de la chambre (B).

A) LA PREPARATION ET LE VOTE DU BUDGET DE LA CHAMBRE

Selon la chambre, le préparateur du budget est différent. Alors que le projet de budget de l'Assemblée nationale est préparé par les questeurs, celui du Sénat est dressé par le secrétaire général « en concertation avec les questeurs »[98]. La nuance est de taille et est parfois source de conflits entre le premier et les seconds au sein de la Haute chambre.

Le projet de budget, qui est présenté sous forme de programmes et fait ressortir les objectifs d'une part et les moyens d'autre part, est soumis au bureau. Il est ensuite examiné puis voté par la Commission des Finances et du Budget. Le budget ainsi voté est directement inscrit pour ordre au budget général de l'Etat, sans présentation ni examen en séance plénière[99]. En effet, « la tradition parlementaire exclut toute délibération sur le budget de la chambre en séance publique »[100]. Inscrit pour ordre au budget général de l'Etat dans le cadre de la loi de finances, il ne fait non plus l'objet de délibération par l'autre chambre. Laquelle en prend simplement acte, car « l'autonomie financière de chaque assemblée interdit de discuter la dotation de l'autre assemblée, par un sentiment réciproque des convenances »[101]. « Les crédits nécessaires au fonctionnement des assemblées parlementaires sont ainsi déterminés souverainement par chacune d'elles et inscrits par ordre au budget général, sans aucune immixtion ni du ministère des Finances, ni de la Cour des Comptes »[102]. En fin d'exercice, chaque chambre doit élaborer un rapport précisant le montant définitif des crédits ouverts et des dépenses constatées et présentant les écarts avec les crédits initiaux.

[97] Décision n° 448 DC du 25 juillet 2001du Conseil constitutionnel français.
[98] Art. 104-2 RIAN, art. 123-1 RIS.
[99] Art. 106-2 et 106-3 RIAN, art. 123-3 RIS.
[100] Pierre Avril et Jean Gicquel, *op. cit.*, p. 93.
[101] *Ibid.*
[102] *Ibid.*, p. 91.

B) LA GESTION DES FINANCES DE LA CHAMBRE

1. L'ordonnateur du budget

La gestion des finances de chaque chambre est assurée par son président, qui est l'ordonnateur du budget. Le secrétaire général en est l'ordonnateur délégué.

2. Le contrôle financier

Les questeurs assurent le contrôle financier du budget. Le contrôle financier vise en particulier à s'assurer de la régularité des actes financiers, notamment de la qualité de l'autorité ayant engagé la dépense et de l'évaluation exacte de ladite dépense, de la bonne exécution des marchés publics et de la sécurisation du patrimoine de la chambre.

Les questeurs doivent, en principe, émettre leur avis sur les actes d'engagement et viser les paiements des dépenses d'un montant supérieur à la limite fixée par arrêté du bureau. L'agent comptable est tenu de leur fournir tous documents et pièces nécessaires à l'exercice de leur contrôle. Quand ils agissent collégialement, les questeurs forment le Conseil de questure. Les débats au sein du Conseil de questure sont confidentiels. Ses décisions (appelées arrêtés de questure) sont collectives et engagent tous les questeurs quand bien même l'un d'eux aurait marqué son désaccord avec l'une d'elles. De même, les instructions de l'un des questeurs engagent solidairement les autres questeurs jusqu'à preuve de faute personnelle ou de motivation politique visiblement intéressée.

Les contrôles des services de la questure ne peuvent avoir lieu au cabinet du président que sous la prescription expresse de ce dernier. Quant au secrétariat général, le secrétaire général est toujours informé des contrôles à mener dans ses services.

3. Le contrôle de l'emploi des crédits

Au nom de l'autonomie financière, chaque assemblée met en place un contrôle *a posteriori* confié à une commission interne[103]. C'est la Commission des Finances et du Budget qui, siégeant en commission de comptabilité budgétaire, assure ce rôle de contrôle de l'emploi des crédits. Elle vérifie et apure le compte administratif annuel de l'ordonnateur du budget, les comptes-matières et les comptes de gestion de l'agent comptable. L'ordonnateur du budget lui soumet en même temps que les comptes susvisés, le compte administratif prévisionnel de l'exercice prochain.

---

[103] *Ibid.*, p. 93.

Dans l'exercice de ses fonctions, la Commission des Finances et du Budget peut, en cas de besoin, à la demande du bureau de la chambre, se faire assister par des services spécialisés de l'Etat. A la fin de chaque exercice, elle rend compte à la chambre de l'exécution de son mandat[104]. Cette reddition des comptes est rarement assurée de manière complète et satisfaisante.

§ 4. LE STATUT DES FONCTIONNAIRES PARLEMENTAIRES

Les fonctionnaires parlementaires ont pour mission d'assister les parlementaires dans l'exercice de leur mandat[105]. « Le principe d'autonomie administrative et financière des assemblées parlementaires, qui découle de celui de la séparation des pouvoirs, confère, en bonne logique, à leurs agents titulaires un statut empreint de particularisme »[106].

Les agents titulaires des services des assemblées parlementaires ont la qualité de fonctionnaires de l'Etat. Ils relèvent cependant d'un statut distinct et indépendant du statut général de la fonction publique de l'Etat, un statut de surcroît propre à chaque assemblée, parce que « chaque chambre est absolument maîtresse chez elle »[107]. Ces agents sont parfois appelés les « fonctionnaires du législatif »[108]. Même si le bureau est seul compétent pour élaborer le statut du personnel parlementaire sous la forme d'un arrêté, il doit néanmoins « satisfaire au procédé de recrutement de droit commun que constitue le concours et aux principes généraux du droit et des garanties fondamentales reconnues à l'ensemble des fonctionnaires de l'Etat »[109].

Les fonctionnaires parlementaires sont répartis en corps, cadres, grades, classes et échelons. Chaque corps comporte plusieurs cadres. Chaque cadre comporte un ou deux grades. Chaque grade comporte plusieurs classes. Chaque classe comporte plusieurs échelons[110].

Le corps est l'ensemble des fonctionnaires exerçant une fonction spécifique dans un secteur d'activité déterminé et régi par les mêmes dispositions réglementaires. On distingue ainsi au Sénat le corps des fonctionnaires de l'administration parlementaire qui constitue un corps généraliste, et des corps spécialisés tels le corps des fonctionnaires de la traduction et de l'interprétation, le corps des secrétaires des débats (notamment les sténotypistes et les sténographes), le corps des fonctionnaires de la documentation et des archives, le

[104] Art. 106 RIAN, art. 124 RIS.
[105] Pauline Türk, *op. cit.*, p. 127.
[106] Pierre Avril et Jean Gicquel, *op. cit.*, p. 85.
[107] *Ibid.*
[108] *Ibid.*
[109] Pierre Avril et Jean Gicquel, *op. cit.*, p. 88.
[110] Arrêté du bureau (n° 2015/38/AB/SEN du 22 septembre 2015) portant statut général de la fonction publique du Sénat.

corps des fonctionnaires auxiliaires de l'administration parlementaire (ingénieurs, médecins, infirmiers, techniciens...). Le corps des fonctionnaires de l'administration parlementaire est chargé d'assister les parlementaires dans l'exercice des fonctions législatives et de contrôle en séance, en commission, à la questure, à la présidence : ils collectent les éléments d'information, rédigent les rapports législatifs, établissent les comptes rendus de séance.

Le cadre regroupe l'ensemble des postes de travail réservés aux fonctionnaires recrutés à un même niveau d'études ou de qualification professionnelle et soumis aux mêmes conditions de carrière. L'entrée dans un cadre s'effectue au premier échelon.

Le grade définit la position du fonctionnaire dans la hiérarchie de son cadre. Les fonctionnaires du parlement sont répartis en quatre catégories désignées dans l'ordre hiérarchique décroissant par les lettres A, B, C et D. Les postes de travail de la catégorie A correspondent aux fonctions de conception, d'inspection, de direction, d'évaluation ou de contrôle. Les postes de travail de la catégorie B correspondent aux fonctions de préparation, d'élaboration et d'application. Ceux de la catégorie C correspondent à des tâches d'exécution spécialisées. Ceux de la catégorie D correspondent à des tâches d'exécution courante ou de grande subordination.

L'âge maximum d'accès aux services du parlement est de 35 ans pour les fonctionnaires des catégories A et B, et de 30 ans pour les fonctionnaires des catégories C et D. Le recrutement se fait sur concours ou sur titre.

Le fonctionnaire d'une assemblée parlementaire jouit des droits et libertés reconnus au citoyen. Il peut ainsi adhérer à une association politique ou culturelle, ou à un syndicat professionnel, sous réserve de l'observation d'une neutralité politique absolue dans l'exercice de ses fonctions. Il a droit à la rémunération (traitement indiciaire et prestations familiales), droit aux congés administratifs, de maladie ou de maternité, droit à pension, droit à la protection (contre les accidents et les maladies d'origine professionnelle, contre les menaces, outrages, violences, voies de fait, injures ou diffamations dont il peut être victime en raison ou à l'occasion de l'exercice de ses fonctions), droit à la santé (en cas d'accident ou de maladie non imputable au service ; il bénéficie à cet effet d'une assurance maladie), droit à la participation à l'élaboration des règles statutaires relatives à la carrière des fonctionnaires ou au fonctionnement des services publics, droit à la formation permanente[111].

S'agissant des obligations, le fonctionnaire d'une assemblée parlementaire est astreint aux obligations de servir et de se consacrer au service, de désintéressement, d'obéissance, de réserve et de discrétion professionnelle. A cet égard, le fonctionnaire doit afficher « une neutralité politique absolue découlant de

[111] *Ibid.*

l'honneur de servir tous les parlementaires, sans distinction d'appartenance ; cette règle déontologique fondamentale devrait empêcher que des convictions personnelles soient publiquement affichées »[112]. C'est sous le même prisme qu'il faut voir l'incompatibilité de la qualité de fonctionnaire parlementaire avec celle de ministre du culte.

Le fonctionnaire parlementaire fait l'objet, chaque année, d'une évaluation de ses performances professionnelles en fonction des objectifs qui lui sont assignés, du délai imparti pour leur réalisation et de la qualité des résultats. Cette évaluation conditionne l'évolution de sa carrière.

Le principe d'autonomie administrative des assemblées qui interdit en principe le détachement de leurs agents dans une administration relevant du pouvoir exécutif est assoupli par le « droit au détachement » également appelé « droit à la mise à disposition ». Est en position de détachement, le fonctionnaire parlementaire placé temporairement hors de son poste de travail pour servir auprès d'une institution publique, d'une collectivité publique locale, d'une entreprise publique ou parapublique, d'une organisation internationale, interparlementaire ou non gouvernementale ou pour exercer les fonctions de membre du gouvernement, des fonctions publiques électives ou un mandat syndical. Pendant la durée de son détachement, le fonctionnaire est rémunéré par l'organisme de détachement, mais il continue de bénéficier des droits à l'avancement et à pension.

Le droit au détachement ou droit à la mise à disposition ne doit pas être confondu avec le « droit à la mise en disponibilité » par lequel le fonctionnaire, à sa demande, pour convenance personnelle, pour entreprendre des études ou des recherches ou des activités de tous ordres, cesse de bénéficier, pour la durée de cette position, de ses droits à la rémunération, à l'avancement et à pension.

> On l'a vu, en raison du principe de l'immunité juridictionnelle des actes parlementaires, les dispositions statutaires ou individuelles relatives aux fonctionnaires parlementaires ne sont pas susceptibles d'être discutées au contentieux, à l'exception des litiges d'ordre individuel concernant les agents titulaires ou en matière de marchés publics et des dommages causés par les services des assemblées parlementaires, lesquels peuvent être portés devant les juridictions administratives[113].

---

[112] Pierre Avril et Jean Gicquel, *op. cit.*, p. 89.
[113] *Ibid.*, p. 90.

CHAPITRE IV

LA FONCTION NORMATIVE DU PARLEMENT

La première fonction – la plus ancienne, d'ailleurs – du parlement est de légiférer, de faire la loi. C'est de cette acception première que le parlement tire l'appellation de pouvoir législatif. Mais, le parlement n'a pas le monopole de la fonction législative puisque l'exécutif participe aussi à la législation formelle[1] et qu'en particulier, « l'initiative des lois appartient concurremment au président de la République et aux membres du parlement »[2]. Lorsque l'initiative émane du président de la République, le texte qu'il élabore s'appelle « projet de loi ». Les textes qui sont émanés des parlementaires sont des « propositions de loi ».

L'égalité constitutionnelle du droit d'initiative des lois est bien entendu purement théorique. Dans tous les régimes semi-présidentiels, plus de 95% des lois sont d'origine gouvernementale puisque c'est le président de la République qui définit la politique de la nation[3] et le gouvernement est chargé de sa mise en œuvre[4]. L'initiative législative, au même titre que le pouvoir réglementaire, est ainsi un des instruments essentiels qui permet au gouvernement de mettre en œuvre sa politique. De plus, dans les pays qui connaissent la séparation, même théorique, des pouvoirs, « l'exécutif est mieux outillé que le législatif pour préparer les textes de loi »[5].

Après avoir préparé la loi, il faut l'adopter. La loi est adoptée par le vote. Mais, qu'est-ce que la loi ? La loi est l'acte contraignant à portée générale et impersonnelle qui fixe les règles[6] ou qui détermine les principes concernant les matières relevant de son domaine[7].

La loi se définit selon trois critères : un critère organique, un critère matériel ou de compétence et un critère formel ou procédural. Selon l'organe, la loi est un acte adopté par le parlement. La loi est votée par le parlement[8]. Selon la

[1] Pierre Avril et Jean Gicquel, *op. cit.*, p. 158
[2] Art. 25 C.
[3] Art. 5-2 C.
[4] Art. 11-1 C.
[5] Guy Carcassonne et Marc Guillaume, *op. cit.*, p. 201. La plupart des technocrates se retrouve dans les cabinets ministériels et non dans les assemblées parlementaires.
[6] Pierre Avril et Jean Gicquel, *op. cit.*, p. 167.
[7] Pauline Türk, *op. cit.*, p. 129.
[8] Art. 26-1 C.

compétence, la loi est un acte adopté dans les domaines de compétence que la Constitution lui attribue.

Sous réserve du référendum, G. Carcassonne et Marc Guillaume préfèrent l'expression « résultant de la Constitution » à celle de « que la Constitution lui attribue » pour marquer en particulier l'influence de la jurisprudence constitutionnelle dans la délimitation du domaine de la loi[9].

Selon la procédure, la loi est un acte adopté selon la procédure législative. La procédure législative est l'ensemble des règles à suivre pour l'adoption des lois, qui vont de l'initiative à la promulgation. La procédure législative a ainsi cette particularité qu'elle s'achève par l'acte de promulgation. En effet, le parlement adopte d'autres actes selon d'autres procédures. Ainsi en est-il des résolutions et des motions.

Les résolutions constituent avec les motions la catégorie d'« actes non législatifs » des assemblées parlementaires. Les actes non législatifs se distinguent des actes législatifs en ce qu'ils ne font pas l'objet de promulgation. Outre l'absence de promulgation, la procédure d'examen des propositions de résolution se distingue de celle des propositions de loi par deux critères supplémentaires : les propositions de résolution ne sont pas soumises au contrôle de recevabilité, lequel vise à s'assurer que la matière relève du domaine de la loi ; elles ne font pas l'objet de « navette parlementaire ». Les propositions de résolution portent sur des questions qui n'intéressent que l'assemblée devant laquelle elles sont présentées et elles ne sont votées que par cette seule assemblée. A l'exception de ces trois caractères distinctifs (absence de contrôle de recevabilité, vote par la seule chambre concernée, absence de promulgation), la procédure d'examen des propositions de résolution est identique à celle des propositions de loi : dépôt, distribution, examen en commission, inscription à l'ordre du jour, examen en séance, amendements éventuels, adoption (v. *infra*, sect. I).

Les résolutions visent généralement à créer une commission d'enquête parlementaire, à suspendre des poursuites ou une mesure de détention à l'égard d'un parlementaire. Elles peuvent aussi constituer l'expression d'un simple point de vue de la chambre sur une question déterminée.

Sont toutefois, au parlement français, « irrecevables et ne peuvent être inscrites à l'ordre du jour les propositions de résolution dont le gouvernement estime que leur adoption ou leur rejet serait de nature à mettre en cause sa responsabilité ou qu'elles contiennent des injonctions à son égard »[10]. Cette irrecevabilité est semblable à celle du règlement intérieur du Sénat camerounais qui dispose : « les questions orales ou écrites ne peuvent, en aucun cas, donner lieu au vote d'une quelconque résolution conduisant à la mise en cause de la responsabilité du gouvernement »[11].

---

[9] Guy Carcassonne et Marc Guillaume, *op. cit.*, p. 179.

[10] Art. 34-1 C France.

[11] Art. 83-6 RIS. Une disposition équivalente n'existe pas dans le règlement intérieur de l'Assemblée nationale, mais celle-ci ne saurait y déroger, les modalités de mise en cause de la responsabilité du gouvernement étant clairement définies par la Constitution (art. 34 C).

Les motions, quant à elles, se distinguent des résolutions par deux traits supplémentaires. Premièrement, les motions ne sont pas soumises à l'examen par une commission. Après le dépôt (qui peut ne pas être fait par écrit), les motions sont directement soumises à l'assemblée qui statue par un vote. Deuxièmement, les motions ne peuvent être amendées. On distingue les motions de procédure et les motions de caractère externe. Les motions de procédure sont de deux types : les motions préalables et les motions préjudicielles. Elles interviennent en cours de procédure législative (v. *infra*, sect. I, § 2, B). Les motions de caractère externe visent le gouvernement et ressortissent à l'exercice de la fonction de contrôle du parlement. Ce sont essentiellement les motions de censure et les motions d'approbation d'un programme du gouvernement ou d'une déclaration de politique générale par le biais de la question de confiance (v. *infra*, chap. V).

En définitive, on peut définir la loi comme un acte adopté par le parlement, selon la procédure législative, dans les domaines de compétence que la Constitution lui attribue.

Si le parlement légifère, c'est-à-dire vote la loi, la formule utilisée par l'article 26-1 C pour ré-exprimer cette mission ne reflète pas l'état du droit. La formule « la loi est votée par le parlement » laisse en effet penser que toutes les lois sont votées par le parlement. Or, ce n'est pas toujours le cas.

D'abord, attribuer au parlement la totalité du pouvoir législatif est excessif car l'initiative des lois qu'elle détient – on l'a vu – est partagée avec l'exécutif (propositions de loi pour l'un, projets de loi pour l'autre). On verra que, même tout au long de la procédure législative, l'intervention du gouvernement est régulière et décisive, notamment en matière de fixation de l'ordre du jour et d'amendement.

Ensuite, un « projet de réforme qui, bien que relevant du domaine de la loi, serait susceptible d'avoir des répercussions profondes sur l'avenir de la nation et des institutions nationales », de même qu'une loi portant révision de la Constitution, peuvent éviter la voie parlementaire et être soumis directement au référendum, donc être adoptés par le peuple. Ils deviennent alors des lois référendaires[12]. Toutes les lois ne sont donc pas votées par le parlement.

Par ailleurs, tout ce qui relève de la loi n'est pas voté par le parlement. On l'a vu, « tout projet de réforme qui, bien que relevant du domaine de la loi, serait susceptible d'avoir des répercussions profondes sur l'avenir de la nation et les institutions nationales » peut être soumis au référendum[13]. De même, les ordonnances prises dans les matières relevant du domaine de la loi ont un caractère réglementaire, demeurent en vigueur tant que le parlement n'a pas refusé de

---

[12] Art. 36-1 et 63-4 C.
[13] Art. 36-1 C.

les ratifier, autrement dit, ne deviennent lois que lorsqu'elles ont été ratifiées par le parlement[14] (v. *infra*, sect. II, § 3).

Enfin, une loi peut être « considérée comme adoptée » par le parlement, sans vote. C'est le cas lorsque le gouvernement engage sa responsabilité devant l'Assemblée nationale sur le vote d'un texte[15] (v. *infra*, sect. II, § 4).

La loi est votée par l'Assemblée nationale seule (et non par le parlement) lorsqu'elle a pour objet d'abréger ou de proroger le mandat de celle-ci[16]. La loi peut être votée par l'Assemblée nationale seule lorsque, en cas d'échec de la procédure paritaire, le président de la République l'invite à statuer définitivement, c'est-à-dire, lui donne le « droit de dernier mot »[17] (v. *infra*, sect. I, § 3, B). La loi portant règlement intérieur de chaque chambre est votée par la seule chambre concernée.

Le parlement a donc pour fonction de légiférer, d'édicter des normes générales. L'expression « fonction normative du parlement » retenue pour qualifier cette première mission du parlement est quelque peu impropre, puisque dans le cadre de cette fonction, il n'édicte pas uniquement des normes. Il est parfois amené à voter des lois qui se limitent à donner des autorisations sans établir aucune norme : autorisation à légiférer par ordonnances, autorisation à ratifier un engagement international (v. *infra*, sect. II, § 3).

Le parlement légifère au moyen de « procédures législatives ». On entend par procédure législative l'ensemble des règles qui doivent être suivies pour l'adoption des lois, de l'initiative à la promulgation. Le droit parlementaire camerounais distingue deux catégories de procédures législatives : les procédures législatives ordinaires et les procédures législatives spéciales. Les procédures législatives ordinaires concernent exclusivement les lois normatives, c'est-à-dire celles qui posent des règles obligatoires (section I). Les procédures spéciales peuvent également concerner les lois normatives, mais elles présentent certaines particularités et connaissent certains infléchissements par rapport à la procédure ordinaire (section II).

SECTION I
LES PROCEDURES LEGISLATIVES ORDINAIRES

L'élaboration de la loi selon la procédure ordinaire comporte trois phases principales : la phase préparatoire ou préliminaire qui est l'œuvre des commissions (§ 1), la phase de discussion et d'adoption en séance plénière (§ 2).

---

[14] Art. 28 C.
[15] Art. 34-4 C.
[16] Art. 15-4 C.
[17] Art. 30-3(c)-2 C.

Celle-ci se poursuit et se termine par la procédure de la « navette » éventuellement suivie par la « procédure paritaire » (§ 3), mais elle peut se prolonger par une demande de nouvelle délibération formulée par le président de la République (§ 4).

§ 1. LA PHASE PREPARATOIRE

La phase préliminaire de l'élaboration de la loi s'effectue en quatre étapes : l'initiative (A), le dépôt (B), la recevabilité (C) et l'examen en commission (D).

A) L'INITIATIVE DES LOIS

Les textes de loi peuvent émaner soit du président de la République, soit des députés ou des sénateurs. C'est ce qu'exprime l'article 25 de la Constitution qui énonce : « l'initiative des lois appartient concurremment au président de la République et aux membres du parlement ». On l'a vu, lorsque le texte est initié par le président de la République, on parle de projet de loi. Lorsqu'il est émané d'un ou plusieurs parlementaires, il s'agit de proposition de loi.

B) LE DEPOT DES PROJETS ET PROPOSITIONS DE LOI

Aux termes des dispositions de l'alinéa 1er de l'article 29 de la Constitution, « les projets et propositions de loi sont déposés à la fois sur le bureau de l'Assemblée nationale et sur celui du Sénat ». Ce dépôt simultané sur les bureaux des deux chambres ne préfigure en rien de l'ordre d'examen des textes. Autrement dit, le dépôt simultané n'emporte pas l'examen simultané par les commissions des deux assemblées comme le laisserait croire la suite de ce même alinéa qui dispose : « Ils [les projets et propositions de loi] sont examinés par les commissions compétentes avant leur discussion en séance plénière ». De même, la simultanéité du dépôt sur les bureaux des deux chambres n'emporte pas une discussion simultanée du texte par les séances plénières des deux assemblées. En effet, lorsque l'article 30-1 de la Constitution précise que « les textes adoptés par l'Assemblée nationale sont aussitôt transmis au président du Sénat par le président de l'Assemblée nationale », on en déduit aisément que le Sénat doit attendre que l'Assemblée nationale ait achevé l'examen du texte puis l'adopte et c'est le texte adopté par l'Assemblée nationale que le Sénat examine.

Cette interprétation est toutefois contredite par l'alinéa 2 de l'article 29 de la Constitution qui est sans équivoque : « Le projet de loi examiné en séance plénière est le texte déposé par le président de la République. La proposition de loi examinée en séance plénière est le texte élaboré par l'auteur ou les auteurs de celle-ci ». C'est ce que confirme l'article 38-1(a) du règlement intérieur du Sénat qui dispose : « Les projets de loi dont le Sénat est saisi par le président de la République sont déposés sur le bureau de la chambre pour être transmis par le président du Sénat à la conférence des présidents qui décide de leur recevabilité et de leur attribution à une commission générale. Il en est donné connaissance au Sénat au cours d'une séance plénière ».

Cette double interprétation a été l'objet d'âpres discussions au sein de la conférence des présidents du Sénat. La première interprétation a fini par l'emporter, mais en admettant qu'il restait impensable d'examiner « en aveugle » le texte transmis par le président de l'Assemblée nationale sans avoir « en repérage » le projet de loi déposé par le président de la République ou la proposition de loi élaborée par le ou les parlementaires. Car comment le Sénat peut-il apprécier les éventuels amendements apportés par les députés au texte initial s'il n'a pas une connaissance complète de celui-ci ?

C'est pour cela que la pratique s'est installée au Sénat d'engager un premier examen du texte déposé, de façon informelle, de manière à se préparer à recevoir objectivement le texte adopté et transmis par l'Assemblée nationale. C'est sans doute ce qu'ont voulu exprimer les 25 sénateurs membres de la Commission spéciale chargée d'élaborer, en mai 2013, le premier règlement intérieur du Sénat, en retenant une formule combinant l'exigence constitutionnelle de l'article 29-2 (« le projet de loi examiné en séance plénière est le texte déposé par le président de la République ») et celle de l'article 30-2 (« le président du Sénat, dès réception des textes transmis par le président de l'Assemblée nationale, les soumet à la délibération du Sénat »).

La formule combinée du règlement intérieur du Sénat est la suivante : « Le projet de loi examiné est le texte déposé par le président de la République ou celui transmis par le président de l'Assemblée nationale »[18]. La formule tirant son fondement de deux dispositions constitutionnelles d'égale valeur ne peut pas être frappée d'inconstitutionnalité. De plus, elle a le mérite de concilier deux dispositions constitutionnelles apparemment contradictoires.

Au parlement français, la discussion en séance des projets et propositions de loi porte sur le texte adopté par la commission compétente. A défaut, elle porte sur le texte dont l'assemblée a été saisie[19]. Font toutefois exception, les projets de révision constitutionnelle et de loi de finances pour lesquels la discussion s'engage sur le texte présenté par le gouvernement[20].

Cet examen préliminaire du texte en commission du Sénat est informel car il ne suit pas les formes de la procédure solennelle de l'examen en commission, avec la présence du personnel administratif de la commission (sténographes, sténotypistes, traducteurs-interprètes, fonctionnaires de la sous-direction de la Loi). Les débats de cet examen ne peuvent figurer au Journal officiel des débats du Sénat. Surtout, les dispositions de l'article 29-4 du règlement du Sénat ne s'appliquent pas aux réunions informelles des

[18] Art. 62-1 RIS.
[19] Art. 42-1 C France, art. 90 RAN France.
[20] Pierre Avril et Jean Gicquel, *op. cit.*, p. 189.

commissions, dispositions qui prévoient que « les membres du gouvernement ont accès aux commissions lors des discussions portant sur des textes relevant de la compétence du gouvernement. Ils doivent être entendus quand ils le demandent ».

Il n'est cependant pas exclu qu'une commission en réunion informelle sollicite la participation du membre du gouvernement compétent pour un éclairage sur l'exposé des motifs et certaines dispositions sensibles du projet de loi. C'est dans cet esprit que la Commission des Lois constitutionnelles du Sénat avait souhaité recevoir le garde des Sceaux, ministre de la Justice lors de l'examen préliminaire du projet de loi portant répression des actes de terrorisme pendant la session de novembre 2014. Cette demande n'avait malheureusement pas prospéré. De même, les sénateurs qui envisagent de déposer des amendements aux projets et propositions de loi en commission ne peuvent être frappés de forclusion si ceux-ci ne sont pas parvenus en commission d'examen préliminaire du texte avant le début de la discussion des articles[21]. Enfin, la discussion informelle d'un texte en commission ne peut donner lieu à un vote sur les articles et sur l'ensemble qu'à titre de galop d'essai, dans l'attente du texte adopté par l'Assemblée nationale.

En définitive, le dépôt simultané des projets et propositions de loi sur les bureaux des deux assemblées parlementaires n'est qu'un dépôt. L'ordre de leur examen est déterminé par le sens de la première navette parlementaire. En droit positif camerounais, le Sénat n'examine officiellement que le texte adopté et transmis par l'Assemblée nationale.

Dans certains parlements, une distinction est faite entre les projets de loi qui sont examinés en premier lieu par l'Assemblée nationale et ceux dont la priorité est donnée au Sénat. Au nom du principe du consentement de l'impôt historiquement dévolu à la chambre des députés, les projets de lois de finances sont soumis d'abord à la chambre basse. Le pouvoir de lever l'impôt a d'ailleurs été longtemps la seule fonction du parlement anglais, fondateur du régime parlementaire (*cf.* la Grande Charte de 1215). Les Etats généraux de l'Ancien Régime en France puis la Constitution française de 1791 ont réaffirmé cette compétence fondamentale de consentement de l'impôt par les « représentants de la nation ». A l'inverse, dans les mêmes parlements, les projets de loi ayant pour objet principal l'organisation des collectivités territoriales sont soumis en premier lieu à la chambre haute.

Le constituant camerounais a opté pour la solution de donner la priorité de l'examen de tous les projets de loi à l'Assemblée nationale, suivant en cela la partie de la doctrine qui considère que c'est la chambre élue au suffrage universel direct qui doit toujours avoir juridiquement priorité sur celle issue du suffrage indirect, cette dernière étant d'ailleurs toujours appelée « seconde » chambre.

La priorité d'examen des textes par l'Assemblée nationale ne concerne que les projets de loi. Les propositions de loi sont déposées sur le bureau de l'assemblée à laquelle appartient leur auteur. Conséquemment, c'est l'assemblée, sur le bureau duquel la proposition de loi a été déposée, qui l'examine en premier. Cette conclusion logique soulève toutefois un problème de conformité des propositions de loi d'origine sénatoriale à l'article 30-1 de la

[21] Art. 34-6 RIS.

Constitution qui désigne l'Assemblée nationale comme point de départ de la navette. Comment en effet faire concorder ce point de départ à l'Assemblée nationale si la proposition de loi est d'origine sénatoriale ? D'autant qu'aucune disposition du règlement intérieur de l'Assemblée nationale ne permet à cette chambre de recevoir un texte examiné en premier lieu par le Sénat ?

On peut simplement se fonder sur l'existence d'une autre norme constitutionnelle, par définition d'égale valeur, pour convaincre l'Assemblée nationale à recevoir en seconde lecture une proposition de loi d'origine sénatoriale adoptée en première lecture au Sénat. La Constitution prévoit en effet que « la proposition de loi examinée en séance plénière est le texte élaboré par l'auteur ou les auteurs de celle-ci »[22]. Comme un sénateur ne peut pas déposer une proposition de loi sur le bureau de l'Assemblée nationale, on en déduit que sa proposition de loi ne peut être examinée en premier lieu que par le Sénat[23]. Par la suite, « la proposition de loi examinée en séance plénière » à l'Assemblée nationale « est le texte élaboré par l'auteur de celle-ci », même si l'auteur est un sénateur.

C) LA RECEVABILITE DES PROJETS ET PROPOSITIONS DE LOI

On l'a vu, lorsqu'un projet de loi est déposé sur le bureau de la chambre, le président de celle-ci le transmet à la conférence des présidents qui décide de sa recevabilité et de son attribution à une commission générale.

La recevabilité des projets et des propositions de loi constitue un filtre essentiel de la procédure législative. Elle vise quatre objectifs.

1. Elle vise d'abord à vérifier que la navette parlementaire est bien partie du port duquel elle devrait partir, c'est-à-dire de la chambre basse (à l'exception – on l'a vu – de la proposition de loi d'origine sénatoriale qui déclenche la navette à partir du Sénat).

2. Elle vise ensuite et surtout, à s'assurer que la matière du texte relève bien du domaine de la loi.

L'article 26-2 de la Constitution dispose :

« Sont du domaine de la loi :
a) Les droits, garanties et obligations fondamentales du citoyen ;
1. La sauvegarde de la liberté et de la sécurité individuelle ;
2. Le régime des libertés publiques ;
3. Le droit du travail, le droit syndical, le régime de la protection sociale ;
4. Les devoirs et obligations du citoyen en fonction des impératifs de la défense nationale.

---

22 Art. 29-2 C.

23 Le règlement intérieur du Sénat conforte cette position : « Les propositions de loi (...) émanant des sénateurs doivent être formulées par écrit. Elles sont adressées au président du Sénat pour être transmises à la Conférence des présidents qui décide de leur recevabilité et de leur transmission à une commission générale » (art. 38-1(b) RIS). La proposition de loi émanant d'un sénateur suit donc la procédure législative en premier lieu au Sénat.

b) Le statut des personnes et le régime des biens :

1. La nationalité, l'état et la capacité des personnes, les régimes matrimoniaux, les successions et libéralités ;
2. Le régime des obligations civiles et commerciales ;
3. Le régime de la propriété mobilière et immobilière.

c) L'organisation politique, administrative et judiciaire concernant :

1. Le régime de l'élection à la présidence de la République, le régime des élections à l'Assemblée nationale, au Sénat et aux assemblées régionales et locales et le régime des consultations référendaires ;
2. Le régime des associations et des partis politiques ;
3. L'organisation, le fonctionnement, la détermination des compétences et des ressources des collectivités territoriales décentralisées ;
4. Les règles générales d'organisation de la défense nationale ;
5. L'organisation judiciaire et la création des ordres de juridictions ;
6. La détermination des crimes et délits et l'institution des peines de toute nature, la procédure pénale, la procédure civile, les voies d'exécution, l'amnistie.

d) Les questions financières et patrimoniales suivantes :

1. Le régime d'émission de la monnaie ;
2. Le budget ;
3. La création des impôts et taxes et la détermination de l'assiette, du taux et des modalités de recouvrement de ceux-ci ;
4. Le régime domanial, foncier et minier ;
5. Le régime des ressources naturelles.

e) La programmation des objectifs de l'action économique et sociale.

f) Le régime de l'éducation. »

Le domaine législatif ne se limite cependant pas à l'énumération contenue dans l'article 26-2 de la Constitution, la fameuse « colonne 26-2 », pour paraphraser Jean Carbonnier parlant de la « colonne 34 » de la Constitution française[24]. D'autres articles de la Constitution réservent à la loi la détermination de certaines règles. C'est le cas de nombreux renvois du préambule à la loi pour lesquels le législateur reste seul compétent :

- « L'Etat assure la protection des minorités et préserve les droits des populations autochtones conformément à la loi » ;

- « Le domicile est inviolable. Nulle perquisition ne peut avoir lieu qu'en vertu de la loi » ;

- « Nul ne peut être poursuivi, arrêté ou détenu que dans les cas et selon les formes déterminées par la loi » ;

- « La loi assure à tous les hommes le droit de se faire rendre justice » ;

- « La liberté de communication, la liberté d'expression, la liberté de presse, la liberté de réunion, la liberté d'association, la liberté syndicale et le droit de grève sont garantis dans les conditions fixées par la loi » ;

- « Nul ne saurait [être privé du droit de propriété] si ce n'est pour cause d'utilité publique et sous la condition d'une indemnisation dont les modalités sont fixées par la loi »[25].

---

[24] Jean Carbonnier, *Flexible Droit*, *in* Guy Carcassonne et Marc Guillaume, *op. cit.*, p. 190.

[25] Préambule C.

C'est également le cas de nombreux articles de la Constitution qui renvoient la mise en œuvre de certains principes et règles ou la mise en place de certains organes constitutionnels à l'intervention de la loi[26] :

- la formule du serment du président de la République et les modalités d'application des dispositions relatives à l'entrée en fonction et à la prestation de serment du président de la République élu[27] ;

- les conditions de la proclamation de l'état d'urgence et les pouvoirs spéciaux que cet état confère au président de la République[28] ;

- le régime électoral de l'Assemblée nationale et du Sénat ainsi que le régime des immunités, des inéligibilités, des incompatibilités, des indemnités et des privilèges des membres du parlement[29] ;

- la modification du nombre de députés élus à l'Assemblée nationale[30] ;

- la prorogation ou l'abrègement du mandat de l'Assemblée nationale[31] ;

- le règlement intérieur de l'Assemblée nationale[32] ;

- le règlement intérieur du Sénat[33] ;

- l'habilitation du président de la République à prendre des ordonnances et la ratification desdites ordonnances[34] ;

- l'organisation et le fonctionnement du Conseil supérieur de la magistrature[35] ;

- les autres matières sur lesquelles la chambre judiciaire de la Cour suprême peut statuer[36] ;

- les autres litiges dont peut connaître la chambre administrative de la Cour suprême[37] ;

- les autres matières dont peut connaître la chambre des comptes de la Cour suprême[38] ;

- l'autorisation de ratification des traités portant sur des matières relevant du domaine de la loi[39] ;

- les formes du serment des membres du Conseil constitutionnel[40] ;

- l'organisation, le fonctionnement, les modalités de saisine ainsi que la procédure suivie devant le Conseil constitutionnel[41] ;

[26] Ces renvois ressortissent à la catégorie de lois appelées « lois organiques ». Mais, le droit constitutionnel camerounais ne connaît pas cette catégorie de lois.
[27] Art. 7-3 C.
[28] Art. 9-1 C.
[29] Art. 14-6 C.
[30] Art. 15-1 C.
[31] Art. 15-4 C.
[32] Art. 17-2 C.
[33] Art. 22-2 C.
[34] Art. 28 C.
[35] Art. 37-3 C.
[36] Art. 39 C.
[37] Art. 40 C.
[38] Art. 41 C.
[39] Art. 43 C.
[40] Art. 51-4 C.
[41] Art. 52 C.

- l'organisation, la composition, les conditions de saisine ainsi que la procédure suivie devant la Haute Cour de justice[42] ;

- l'organisation, la composition et les attributions du Conseil économique et social[43] ;

- la création de tout autre type de collectivité territoriale décentralisée[44] ;

- les conditions d'exercice de la tutelle de l'Etat sur les collectivités territoriales décentralisées[45] ;

- la révision de la Constitution[46] ;

- la détermination des autres catégories de personnes assujetties à l'obligation de déclaration des biens et avoirs[47].

Les articles 18-3 et 23-3 de la Constitution qui prescrivent que seuls les textes relevant de la compétence du parlement en vertu de l'article 26 peuvent être inscrits à son ordre du jour, sont par conséquent restrictifs par rapport à la réalité constitutionnelle, pour ne pas dire mal rédigés.

Le Conseil constitutionnel français exige que la loi qui intervient dans les matières qui lui sont réservées ait une portée normative et soit claire. Il rappelle que « la loi a pour vocation d'énoncer des règles et doit par suite être revêtue d'une portée normative »[48].

A cet égard, les lois-cadres, les lois d'orientation ou les chartes ne sont pas, à proprement parler, des réalités juridiques lorsqu'elles n'énoncent pas des normes. Ce sont davantage des intentions politiques, des déclarations et des pétitions de principe, au mieux, des programmes politiques, en définitive, des « neutrons législatifs », c'est-à-dire des dispositions à « charge juridique nulle ». Elles devraient plutôt figurer dans les exposés de motifs ou les préambules des lois que dans le dispositif[49].

Le Conseil constitutionnel français considère également que « le principe de clarté de la loi et l'objectif d'intelligibilité et d'accessibilité de la loi lui imposent d'adopter des dispositions suffisamment précises et des formules non équivoques afin de prémunir les sujets de droit contre une interprétation contraire à la Constitution ou contre le risque d'arbitraire, sans reporter sur les autorités administratives ou juridictionnelles le soin de fixer des règles dont la détermination n'a été confiée par la Constitution qu'à la loi »[50]. Le Conseil constitutionnel veille ainsi à ce que la loi ne soit pas entachée d'« incompétence négative », c'est-à-dire, ne renvoie pas au règlement la fixation des règles qu'elle doit elle-même déterminer. Le parlement ne doit pas abdiquer son rôle, il ne peut, dans une loi, s'en remettre à un autre pouvoir, notamment l'exécutif (gouvernement ou toute autorité administrative indépendante), pour prendre des décisions qui ne ressortissent qu'à lui. A défaut, il risque de voir une telle loi censurée par le Conseil constitutionnel. Car la Constitution a déjà attribué au pouvoir exécutif un pouvoir réglementaire autonome. En effet, « les matières autres que celles qui sont du domaine de

[42] Art. 53-4 C.
[43] Art. 54 C.
[44] Art. 55-1 C.
[45] Art. 55-3 C.
[46] Art. 63-3 C.
[47] Art. 66 C.
[48] Décision n° 2005-512 DC du 21 avril 2005.
[49] Guy Carcassonne et Marc Guillaume, *op. cit.*, p. 181.
[50] Décision n° 2005-512 DC du 21 avril 2005.

la loi ressortissent au pouvoir réglementaire »[51]. Ce pouvoir réglementaire « autonome » – par opposition au pouvoir réglementaire « dérivé » qui vise à préciser ou compléter les lois afin de permettre leur application – intervient dans un domaine normatif propre, où le législateur n'intervient pas. Ce domaine normatif propre du pouvoir exécutif est pratiquement infini, l'« infini 27 », par analogie à l'« infini 37 » de la Constitution française. En cela, le pouvoir réglementaire détient une « compétence de droit commun », alors que le législateur n'a qu'une « compétence d'attribution ».

En réalité, si la Constitution définit le domaine de la loi de façon matérielle (la « colonne 26-2 ») et de façon limitative (l'« infini 27 »), l'infini est plutôt quantitatif et non qualitatif. En effet, au fond, la « colonne 26-2 » couvre une grande variété de domaines importants relatifs aux droits et libertés, au statut des personnes et au régime des biens, au régime de l'éducation, à la vie démocratique, politique, judiciaire, économique, sociale, administrative de la nation. Bref, « la loi a seule compétence sur l'essentiel ». Même dans le reste, la loi peut s'immiscer, « pour peu que le gouvernement y consente, ou encore l'y invite, voire ne s'en avise même pas »[52].

En effet, si « les matières autres que celles qui sont du domaine de la loi ressortissent au pouvoir réglementaire », il n'est cependant pas contraire à la Constitution qu'une loi contienne des dispositions relevant du domaine réglementaire. Autrement dit, l'incursion législative dans le domaine réglementaire n'est pas inconstitutionnelle. C'est en tout cas le tournant jurisprudentiel pris en 1982 par le Conseil constitutionnel français qui considère que, « si une loi comporte des éléments qui relèvent du règlement, ceux-ci pourront toujours être modifiés par décret ». Il ajoute que si le constituant a voulu doter le gouvernement d'un domaine propre, « il n'a cependant pas entendu frapper d'inconstitutionnalité une disposition de nature réglementaire contenue dans une loi »[53]. L'immixtion du législateur dans le domaine du pouvoir réglementaire n'a donc aucun caractère définitif. Le « déclassement » ou la « délégalisation » d'une disposition réglementaire contenue dans une loi ne peut toutefois intervenir que si le Conseil constitutionnel, saisi, a déclaré que cette disposition a bien un caractère réglementaire. Le gouvernement peut alors, soit modifier la disposition de forme législative par décret, soit l'abroger et reprendre un texte réglementaire[54].

Cette interprétation serait délicate en droit camerounais en l'absence du filet du texte constitutionnel français qui prévoit que les textes de forme législative intervenus en les matières autres que celles qui sont du domaine de la loi peuvent être modifiés par décrets[55]. Mais, il s'agit d'une interprétation de bon sens.

Le nouveau dispositif constitutionnel français, issu de la réforme de 2008, de l'« irrecevabilité constitutionnelle » qui permet, préventivement, au cours de la procédure législative, d'éviter que le législateur ne commette un empiètement dans le domaine du pouvoir réglementaire, n'existe pas en droit constitutionnel camerounais.

La distinction entre le domaine de la loi réservé au législateur et le reste relevant du pouvoir réglementaire semble aujourd'hui normale. Il faut néanmoins se souvenir que cette distinction, d'inspiration française, n'existait pas avant l'avènement de la Constitution française de 1958. Dans les régimes précédents, c'était la règle de la loi comme norme suprême, expression de la souveraineté nationale. La loi n'avait aucune limite et le législateur n'avait pas le droit de déléguer son pouvoir.

---

[51] Art. 27 C.

[52] Guy Carcassonne et Marc Guillaume, *op. cit.*, p. 191.

[53] Décision n° 82-143 DC du 30 juillet 1982.

[54] Décision du Conseil constitutionnel français du 16 décembre 1999.

[55] Art. 37, al. 2 C France. De tels décrets ne peuvent être pris qu'après avis du Conseil d'Etat.

3. L'examen de la recevabilité des textes vise un troisième objectif, s'agissant des propositions de loi. Il s'agit d'examiner leur recevabilité financière, au regard des dispositions des articles 18-3(a) et 23-3(a) de la Constitution relatives respectivement à l'Assemblée nationale et au Sénat et qui ont un libellé identique : « Sont irrecevables, les propositions de loi ou amendements qui auraient pour effet, s'ils sont adoptés, soit une diminution des ressources publiques, soit l'aggravation des charges publiques sans réduction à due concurrence d'autres dépenses ou création de recettes nouvelles d'égale importance ».

4. L'examen de la recevabilité vise enfin à vérifier, s'agissant toujours des propositions de loi, que le texte est rédigé dans les formes requises : comme le projet de loi, la proposition de loi doit être formulée par écrit, elle doit être précédée d'un titre succinct et d'un exposé des motifs et comporter un dispositif articulé (le texte législatif proprement dit rédigé en articles).

Dans tous les cas, c'est la conférence des présidents qui est juge de la recevabilité des textes et de leur attribution à la commission générale compétente. En cas de doute ou de litige sur la recevabilité d'un texte, le président de la République ou le président de l'Assemblée nationale ou un tiers des députés (lorsque le texte est introduit à l'Assemblée nationale) ou le président du Sénat ou un tiers des sénateurs (lorsque le texte est introduit au Sénat) saisit le Conseil constitutionnel qui en décide[56].

Vu la propension de la conférence des présidents, sous la pression du gouvernement, pour des motifs peu élucidés, à déclarer irrecevables les propositions de loi – pas déjà importantes en nombre – il y a lieu de rappeler qu'une proposition de loi ne peut être déclarée irrecevable que dans l'une au moins des trois situations ci-après : si elle ne relève pas du domaine de la loi, si elle tombe sous le coup de l'irrecevabilité financière, si elle n'est pas rédigée dans les formes requises. La conférence des présidents est tenue de déclarer recevable toute proposition de loi remplissant les conditions de recevabilité.

Mais, la recevabilité n'est pas synonyme d'inscription à l'ordre du jour. En effet, le gouvernement peut décider que ne soit pas inscrite à l'ordre du jour de l'assemblée, une proposition de loi déclarée recevable. C'est le gouvernement, et non la conférence des présidents, qui a la maîtrise de l'ordre du jour. Celui-ci « comporte en priorité et dans l'ordre que le gouvernement a fixé, la discussion des projets de loi ou des propositions de loi qu'il a acceptées »[57]. La Constitution précise que « les autres propositions de loi retenues » (c'est-à-dire déclarées recevables) « par la conférence des présidents sont examinées par la suite »[58]. La « suite » peut ne pas intervenir au cours de la même session, ni même de la suivante. C'est pourquoi, « lorsque, à l'issue de deux sessions ordinaires, une

[56] Art. 18-3(b) C et 23-3(b) C, art. 38-3 RIAN, art. 47-3 RIS.
[57] Art. 18-4 C.
[58] *Ibid.*

proposition de loi (déclarée recevable) n'a pu être examinée, celle-ci est de plein droit examinée au cours de la session ordinaire suivante »[59].

Les projets et propositions de loi déclarés recevables sont annoncés à la plénière de la chambre concernée, imprimés et distribués à ses membres. De la même manière qu'une proposition de loi déclarée recevable n'est pas automatiquement inscrite à l'ordre du jour de la session en cours, une proposition de loi déclarée recevable, même annoncée à la plénière, imprimée et distribuée, ne sera pas nécessairement examinée au cours de la session concernée, si l'ordre du jour prioritaire fixé par le gouvernement ne l'a pas retenue.

D) L'EXAMEN EN COMMISSION

1. La saisine et la convocation des commissions

Après que la conférence des présidents a déclaré recevable un texte, sous réserve de l'ordre du jour prioritaire fixé par le gouvernement, elle en attribue immédiatement l'examen à une commission générale qu'elle désigne. Cette désignation est faite en fonction de la spécialité de la commission telle qu'elle ressort de sa dénomination et de son champ de compétence.

La pratique du Sénat qui consiste, pour la conférence des présidents, à confier à la commission générale compétente le texte soumis par son auteur (le président de la République ou le parlementaire) et jugé recevable, sans attendre celui adopté par la chambre basse, puis à se réunir de nouveau à l'arrivée du texte adopté par l'Assemblée nationale pour « confirmer la recevabilité » selon la formule consacrée, ensuite à le confier de nouveau à la (même) commission compétente, n'est pas conforme à la Constitution. La conférence des présidents du Sénat ne peut confier à l'examen de la commission générale compétente que le texte adopté par la chambre basse[60].

Communication de la recevabilité du texte et de la saisine de la commission générale compétente par la conférence des présidents est faite à la chambre à sa prochaine séance. Les commissions sont convoquées pour siéger à la diligence du secrétaire général de la chambre.

2. L'examen des textes en commission

L'examen au fond d'un texte ne peut être assuré que par une seule commission générale. Toutefois, la conférence des présidents peut, à la demande des présidents des autres commissions générales, autoriser celles-ci à examiner tout

---

[59] *Ibid.*

[60] Art. 30-2 C. On l'a vu (*supra*, B), l'examen anticipé du texte soumis par son auteur (et non celui transmis par l'Assemblée nationale) doit être considéré comme informel. Lorsque le gouvernement a demandé l'urgence et que la conférence des présidents en a saisi la commission compétente, les travaux de celle-ci ne peuvent être suspendus pour défaut de quorum que pendant une heure (au lieu de deux, suivant la procédure ordinaire) (art. 26-3 RIAN, art. 35-3 RIS).

ou partie du texte et en donner leur avis. Cet avis est transmis au président de la commission saisie au fond qui peut faire établir un seul rapport contenant les conclusions de sa commission et l'avis de la ou des commissions saisies pour avis. A défaut d'un seul rapport, la commission compétente au fond et chaque commission saisie pour avis préparent chacune son rapport et désignent chacune un rapporteur. En tout état de cause, avant l'étape du rapport unique, s'il y a lieu, le « rapporteur pour avis » (rapporteur de la commission saisie pour avis) a le droit de participer, avec voix consultative, aux travaux de la commission saisie au fond et d'y défendre les amendements de sa commission[61].

3. Le droit de parole et de vote en commission

a) Des commissaires de l'assemblée

Seuls ont droit de parole et de vote lors des travaux des commissions, les parlementaires désignés à cet effet en qualité de commissaires[62]. Les parlementaires qui ne sont pas membres d'une commission générale peuvent toutefois assister aux travaux de cette commission, sur autorisation du président de ladite commission. Ils n'y ont cependant ni droit de parole ni droit de vote[63]. La contrepartie de ces droits et interdictions est que d'un côté, en dehors du président et du rapporteur d'une commission saisie au fond, les parlementaires membres de ladite commission ne peuvent obtenir la parole en plénière « dans le cadre de la discussion générale »[64] et, de l'autre, les parlementaires qui ont assisté aux travaux d'une commission sans en être membres et, en conséquence, n'ont pu y avoir ni droit de parole, ni droit de vote, conservent, en séance publique, la plénitude de leur droit de parole dans le cadre de la discussion générale et de la discussion des articles ainsi que de leur droit de vote.

Certains sénateurs ont cru qu'assister comme observateur aux travaux d'une commission dont on n'est pas membre, privait l'observateur de son droit de parole en plénière dans le cadre de la discussion générale. Ce serait une double peine, injustifiée, puisqu'en définitive, il n'aurait eu droit de parole ni en commission ni en plénière. Après un moment d'hésitation, cette interprétation a été rapidement écartée dans la pratique du Sénat.

> Il y a néanmoins lieu de s'interroger sur le libellé de la disposition qui n'accorde pas le droit de parole en plénière aux membres de la commission saisie au fond (à l'exception des présidents et des rapporteurs qui, eux, obtiennent la parole quand ils la demandent). Ces membres n'ont pas droit de parole « dans le cadre de la discussion générale »[65]. Peuvent-ils alors intervenir dans le cadre de la discussion des articles du texte ?

---

[61] Pierre Avril et Jean Gicquel, *op. cit.*, p. 181.
[62] Art. 25-3 RIAN, art. 34-3 RIS.
[63] Art. 25-2 RIAN, art. 34-2 RIS.
[64] Art. 53-3 RIAN, art. 65-2 RIS.
[65] *Ibid.*

Selon une acception, il serait justifié qu'un membre d'une commission saisie au fond tente de convaincre la chambre entière sur un amendement qu'il n'aurait pas réussi à faire accepter en commission. Il devrait donc lui être reconnu le droit de parole dans le cadre de la discussion des articles. Selon une autre acception, les deux discussions étant liées, et par souci de cohérence, un membre d'une commission saisie au fond ne peut être interdit d'intervenir dans le cadre de la discussion générale et autorisé dans celui de la discussion des articles car il est censé avoir défendu son opinion, y compris lors de la discussion des articles, en commission et cette opinion apparaît en principe dans le rapport, lequel est distribué à tous les parlementaires de la chambre. Il n'y a pas lieu de l'exprimer de nouveau en plénière. La pratique parlementaire privilégiant cette seconde acception, cette disposition des règlements intérieurs des deux assemblées mériterait en conséquence d'être réécrite comme suit :

« En dehors des cas prévus à l'alinéa 1 ci-dessus, les députés [les sénateurs, pour le règlement du Sénat] membres des commissions intéressées, ne peuvent obtenir la parole ni dans le cadre de la discussion générale ni dans le cadre de la discussion des articles. »

Dans d'autres parlements, le parlementaire non membre d'une commission saisie au fond qui assiste aux travaux de celle-ci comme observateur peut prendre la parole. Il lui est simplement interdit de prendre part aux votes. Lorsque l'usage de cette faculté n'est pas excessif, il contribue à améliorer la qualité législative, la gestion du temps en plénière ne permettant pas d'aller au fond de certaines questions.

b) Des membres du gouvernement

Les membres du gouvernement ont accès aux commissions lors des discussions portant sur des projets de loi. « Ils doivent être entendus quand ils le demandent »[66]. Ce droit d'accès (au parlement en général) et de participation aux débats est constitutionnel[67], illimité et inconditionnel.

Les règlements intérieurs des assemblées ne peuvent par conséquent restreindre ni le droit d'accès ni le droit de parole des membres du gouvernement. Ceux-ci interviennent en premier pour exposer les motifs des projets de loi. Dans les échanges qui suivent avec les commissaires, leurs positions et éclairages sont déterminants. L'exposé des motifs et ces explications complémentaires permettent de saisir les raisons pour lesquelles le projet est soumis au parlement, l'esprit dont il procède, les objectifs qu'il se fixe et le sens des principales dispositions du dispositif articulé qui constitue la seule partie à vocation normative et qui va être discuté et, éventuellement, amendé.

Compte tenu de la complexité et de la technicité de la plupart des textes, les membres du gouvernement se font assister en commission par des proches collaborateurs, assis derrière ou près d'eux, qu'ils n'hésitent pas à consulter pen-

[66] Art. 25-4 RIAN, art. 34-4 RIS.
[67] Art. 33 C.

dant les travaux pour soutenir la discussion devant la commission. La parole ne peut cependant pas leur être donnée.

En France, ces collaborateurs sont appelés « commissaires du gouvernement »[68], par analogie aux membres des commissions qui, eux, sont les commissaires de l'assemblée.

Les échanges en commission entre les commissaires de l'assemblée et les membres du gouvernement constituent en tout cas un moment privilégié de connaître les ministres qui dominent leur sujet et, de manière générale, ceux qui maîtrisent les dossiers de leurs départements ministériels puisque les questions des commissaires portent souvent sur des sujets qui, bien que relevant de la compétence des ministres intéressés, sont sans lien évident avec le texte sous examen.

c) De l'auteur d'une proposition de loi ou d'un amendement

L'auteur d'une proposition de loi ou d'un amendement peut être convoqué aux séances de la commission consacrées à l'examen de son texte. Il peut demander à prendre la parole. Il se retire au moment du vote. Cette convocation est facultative, à la discrétion du président de la commission[69]. S'il est l'auteur d'un amendement, il ne peut prendre la parole qu'à propos de celui-ci.

4. Limite de recevabilité des amendements en commission

Après la discussion générale du texte, la commission passe à la discussion des articles. Les amendements des parlementaires cessent d'être recevables en commission dès le début de la discussion des articles. Cette limite s'applique tant aux amendements initiés par les membres de la commission saisie au fond qu'à ceux des parlementaires non membres de cette commission. On peut toutefois considérer que les exceptions d'introduction d'amendements autorisés en plénière sont applicables en commission. En effet, en séance publique, ne sont normalement recevables que les amendements qui ont été antérieurement soumis à la commission compétente[70]. Toutefois, sont recevables en séance publique, les amendements dont le gouvernement ou la commission saisie au fond accepte la discussion et les amendements présentés par le gouvernement[71]. Comme les amendements présentés par le gouvernement, devraient également être recevables en commission, même après le début de la discussion des articles, les amendements dont le gouvernement ou la commission saisie au fond accepte la discussion. C'est, du reste, la pratique constante au Sénat. L'opportunité de certains amendements n'apparaît souvent qu'après le développement de l'exposé des motifs et les explications complémentaires du représentant du gouvernement, y compris au cours de la discussion des articles.

[68] Simon-Louis Formery, *op. cit.*, p. 72.
[69] Art. 25-5 RIAN, art. 34-5 RIS.
[70] Art. 61-3 RIAN, art. 73-3 RIS.
[71] Art. 61-5 RIAN, art. 73-5 RIS.

5. Décisions et rédaction du rapport de la commission

La discussion des articles est une nouvelle occasion pour les commissaires de questionner le gouvernement. La décision sur chaque article et sur chaque amendement est normalement prise à la majorité simple des suffrages exprimés, à main levée ou par assis et levé[72]. Dans la pratique, le président de la commission se limite à demander s'il y a une objection. En cas d'objection, la commission s'en remet au gouvernement pour trancher.

> Ce transfert de pouvoir de décision est lié au fait majoritaire, le gouvernement s'appuyant sur le parlement pour gouverner, et le mode de constitution des commissions l'assurant en permanence de cette majorité. Pour les parlementaires de la majorité, tenter de s'opposer durablement à une position du gouvernement revient à ouvrir une crise politique, aux conséquences incalculables.

En l'absence d'objection, le président déclare : « vu » ou « l'article est vu ». Cette forme de décision vise à constater l'accomplissement de la formalité d'examen de l'article et à réserver la décision finale d'adoption aux seuls membres de la commission, lorsque les représentants du gouvernement se seront retirés. En effet, à la fin de la discussion des articles, les représentants du gouvernement se retirent au moment du vote. Après ce retrait (la courtoisie parlementaire veut que le président de la commission suspende les travaux et raccompagne les membres du gouvernement jusqu'au perron du palais de l'assemblée), la commission reprend ses travaux, le rapporteur résume la discussion générale et il est de nouveau procédé à la discussion des articles. A ce stade, il s'agit, à la lecture de chaque article, de s'assurer que les conclusions auxquelles la commission est parvenue en présence du gouvernement reflètent bien l'opinion de la commission.

Sur les amendements, la commission se prononce par la formule : « favorable », « défavorable » ou « sagesse ». Cette dernière formule signifie que la commission s'en remet, pour cet amendement, à la sagesse de l'assemblée. Sur les articles, la formule est : « adopté » ou « l'article est adopté » ou « non adopté » ou « l'article n'est pas adopté ».

Après l'adoption du dernier article, le président met aux voix l'ensemble du texte, toujours à main levée ou par assis et levé. La mise aux voix de l'ensemble du texte est de rigueur. Ici, le président de la commission ne doit pas se contenter de demander s'il y a ou non objection. Il doit être clairement établi si le texte est adopté à l'unanimité ou à la majorité et, dans ce dernier cas, quelle majorité ou s'il est rejeté ou modifié. Dans le cas où le Sénat a adopté conforme le texte de l'Assemblée nationale, la formule finale du rapport des commissions du Sénat est généralement la suivante :

[72] Art. 27-1 et 27-2 RIAN, art. 36-1 et 36-2 RIS.

« Ainsi parvenus au terme de leurs échanges, et n'ayant constaté aucune divergence de fond avec le texte adopté par l'Assemblée nationale, les membres de votre Commission de (...) ont adopté chacun des articles, dans sa forme initiale ou corrigée, ainsi que l'ensemble du projet de loi n° (...) portant ou régissant ou autorisant (...). Ils prient à présent la Chambre entière de bien vouloir entériner leurs conclusions. »

Le rapport rédigé est soumis à une ultime lecture et approbation de la commission avant son dépôt sur le bureau de la chambre[73]. Il est imprimé et distribué aux parlementaires avant l'ouverture de la séance publique au cours de laquelle il va être présenté.

§ 2. LA DISCUSSION ET L'ADOPTION DE LA LOI EN PLENIERE

L'état transitoire d'une loi, au cours de son élaboration par chaque assemblée parlementaire, avant son adoption définitive, est appelé « petite loi ». On peut donc appeler « petite loi » le texte tel qu'adopté par la commission générale compétente, avant sa présentation et sa discussion en séance publique.

Le terme « discussion en séance » est un terme générique qui recouvre des opérations qui vont au-delà de la discussion au sens commun. Sauf si la loi est adoptée par un vote sans débat (A), la discussion en séance se déroule en quatre étapes : présentation du rapport de la commission (B), discussion générale (C), discussion des articles et des amendements (D), vote des amendements, vote des articles et « vote sur l'ensemble » (E). Par ailleurs, en séance – comme en commission –, le vote est personnel, mais en l'absence du parlementaire, la délégation de vote est autorisée (F).

Comme pour les travaux en commission, le droit d'accès et le droit de parole des membres du gouvernement aux séances publiques des assemblées sont illimités et inconditionnels. Il ne peut y être porté atteinte. En cas d'empêchement du membre du gouvernement compétent, il peut se faire suppléer par un autre membre du gouvernement (et uniquement par un autre membre du gouvernement).

Les séances plénières sont publiques[74]. D'où l'expression « séance publique » utilisée pour désigner la séance plénière. Le principe de la publicité des débats parlementaires est justifié par la nécessité de la transparence du travail parlementaire. Les parlementaires représentant la nation, doivent travailler sous le regard du public. Le public a en effet accès aux tribunes de l'hémicycle (dans la limite des places disponibles et généralement sur invitation des parlementaires qui ont droit chacun à un certain nombre de billets de séance pendant les

[73] Art. 27-3 RIAN, art. 36-3 RIS.
[74] Art. 17-1 et 22-1 C, art. 45-1 RIAN, art. 56 RIS.

sessions). La presse, les chercheurs, les étudiants et les groupes divers peuvent également solliciter auprès du secrétaire général de la chambre, dans le cadre des instructions données par le bureau, des cartes spéciales d'accès aux séances plénières.

> Les personnes admises dans la partie de l'hémicycle affectée au public doivent arborer une tenue décente, demeurer découvertes, se tenir assises et observer le silence le plus absolu : ils ne doivent pas manifester ce que les débats leur inspirent (applaudissements, marques bruyantes d'approbation ou d'improbation), sous peine d'exclusion par les huissiers ou les agents chargés du maintien de l'ordre, sur ordre du président[75].

La publicité des débats se matérialise aussi par la diffusion de certaines séances publiques à la télévision et la publication de leur compte rendu intégral au Journal officiel des débats.

Le quorum de la moitié plus un des membres de la chambre en exercice est nécessaire pour que celle-ci puisse valablement délibérer. En cas de vote, le quorum d'un tiers des membres suffit[76]. Mais le vote n'intervient pas toujours à la suite d'un débat.

A) ADOPTION SANS DEBAT D'UN PROJET OU PROPOSITION DE LOI

En raison de l'opportunité, le gouvernement ou la commission saisie au fond peut demander le vote sans débat d'un projet ou d'une proposition de loi[77]. Le gouvernement ou la commission adresse la demande de vote sans débat au président de la chambre qui en saisit la conférence des présidents[78]. La conférence des présidents décide de l'inscription à l'ordre du jour du vote sans débat du texte. Lorsque le rapport de la commission a été distribué, la conférence des présidents inscrit l'affaire en tête de l'ordre du jour de la séance suivant sa distribution et le président en donne communication à la chambre. Si la demande d'inscription à l'ordre du jour du vote sans débat d'une affaire est formulée par la commission saisie au fond, le gouvernement peut s'y opposer[79]. Si l'inscription a déjà eu lieu, le gouvernement peut en demander le retrait[80]. Dans les deux cas, la commission doit entendre le gouvernement.

Tout parlementaire peut faire opposition à un vote sans débat inscrit à l'ordre du jour s'il désire présenter des observations ou un amendement. L'opposition est irrecevable si elle n'est pas adressée par écrit au président de la chambre deux heures avant l'ouverture de la séance à l'ordre du jour de laquelle est ins-

[75] Art. 94-4 RIAN, art. 110-4 RIS.
[76] Art. 47-1 et 47-2 RIAN, art. 49-1 et 49-2 RIS.
[77] L'ouverture de cette faculté à la commission saisie au fond exclut que soit envisagée ici la procédure de l'engagement de responsabilité du gouvernement sur le vote d'un texte.
[78] Art. 40 RIAN, art. 49 RIS.
[79] Art. 41-1 RIAN, art. 50-1 RIS.
[80] Art. 41-2 RIAN, art. 50-2 RIS.

crite l'affaire et si elle n'est pas soutenue par la signature, à l'Assemblée nationale, de 15 députés au moins et, au Sénat, de 20 sénateurs au moins. Si l'opposition remplit ces conditions, le projet ou la proposition de loi est retiré de l'ordre du jour. La commission saisie au fond doit alors entendre l'auteur de l'opposition et saisir la chambre d'un rapport supplémentaire mentionnant toutes les objections formulées par l'auteur de l'opposition[81].

Si, à la suite d'une opposition par un parlementaire à un vote sans débat et après distribution du rapport supplémentaire de la commission saisie au fond, le vote sans débat est à nouveau inscrit à l'ordre du jour, il ne peut être retiré que sur la demande du gouvernement ou sur une demande signée, à l'Assemblée nationale, par 30 députés et au Sénat, par 20 sénateurs, et entérinée par un vote sans débat émis à la majorité des membres présents. Si ce second retrait est acquis, le vote sans débat du projet ou de la proposition de loi ne peut plus être inscrit à l'ordre du jour[82]. Lorsque le principe du vote sans débat est définitivement acquis, le président de la chambre met successivement aux voix les différents articles, puis l'ensemble du projet ou de la proposition de loi[83].

B) LA PRESENTATION DU RAPPORT DE LA COMMISSION

La discussion en séance commence par la présentation du rapport. Les projets et propositions de loi sont, en principe, soumis à une seule délibération en séance publique[84]. Ceci veut dire que, lorsque la séance est ouverte pour examiner un projet ou une proposition de loi (ou de résolution), elle ne peut être close – sauf suspension pour cause de vote d'une motion de procédure – avant que l'examen du texte a connu son épilogue.

> En procédure d'urgence (l'urgence est de droit si elle est demandée par le gouvernement ou la majorité des membres de la chambre), la séquence examen-adoption des textes est la même mais le rythme est plus soutenu (art. 30-3 C, art. 56 RIAN, art. 68 RIS). Au parlement français, le terme est devenu « procédure accélérée ».

La discussion des projets et propositions de loi s'engage par l'audition, s'il y a lieu, du ou des rapporteurs de la ou des commissions saisies pour avis et ensuite par la présentation du rapport de la commission saisie au fond. On l'a vu, s'il a été établi un seul rapport contenant les conclusions de la « commission au fond » et l'avis ou les avis de la ou des « commissions pour avis », il est présenté par le seul rapporteur de la commission saisie au fond.

---

[81] Art. 41-3 à 41-5 RIAN, art. 50-3 RIS.

[82] Art. 42-2 RIAN, art. 51-2 RIS. Il est curieux que le nombre de signatures nécessaire pour soutenir une opposition à un vote sans débat soit de 20% de l'effectif des membres de la chambre au Sénat et seulement de 8% ou 17% selon le cas, à l'Assemblée nationale, s'agissant simplement de la question de savoir s'il faut débattre ou non d'un texte avant son adoption.

[83] Art. 42-3 RIAN, art. 51-3 RIS.

[84] Art. 57-1 RIAN, art. 69-1 RIS.

Le Conseil constitutionnel français considère que, afin de respecter l'inscription à l'ordre du jour, le fait, pour une commission, de ne pas être en état de présenter son rapport n'empêche pas l'examen du texte en séance[85]. Au parlement camerounais, le président de la chambre attend toujours que le rapport de la commission saisie au fond soit prêt avant d'engager l'examen du texte en séance.

Le rapporteur de la commission saisie au fond donne lecture intégrale du rapport. Celle-ci peut durer jusqu'à une heure. La lecture du rapport de la Commission des Finances et du Budget sur le projet de loi de finances dure souvent plus de trois heures. Or, comme on l'a vu, le rapport est distribué avant l'ouverture de la séance. S'il est distribué quatre heures au moins avant l'ouverture de la séance, chaque parlementaire (non membre de la commission saisie au fond) a le temps d'en prendre connaissance et d'apprêter ses observations. D'autant qu'il avait déjà reçu en son temps le texte du projet ou de la proposition de loi. La lecture intégrale du rapport est donc généralement ennuyeuse, même si l'exercice met en vedette le rapporteur lorsqu'il a une bonne élocution et le souffle approprié.

Le règlement de l'Assemblée nationale française prévoit que le rapporteur doit se borner à commenter le rapport sans en donner lecture. Le règlement du Sénat français précise, quant à lui, que l'exposé du rapporteur ne peut excéder 20 minutes, sauf décision contraire de la conférence des présidents. Cette limitation oblige le rapporteur à se détacher de son texte et à rendre vivante sa présentation, captant ainsi mieux l'attention de l'audience.

C) LA DISCUSSION GENERALE

Après la présentation du rapport, le président annonce l'ouverture de la discussion générale. Il ouvre une liste d'orateurs qui souhaitent intervenir dans le cadre de la discussion générale. Si la procédure d'urgence est mise en vigueur, le président écourtera cette liste. Les parlementaires qui demandent la parole sont inscrits suivant l'ordre de leur demande[86]. S'il s'agit d'une proposition de loi, l'auteur ou le premier signataire de la proposition a priorité.

Le temps de parole de chaque orateur est limité à dix minutes[87]. Dans la pratique, cette limite n'est pas respectée, le président de la chambre s'abstenant d'interrompre les orateurs trop longs, sauf cas exceptionnels dans lesquels il se borne à demander à l'orateur de bien vouloir conclure, sans trop insister.

L'orateur parle à la tribune[88]. Autrement dit, à l'exception du président (qui s'exprime, en toutes circonstances, au « perchoir » ou au « plateau », assis ou debout), tout intervenant ne peut parler qu'à la tribune.

---

[85] Décision n° 84-181 DC du 11 octobre 1984.
[86] Art. 51-2 RIAN, art. 62-2 RIS.
[87] Art. 51-3 RIAN, art. 62-3 RIS.
[88] Art. 51-4 RIAN, art. 63-1 RIS.

Cette formule a l'inconvénient d'être lourde, mais l'avantage de donner de la solennité à chaque intervention, même la plus bénigne. A la suite d'une série de quatre ou cinq interventions de parlementaires sous forme de questions ou observations, à la demande du président, le ou les ministres qui représentent le gouvernement pour la défense du texte prennent la parole pour soutenir la discussion. Il est courant que ces interventions portent peu sur le contenu du projet de loi (surtout lorsqu'il est technique ou a trait à une autorisation de ratification) et davantage sur la politique du gouvernement dans le domaine dont relève le texte et même sur les aspects les plus divers relevant de la compétence du département ministériel dont le ministre défend le projet de loi.

Cette technique s'apparente à celle des « questions cribles thématiques » en vigueur au Sénat français. Par leur caractère spontané et à large spectre, ces questions non déposées, ni notifiées ni publiées au préalable constituent un exercice parfois périlleux ou laborieux pour les ministres qui ne maîtrisent pas certains dossiers ou aspects techniques importants de l'activité de leur département ministériel. Compte tenu de l'instantanéité et de la spontanéité qu'exigent les réponses, la présence de leurs collaborateurs ne leur est généralement que d'un secours limité.

Lorsqu'à la suite de l'intervention d'un parlementaire, le ministre compétent a exposé la position du gouvernement, un autre parlementaire (y compris celui qui est déjà intervenu précédemment) peut toujours obtenir la parole pour lui répondre[89]. Cette ressource juridique, peu connue des parlementaires, donc peu utilisée, permet de soutenir assez longtemps, si nécessaire, la discussion avec le gouvernement. Le président de la chambre ne peut s'y opposer, sauf s'il entend clôturer la discussion générale.

La discussion générale peut être interrompue par un rappel au règlement (1) ou une motion de procédure (2) qui, si elle est votée, emporte la suspension du débat ou le rejet du texte en discussion.

1. Rappel au règlement

La parole est accordée par priorité sur la question principale, à tout parlementaire qui la demande pour un rappel au règlement intérieur[90]. Tout membre d'une assemblée, qui estime que des dispositions du règlement intérieur n'ont pas été appliquées ou respectées, a le droit d'attirer l'attention du président et de lui demander de faire cesser cet état de choses[91]. Il n'y a pas de restriction à l'exercice du rappel au règlement, lequel a toujours priorité sur la question principale. Le président doit en suspendre la discussion. La parole ne peut être refusée à un parlementaire qui la demande à cet effet, « soit sur le champ, soit, si un orateur a la parole, à la fin de son intervention »[92]. De même, le président ne

[89] Art. 53-2 RIAN, art. 65-1 RIS.
[90] Art. 54-1 RIAN, art. 66-1 RIS.
[91] Pierre Avril et Jean Gicquel, *op. cit.*, p. 141.
[92] Art. 58 RAN France.

peut retirer la parole à un orateur qui fait un rappel au règlement au motif qu'il s'écarterait de la question en discussion[93].

Le rappel au règlement est classé dans la catégorie des incidents de procédure, au même titre que la suspension de séance[94] ou la demande de parole pour un fait personnel d'un parlementaire qui estime avoir été mis en cause[95].

2. Les motions de procédure

Il existe deux types de motions de procédure : la question préalable (a) et la motion préjudicielle (b).

a) La question préalable, motion de rejet

La question préalable est posée immédiatement après que le rapporteur de la commission saisie au fond a présenté son rapport. En conséquence, si la question préalable est posée lorsque la discussion générale a déjà été entamée, elle est frappée d'irrecevabilité.

La question préalable a pour objet de faire « décider qu'il n'y a pas lieu de délibérer » sur le sujet inscrit à l'ordre du jour de l'assemblée[96]. L'orateur qui pose la question préalable (lequel ne peut être membre de la commission saisie au fond) peut motiver verbalement sa demande. Cette motivation peut avoir trait à l'opportunité du texte ou viser à faire reconnaître que le texte proposé est contraire à une disposition constitutionnelle ou légale (exception d'irrecevabilité, notamment d'inconstitutionnalité).

Ne peuvent réagir à la question préalable que le président ou le rapporteur de la commission saisie au fond et le membre du gouvernement intéressé siégeant au banc du gouvernement. L'auteur de la question préalable peut toujours obtenir la parole pour leur répondre. S'il y a plusieurs signataires de la question préalable, seul l'un d'eux (le porte-parole) prend la parole au nom de tous. Avant le vote, la parole est accordée, pour un temps limité et égal (généralement cinq minutes) à un orateur de chaque groupe parlementaire. Le président met ensuite la question aux voix. Si elle est adoptée, le projet ou la proposition de loi est rejeté (e). C'est pour cela que la question préalable est également appelée « motion de rejet ». Si elle est repoussée, la discussion du rapport est ouverte ou se poursuit si elle venait de s'ouvrir.

---

[93] En vertu des dispositions de l'art. 51-6 RIAN ou 63-3 RIS.
[94] Art. 46-1 RIAN, art. 57-1 RIS.
[95] Art. 54-2 RIAN, art. 66-2 RIS.
[96] Art. 57-3 RIA N, art. 69-2 RIS.

b) La motion préjudicielle ou incidente, motion d'ajournement

Contrairement à la question préalable qui ne peut être posée qu'avant le début (ou au début) de la discussion générale, juste après la présentation du rapport, la motion préjudicielle peut être soulevée à tout moment de la discussion générale du texte et jusqu'à la clôture de celle-ci. Elle a pour objet :

- soit de subordonner le débat ou la poursuite du débat à la réalisation d'une ou plusieurs conditions en rapport avec le texte en discussion et dont l'effet, en cas d'adoption, est d'ajourner le débat jusqu'à la réalisation de cette ou ces conditions (d'où l'expression « motion d'ajournement »),

- soit de renvoyer à la commission saisie au fond l'ensemble du texte en discussion et dont l'effet, en cas d'adoption, est de suspendre le débat jusqu'à la présentation par la commission d'un nouveau rapport[97],

- soit de renvoyer le texte à l'examen, pour avis, d'une autre commission[98].

Le renvoi à la commission saisie au fond est de droit si celle-ci ou le gouvernement le demande ou l'accepte. La discussion des motions préjudicielles se fait suivant la même procédure que celle de la question préalable.

3. Suite de la discussion générale

Si les motions de procédure font l'objet de rejet comme c'est le cas le plus souvent, la discussion du rapport se poursuit.

Si le rapport de la commission saisie au fond conclut au rejet du projet ou de la proposition de loi, le président, immédiatement après la clôture de la discussion générale, met le rejet aux voix. Cette possibilité est extrêmement rare puisque la majorité politique qui a adopté le rapport en commission est quasiment identique à celle de l'assemblée car, on l'a vu, « les groupes parlementaires disposent, dans chaque commission, d'un nombre de sièges proportionnel à leur importance numérique »[99].

Lorsque tous les orateurs inscrits dans la discussion générale ont parlé et que le rapport a conclu à l'adoption du projet ou de la proposition de loi, le président déclare la discussion générale close. Il consulte ensuite l'assemblée sur le passage à la discussion des articles du texte du projet ou de la proposition de loi. Cette consultation est une formalité à laquelle doit se soumettre le président de la chambre[100].

---

[97] Pierre Avril et Jean Gicquel, *op. cit.*, p. 188.
[98] *Ibid.*, p. 189.
[99] Art. 22-2 RIAN, art. 31-2 RIS.
[100] Art. 58-3 RIAN, art. 70-2 RIS.

Après que l'assemblée a décidé le passage à la discussion des articles, le président annonce, s'il y a lieu, les contre-projets au texte de discussion reçus par la conférence des présidents.

« Les contre-projets constituent des amendements à l'ensemble du texte en discussion. Ils ne sont appelés en séance plénière que s'ils ont été jugés recevables par la conférence des présidents et antérieurement soumis à la commission compétente »[101]. Si les éventuels contre-projets n'ont pas été jugés recevables par la conférence des présidents ou si, jugés recevables, ils n'ont pas antérieurement été soumis à la commission compétente, le président fait en séance les annonces correspondantes, par souci de transparence.

Si un contre-projet a passé les filtres de la recevabilité et de l'envoi préalable en commission, le président l'appelle en séance plénière et consulte l'assemblée sur sa prise en considération. Si celle-ci est acceptée, « le contre-projet est renvoyé à la même commission générale qui doit le prendre comme base de discussion et présenter un nouveau rapport dans le délai que la chambre peut impartir »[102].

Compte tenu du fait majoritaire, la probabilité qu'un contre-projet prospère est extrêmement faible.

La discussion des articles du projet ou de la proposition de loi peut alors débuter.

D) LA DISCUSSION DES ARTICLES ET DES AMENDEMENTS

Le texte qui sert de base à la discussion des articles est, à l'Assemblée nationale, celui déposé par le président de la République[103] et, au Sénat, celui adopté par l'Assemblée nationale et transmis par le président de cette chambre à son homologue de la Haute chambre[104].

1. L'ordre de la discussion des articles

L'ordre de la discussion des articles n'est pas fixé par les règlements intérieurs de l'Assemblée nationale ou du Sénat. Dans la pratique, la discussion des articles se fait dans l'ordre de leur présentation dans le texte.

> C'est ce qu'exprime le règlement de l'Assemblée nationale française qui énonce : « La discussion des articles porte successivement sur chacun d'eux »[105].

---

[101] Art. 59-2 RIAN, art. 70-6 RIS.
[102] *Ibid.*
[103] Art. 29-2 C.
[104] Art. 30-1 C.
[105] Art. 95-1 RAN France.

Tout article peut faire l'objet d'amendement. Les amendements jugés recevables (v. *infra*, 2.) sont mis en discussion par priorité sur le texte servant de base à la discussion[106]. Ceci signifie qu'en présence d'un amendement, sa discussion intervient avant celle du principal, c'est-à-dire de l'article initial.

2. Le droit d'amendement

a) Définition et portée

Le droit d'amendement est un droit fondamental et sacré du parlementaire, même s'il est partagé avec le gouvernement. Il est garanti par la Constitution[107].

Le droit d'amendement est le droit de proposer des modifications à un projet de loi, une proposition de loi ou de résolution, dont est saisie une assemblée. L'amendement est donc un projet ou une proposition de modification du texte en discussion. Le droit d'amendement est considéré par la doctrine comme le corollaire du droit d'initiative, mais un droit d'initiative limitée[108] en ce sens que cette initiative « ne s'exerce que dans le cadre du projet ou de la proposition en discussion ».

b) Recevabilité, objet et ordre d'examen des amendements

Les amendements ne sont recevables que s'ils s'appliquent effectivement au texte en discussion et s'ils ont été antérieurement soumis à la commission compétente[109] ou, lorsqu'ils n'ont pas été antérieurement soumis à la commission compétente, si le gouvernement ou la commission saisie au fond en accepte la discussion[110]. Cette dernière condition de recevabilité est parfois ignorée par les parlementaires lors de la discussion des articles. S'appliquant au texte en discussion, les amendements ont pour objet de le supprimer, le modifier, le compléter ou l'enrichir. Par leur caractère accessoire ou dérivé, les amendements ne peuvent faire naître une question nouvelle. Ils doivent avoir un lien, même indirect, avec le texte en discussion.

Un « dérouleur » établi par le service des Séances de la direction de la Législation fixe l'ordre d'examen des amendements. Les amendements à un article qui viennent en concurrence sont examinés en commençant par ceux qui visent à supprimer l'article. Viennent ensuite « les autres amendements en commençant par ceux qui s'écartent le plus du texte proposé »[111], « et dans l'ordre où ils

---

[106] Art. 62-1 RIAN, art. 74-1 RIS.
[107] Art. 24-2, 29-3 et 30-3(b) C.
[108] Selon la formule de Marcel Prélot, *in* Pierre Avril et Jean Gicquel, *op. cit.*, p. 197.
[109] Art. 61-3 RIAN, art. 73-3 RIS.
[110] Art. 61-5(a) RIAN, art. 73-5(a) RIS.
[111] Art. 62-4 RIAN, art. 74-3 RIS.

s'y opposent, s'y intercalent ou s'y ajoutent »[112]. Les amendements de suppression ou d'annulation ont la priorité sur les autres car leur examen permet de décider s'il y a lieu de discuter du principal. En effet, si un amendement de suppression ou de réécriture d'un article est adopté, il n'y a plus lieu d'examiner les autres amendements concernant le même article.

c) Articles additionnels ou greffons, cavaliers législatifs

Dans la catégorie « autres amendements », il faut inclure les « amendements portant articles additionnels ». En effet, même si l'on peut faire une distinction formelle entre l'amendement, lequel vise à modifier un article déterminé, et l'article additionnel, appelé « greffon », qui introduit une disposition nouvelle, mais avec un lien, même indirect, avec l'objet du texte en discussion, celle-ci ne peut être présentée que sous la forme d'un amendement.

Les « cavaliers législatifs »[113], c'est-à-dire les amendements qui visent à introduire dans le projet ou la proposition de loi en cours de discussion des dispositions sans lien véritable avec celui-ci, sont par conséquent irrecevables. On détermine si un amendement est étranger au texte en discussion en le confrontant à un faisceau de trois indices du cadre du projet ou de la proposition de loi : l'intitulé, l'exposé des motifs et le dispositif.

d) L'irrecevabilité financière

Sont également irrecevables, les amendements qui auraient pour effet, s'ils sont adoptés, soit une diminution des ressources publiques, soit l'aggravation des charges publiques sans réduction à due concurrence d'autres dépenses ou création de recettes nouvelles d'égale importance[114].

Autrement dit, un parlementaire ne peut proposer un amendement diminuant une ressource publique que si, dans le même amendement, il gage cette diminution de ressource par la création d'une autre ressource crédible, pérenne, immédiate, d'égale importance et destinée au même bénéficiaire[115]. La création d'une autre ressource peut aussi vouloir dire l'accroissement d'une ressource prévue. De même, il ne peut proposer un amendement aggravant une charge publique que si, dans le même amendement, il gage cette charge par la réduction à due concurrence d'autres dépenses. La notion de charge doit être entendue à la fois

[112] Art. 100-4 RAN France, art. 49-2 RS France.
[113] Pierre Avril et Jean Gicquel, *op. cit.*, p. 205.
[114] Art. 18-3(a) et 23-3(a) C, art. 44 RFE.
[115] Décision n° 76-64 DC du 2 juin 1976 du Conseil constitutionnel français.

dans son acception budgétaire et juridique. Ainsi, le fait de confier des missions nouvelles à un organisme public est créateur de charge nouvelle[116].

L'irrecevabilité financière est d'ordre public[117]. Elle n'est pas laissée à l'appréciation de la commission saisie au fond, ni du gouvernement, ni de la chambre en séance. Elle est également absolue. Toute initiative parlementaire (proposition de loi ou amendement) tombant sous le coup de ces dispositions constitutionnelles doit faire l'objet d'une exception d'irrecevabilité. Celle-ci peut être invoquée « par tout le monde à tout moment de la procédure législative »[118].

e) L'irrecevabilité matérielle

Est également irrecevable, tout amendement qui n'entre pas dans le domaine de la loi. Ici, l'irrecevabilité est relative ou facultative en ce que seul le gouvernement peut l'invoquer s'il le juge opportun. Ainsi, un parlementaire ne peut, sans l'accord du gouvernement, déclarer qu'une disposition législative présente un caractère réglementaire[119], c'est-à-dire ne respecte pas la frontière entre les domaines de la loi et du règlement.

f) La rédaction et le dépôt des amendements

Tout amendement doit, en la forme, respecter trois conditions[120] :

- Il doit être écrit, de façon à prévenir toute incertitude sur son contenu exact. Cet écrit doit comporter un dispositif normatif. Le dispositif normatif s'insère dans le texte auquel il s'applique « en supprimant, ajoutant ou remplaçant une de ses dispositions »[121].

Chaque amendement doit, en principe, se rapporter à un seul article du texte. Mais, on peut concevoir qu'un amendement vise à fusionner plusieurs articles.

- L'amendement doit être sommairement motivé, c'est-à-dire justifié, de façon que chacun puisse apprécier les motifs et la portée de la modification qu'il propose. Certains amendements se justifient par leur texte. La motivation, dans ce cas, peut se résumer à la formule : « cet amendement se justifie par son texte même ».

---

[116] Pierre Avril et Jean Gicquel, *op. cit.*, p. 208.
[117] *Ibid.*
[118] *Ibid.*
[119] *Ibid.*, p. 212.
[120] Art. 61-2 RIAN, art. 73-2 RIS. Un modèle de présentation d'une proposition d'amendement est proposé en annexe.
[121] Art. 98-2 RAN France.

- L'amendement doit être signé. La signature peut être celle de l'auteur s'il est seul, celle de l'auteur suivie de l'indication « et les membres du groupe parlementaire… » si l'amendement est présenté par un groupe parlementaire, celle du rapporteur si l'amendement est proposé par la commission saisie au fond, en séance plénière.

L'amendement ainsi établi est déposé sur le bureau de la chambre, en réalité au cabinet du président ou à celui du secrétaire général (sauf s'il est présenté par le rapporteur de la commission saisie au fond, en cours de discussion en séance plénière). Il fait l'objet d'une décharge administrative. Il est communiqué par le président de la chambre à la commission saisie au fond et au gouvernement. Il est ensuite imprimé et distribué aux membres de la chambre. La preuve du dépôt suffit pour demander l'examen de l'amendement en séance plénière quand bien même la commission ne l'aurait pas examiné. Il doit normalement être publié en annexe du rapport. Les amendements des parlementaires qui n'ont pas pu être déposés par écrit sur le bureau de la chambre et communiqués à la commission compétente avant le début de la discussion des articles[122] sont encore recevables en séance publique s'ils sont présentés par le gouvernement ou si, présentés par un parlementaire, le gouvernement ou la commission saisie au fond accepte leur discussion[123]. Les amendements de la commission saisie au fond ainsi que ceux du gouvernement sont recevables à tout moment de la procédure législative jusqu'à l'adoption du texte en séance.

g) Exercice du droit d'amendement en séance

Seuls ont droit de parole dans le cadre de la discussion d'un amendement, le signataire ou l'un des signataires, un orateur d'opinion contraire, le représentant de la commission saisie au fond et le représentant du gouvernement[124]. Le gouvernement ne peut retirer un article sur lequel des amendements ont déjà été adoptés dans le but de lui substituer un autre car « cela porterait atteinte au droit d'amendement des parlementaires »[125].

Compte tenu du quasi monopole de fait du gouvernement en matière d'initiative législative (on l'a vu, la quasi-totalité des lois a pour origine les textes déposés par le président de la République) – même si les propositions de loi franchissent la barrière de la recevabilité par la conférence des présidents, elles resteraient résiduelles en volume – la contribution propre des assemblées à la production législative s'analyse davantage par les modifications qu'elles apportent aux projets de loi[126]. C'est pourquoi il faut accorder une attention parti-

[122] Art. 25-6 RIAN, art. 34-6 RIS.
[123] Art. 61-5(a) RIAN, art. 73-5(a) RIS.
[124] Art. 62-5 RIAN, art. 74-4 RIS.
[125] Décision n° 540 DC du 27 juillet 2006 du Conseil constitutionnel français.
[126] Pierre Avril et Jean Gicquel, *op. cit.*, p. 200.

culière à la contribution du parlement à l'amélioration de la qualité des lois. Sous ce rapport, la mise en place de la seconde chambre a rapidement montré son utilité. En effet, lorsque l'on compare les modifications apportées par le Sénat aux textes adoptés en première lecture par la chambre basse, on se rend compte que la Haute chambre apporte généralement plus d'amendements aux projets de loi que l'Assemblée nationale, contribuant ainsi à faire un saut qualitatif supplémentaire dans la production législative par les parlementaires.

h) Valeur juridique des modifications des projets et propositions de loi

Toute modification au texte initial par les députés constitue un amendement. En revanche, le Sénat considère comme amendement uniquement les modifications qui touchent le fond du texte. Il considère que les modifications de forme ne constituent pas des amendements et, par suite, ne peuvent faire l'objet de renvoi à la chambre basse pour un nouvel examen. Ces modifications prennent l'appellation de « corrections » ou « rectifications d'erreurs matérielles ». La frontière entre les deux est souvent floue, la forme pouvant parfois côtoyer le fond. Le remplacement d'un substantif ou d'un membre de phrase par un autre, pour rendre le sens de celle-ci plus clair, constitue-t-il une rectification d'erreur matérielle ? Ce flou entretient la réticence du Sénat à faire fonctionner la navette, au motif que cette initiative pourrait ouvrir la voie à la manifestation publique d'un désaccord entre les deux assemblées, désaccord qui pourrait conduire à l'enclenchement de la « procédure paritaire ».

Certains analystes croient qu'une telle évolution s'apparenterait à une remise en cause de l'autorité du président de la République, auteur constitutionnel des projets de loi, qui n'aurait pas pu amener les deux chambres du parlement qui lui sont pourtant majoritairement acquises à voter ses projets de loi dans les mêmes termes en première lecture. D'autres soutiennent que, faire jouer pleinement la navette serait un signe de vitalité d'un parlement décidé à se départir de l'étiquette de « chambre d'enregistrement » dans le cadre d'une véritable séparation des pouvoirs. Une autre opinion pense enfin que la durée maximale des sessions (30 jours) et la tendance du gouvernement à ne déposer les premiers projets de loi sur le bureau des deux chambres qu'après la première semaine de la session, ne laissent finalement pas assez de temps pour les deux chambres (l'une après l'autre) pour examiner sereinement les textes, *a fortiori* pour conduire la navette parlementaire vers un nouvel examen par l'Assemblée nationale des textes amendés par le Sénat. Cette opinion milite en faveur d'une révision constitutionnelle visant à allonger la durée des sessions pour, par exemple, revenir aux durées prévues par la première Constitution du Cameroun (celle du 4 mars 1960), laquelle consacrait deux sessions de 45 jours chacune et une troisième (la session budgétaire) de 60 jours.

E) LE VOTE DES AMENDEMENTS, LE VOTE DES ARTICLES ET LE VOTE SUR L'ENSEMBLE

Lorsque la discussion des articles est terminée, le président de la chambre met aux voix les articles l'un après l'autre et à propos de chaque article, chaque amendement. Puis, l'assemblée se prononce sur l'ensemble du texte[127]. Cette « spécialité des votes » (vote sur chaque amendement, sur chaque article, sur l'ensemble) « répond à un principe fondamental du droit parlementaire qui vise à assurer l'indépendance et la sincérité des votes émis par une assemblée »[128]. La présentation des projets et propositions de loi en articles a ainsi pour objet de fournir « l'unité de décision qui permet à la volonté du législateur de se manifester spécialement sur chacune de ses dispositions »[129].

Même si, en principe, les intitulés sont dépourvus de valeur juridique, la pratique parlementaire admet le vote d'amendements portant sur l'intitulé du projet ou de la proposition de loi ou de ses intitulés intermédiaires (titres, chapitres, sections, paragraphes, etc.).

Lorsque la discussion d'un texte a commencé, la séance ne peut être levée tant que le débat n'a pas été conclu par un vote sur l'ensemble. Toute interruption de la discussion est appelée suspension ou ajournement. Pour l'adoption ou le rejet d'un article, d'un amendement ou de l'ensemble du texte, le président demande à l'assemblée : « Y a-t-il opposition ? ». S'il n'y a pas opposition, le président déclare : « L'amendement est adopté » ou « L'article est adopté » ou « Le texte (ou le projet de loi ou la proposition de loi ...) est adopté ».

Avant le vote sur l'ensemble, sont admises des explications sommaires de vote. Celles-ci sont généralement demandées pour expliquer pourquoi on ne votera pas en faveur de l'adoption du texte[130]. S'il y a opposition, le président appelle l'assemblée à voter[131]. S'agissant des lois ordinaires, la chambre vote à main levée. En cas de doute sur le résultat du vote à main levée, il est procédé par assis et levé. Si le doute persiste à l'issue de cette épreuve, le vote par assis et levé a lieu par parti politique représenté à la chambre et non par groupe parlementaire[132]. Cette nuance vise à clarifier la position des apparentés[133]. Pour les lois de finances en première lecture, si la chambre est appelée à voter, elle vote au scrutin public. Dans les deux chambres, le scrutin public est obligatoire pour tout vote en matière de révision constitutionnelle et, à l'Assemblée nationale

---

[127] Art. 60-5 RIAN.

[128] Pierre Avril et Jean Gicquel, *op. cit.*, p. 194.

[129] *Ibid.*

[130] Art. 60-6 RIAN, art. 71-5 RIS.

[131] Art. 66-1 RIAN, art. 78-1 RIS.

[132] Art. 66-4 et 66-5 RIAN, art. 78-4 RIS.

[133] Au parlement français, lorsque le doute persiste, le scrutin public ordinaire est de droit (art. 64 RAN France). Bien qu'il soit courant, le vote par acclamations n'est pas autorisé. Il est curieux que le vote électronique (non encore mis en place) soit prévu en commission (art. 27-2 RIAN, art. 36-2 RIS) et pas en plénière.

dans le cas de motion de censure ou de question de confiance, au Sénat en cas de vote de la loi de finances en première lecture[134].

Le scrutin public est soit ordinaire, soit à la tribune. Lorsqu'il est ordinaire, ne participent au scrutin que les membres de la chambre qui manifestent l'intention d'y participer. Chacun dépose dans l'urne qui lui est présentée par un huissier à l'invitation du secrétaire général, une enveloppe contenant un bulletin de vote, de couleur verte s'il est pour l'adoption, rouge s'il est contre et jaune s'il s'abstient[135]. Lorsque le scrutin est dit à la tribune, tous les parlementaires de la chambre sont invités par appel nominal à voter (dans l'ordre alphabétique suivant le tirage au sort d'une lettre). Trois urnes sont disposées à la tribune destinées à recueillir les votes : une pour les votes « pour », une pour les votes « contre » et une pour les abstentions. Compte tenu du fait majoritaire, les cas de vote sont rares. La dernière fois où le président d'une chambre a eu à appeler l'assemblée à voter était en mars 2012 lorsque l'Assemblée nationale, alors chambre unique du parlement, a eu à se prononcer sur le projet de Code électoral. L'opposition, largement minoritaire, ayant déclaré son hostilité au texte, l'Assemblée a été appelée à voter. Le résultat du vote était naturellement sans surprise.

Une heure au moins avant la séance suivant celle au cours de laquelle une loi a été adoptée, le procès-verbal de séance, appelé « compte rendu intégral des débats », est distribué aux membres de la chambre. Il est soumis à l'adoption de l'assemblée avant que la séance soit levée. Dans la pratique, le temps imparti ne permet pas de prendre connaissance du compte rendu intégral, lequel est parfois très long.

Comme son nom l'indique, le compte rendu intégral des débats[136] transcrit l'intégralité des interventions. C'est le verbatim qui reprend mot à mot les propos tenus en séance. Les orateurs sont invités à relire leurs interventions, mais seules les corrections d'erreurs de transcription de leurs propos et d'erreurs matérielles (notamment les rectifications grammaticales) sont admises. Les orateurs ne peuvent altérer ni le sens ni les termes de leurs interventions.

Le compte rendu intégral est alors soumis à l'adoption de la chambre, puis signé par le président de la chambre et le secrétaire membre du bureau qui tenait, au « perchoir » ou au « plateau », le secrétariat de la séance au moment de la discussion et de l'adoption du projet ou de la proposition de loi. Il est ensuite

---

[134] Art. 68 RIAN, art. 80 RIS. La chambre basse ne connaît que le scrutin public ordinaire. On peut questionner la constitutionnalité de cette disposition qui prévoit dans les deux chambres le scrutin public pour le vote en matière de révision constitutionnelle dans la mesure où seul le Congrès du parlement a compétence en cette matière. Sauf à considérer qu'il s'agit d'un rappel de principe.

[135] Art. 69-1 RIAN, art. 81 et 82 RIS.

[136] Art. 48-1 RIAN, art. 59-1 RIS. Aujourd'hui appelé au parlement français « compte rendu de séance », c'est lui qui fait foi, à l'inverse du « compte rendu analytique des débats » (qui n'est pas établi au parlement camerounais) qui est le résumé des débats établi à partir du compte rendu de séance.

publié au Journal officiel des débats de la chambre. Cette publication vise à permettre la traçabilité du cheminement politique et juridique qui a conduit à l'adoption du texte et à permettre aux électeurs de connaître les opinions et les votes de leurs élus.

F) LA DELEGATION DE VOTE

Le droit de vote des membres du parlement est personnel. Ce principe, qui n'est pas constitutionnalisé, tire son fondement des règlements intérieurs des deux chambres du parlement qui énumèrent les cas dans lesquels le parlementaire peut déléguer son droit de vote en séance plénière et en commission. L'obligation de vote personnel, qui est la règle, vise à la fois à garantir l'indépendance du mandat et à favoriser l'assiduité du parlementaire. L'exception, la délégation de vote, vient annuler tous les effets positifs de la règle. La délégation est donnée à un membre sûr de son groupe parlementaire qui votera dans le sens indiqué par le délégant. Aucune cause de délégation ne posera une question de conscience, sauf à celui qui voulait intervenir dans la discussion en commission ou en séance. Mais, la délégation est destinée à suppléer le vote, pas l'intervention.

On examinera d'abord les causes de délégation du droit de vote (1), ensuite les conditions de délégation de ce droit (2).

1. Causes de délégation du droit de vote

Le parlementaire est autorisé à déléguer son droit de vote en séance plénière et en commission uniquement dans les cas suivants :

- maladie, accident, événements familiaux graves, cataclysme ou troubles l'empêchant de se déplacer ;

- missions confiées par le gouvernement ou la chambre ;

- participation aux travaux des organismes extra-parlementaires ou des assemblées internationales (ou interparlementaires) en vertu d'une désignation faite par la chambre ;

- absence du territoire national, en cas de session extraordinaire ;

- à l'Assemblée nationale seule, exercice d'un mandat syndical, à condition que la demande sollicitée à cet effet, par lettre dûment motivée du député concerné au président de l'Assemblée nationale, ait été préalablement agréée par la chambre[137].

---

[137] Art. 71 et 73 RIAN, art. 86 et 88 RIS.

2. Conditions de délégation du droit de vote

a) Etablissement de la délégation

La délégation du droit de vote doit respecter des conditions de forme précises[138] : elle doit être écrite et signée par le parlementaire délégant, elle doit mentionner le nom du délégataire appelé à le suppléer, c'est-à-dire à voter en ses lieu et place, ainsi que la durée de l'empêchement. Le délégant doit également indiquer dans le document de délégation de vote, généralement appelé « procuration » ou « pouvoir » (entendu pour l'exercice de la délégation), si le mandat donné est général pour toute la durée de l'absence ou s'il est limitatif, auquel cas il doit préciser l'objet de l'affaire pour laquelle la procuration est donnée. Le mandat limitatif peut ainsi porter sur un texte précis ou à l'intérieur d'un texte, sur une partie, un article ou un amendement précis. Pour les votes en plénière, le délégant peut déléguer son droit de vote à tout parlementaire de son choix. Lorsque la délégation concerne les votes en commission, le délégant ne peut déléguer son droit de vote qu'à un autre membre de la commission. Il est donc d'usage, lorsque le délégataire désigné en séance plénière est différent de celui choisi en commission, que le délégant établisse deux délégations de vote séparées ou distingue dans la délégation de vote le délégataire en plénière et celui en commission. En tout état de cause, le délégant ne peut établir de délégation de vote qu'à un seul délégataire à la même séance de commission ou de plénière. De même, un parlementaire ne peut exercer qu'une seule délégation de vote, c'est-à-dire qu'il ne peut être porteur que d'une seule délégation de vote.

b) Notification de la délégation au président

Si le délégant appartient à un groupe parlementaire, il doit tenir un autre exemplaire de la délégation du droit de vote à son président de groupe. Ce dernier notifie la délégation de vote au président de la chambre avant l'ouverture du scrutin ou du premier des scrutins auxquels le délégant ne peut prendre part ou, s'il s'agit d'une délégation de vote en commission, au président de la commission si possible dès le début des travaux, pour le moins avant qu'il soit procédé au vote. Si le délégant est non-inscrit, c'est-à-dire n'appartient à aucun groupe parlementaire, c'est le délégataire qui procède à la notification.

La notification de la délégation du droit de vote est un document distinct de la délégation du droit de vote. Alors que la délégation de vote est établie par le délégant et remise au délégataire, la notification est formulée par le président du groupe parlementaire (ou par le délégataire si le délégant est non-inscrit) et adressée au président de la chambre ou de la commission. Outre les mentions de la procuration (nom du délégant, nom du délégataire, durée de l'empêchement,

---

[138] Art. 72 et 73 RIAN, art. 87 et 88 RIS.

caractère général ou limitatif du mandat), la notification mentionne le motif de l'empêchement. Il est délivré au délégant un accusé de réception de la notification. Lorsque la délégation de vote est destinée à la séance plénière, l'accusé de réception de sa notification établi par le président de la chambre mentionne que le bureau a fait connaître son accord sur les motifs de l'empêchement[139].

c) Exercice de la délégation

En vue de l'exercice effectif de la délégation en séance ou en commission, le délégataire est appelé, au moment des votes, à présenter au secrétaire membre du bureau placé à la tribune ou au secrétaire de la commission selon le cas, l'accusé de réception de la notification. Mais le parlement n'est pas très regardant sur le respect des conditions de forme pour qu'un vote soit considéré comme régulièrement délégué. Il se contente généralement de la présentation de « procurations », certaines étant même permanentes avec des dates et, plus rarement, des motifs d'empêchement complétés en fonction des besoins, à la diligence des bureaux des groupes, d'autant que les motifs allégués ne sont jamais contrôlés.

Il y a lieu d'ajouter qu'en cas d'urgence, la délégation du droit de vote et sa notification peuvent être faites par télécopie, sous réserve de confirmation dans les formes prévues et que la délégation de vote peut être retirée dans les mêmes formes au cours de sa période de validité.

§ 3. LA NAVETTE PARLEMENTAIRE ET LA PROCEDURE PARITAIRE

Les deux premières phases de la procédure législative ordinaire (phase préliminaire en commission, discussion et adoption en séance) sont identiques pour les deux chambres du parlement. Mais, on l'a vu, le Sénat n'engage formellement la procédure que lorsqu'il a reçu du président de l'Assemblée nationale le projet ou la proposition de loi adopté(e) par la chambre basse. Lorsque la chambre haute s'est, à son tour, prononcée sur le texte transmis par l'Assemblée nationale, le président du Sénat le retourne au président de la chambre basse. Ce mouvement de va-et-vient du texte, de l'Assemblée nationale au Sénat, puis de la Haute chambre à la chambre basse – jusqu'à ce que les deux assemblées l'aient adopté en termes identiques – est appelé « navette parlementaire » (A). Le terme, d'origine doctrinale, n'est consacré ni par la Constitution, ni par les règlements intérieurs des chambres. Si la navette n'a pas permis aux deux assemblées de se mettre d'accord sur un même texte, le président de la République peut mettre en œuvre la « procédure paritaire » pour tenter de les concilier (B). En cas d'échec de la procédure paritaire à adopter un texte commun, le

---

139 Art. 74 RIS. Un modèle de délégation du droit de vote et de notification est proposé en annexe.

président de la République peut déclarer caduc le projet ou la proposition de loi ou autoriser l'Assemblée nationale à avoir le « dernier mot » (C). Mais, l'Assemblée nationale n'a pas le « droit de dernier mot » uniquement à ce stade de la procédure. Elle l'a également bien en amont.

A) LA NAVETTE PARLEMENTAIRE

Le texte adopté par l'Assemblée nationale est aussitôt transmis au président du Sénat par le président de l'Assemblée nationale[140]. La navette parlementaire part donc toujours de l'Assemblée nationale. La précision « aussitôt » vient signifier qu'aucun retard ne devrait être observé entre l'adoption et la transmission du texte, sauf le temps des formalités administratives, notamment celui de la mise en forme finale des deux versions (anglaise et française), de leur signature par le président de l'Assemblée nationale, de l'enregistrement et de la préparation de la lettre de transmission. Le règlement intérieur de l'Assemblée nationale traduit « aussitôt » par « au plus tard dans les quarante-huit (48) heures »[141].

Les textes adoptés par l'Assemblée nationale devraient être transmis les uns après les autres au fur et à mesure de leur adoption, mais l'on constate que plusieurs textes adoptés sont simultanément transmis au président du Sénat alors que, matériellement, ils n'ont pu être adoptés en même temps. Outre l'engorgement que connaît dans ces conditions l'agenda du Sénat au regard à la fois du délai constitutionnel pour l'examen des textes reçus de la chambre basse (le Sénat dispose d'un délai de dix jours à partir de la réception d'un texte pour l'examiner en commission, le discuter et se prononcer en plénière[142]) et de la durée de la session (qui est de 30 jours au maximum[143]), on peut considérer qu'il se pose un problème de conformité à la Constitution de la transmission des textes « aussitôt » adoptés par la chambre basse, au président du Sénat par le président de la chambre basse.

Le président du Sénat, dès réception du texte transmis par le président de l'Assemblée nationale, le soumet à la délibération du Sénat[144]. On l'a vu, le Sénat dispose de dix jours pour se prononcer sur le texte reçu. Ce délai est ramené à cinq jours pour les textes dont le gouvernement déclare l'urgence[145]. Trois issues sont envisageables : soit le Sénat adopte en termes identiques le texte reçu de l'Assemblée nationale (1), soit il y apporte des amendements (2), soit encore il rejette tout ou partie du texte (3).

---

140 Art. 30-1 C.
141 Art. 64-1 RIAN.
142 Art. 30-3 C.
143 Art. 16-2 et 21-2 C.
144 Art. 30-2 C.
145 Art. 30-3 C.

1. Adoption du texte en termes identiques par le Sénat

Pour cette première voie, la Constitution dispose : « Le Sénat (...) peut adopter le texte. » Il s'agit nécessairement d'une adoption en termes identiques puisque l'adoption moyennant amendements est prévue dans la deuxième voie. Si le Sénat adopte donc conforme, dans les mêmes termes, le texte transmis par le président de la chambre basse, le président de la Haute chambre le retourne au président de l'Assemblée nationale pour transmission dans les 48 heures au président de la République aux fins de promulgation[146].

Lorsque le Sénat a adopté le texte conforme au fond, mais avec des corrections ou rectifications d'erreurs matérielles, la lettre de transmission du texte par le président du Sénat au président de l'Assemblée nationale comporte la mention « pour certification matérielle des corrections apportées par le Sénat et pour transmission au président de la République aux fins de promulgation ». Le président de l'Assemblée nationale se limite donc à être une « boîte à lettres » quand bien même la transmission du texte par le président de la chambre basse au président de la République nécessite elle aussi la préparation d'une lettre de transmission indiquant que les deux chambres ont adopté le texte dans les mêmes termes. La lettre reçue du président du Sénat indiquant que la Haute chambre a adopté le texte sans amendement est jointe. De fait, le texte promulgué par le président de la République est toujours celui adopté par le Sénat comportant, le cas échéant, les corrections d'erreurs matérielles qu'il aurait apportées.

> En cas d'adoption conforme par le Sénat du texte reçu de l'Assemblée nationale, l'on aurait pu imaginer que ce texte soit directement transmis par le président du Sénat au président de la République pour promulgation, comme c'est le cas en France. L'étape de la « boîte à lettres » du président de l'Assemblée nationale vise à informer ce dernier que le Sénat a adopté le texte conforme et à éviter qu'il n'en soit informé « comme tout le monde » après promulgation.

2. Amendements du Sénat et principe de « l'entonnoir »

Si le Sénat apporte des amendements au texte transmis par le président de l'Assemblée nationale, le président du Sénat retourne le texte amendé à l'Assemblée nationale pour un nouvel examen[147]. Il n'est toutefois pas procédé à un nouvel examen – on l'a vu – lorsque la modification apportée par le Sénat vise simplement à « corriger une erreur matérielle »[148].

Dès réception du texte amendé, il est inscrit à l'ordre du jour de l'Assemblée nationale. La délibération de la chambre basse en seconde lecture ne peut cependant porter que sur les dispositions amendées par le Sénat, c'est-à-dire,

[146] Art. 30-3(a) C.
[147] Art. 30-3(b) C, art. 64-3 RIAN, art. 76-3(b) RIS.
[148] Art. 64-4 RIAN.

celles sur lesquelles subsistent des divergences entre les deux assemblées, celles « pour lesquelles les deux chambres n'ont pu parvenir à un accord »[149]. C'est la règle de « l'entonnoir » : les dispositions que le Sénat a adoptées en termes identiques sont acquises définitivement et ne peuvent plus être remises en cause.

Le Conseil constitutionnel français interprète plus largement la règle de l'entonnoir en considérant que sont recevables en seconde lecture non seulement les amendements en relation avec les dispositions restant en discussion, mais aussi ceux nécessaires à assurer soit le respect de la Constitution, soit la coordination rédactionnelle ou la cohérence du texte, soit encore la rectification d'une erreur matérielle[150].

Il n'est par conséquent pas inconstitutionnel que, dans le cadre de l'examen en seconde lecture d'un texte amendé par le Sénat, l'Assemblée nationale, y compris dans les dispositions adoptées conformes mais sans les remettre en cause, rectifie des erreurs matérielles qui subsisteraient, modifie le texte pour assurer soit sa coordination rédactionnelle, soit le respect de la Constitution.

Est, en définitive, irrecevable en seconde lecture par l'Assemblée nationale, et ne peut ainsi pas être inscrit à l'ordre du jour, tout amendement remettant en cause les dispositions adoptées conformes par le Sénat ou tendant à introduire une disposition entièrement nouvelle (un greffon), sauf s'il vise « à assurer soit le respect de la Constitution, soit la coordination ou la cohérence du texte, soit la rectification d'une erreur matérielle ».

La jurisprudence du Conseil constitutionnel français considère toutefois que les amendements d'initiative gouvernementale, y compris sous la forme d'articles additionnels (greffons), sont recevables en seconde lecture sur n'importe quelle partie du texte[151] (y compris lorsque le gouvernement soumet pour approbation aux deux chambres le texte élaboré par la commission mixte paritaire, v. *infra*)[152].

Les amendements proposés par le Sénat sont adoptés ou rejetés à la majorité absolue des députés. Le texte ainsi adopté définitivement par l'Assemblée nationale en statuant en dernier ressort sur les amendements faits par le Sénat (en les acceptant ou en les rejetant) est transmis par le président de l'Assemblée nationale au président de la République pour promulgation.

Le « droit de dernier mot » de l'Assemblée nationale est ainsi exercé dès cette étape de la navette, sur tout amendement adopté par le Sénat, contrairement à une opinion répandue qui limite l'exercice de ce droit au cas où la procédure paritaire aurait échoué. Ce droit est absolu, c'est-à-dire qu'il n'existe pas

---

[149] Art. 64-3 RIAN.
[150] Décision n° 2009-578 DC du 18 mars 2009. Guy Carcassonne et Marc Guillaume, *op. cit.*, p. 221.
[151] Décision n° 85-198 DC du 13 décembre 1985. Pierre Avril et Jean Gicquel, *op. cit.*, pp. 223-224.
[152] Décision n° 86-221 DC du 29 décembre 1986.

d'autre alternative que de voir la chambre basse statuer définitivement. Le « droit de dernier mot », aussi appelé « pouvoir de la dernière décision », de l'Assemblée nationale s'exerce ainsi lorsque le Sénat a retourné à l'Assemblée nationale un texte amendé par lui.

3. Rejet du texte

Si, en lieu et place de l'amendement, le Sénat a plutôt rejeté le texte, en tout ou en partie, l'Assemblée nationale doit procéder à un nouvel examen du texte, à la lumière de l'exposé des motifs du rejet présenté par le Sénat[153]. Après délibération, l'Assemblée nationale détient à nouveau le « droit de dernier mot ». Elle peut approuver le rejet ou « rejeter le rejet » tel que décidé par la chambre haute. Elle peut même, de nouveau, modifier le texte. Le principe de l'entonnoir s'applique toujours : l'Assemblée nationale ne peut modifier que les dispositions du texte rejetées par le Sénat, les dispositions adoptées dans les mêmes termes par le Sénat sont acquises définitivement et ne peuvent plus être remises en cause. L'Assemblée nationale n'est tenue que par la majorité qualifiée (majorité absolue des députés) qu'elle doit réunir pour décider[154]. Si l'Assemblée nationale adopte le texte en seconde délibération avec cette majorité absolue, son président le transmet au président de la République pour promulgation[155].

B) LA PROCEDURE PARITAIRE

Si l'Assemblée nationale ne réunit pas la majorité absolue pour statuer sur le rejet fait par le Sénat, le président de la République peut provoquer la réunion d'une commission mixte paritaire (CMP) chargée de proposer un texte commun sur les dispositions rejetées par le Sénat[156]. La commission mixte paritaire a ainsi pour mission de tenter de concilier les deux assemblées sur leur désaccord.

Le président de la République détient seul la prérogative d'engager la procédure de conciliation à travers la constitution d'une commission mixte paritaire. Cette constitution est facultative. Le président de la République n'y est pas tenu lorsque l'Assemblée nationale n'a pas pu réunir la majorité absolue pour statuer en seconde délibération. On en conclut que, si le président de la République ne décide pas de provoquer la réunion d'une commission mixte paritaire, il laisse la navette se poursuivre sur une nouvelle modification du texte par l'Assemblée nationale. Si, en revanche, il retient à ce stade l'option de la constitution d'une commission mixte paritaire, il en informe les présidents des deux assemblées.

---

[153] Art. 30-3 C, art. 64-6 RIAN, art. 76-3(c) RIS.
[154] Art. 30-3(c)-1 C.
[155] *Ibid.*
[156] Art. 30-3(c)-2. C.

1. Composition et fonctionnement de la commission mixte paritaire

Le président de chacune des chambres désigne sept représentants dans la commission mixte paritaire « en tenant compte de la configuration politique de la chambre »[157]. Pratiquement, les représentants dans la commission sont désignés par les groupes parlementaires. Les deux présidents et les deux rapporteurs des commissions saisies au fond des deux assemblées sont obligatoirement désignés car ils constituent de droit le bureau de la commission mixte[158].

La composition définitive de la commission mixte est constatée par un arrêté conjoint des présidents des deux assemblées qui doit être pris dans les 24 heures suivant la demande du président de la République, « à l'initiative du président de l'Assemblée nationale »[159].

Il n'est pas désigné de suppléants. Cette lacune est regrettable car si un commissaire venait à être empêché, la parité serait rompue et il se poserait alors une question de validité des résolutions de la commission.

> Au parlement français, la désignation des suppléants permet de maintenir la parité de la commission mixte en permanence et d'assurer la représentation des groupes parlementaires qui n'auraient pas de titulaires ou celle des non-inscrits.

Les commissions mixtes se réunissent, alternativement par affaire, à l'Assemblée nationale et au Sénat. Au cours de sa première réunion, la commission mixte désigne un bureau comprenant comme président, le président de la commission saisie au fond de l'assemblée où elle siège, comme vice-président, son homologue de l'autre chambre et comme rapporteurs, le rapporteur de la commission saisie au fond de l'assemblée abritant les travaux et le rapporteur de la commission saisie au fond de l'assemblée conviée.

La procédure applicable devant la commission mixte paritaire est celle applicable aux commissions générales prévue par le règlement intérieur de l'assemblée où elle siège[160]. A la grande différence près que le gouvernement n'est pas représenté. La commission mixte paritaire dispose d'un délai de 72 heures à compter de la désignation de son bureau pour transmettre son rapport aux présidents des deux assemblées[161]. Le rapport étant fait au nom de la commission mixte paritaire, il s'agit d'un rapport commun aux deux chambres, imprimé au timbre de l'une et l'autre.

La commission mixte paritaire est dissoute de plein droit après la transmission de son rapport.

---

[157] Art. 33-2 RIAN.
[158] Art. 35-2 RIAN.
[159] Art. 34-1 RIAN.
[160] Art. 36-2 RIAN.
[161] Art. 37-1 RIAN.

2. Issues de la procédure paritaire

La procédure paritaire peut connaître deux issues selon que la commission mixte parvient ou non à adopter un texte commun.

a) Adoption d'un texte transactionnel

Si la commission mixte paritaire parvient à l'adoption d'un texte commun, le président de l'Assemblée nationale, dès réception de son rapport, le transmet, dans un délai de 24 heures, au président de la République. Ce dernier soumet le texte transactionnel, pour approbation, aux deux assemblées. Le président de la République n'est pas tenu par un délai pour soumettre le texte commun à l'approbation des deux chambres.

Chaque assemblée se réunit pour statuer sur le texte commun de la CMP. Lors de l'examen du texte commun, aucun amendement n'est recevable, sauf accord du président de la République[162]. Mais cette restriction au droit d'amendement n'est pas opposable au gouvernement. Chaque assemblée statue d'abord, s'il y a lieu, sur les amendements acceptés par le président de la République ou déposés par le gouvernement, « puis, par un vote unique, sur l'ensemble du texte » transactionnel[163].

Si le texte commun comprend plusieurs articles, il n'est pas statué par un vote sur chaque article, mais uniquement sur l'ensemble. Si le Sénat adopte le texte transactionnel tel qu'amendé s'il y a lieu, son président le transmet au président de l'Assemblée nationale. Si la chambre basse est parvenue à la même conclusion, son président le transmet, accompagnée de la partie qui n'avait pas fait l'objet de divergence entre les deux assemblées, au président de la République. Ce dernier peut alors promulguer la loi dans son ensemble.

b) Echec de la procédure paritaire

Lorsque la procédure paritaire n'aboutit pas, c'est-à-dire si la CMP ne parvient pas à l'adoption d'un texte commun ou si le texte commun n'est pas adopté par l'une et l'autre chambres, le président de la République peut, soit demander à l'Assemblée nationale de statuer définitivement, soit déclarer caduc le projet ou la proposition de loi. L'Assemblée nationale dispose ainsi d'une troisième possibilité d'avoir le « dernier mot ».

---

[162] Art. 30-3(c)-2 C. Nonobstant la règle de l'entonnoir, il est admis que la CMP peut réécrire des dispositions déjà adoptées dans les mêmes termes par les deux assemblées – et donc non soumises à elle – pour des raisons de coordination rédactionnelle ou de cohérence.
[163] Pierre Avril et Jean Gicquel, *op. cit.*, p. 220.

Dans la pratique, l'hypothèse d'un désaccord persistant au sein de la commission mixte paritaire ou entre les deux assemblées lors de l'examen du texte commun de la CMP, n'est possible qu'en cas de discordance entre les majorités respectives des deux chambres.

C) LE « DROIT DE DERNIER MOT » DE L'ASSEMBLEE NATIONALE

Lorsque la commission mixte paritaire a ainsi échoué à adopter un texte commun ou que les deux assemblées n'ont pas voté le texte transactionnel proposé par la CMP ou ne l'ont pas voté en termes identiques (après introduction d'amendements acceptés), le président de la République a deux options : demander à l'Assemblée nationale de statuer définitivement ou déclarer caduc le projet ou la proposition de loi. Le « droit de dernier mot » ou « pouvoir de dernier mot » ou « pouvoir de dernière décision » attribué à ce stade à l'Assemblée nationale est donc relatif, le président de la République ayant une faculté égale de choisir la seconde option, celle de déclarer caduc le projet ou la proposition de loi.

La doctrine considère que le « dernier mot » est un privilège de l'Assemblée nationale en matière de législation parce que les députés sont issus du suffrage universel direct, tout comme, pour la même raison, en matière de contrôle, elle seule peut mettre en cause la responsabilité du gouvernement (v. *infra,* chap. V).

Ici aussi, comme pour l'initiative de la conciliation, la procédure est contrôlée par le président de la République qui détient seul la prérogative de donner le « dernier mot » aux députés. Si l'Assemblée nationale est invitée à statuer définitivement, elle peut reprendre soit le texte élaboré par la CMP, soit le dernier texte voté par elle, en prenant ou non en considération tout ou partie des motifs du rejet du texte par le Sénat en première lecture. La Constitution l'autorisant à statuer définitivement, l'Assemblée nationale n'est plus liée par les restrictions imposées au droit d'amendement parlementaire au stade de la procédure paritaire. Le texte pour lequel le président de la République donne le « droit de dernier mot » à l'Assemblée nationale doit, pour cette dernière lecture, après déclaration de recevabilité par la conférence des présidents, être soumis à la commission générale compétente de la chambre basse avant adoption en plénière. La règle de « l'entonnoir » s'applique toujours. L'Assemblée nationale n'a le « dernier mot » que pour les dispositions restant en discussion, c'est-à-dire, pour le texte sur lequel a travaillé la CMP ou le texte commun que celle-ci a adopté, mais que les deux assemblées n'ont pu voter ensuite dans les mêmes termes. Les dispositions sur lesquelles les deux assemblées ont voté en termes identiques en première lecture restent acquises et ne peuvent plus être remises en cause dans le cadre de l'exercice du « droit de dernier mot » de la chambre basse.

§ 4. NOUVELLE DELIBERATION DE LA LOI

Avant la promulgation de la loi votée en termes identiques par les deux assemblées du parlement, ou celle votée par l'Assemblée nationale seule en vertu de son pouvoir de « dernier mot », promulgation qui doit intervenir dans les 15 jours à compter de la transmission par le président de l'Assemblée nationale de la loi votée, le président de la République peut formuler une demande de nouvelle délibération ou saisir le Conseil constitutionnel pour contrôle de conformité à la Constitution[164]. La Constitution évoque la demande de « seconde lecture »[165] au lieu de « nouvelle délibération ». La doctrine considère que l'expression « seconde lecture » – qui est synonyme de « seconde délibération »[166] – est impropre à qualifier la demande formulée par le président de la République, car cette expression est réservée aux demandes qui interviennent avant le vote sur l'ensemble d'un texte, à l'initiative d'un parlementaire ou de la commission saisie au fond ou si cette dernière les accepte[167]. Il y a lieu de rappeler que, si la seconde délibération est approuvée – elle est de droit si elle est demandée ou acceptée par la commission saisie au fond[168] – le texte adopté lors de la première délibération est renvoyé à la commission saisie au fond qui doit présenter un nouveau rapport. La « seconde » délibération qui intervient avant le vote sur l'ensemble, peut avoir pour objet uniquement la mise en cohérence du texte.

La demande de « nouvelle lecture » (et non de « seconde lecture ») ou de « nouvelle délibération » par le président de la République peut avoir pour objet soit de faire remédier à une malfaçon rédactionnelle (rectifier une erreur matérielle, réviser et mettre en cohérence le texte – le président de la République n'est pas habilité à corriger le texte reçu pour promulgation parce que c'est le parlement qui examine et adopte les lois), soit d'assurer la conformité de certaines dispositions de la loi à la Constitution[169], c'est-à-dire, les purger de leur inconstitutionnalité.

Chaque chambre délibère dans le cadre de la nouvelle lecture suivant la même procédure que durant sa première lecture[170]. L'adoption du texte en nouvelle délibération se fait à la majorité absolue des membres de chaque chambre. La procédure de la navette s'applique : la nouvelle lecture intervient d'abord devant l'Assemblée nationale. Elle peut de nouveau déboucher sur la procédure paritaire.

---

[164] Art. 31-1 C, art. 65-1 RIAN, art. 77-1 RIS.

[165] "Le président de la République promulgue les lois adoptées par le parlement dans un délai de quinze (15) jours à compter de leur transmission, s'il ne formule aucune demande de seconde lecture ou s'il n'en saisit le Conseil constitutionnel" (art. 31-1 C).

[166] Pierre Avril et Jean Gicquel, *op. cit.*, p. 227.

[167] Art. 63-1 RIAN, art. 75-1 RIS.

[168] Art. 63-2 RIAN, art. 75-2 RIS.

[169] Pierre Avril et Jean Gicquel, *op. cit.*, pp. 226-227.

[170] Art. 65-2 RIAN, art. 77-2 RIS.

SECTION II
LES PROCEDURES LEGISLATIVES SPECIALES

La procédure législative ordinaire connaît des particularités en raison de la spécificité de l'objet des textes. Ce particularisme procédural concerne les lois de finances (§ 1), les lois constitutionnelles (§ 2), les lois d'autorisation constituées des lois autorisant la ratification des engagements internationaux et des lois d'habilitation à légiférer par ordonnances (§ 3) et l'engagement de responsabilité du gouvernement sur un texte (§ 4). Ici, la séquence élaboration, phase préparatoire, phase de discussion, phase d'adoption et phase de navette connaît des infléchissements, parfois importants.

§ 1. LES LOIS DE FINANCES

Le régime des lois de finances est fixé par la loi portant régime financier de l'Etat[171]. Cette loi fixe les conditions d'élaboration, de présentation, d'exécution et de contrôle de l'exécution de la loi de finances.

Qu'est-ce que la loi de finances ? La loi de finances est le texte qui « prévoit et autorise, chaque année, l'ensemble des ressources et charges de l'Etat en déterminant leur nature, leur montant, leur affectation et en fixant leur équilibre (...). Elle présente l'ensemble des programmes concourant à la réalisation des objectifs de développement économique, social et culturel du pays. »[172].

> La première partie de cette définition énoncée par la loi portant régime financier de l'Etat est mal libellée ou incomplète car elle n'indique pas la période que couvre la loi de finances. « Prévoir et autoriser, chaque année » n'est pas « prévoir et autoriser, pour l'année ». Elle devrait être ainsi libellée : « La loi de finances prévoit et autorise, chaque année, pour l'année suivante, l'ensemble des ressources et charges de l'Etat (...) ».

Le président de la République a l'exclusivité de l'initiative des lois de finances. Le Premier ministre, sous l'autorité du président de la République, coordonne la préparation des projets de lois de finances. La préparation matérielle est assurée par le ministre chargé des finances « en collaboration avec les organes constitutionnels, les ministres ou les responsables des services concernés »[173]. Les lois de finances sont donc toujours le produit de projets de loi et jamais de propositions de loi. On examinera successivement le contenu de la loi de finances (A), sa présentation (B), son dépôt, son examen et son vote (C).

[171] Loi n° 2007/006 du 26 décembre 2007.
[172] Art. 2-1 et 2-2 RFE.
[173] Art. 33 RFE.

A) CONTENU DE LA LOI DE FINANCES

La loi de finances comprend d'une part, le budget de l'Etat (1) et, d'autre part, les autorisations budgétaires (2).

1. Le budget de l'Etat

Le budget de l'Etat est l'ensemble des ressources et charges de l'Etat autorisées par la loi de finances, sous forme de recettes et de dépenses, dans le cadre d'un exercice. Il est constitué du budget général, des budgets annexes et des comptes spéciaux du Trésor[174].

a) Les ressources budgétaires de l'Etat

On distingue cinq catégories de ressources budgétaires de l'Etat :

- les recettes fiscales (composées des impôts et taxes sur les revenus, les bénéfices et les patrimoines, des impôts et taxes sur les biens et services, des droits de douane, des droits d'enregistrement et de timbre) ;

- les recettes courantes non fiscales (composées des productions et services vendus par les administrations à but non lucratif, des revenus des domaines, des revenus provenant des entreprises, des produits financiers de l'Etat) ;

- les transferts, cotisations, dons et legs (composés des cotisations aux caisses de retraite et aux caisses de protection sociale, des dons de la coopération internationale, des amendes et condamnations pécuniaires, des produits et profits à caractère exceptionnel, des fonds de concours, des legs) ;

- les recettes en capital (composées des ventes d'actifs incorporels, des cessions des domaines, des autres ventes de terrains, des autres ventes d'actifs corporels, des cessions d'actions et participations) ;

- les recettes sur opérations financières (composées des cessions d'obligations et autres titres financiers, des remboursements des prêts et avances consentis par l'Etat, des avances et prêts à court terme consentis à l'Etat, des tirages sur emprunts à moyen et long terme).

b) Les charges budgétaires de l'Etat

On distingue trois catégories de charges budgétaires de l'Etat :

[174] Art. 5 RFE.

- les dépenses courantes (composées des consommations des biens et services, des salaires et autres dépenses de personnel, des intérêts et autres charges financières, des transferts courants et des subventions de fonctionnement, des autres charges et opérations de répartition) ;

- les dépenses d'investissement (composées des immobilisations de l'Etat, des subventions d'investissement, des achats d'actions et prises de participations) ;

- les dépenses sur opérations financières (composées des souscriptions et achats d'obligations, des prêts et avances, des remboursements de la dette à moyen et long terme, des remboursements des avances et emprunts à court terme à plus d'un an)[175].

Le solde de l'ensemble des ressources et des charges budgétaires constitue l'excédent ou le déficit budgétaire selon qu'il est positif ou négatif. S'il est déficitaire (on est en « impasse budgétaire »), le parlement doit en déterminer le niveau soutenable et autoriser le gouvernement à assurer sa couverture[176].

2. Les autorisations budgétaires

Les crédits ouverts au titre des dépenses des deux premières catégories de charges budgétaires (dépenses courantes mais, hors intérêts de la dette et dépenses d'investissement) sont de deux types : les autorisations d'engagement et les crédits de paiement[177]. On entend par autorisation d'engagement la limite supérieure des dépenses pouvant être engagées au cours d'une période maximale de trois ans. Le crédit de paiement est la limite supérieure des dépenses pouvant être engagées et ordonnancées durant un exercice budgétaire afin de couvrir des engagements contractés dans le cadre des autorisations d'engagement.

Vue sous l'angle analytique, la loi de finances comprend un domaine obligatoire et un domaine interdit. Le domaine obligatoire recouvre l'ensemble des dispositions qui doivent obligatoirement figurer dans la loi de finances : la nature, le montant et l'affectation des ressources et des charges de l'Etat, les autorisations de prélever les recettes et d'engager les dépenses, l'équilibre économique et financier à définir entre les ressources et les charges. Le domaine interdit recouvre les dispositions qui ne peuvent figurer dans la loi de finances. De même qu'une loi ordinaire ne doit pas contenir des « cavaliers législatifs », les lois de finances ne doivent pas contenir des « cavaliers budgétaires », c'est-à-dire des dispositions sans rapport direct avec son contenu[178].

---

[175] Art. 12 RFE.
[176] Art. 13-2 RFE.
[177] Art. 15 RFE.
[178] Décisions des 28 décembre 1976 et 31 décembre 1981 du Conseil constitutionnel français.

B) PRESENTATION DE LA LOI DE FINANCES

Ont le caractère de loi de finances, la loi de finances de l'année (1), les lois de finances rectificatives (2) et la loi de règlement (3). A également le caractère de loi de finances, la première partie de la loi de finances lorsqu'elle est adoptée seule parce que les délais d'adoption de l'ensemble de la loi de finances sont expirés.

1. La loi de finances de l'année

La loi de finances de l'année, également appelée « loi de finances initiale », comprend deux parties et douze annexes :

a) La première partie de la loi de finances

La première partie de la loi de finances a essentiellement pour objet de :

- autoriser, pour l'année, la perception des ressources de l'Etat et des impositions de toute nature affectées à des personnes morales autres que l'Etat ;

- évaluer chacune des ressources budgétaires ;

- fixer les plafonds des dépenses du budget général, de chacun des budgets annexes et des comptes spéciaux ;

- arrêter les données générales du budget, présentées dans un tableau ;

- donner les autorisations relatives aux emprunts et à la trésorerie de l'Etat ;

- fixer les dispositions relatives à l'assiette, au taux et aux modalités de recouvrement des impositions[179].

b) La seconde partie de la loi de finances

La seconde partie de la loi de finances a essentiellement pour objet de :

- fixer, pour le budget général, les programmes concourant à la réalisation des objectifs assortis d'indicateurs, des montants des autorisations d'engagement et des crédits de paiement ;

- fixer, pour le budget général, par chapitre (c'est-à-dire par ministère ou par organe constitutionnel) et par section (c'est-à-dire par destination fonctionnelle de dépense), le montant des autorisations d'engagement et des crédits de paiement ;

---

179 Art. 18-2 RFE.

- fixer, par budget annexe et par compte spécial, le montant des autorisations d'engagement et des crédits de paiement ouverts ou des découverts autorisés ;

- le cas échéant, approuver les conventions financières internationales et édicter les dispositions ayant un impact direct sur les dépenses budgétaires de l'année ou celles relatives à l'information et au contrôle du parlement sur la gestion des finances publiques[180].

c) Les annexes

Pour l'information du parlement, il est fait obligation au gouvernement de joindre au projet de loi de finances des annexes[181]. Celles-ci, au nombre de douze, comprennent :

1- le rapport sur la situation et les perspectives économiques, financières et sociales de la nation comprenant la présentation des hypothèses de la loi de finances et des projections y afférentes ;

2- l'annexe sur les perspectives d'évolution sur trois ans des dépenses publiques ;

3- l'annexe sur les prévisions de recettes budgétaires selon la nomenclature budgétaire des recettes, la liste et l'évaluation par catégorie de bénéficiaires des impôts et taxes affectés à des personnes morales autres que l'Etat ;

4- l'annexe sur les dépenses de l'Etat par fonction, programme et objectif, avec les indicateurs de performance qui y sont associés ;

5- l'annexe sur les dépenses courantes et les dépenses d'investissement par chapitre pour les deux années précédentes, l'année en cours et l'année considérée, sur l'état de consommation des autorisations d'engagement depuis l'origine de chaque programme et sur les prévisions de consommation de crédits pour l'année en cours et l'année considérée ;

6- l'annexe sur les dépenses des administrations par chapitre, par section, par article et par paragraphe pour l'année en cours et l'année considérée ;

7- l'annexe sur l'utilisation des comptes spéciaux au cours des deux années précédentes, pour l'année en cours et les deux années à venir ;

8- l'annexe sur les projets d'investissement ;

9- l'annexe sur l'état des opérations financières ;

10- l'annexe sur les concours financiers de l'Etat aux entreprises ;

---

180 Art. 18-3 RFE.

181 Art. 36 RFE. Parce qu'elles sont imprimées sur papier de couleur jaune, au parlement français, ces annexes sont appelées « jaunes budgétaires ».

11- l'annexe sur l'évolution des effectifs et de la masse salariale par ministère ;

12- l'annexe sur la dette publique.

Toujours dans le cadre de l'information du parlement, au début de la session budgétaire, le gouvernement doit lui fournir, en vue de l'examen du projet de loi de finances de l'année, des informations sur l'évolution de l'économie nationale, les orientations des finances publiques et le développement des grands projets d'investissement[182]. Ces informations peuvent être délivrées par le Premier ministre lorsqu'il présente à l'Assemblée nationale le programme économique, financier, social et culturel du gouvernement au début de la session budgétaire[183]. La Constitution ne lui faisant pas obligation de dupliquer sa présentation devant le Sénat, il est de convention que les sénateurs en reçoivent copie électronique et/ou papier.

2. La loi de finances rectificative

Les lois de finances rectificatives, usuellement appelées « collectifs budgétaires », sont destinées d'une part, en cours d'exercice, à modifier les dispositions de la loi de finances initiale et, d'autre part, à ratifier les modifications apportées par décret aux crédits ouverts par la loi de finances de l'année précédente[184]. Les lois de finances rectificatives sont présentées dans les mêmes formes que la loi de finances. Elles doivent traduire l'incidence des modifications apportées sur l'équilibre de l'exercice en cours et le solde de la loi de finances[185].

3. La loi de règlement

La loi de règlement est la loi de constatation de la dernière loi de finances exécutée[186]. Elle apure les comptes et en donne quitus. Son vote doit intervenir avant la discussion de la loi de finances de l'année. Comme la loi de finances rectificative, la loi de règlement ratifie les modifications apportées par décret aux crédits ouverts par la loi de finances de l'année précédente. En outre, elle arrête le montant définitif des recettes et des dépenses du budget de l'Etat auquel elle se rapporte ainsi que le résultat qui en découle, elle arrête le montant définitif des ressources et des charges de trésorerie ayant concouru à la réalisation de l'équilibre financier de l'année correspondante, elle constate les écarts dans la mise en œuvre des programmes sur la base des objectifs et des indica-

[182] Art. 35-1 RFE.
[183] Art. 34-1 C.
[184] Art. 19-1 RFE.
[185] Art. 19-2 RFE.
[186] Art. 20-1 RFE.

teurs correspondants, elle constate le compte de résultat de l'exercice, elle affecte le résultat comptable de l'exercice[187].

Le projet de loi de règlement est accompagné de six annexes :

1- le document des opérations budgétaires présentées par nature, en distinguant les prévisions, les recouvrements et les restes à recouvrer, les paiements et les restes à payer ;

2- l'état sur les dépenses par programme indiquant la dotation initiale, les modifications intervenues au cours de la gestion, les ordonnancements et les arriérés de paiement, assorti des annexes explicatives sur l'utilisation des crédits et les écarts entre estimations et réalisations ;

3- les rapports annuels de performance des administrations, rédigés par les ordonnateurs principaux, c'est-à-dire les ministres et les présidents des organes constitutionnels ;

4- les annexes explicatives par budget annexe et par compte spécial ;

5- l'état de réalisation de tous les projets d'investissement justifiant les écarts constatés au cours de l'année concernée entre les prévisions et les réalisations, par administration et par région ;

6- le compte de résultat de l'exercice.

Le dépôt du projet de loi de règlement et de ses annexes doit intervenir au plus tard le 30 septembre de l'année suivant celle de l'exercice auquel il se rapporte[188].

> Outre le caractère irrationnel de ce délai (le parlement n'est pas en session à la date du 30 septembre et seule la conférence des présidents peut régulièrement recevoir un projet de loi – de la même manière, il est fait obligation au gouvernement de fournir au parlement au plus tard le 30 septembre de l'année courante une information sur l'exécution du budget de l'Etat à mi-parcours[189]), dans la pratique, depuis l'entrée en vigueur de la loi portant régime financier de l'Etat le 1er janvier 2013, le projet de loi de règlement n'a jamais été déposé sur le bureau du parlement dans les délais. Dans le meilleur des cas, il est déposé après le 10 novembre, bien après l'ouverture de la session budgétaire, soit quarante jours environ après le délai légal. En toute logique, le dépôt du projet de loi de règlement devrait intervenir lors de la session de juin de l'année suivant celle de l'exercice auquel il se rapporte. Sauf à convoquer une session extraordinaire en septembre à cette fin.

La loi de règlement de la loi de finances de l'année N-1 est votée au cours de l'année N, avant l'examen du projet de loi de finances de l'année N+1 et permet ainsi de suivre « en dynamique » l'évolution du budget. C'est le principe du « chaînage vertueux ».

[187] Art. 20-2 RFE.
[188] Art. 21 RFE.
[189] Art. 35-2 RFE.

C) DEPOT, EXAMEN ET VOTE DE LA LOI DE FINANCES

1. Le dépôt du projet de loi de finances et la question des délais

Le projet de loi de finances de l'année, accompagné de ses annexes, doit être déposé sur le bureau du parlement au plus tard 15 jours avant le début de la session budgétaire[190]. Comme pour la procédure législative ordinaire, un membre du gouvernement (généralement le ministre chargé des relations avec les assemblées) participe aux travaux de la conférence des présidents qui se prononce sur la recevabilité du projet de loi de finances.

Dans la pratique, ce dépôt n'intervient, dans le meilleur des cas, que cinq jours après le début de la session, soit environ 20 jours après les délais légaux. Le parlement, lui, est tenu par des délais stricts pour se prononcer définitivement sur la loi de finances. Il dispose à cet effet d'un délai de 20 jours, à compter de l'ouverture de la session budgétaire. Il est évident que si le projet de loi de finances a été déposé sur le bureau du parlement cinq à dix jours après l'ouverture de la session budgétaire, les deux chambres (l'une à la suite de l'autre) ne peuvent matériellement pas se prononcer sur le texte le plus important et le plus dense de l'année en dix ou quinze jours. Il est donc amené à se prononcer hors délais légaux. Il convient de rappeler que ces délais « préfix » (c'est-à-dire à l'expiration desquels on est normalement frappé de forclusion) sont destinés à permettre que la loi de finances soit votée, de telle sorte que le président de la République puisse la promulguer avant la fin de l'année, afin que « les mesures nécessaires à la continuité de la vie nationale » soient prises[191].

On peut s'interroger sur la validité d'une loi (la loi de finances) votée en violation de la loi de référence (la loi portant régime financier de l'Etat – assimilable à une loi organique – qui fixe les conditions d'élaboration de la loi de finances). Est-elle entachée d'inconstitutionnalité ? On l'a vu, le contrôle de constitutionnalité ne porte pas uniquement sur la conformité des dispositions de la loi contrôlée à la Constitution. Il porte également sur la régularité de la procédure d'adoption de la loi, c'est-à-dire sur le respect des règles de valeur constitutionnelle relatives à la procédure législative[192]. Mais les règles relatives aux délais de dépôt du projet de loi de finances et de son adoption par le parlement n'ont pas de valeur constitutionnelle. Elles sont édictées par une loi ordinaire (fût-elle de nature organique), la loi portant régime financier de l'Etat. Une loi de finances adoptée sans le respect des règles des délais n'est donc pas inconstitutionnelle.

C'est ce que confirme le Conseil constitutionnel français qui considère « qu'un retard dans la distribution d'un document ne fait pas obstacle à

---

[190] Art. 39-1 RFE.

[191] Décision du Conseil constitutionnel français du 30 décembre 1979.

[192] V. *supra*, chap. I, sect. III, § 2.

l'examen du projet et que son incidence sur la constitutionnalité de la loi s'appréciera au regard tant des exigences de la continuité de la vie nationale que de l'impératif de sincérité »[193], impératif de sincérité qui doit caractériser la loi de finances. En effet, la loi portant régime financier de l'Etat dispose que « la loi de finances présente de façon sincère l'ensemble des ressources et charges de l'Etat »[194].

La loi portant régime financier de l'Etat aménage une petite porte de sortie en cas d'expiration des délais de 20 jours. Elle prévoit que si les délais de 20 jours à compter de l'ouverture de la session budgétaire sont expirés sans que le parlement se soit définitivement prononcé sur la loi de finances, la première partie de cette loi est promulguée si elle a été définitivement adoptée[195]. On le rappelle, la première partie de la loi de finances est celle qui autorise, pour l'année, la perception des ressources de l'Etat et des impositions de toute nature affectées à des personnes morales autres que l'Etat.

La loi portant régime financier de l'Etat prévoit par ailleurs, reprenant en cela des dispositions constitutionnelles[196], que « si la loi de finances de l'année n'est pas adoptée avant le début de l'exercice, le président de la République peut, par voie d'ordonnance, reconduire, par douzième, le budget de l'exercice précédent, jusqu'à l'adoption du nouveau budget »[197]. En cas de retard sur le vote de la loi de finances, le président de la République a donc deux possibilités : soit demander un vote séparé sur la première partie de la loi de finances et la promulguer, soit reconduire par douzième, jusqu'à l'adoption du nouveau budget, le budget de l'exercice précédent par voie d'ordonnance.

2. Examen du projet de loi de finances en commission

La plus grande partie du délai imparti par la loi pour l'examen du projet de loi de finances est consacrée à son examen en commission. La commission saisie au fond à l'Assemblée nationale comme au Sénat (la Commission des Finances et du Budget) procède à l'audition de l'ensemble des ministres de plein exercice qui défendent devant elle, chacun à son tour, le budget de leurs départements ministériels. Participent aux travaux de la Commission, le ministre en charge des relations avec les assemblées, le ministre chargé du budget et celui chargé de l'économie.

L'audition des membres du gouvernement peut durer cinq à six à l'Assemblée nationale et trois à quatre jours au Sénat. Chaque ministre présente d'abord son rapport de performance pour l'exercice qui s'achève, ensuite son

[193] Décision n° 2001-448 DC du 25 juillet 2001 du Conseil constitutionnel français.
[194] Art. 3-1 RFE.
[195] Art. 41 RFE.
[196] Art. 16-2(b) C.
[197] Art. 42 RFE.

programme de performance pour l'exercice à venir. Suivent les questions des membres de la Commission et les réponses du ministre concerné. Une audition dure entre une et deux heures. C'est la période la plus éprouvante de l'année législative, les journées d'audition des ministres pouvant durer plus de 15 heures, avec des « nocturnes » parfois jusqu'au petit matin.

Au parlement français, l'usage, consacré par la jurisprudence du Conseil constitutionnel, est que le projet de loi de finances, parce qu'il concerne l'ensemble des départements ministériels, soit également transmis pour avis aux autres commissions permanentes compétentes.

L'audition des ministres, complétée par celle des questeurs (à l'Assemblée nationale) ou du secrétaire général (au Sénat) pour le projet de budget de l'assemblée considérée, s'achève par la présentation et la défense de l'ensemble du projet de loi de finances par le ministre chargé des finances assisté de son collègue de l'économie. Après un ultime examen à huis clos de l'ensemble du projet de loi de finances selon la procédure ordinaire (discussion générale, discussion et vote des articles, vote sur l'ensemble), la Commission procède à la rédaction du rapport.

3. Discussion et adoption de la loi de finances en séance

Le rapport, parfois long de plus de deux cents pages, nécessite au rapporteur général trois heures, parfois quatre heures pour sa lecture. On a déjà noté que les rapporteurs ont coutume de lire leurs rapports là où d'autres parlements se limitent à en écouter une synthèse. La procédure de discussion et d'adoption du projet de loi de finances en séance est strictement réglementée, quand bien même elle est rarement respectée. Elle se déroule en trois phases :

a) Débat sur les ressources et les charges budgétaires

Dans chacune des chambres, après la présentation du rapport par le rapporteur général de la Commission des Finances et du Budget, la discussion générale s'engage successivement sur les cinq catégories de ressources et les trois catégories de charges du budget[198]. Dans la pratique, aucune des deux assemblées ne respecte cette prescription. La discussion générale s'engage plutôt sur la politique générale du gouvernement, sur l'action des différents ministres, relative de préférence aux questions d'actualité. Cette phase s'apparente à une grande séance de « questions au gouvernement au quasi grand complet conduit par le Premier ministre », sorte de « questions orales sans débat » mais de caractère spontané, ni déposées, ni notifiées, ni publiées.

---

198 Art. 43-1 RFE. Le règlement du Sénat utilise une définition désuète du « chapitre » pour exprimer cette règle : « ... chaque chapitre du budget doit faire l'objet d'une délibération particulière » (art. 63 RIS).

b) Discussion de la première partie de la loi de finances

Après la première partie de la discussion générale consacrée au débat sur les ressources et les charges budgétaires, l'assemblée entame la discussion de la première partie de la loi de finances (celle qui autorise, pour l'année, la perception des ressources de l'Etat et des impositions de toute nature affectées à des personnes morales autres que l'Etat, évalue chacune des ressources budgétaires, fixe les plafonds des dépenses du budget général, de chacun des budgets annexes et des comptes spéciaux, arrête les données générales du budget, présentées dans un tableau, donne les autorisations relatives aux emprunts et à la trésorerie de l'Etat et fixe les dispositions relatives à l'assiette, au taux et aux modalités de recouvrement des impositions).

A l'issue de cette discussion, l'assemblée vote cette première partie de la loi de finances, article par article[199].

c) Discussion de la seconde partie de la loi de finances

La seconde partie de la loi de finances ne peut être discutée qu'après l'adoption de la première partie[200].

> Le parlement français en tire les conséquences : « Lorsque l'Assemblée nationale n'adopte pas la première partie du projet de loi de finances, l'ensemble du projet de loi est considéré comme rejeté »[201].

Alors que le vote de la première partie s'effectue par article, le vote des dépenses s'effectue par chapitre (c'est-à-dire par ministère ou par organe constitutionnel), après examen en deux temps : d'abord l'ensemble des programmes, ensuite les moyens par section (c'est-à-dire par destination fonctionnelle de la dépense) et par paragraphe (c'est-à-dire par nature économique de la dépense). Les crédits des budgets annexes et des comptes spéciaux sont, quant à eux, votés par budget annexe et par compte spécial.

Il convient de rappeler que sont irrecevables, les amendements des parlementaires qui auraient pour effet, s'ils sont adoptés, soit une diminution des ressources publiques, soit l'aggravation des charges publiques sans réduction à due concurrence d'autres dépenses ou création de recettes nouvelles d'égale importance.

Lorsque les deux parties de la loi de finances ont été adoptées suivant les formes sus-indiquées, l'assemblée, comme pour la procédure législative ordinaire, procède au vote sur l'ensemble. Mais le vote de la loi de finances au Sé-

---

[199] Art. 43-3 RFE, art. 60-2 RIAN. Le Sénat n'a pas cru devoir reprendre dans son règlement cette disposition du régime financier de l'Etat, qui s'impose à lui, en tout état de cause.
[200] Art. 43-4 RFE, art. 60-2 RIAN.
[201] Art. 119-5 RAN France.

nat doit être par scrutin public ordinaire ou par scrutin public à la tribune[202]. Cette prescription légale n'est jamais respectée.

4. La navette parlementaire dans le cadre de la loi de finances

La procédure de la navette est applicable à la loi de finances. Le Sénat ne connaît du projet de loi de finances que lorsqu'il a reçu le texte adopté par la chambre basse. Trois questions de droit parlementaire se posent à ce stade : la question de la compétence des deux chambres à connaître du budget (a), celle de la nature du texte discuté en séance (b) et celle de l'autonomie budgétaire des deux chambres du parlement (c).

a) De la compétence des deux chambres du parlement à connaître du budget

Lors de la mise en place du Sénat en 2013, certains députés ont contesté à la chambre haute, dès la session budgétaire de novembre, le droit d'examiner le projet de loi de finances au motif que la Constitution réserve à la chambre basse cette compétence, se fondant sur les dispositions de l'article 16-2(b) sous le chapitre premier du titre III de la Constitution consacré à l'Assemblée nationale, qui énonce : « Au cours de l'une des sessions, l'Assemblée nationale vote le budget de l'Etat. (...) ». Cette disposition n'est pas répliquée en faveur de la chambre haute au chapitre II consacré au Sénat. Plusieurs dispositions de la Constitution militent cependant en faveur d'une autre interprétation.

Tout d'abord, l'article 14-1 de la Constitution qui ouvre le titre III consacré au pouvoir législatif dispose : « Le pouvoir législatif est exercé par le parlement qui comprend deux (2) chambres : l'Assemblée nationale, le Sénat ». L'alinéa suivant précise : « Le parlement légifère et contrôle l'action du gouvernement ». Légiférer, c'est voter les lois. Cette attribution est reprécisée à l'article 26-1 de la loi fondamentale qui dispose : « La loi est votée par le parlement ». La loi de finances étant une loi, elle doit être votée par le parlement qui est composé de l'Assemblée nationale et du Sénat. Le Sénat est donc compétent pour voter la loi de finances.

Par ailleurs, l'article 30 de la Constitution qui organise la procédure de la navette, fait obligation au président de l'Assemblée nationale de transmettre au président du Sénat tous les textes adoptés par la chambre basse. Le premier alinéa de cet article dispose : « Les textes adoptés par l'Assemblée nationale

[202] Art. 80 RIS. Cette prescription n'est pas de mise à l'Assemblée nationale. On l'a vu, avec les réserves qu'on a exprimées (sect. I, § 2, E), dans les deux chambres, le scrutin public est obligatoire pour tout vote en matière de révision constitutionnelle et, au Sénat en cas de vote de la loi de finances en première lecture, à l'Assemblée nationale dans le cas de motion de censure ou de question de confiance.

sont aussitôt transmis au président du Sénat par le président de l'Assemblée nationale »[203]. L'alinéa suivant fixe le sort à réserver aux textes ainsi transmis : « Le président du Sénat, dès réception des textes transmis par le président de l'Assemblée nationale, les soumet à la délibération du Sénat »[204].

Il ressort de la lecture combinée de ces dispositions que le président de l'Assemblée nationale est tenu de transmettre tous les textes que la chambre basse a adoptés au Sénat aux fins d'une nouvelle délibération par la Haute assemblée. Cette obligation est absolue et vise tous les textes adoptés par l'Assemblée nationale, y compris donc la loi de finances (mais à l'exclusion des textes autonomes, à savoir les propositions de loi portant règlement intérieur de l'Assemblée nationale et les projets de loi portant prorogation ou abrègement du mandat des députés).

Si, comme certains députés l'ont soutenu, l'article 16-2(b) de la Constitution qui attribue à la seule chambre basse le pouvoir de voter le budget de l'Etat était une disposition spéciale dérogeant à la règle de la navette, le principe du parallélisme des formes eût voulu que cette exception fût également inscrite à l'article 30-1 qui règle le déclenchement de la navette. Le constituant aurait alors écrit : « A l'exception de la loi de finances, les textes adoptés par l'Assemblée nationale sont aussitôt transmis au président du Sénat par le président de l'Assemblée nationale ». Tel n'est pas le cas.

De plus, au regard des règles du parlementarisme rationalisé qui donnent au gouvernement un droit de regard et, parfois, un droit de veto à toutes les étapes de la procédure législative, si le gouvernement partageait la lecture des députés qui considèrent que la navette ne s'applique pas à la loi de finances, il aurait fait droit à cette interprétation et ne participerait pas à la phase d'examen de la loi de finances par le Sénat. En l'absence du gouvernement à la conférence des présidents du Sénat qui apprécie la recevabilité des textes déposés sur le bureau du Sénat, en l'absence du gouvernement à la Commission des Finances et du Budget du Sénat qui examine le projet de loi de finances, en l'absence du gouvernement en séance plénière du Sénat pour la discussion générale et l'adoption de la loi de finances, toute la procédure législative serait viciée au Sénat et ne pourrait prospérer.

Enfin, si la majorité de la chambre basse et spécialement son président partageaient cette interprétation, le président de l'Assemblée nationale ne transmettrait pas le projet de loi de finances adopté par l'Assemblée nationale au président du Sénat mais directement au président de la République aux fins de promulgation.

---

[203] Art. 30-1 C.

[204] Art. 30-2 C.

On peut alors conclure qu'à la fois, la lecture combinée des dispositions pertinentes de la Constitution et la pratique partagée tant par la majorité de l'Assemblée nationale que par le gouvernement, conduisent à reconnaître au Sénat une compétence partagée avec l'Assemblée nationale, de voter le budget de l'Etat dans le cadre normal de la navette parlementaire.

b) De la nature du texte discuté en séance

Quel est le texte qu'examine le Sénat ? Le projet de loi de finances tel que déposé par le gouvernement ou celui adopté par l'Assemblée nationale ? Bien que la Constitution prévoit que « le projet de loi examiné en séance plénière est le texte déposé par le président de la République »[205], on a vu que ce sont les dispositions relatives à la navette qui priment. La procédure législative ordinaire prévoit ainsi que c'est le texte adopté par l'Assemblée nationale qui est examiné par le Sénat[206].

> En droit parlementaire français, la loi de finances fait exception. Non seulement la chambre saisie en premier lieu des projets de lois de finances est toujours l'Assemblée nationale, mais c'est le texte soumis par le gouvernement (et non celui adopté par la commission) qui est discuté en séance.

Au parlement camerounais, la règle générale de la navette s'applique dans tous les cas. Pour le projet de loi de finances comme pour les autres projets de loi, l'Assemblée nationale est toujours saisie en premier lieu. Le texte discuté en séance est celui adopté par la Commission des Finances et du Budget, tant à l'Assemblée nationale qu'au Sénat.

c) L'autonomie budgétaire des deux chambres du parlement

Après la mise en place du Sénat, certains députés ont demandé pourquoi le Sénat ne se présente pas devant la Commission des Finances et du Budget de l'Assemblée nationale pour défendre son budget (tel qu'enregistré dans le projet de loi de finances) au même titre que les autres ministères.

Le Sénat a d'abord fait observer que les règlements intérieurs des deux chambres du parlement consacrent leur autonomie financière. « L'Assemblée nationale jouit de l'autonomie administrative et financière. (...) »[207]. Le règlement intérieur du Sénat est à l'unisson[208].

Il a ensuite rappelé la procédure d'examen et d'adoption du budget de chaque chambre. Celle-ci prévoit d'abord l'élaboration du projet de budget par

---

[205] Art. 29-2 C.

[206] Art. 30-1 et 30-2 C.

[207] Art. 102-1 RIAN.

[208] Art. 117 RIS.

les questeurs et le secrétaire général de la chambre. Le projet est soumis au bureau pour approbation. Les questeurs (à l'Assemblée nationale), le secrétaire général (au Sénat), rapportent ensuite le projet de budget devant la Commission des Finances et du Budget de la chambre. Après le vote par cette Commission, le budget de l'assemblée concernée est « inscrit pour ordre au budget général de l'Etat »[209]. Cette inscription pour ordre au budget général de l'Etat dispense par conséquent les deux chambres du passage du projet de budget de chacune d'elles devant la séance plénière de l'assemblée concernée, contrairement aux budgets des autres chapitres (ministères et organes constitutionnels) qui font l'objet de débat en plénière avant leur adoption. Cette inscription pour ordre au budget général de l'Etat et cette dispense d'examen en plénière s'expliquent par le principe de l'autonomie budgétaire des chambres.

Par ailleurs, le principe de la navette parlementaire étant acquis pour les lois de finances, la revendication du passage du Sénat devant la Commission des Finances et du Budget de l'Assemblée nationale devrait, en vertu du principe du parallélisme des formes, s'appliquer également au passage de l'Assemblée nationale devant la Commission des Finances et du Budget du Sénat. L'Assemblée nationale n'a jamais envisagé cette opportunité. Le Sénat ne l'a jamais revendiquée. Pour cette raison et les autres, la prétention de certains députés de voir la chambre haute rapporter son budget devant la Commission des Finances et du Budget de la chambre basse n'est, par conséquent, pas fondée.

§ 2. LES LOIS CONSTITUTIONNELLES

Le droit d'établir une constitution est l'œuvre du pouvoir constituant originaire. Celui de la modifier est l'œuvre du pouvoir constituant dérivé. L'œuvre établissant une constitution nouvelle est appelée loi fondamentale. Les actes destinés à modifier la constitution existante, appelés « lois constitutionnelles », sont adoptés selon une procédure spéciale prévue par ladite constitution. Cette procédure spéciale a trait à l'initiative (A) et à l'organe habilité à délibérer sur la matière quant à sa constitution et son fonctionnement (B) ainsi qu'à sa compétence (C). Cet organe est le Congrès.

A) L'INITIATIVE DE LA REVISION CONSTITUTIONNELLE

L'initiative de la révision de la Constitution appartient concurremment au président de la République et au parlement[210]. Lorsqu'elle émane du président de la République, on est en présence d'un projet de révision. Emanant d'un ou

---

[209] Art. 106-3 RIAN, art. 123-3 RIS. Seul le règlement de l'Assemblée nationale rappelle l'exigence posée par le régime financier de l'Etat de présenter le budget de la chambre sous forme de programmes, faisant ressortir les objectifs et les moyens (art. 106-2 RIAN). Le Sénat n'en est cependant pas dispensé.
[210] Art. 63-1 C.

des membres du parlement, il s'agit d'une proposition de révision. Dans ce dernier cas, la proposition de révision, pour être recevable, doit être signée par un tiers au moins des membres de l'une ou de l'autre chambre, c'est-à-dire au moins soixante députés ou trente-quatre sénateurs. Lorsqu'il est appelé à se prononcer sur un projet ou une proposition de révision de la Constitution, le parlement se réunit en Congrès[211].

B) L'ORGANISATION ET LE FONCTIONNEMENT DU CONGRES

La loi portant règlement intérieur du Congrès du parlement[212] fixe les modalités de fonctionnement des deux chambres du parlement lorsqu'elles sont appelées à se réunir en Congrès. La réunion commune des deux assemblées porte le nom de « Congrès du parlement »[213]. C'est le président de la République qui déclenche la procédure en demandant aux présidents des deux chambres de les réunir en Congrès[214]. Cette demande peut se faire par décret convoquant le Congrès.

1. Siège, bureau, conférence des présidents du Congrès

L'Assemblée nationale a la haute main sur l'organisation et le fonctionnement du Congrès. Celui-ci siège dans les locaux de l'Assemblée nationale ou, seulement à défaut, dans les locaux du Sénat. Mais, lorsque les circonstances l'exigent, le Congrès peut se réunir en tout autre lieu, à la demande du président de la République[215]. Ces clauses de style sont destinées à faire abriter les travaux du Congrès par la chambre ou l'infrastructure la plus adaptée à la circonstance (capacité d'accueil et commodités nécessaires).

Le président de l'Assemblée nationale est le président du Congrès. Le bureau de l'Assemblée nationale est le bureau du Congrès[216]. Toutefois, le président du Sénat est installé sur un fauteuil placé à côté de celui du président du Congrès.

Les séances de travail du Congrès sont préparées par la conférence des présidents du Congrès qui comprend les membres des conférences des présidents des deux chambres[217]. La conférence des présidents du Congrès est convoquée et présidée par le président du Congrès. Elle se prononce sur la recevabilité des

[211] Art. 63-3 C.
[212] Loi n° 2014/017 du 9 septembre 2014.
[213] Décision du bureau de l'Assemblée nationale française du 26 novembre 1953, citée par J. Lyon, *in* Nouveaux suppléments au traité d'Eugène Pierre, t. II, n° 331, *La Documentation française*, 1990.
[214] Art. 2 RICP.
[215] Art. 4 RICP.
[216] Art. 3, 6 et 7 RICP.
[217] Art. 7-1 RICP.

projets et propositions de révision de la Constitution[218]. Comme pour la procédure législative ordinaire, un membre du gouvernement (en principe celui en charge des relations avec les assemblées) participe aux travaux de la conférence des présidents du Congrès.

Lorsqu'il est appelé à se prononcer sur un projet ou une proposition de révision de la Constitution, le Congrès, sur proposition de sa conférence des présidents, met en place une commission spéciale chargée de l'étude du projet ou de la proposition de révision[219]. La commission spéciale est composée de 30 membres à parité égale de députés et de sénateurs désignés en tenant compte de la configuration politique du Congrès, sauf refus de certains partis politiques d'y participer. Elle désigne, sous la présidence de son doyen d'âge, au scrutin uninominal et en tenant compte de la configuration politique du Congrès, son bureau composé d'un président, d'un vice-président, de deux secrétaires et d'un rapporteur[220]. Les travaux de la commission spéciale se déroulent selon les règles ordinaires applicables aux commissions générales des deux chambres.

2. Séance publique du Congrès

Le Congrès se réunit en séance publique. Les membres du Congrès sont installés sur des sièges nominatifs, par ordre alphabétique et par groupe parlementaire, sans considération de la chambre à laquelle ils appartiennent. Le quorum nécessaire à la validité de ses délibérations est de la moitié plus un des députés et de la moitié plus un des sénateurs. Si ce quorum n'est pas atteint au jour et à l'heure fixés pour l'ouverture d'une séance, celle-ci est renvoyée de plein droit à la deuxième heure qui suit. Le quorum alors exigé est d'un tiers des députés et d'un tiers des sénateurs.

Les autres modalités de la tenue des séances ainsi que les règles de la délégation de vote au Congrès sont semblables à celles des deux chambres du parlement. En particulier, un rappel au règlement, une question préalable et des explications de vote sont autorisés[221]. S'agissant du mode de votation, en matière de révision constitutionnelle, le scrutin public, également appelé « vote solennel »[222], est de rigueur : « il est distribué aux membres du Congrès des bulletins verts, rouges et jaunes. Chacun dépose dans une urne qui lui est présentée par un huissier, une enveloppe contenant un bulletin de vote, vert s'il est pour l'adoption, rouge s'il est contre et jaune s'il s'abstient »[223].

[218] Art. 9 et 10 RICP.
[219] Art. 9 RICP.
[220] Art. 11 RICP.
[221] Art. 12 RICP.
[222] Pierre Avril et Jean Gicquel, *op. cit.*, p. 261.
[223] *Ibid.*, p. 154.

Le projet ou la proposition de révision constitutionnelle est adopté à la majorité des membres composant le parlement. Il s'agit de la majorité des membres composant le parlement et non de la majorité des membres présents au Congrès, ni de la majorité des membres de l'une et de l'autre chambres. Le parlement étant composé de 180 députés et 100 sénateurs, soit 280 parlementaires, la majorité requise pour faire passer une révision constitutionnelle est donc de 141 voix.

Le président de la République peut demander une « nouvelle » lecture. Dans ce cas, la révision est votée à la majorité des deux tiers des membres composant le parlement[224], soit 187 voix. Aucune rectification de vote n'est admise[225]. Le président du Congrès proclame les résultats du scrutin en ces termes : « le Congrès a adopté » ou « le Congrès n'a pas adopté »[226].

C) LA COMPETENCE DU CONGRES

Les projets et propositions de révision ne peuvent faire l'objet d'un contrôle d'opportunité. L'objet de la révision peut porter sur toute disposition de la Constitution. Ainsi, rien ne s'oppose à ce que l'article 64 de la Constitution qui dispose : « Aucune procédure de révision ne peut être retenue si elle porte atteinte à la forme républicaine, à l'unité et à l'intégrité territoriale de l'Etat et aux principes démocratiques qui régissent la République », fasse l'objet de révision « car le pouvoir constituant étant le pouvoir suprême de l'Etat, ne peut être lié, même par lui-même »[227]. En effet, rien n'empêche de réviser les dispositions édictant les limitations à la révision. Comme dit Joseph-Barthélemy, « les limitations posées sur le chemin du pouvoir constituant ne sont, à la vérité, que des barrières de papier »[228].

On peut renforcer les barrières de ces limitations en séparant la disposition limitative de la disposition protégée, en énonçant par exemple : « le présent article et l'article précédent ne peuvent faire l'objet de révision ». Cette formule est utilisée pour protéger une disposition dont le pouvoir constituant originaire ou dérivé souhaiterait l'immutabilité, telle la limitation des mandats présidentiels – question d'actualité en Afrique. Elle rend difficile sa révision, mais pas impossible, car la suprématie du pouvoir constituant peut toujours être invoquée pour justifier toute révision constitutionnelle. La doctrine de la « souveraineté limitée », qui considère que « ne peut être révisé que ce qui a été déclaré révisable », reste donc discutable.

---

[224] Art. 29-2 RICP.
[225] Art. 30-2 RICP.
[226] Art. 30-1 RICP.
[227] G. Vedel, *Droit constitutionnel*, Paris, Sirey, 1949, p. 117, *in* Pierre Avril et Jean Gicquel, *op. cit.*, p. 262.
[228] Joseph-Barthélemy, *in* Pierre Avril et Jean Gicquel, *op. cit.*, p. 263.

§ 3. LES LOIS D'AUTORISATION

Les lois d'autorisation constituent une catégorie particulière de lois dont la nature législative est purement formelle. Elles autorisent l'exécutif à opérer l'acte matériel. Les lois d'autorisation ne sont pas de véritables lois, car une loi est censée édicter une règle d'application impérative ou énoncer des obligations (v. *supra*). Or, les lois d'autorisation autorisent, mais n'obligent pas l'exécutif à opérer l'acte matériel qu'elles visent. On distingue deux catégories de lois d'autorisation : les lois autorisant la ratification des engagements internationaux (A) et les lois d'habilitation à légiférer par ordonnances (B). Dans les deux cas, la loi d'autorisation intervient uniquement lorsque la matière relève du domaine de la loi.

A) LES LOIS AUTORISANT LA RATIFICATION DES ENGAGEMENTS INTERNATIONAUX

Un acte international ne produit des effets dans l'ordre juridique interne qu'après y avoir fait l'objet d'une réception. C'est la conséquence du principe du dualisme des ordres juridiques ou la procédure d'internalisation des engagements internationaux. Le principe est que c'est le président de la République qui négocie et ratifie les traités et accords internationaux. Toutefois, les engagements internationaux qui concernent le domaine de la loi sont soumis, avant leur ratification, à l'approbation en forme législative par le parlement[229]. La procédure de conclusion d'un engagement international commence par sa négociation et sa signature. Cette phase appartient exclusivement au président de la République[230]. La procédure peut se limiter à cette phase lorsque le traité ou l'accord international ne relève pas du domaine législatif. Dans ce cas, la signature du président de la République ou de son représentant muni des pleins pouvoirs, vaut ratification. On examinera successivement les questions d'approbation en forme législative du parlement des engagements internationaux (1), de leur constitutionnalité et de leur conventionnalité (2) et de la valeur juridique de telles lois (3).

1. L'approbation en forme législative du parlement

S'il concerne le domaine de la loi, le traité ou l'accord international doit être soumis à l'approbation en forme législative du parlement avant sa ratification par le président de la République. L'« approbation en forme législative » signifie que les stipulations de l'engagement international doivent être approuvées par une loi. Le parlement intervient donc entre la phase de négociation et de

[229] Art. 43 C.
[230] *Ibid.*

signature et la phase de ratification. La loi qu'il adopte pour autoriser la ratification équivaut à une sorte de « contreseing parlementaire »[231]. L'autorisation parlementaire n'intervient ainsi que si l'engagement international relève du domaine de la loi. Le Conseil constitutionnel étant habilité à statuer sur les conflits d'attribution entre les institutions de l'Etat[232], dans le cas d'espèce, il peut être saisi pour établir si un engagement international, relevant du domaine législatif, a été soumis à l'approbation en forme législative par le parlement avant sa ratification par le président de la République.

Dans une de ses décisions, le Conseil constitutionnel français a considéré que « sa compétence ne se borne pas à contrôler la régularité de la loi d'autorisation », mais que « une loi autorisant la ratification d'un traité peut lui être déférée dans les conditions du droit commun et le contrôle s'étend alors à l'engagement lui-même », y compris à déterminer s'il relève du domaine de la loi[233]. Même si le Conseil d'Etat français[234] considère qu'il est de son pouvoir de sanctionner un pouvoir exécutif qui omettrait de solliciter l'autorisation parlementaire pour ratifier un engagement international relevant du domaine de la loi, dans la pratique camerounaise, le président de la République apprécie seul, si tel engagement international relève du domaine de la loi et doit en conséquence, être soumis à l'approbation préalable du parlement. L'initiative de la loi d'autorisation appartient donc exclusivement au président de la République.

La demande d'autorisation fait l'objet d'un projet de loi autonome. Le projet de loi d'autorisation est toujours accompagné, comme pour tous les projets et propositions de loi, d'un exposé des motifs précisant l'objet et les buts poursuivis par le projet. L'exposé des motifs doit « estimer les conséquences et analyser les effets du projet de loi sur la vie politique, économique, sociale, etc. intérieure et l'ordre juridique interne »[235]. Une étude d'impact, en quelque sorte. Il doit également présenter « l'historique des négociations, l'état des signatures et des ratifications et, le cas échéant, les réserves ou déclarations interprétatives exprimées par le gouvernement »[236]. L'exposé des motifs présenté par le gouvernement n'est pas toujours aussi exhaustif.

Outre l'exposé des motifs, le projet de loi d'autorisation doit être accompagné du texte du traité ou de l'accord dont l'autorisation de ratification est sollicitée. Mais, le parlement ne se prononce pas sur les articles contenus dans cet acte. Ceux-ci ont déjà été négociés et signés par le président de la République (et l'autre ou les autres parties). Le parlement ne peut ni exiger du président de la République une renégociation dont il fixerait les termes, ni émettre une ré-

---

[231] Guy Carcassonne et Marc Guillaume, *op. cit.*, p. 264.
[232] Art. 47-1 C.
[233] Décision n° 80-116 DC du 17 juillet 1980.
[234] Arrêt *Blotzheim* du 18 décembre 1998.
[235] Pierre Avril et Jean Gicquel, *op. cit.*, p. 266. V. loi organique du 15 avril 2009 en application de la réforme constitutionnelle de juillet 2008.
[236] *Ibid.*

serve. Aucun amendement ni aucune rectification d'erreur matérielle du texte de l'engagement international n'est recevable. Le parlement se prononce uniquement sur l'article législatif qui autorise la ratification. Il n'est même pas autorisé à amender cet article législatif. Le parlement est uniquement appelé à conclure à l'adoption, au rejet ou à l'ajournement, en bloc, du projet de loi tendant à autoriser la ratification du texte. Il peut rejeter l'engagement international s'il estime qu'il est contraire à la Constitution ou ne préserve pas les intérêts de la nation.

Le projet de loi d'autorisation de ratification se présente généralement sous la forme suivante :

« Loi n° (…) autorisant le président de la République à ratifier la Convention (…) signée à (…) le (...).

Article premier.- Le président de la République est autorisé à ratifier la Convention (…) signée à (...) le (...) et dont le texte est annexé à la présente loi.

Article 2.- La présente loi sera enregistrée, publiée suivant la procédure d'urgence puis insérée au Journal officiel en français et en anglais. »

On remarquera que les lois d'autorisation de ratification des engagements internationaux par le parlement omettent généralement de compléter l'article premier par la formule « et dont le texte est annexé à la présente loi ». Il s'agit d'un oubli regrettable, car la loi en elle-même n'est loi que si elle est accompagnée du texte de l'engagement international dont la ratification est autorisée.

2. Contrôle de constitutionnalité et contrôle de conventionnalité

L'engagement international ayant suivi la procédure d'approbation en forme législative par le parlement n'a effet qu'à compter de sa ratification et n'acquiert pleine valeur juridique qu'après sa publication (au Journal officiel). Il a alors une autorité supérieure à celle des lois, sous réserve de son application par l'autre partie à l'engagement[237].

Mais, le Conseil constitutionnel français s'est déclaré incompétent pour exercer un « contrôle de conventionnalité », c'est-à-dire à vérifier si une loi comporte des dispositions contraires à un traité régulièrement ratifié et publié et, dans l'affirmative, censurer ladite loi.

Dans sa décision du 15 janvier 1975, le Conseil a estimé que « la supériorité des traités sur les lois (…) présente un caractère à la fois relatif et contingent, tenant, d'une part, à ce qu'elle est limitée au champ d'application du traité et, d'autre part, à ce qu'elle est subordonnée à une condition de réciprocité dont la réalisation peut varier (…) »[238]. Autrement dit, le Conseil constitutionnel se déclarait incompétent pour « censurer une loi comme contraire à un traité qui lui est supérieur dans la mesure où la censure serait définitive, tandis que la supériorité du traité pourrait disparaître à tout moment si dispa-

[237] Art. 45 C.
[238] *In* Simon-Louis Formery, *op. cit.*, p. 119.

raissait la condition d'application par l'autre partie »[239]. Le Conseil constitutionnel français, rappelant que les moyens de constitutionnalité et de conventionnalité ne peuvent se confondre, a réaffirmé sa position en considérant qu'« il n'appartient pas au Conseil constitutionnel, saisi tant en application de l'article 61 que de l'article 61-1 de la Constitution, d'examiner la compatibilité d'une loi aux engagements internationaux et européens de la France »[240].

Le Conseil d'Etat français, à l'instar du Conseil constitutionnel, s'étant lui aussi, pendant longtemps, déclaré incompétent pour examiner la compatibilité d'une loi avec un engagement international, a cependant, depuis un arrêt de revirement jurisprudentiel qu'il a rendu[241], décidé – mais longtemps précédé en cela par la Cour de cassation[242] – d'exercer le contrôle d'une telle loi par voie d'exception. La loi ne disparaît pas de l'ordonnancement juridique, mais n'est écartée qu'à l'occasion du litige dont la Haute juridiction est saisie si elle a été adoptée après l'entrée en vigueur du traité et est contraire à celui-ci[243].

Depuis, ces deux hautes juridictions (judiciaire et administrative) françaises exercent régulièrement des contrôles de conventionnalité des lois, c'est-à-dire vérifient si une loi, qu'elle soit antérieure ou postérieure à un traité, comporte des dispositions contraires à celui-ci.

Si, saisi pour contrôle de constitutionnalité (par le président de la République, le président de l'Assemblée nationale, le président du Sénat, un tiers des députés ou tiers des sénateurs, les présidents des exécutifs régionaux lorsque les intérêts de leur région sont en cause), le Conseil constitutionnel déclare qu'un engagement international comporte une clause contraire à la Constitution, l'approbation en forme législative ou la ratification du traité ou de l'accord international ne peut intervenir qu'après la révision de la Constitution[244]. Ceci signifie que la procédure législative d'autorisation par le parlement doit être interrompue au stade de l'examen législatif ou, si elle a abouti à l'adoption de la loi d'autorisation, au stade de la ratification, s'il est établi que l'engagement international comporte une clause contraire à la Constitution.

Mais, la révision de la Constitution n'est pas impérative lorsque le Conseil constitutionnel conclut à l'incompatibilité ou à la contrariété de la Constitution et de l'engagement international. En vertu du principe de la souveraineté de la nation, le président de la République peut opter de ne pas demander la révision de la Constitution pour la rendre compatible avec l'engagement international, rendant ainsi sans objet la poursuite de la procédure d'approbation en forme législative ou de ratification de l'engagement international.

---

[239] *In* Guy Carcassonne et Marc Guillaume, *op. cit.*, p. 275.
[240] Décision n° 2010-605 DC du 12 mai 2010.
[241] Arrêt *Nicolo* du 20 octobre 1989.
[242] Arrêt *Société des cafés Jacques Vabre* du 24 mai 1975.
[243] Simon-Louis Formery, *op. cit.*, p. 120, Guy Carcassonne et Marc Guillaume, *op. cit.*, p. 276.
[244] Art. 44 C.

Cette interprétation conforte l'idée (défendue par les trois plus hautes juridictions françaises : Conseil constitutionnel, Cour de cassation et Conseil d'Etat) de la primauté de la Constitution sur les traités. Face à la Constitution et un traité en cours de ratification, le Conseil constitutionnel procède à un contrôle de constitutionalité du traité (la Constitution est la référence, donc la norme supérieure) et non à un contrôle de conventionnalité (où la référence serait le traité).

Ainsi, contrairement à une idée répandue, l'examen des projets de loi tendant à autoriser la ratification des engagements internationaux n'est pas qu'une formalité législative.

3. Valeur juridique des lois d'autorisation de ratification

La loi d'autorisation de ratification ne ratifie pas. Elle autorise simplement la ratification. Mais, cette autorisation n'est pas une injonction. Le président de la République n'est obligé, ni de ratifier l'accord international après en avoir reçu l'autorisation parlementaire, ni de le ratifier dans un délai déterminé.

La loi d'autorisation de ratification suit-elle la procédure de promulgation qui oblige le président de la République à promulguer les lois adoptées par le parlement dans le délai de 15 jours à compter de leur transmission par le président de l'Assemblée nationale ? Le président de la République ne peut pas se soustraire à cette obligation de promulgation (sauf s'il formule une demande de « nouvelle » lecture ou en saisit le Conseil constitutionnel)[245].

Si, pour une raison d'opportunité, le président de la République se ravise après avoir négocié et signé un engagement international, puis demandé au parlement l'autorisation de le ratifier, il peut ne pas le ratifier ou en retarder la ratification après avoir promulgué la loi d'autorisation de ratification. C'est ce qu'exprime Ch. Rousseau qui écrit que « l'acte voté par le parlement qui habilite le président de la République à ratifier un traité n'a de loi que le nom »[246].

Lorsque le président de la République consent à ratifier un engagement international en vertu de l'autorisation de ratifier qui lui a été donnée par le parlement, après avoir promulgué la loi de ratification, il prend un décret portant ratification qui se présente généralement ainsi qu'il suit :

> « Décret n° (...) du (...) portant ratification de la Convention (...).
>
> Le président de la République,
>
> Vu la Constitution ;
> Vu la loi n° (...) du (...) autorisant le président de la République à ratifier la Convention (...) signée à (...) le (...),

---

[245] Art. 31-1 C.
[246] *In* Pierre Avril et Jean Gicquel, *op. cit.*, p. 264.

Décrète :

Article premier.- Est ratifiée, la Convention (...) signée à (...) le (...).

Article 2.- Le présent décret sera enregistré et publié suivant la procédure d'urgence, puis inséré au Journal officiel en français et en anglais./-

Yaoundé, le (...)

Le président de la République. »

B) LES LOIS HABILITANT A LEGIFERER PAR ORDONNANCES

Dans les matières qui sont normalement du domaine de la loi, « le parlement peut autoriser le président de la République, pendant un délai limité et sur des objets déterminés, à prendre des ordonnances »[247].

L'ordonnance est une norme édictée par l'exécutif dans le domaine de la loi. Sous la IVe République en France, on l'appelait « décret-loi ». Il s'agit donc d'une dérogation à la répartition des compétences entre la loi et le règlement. Lorsque le président de la République souhaite intervenir dans le domaine de la loi, notamment en raison de l'urgence, il prend l'initiative de déposer un projet de loi demandant que le parlement l'y autorise. Ce projet de loi prend l'appellation de « projet de loi d'habilitation »[248]. La loi d'habilitation ou « habilitation législative » est votée dans les conditions du droit commun (recevabilité par la conférence des présidents, examen en commission, discussion et adoption en séance, navette). Mais, l'autorisation du parlement accordée au président de la République à prendre des ordonnances doit respecter certaines conditions (1). On s'interrogera ensuite sur la valeur juridique des ordonnances (2).

1. La justification et les délais des ordonnances

L'exposé des motifs du projet de loi d'habilitation doit justifier la demande. Il doit indiquer « la finalité des mesures que le président de la République se propose de prendre et leurs domaines d'intervention »[249]. Ainsi, l'habilitation ne peut être accordée que pour un objet bien déterminé, « un domaine défini avec suffisamment de précision »[250].

La loi d'habilitation doit fixer deux délais : un premier délai, dit délai d'habilitation, pendant lequel le président de la République est autorisé à prendre des ordonnances dans le domaine déterminé. Pendant le délai

[247] Art. 28-1 C.
[248] Art. 28-3 C.
[249] Décision n° 86-207 DC du 26 juin 1986 du Conseil constitutionnel français.
[250] Décision du 5 janvier 1982 du Conseil constitutionnel français. Simon-Louis Formery, *op. cit.*, p. 85.

d'habilitation, le président de la République peut adopter les normes qu'il juge nécessaires dans le domaine d'intervention défini et pour l'objet déterminé, « sans avoir à se préoccuper de la distinction entre les domaines de la loi et du règlement »[251]. Passé ce délai, la répartition normale des compétences reprend ses droits, le président de la République perd le pouvoir de prendre des ordonnances dans le domaine que la loi d'habilitation a déterminé, seule la loi peut de nouveau intervenir dans cette matière. Le second délai, dit délai de ratification, est celui auquel les ordonnances prises en vertu de la loi d'habilitation accordée doivent être déposées sur les bureaux des deux chambres du parlement aux fins de ratification.

L'examen du projet de loi d'habilitation se déroule selon la procédure législative ordinaire. Dès que la loi d'habilitation est votée, les ordonnances prises par le président de la République en vertu de cette loi entrent en vigueur dès leur publication au Journal officiel[252]. N'étant pas des lois, elles ne suivent pas l'étape de la promulgation. Ayant reçu l'habilitation, elles peuvent toujours être modifiées, dans les mêmes formes, avant l'expiration du délai d'habilitation[253].

> Les lois portant ratification des ordonnances se présentent généralement sous la forme suivante :
>
> « Loi portant ratification de l'Ordonnance n° (...) (suit l'objet).
>
> Article premier.- Est ratifiée l'Ordonnance n° ... (suit l'objet).
>
> Article 2.- La présente loi sera enregistrée, publiée suivant la procédure d'urgence puis insérée au Journal officiel en français et en anglais. »
>
> Yaoundé, le (...)
>
> Le président de la République. »

2. Valeur juridique des ordonnances

Avant leur ratification, les ordonnances, bien que prises dans le domaine de la loi, sont des actes administratifs. Elles conservent ce caractère réglementaire tant qu'elles n'ont pas été ratifiées par le parlement[254]. Elles demeurent en vigueur tant que le parlement n'a pas refusé de les ratifier[255].

Etant des actes administratifs, les ordonnances non ratifiées sont susceptibles de recours pour excès de pouvoir devant le juge administratif qui apprécie leur légalité et leur constitutionnalité. Seule la ratification par le parlement confère aux ordonnances pleine valeur législative et le refus de ratification leur enlève leur caractère réglementaire en même temps qu'il les sort de l'ordonnancement

[251] Guy Carcassonne et Marc Guillaume, *op. cit.*, p. 197.
[252] Art. 28-2 C.
[253] Guy Carcassonne et Marc Guillaume, *ibid.*
[254] Art. 28-4 C.
[255] Art. 28-5 C.

juridique. C'est pourquoi l'habilitation s'analyse non comme une délégation du pouvoir législatif (le parlement conserve, avec le référendum, le monopole de faire des lois), mais comme une extension momentanée du pouvoir réglementaire[256]. Si le juge administratif n'a pas encore statué sur le recours dont il est saisi au moment où l'ordonnance est ratifiée, il « doit conclure au non-lieu à statuer puisqu'il n'a pas compétence pour censurer des textes de valeur législative »[257]. En revanche, le Conseil constitutionnel est incompétent pour statuer sur la constitutionnalité des ordonnances non encore ratifiées.

En principe, et dans la pratique camerounaise, les ordonnances font l'objet d'une ratification expresse, c'est-à-dire du vote d'une loi de ratification.

> Outre la ratification expresse, le Conseil constitutionnel français admet la ratification implicite et considère que la ratification peut intervenir selon d'autres modalités que celle de l'adoption d'un projet de loi de ratification. La ratification peut en effet « résulter d'une manifestation de volonté implicitement, mais clairement exprimée par le parlement », à l'occasion du vote d'une loi postérieure dans le domaine de l'ordonnance[258].

§ 4. L'ENGAGEMENT DE RESPONSABILITE DU GOUVERNEMENT SUR UN TEXTE

Au cours de la procédure législative, généralement à l'issue de la discussion générale d'un texte et avant le passage à la discussion des articles – sans que ce moment soit toutefois formellement fixé par une disposition quelconque de la Constitution ou des règlements intérieurs des assemblées –, le Premier ministre peut, après délibération du Conseil ministériel, engager devant l'Assemblée nationale la responsabilité du gouvernement sur le vote du texte[259]. S'il n'est pas exclu que l'interruption de la procédure législative normale pour engager la responsabilité du gouvernement sur le vote d'un texte intervienne pendant que le texte est en discussion au Sénat ou en commission mixte paritaire, il convient de préciser que l'engagement de responsabilité ne peut avoir lieu que devant l'Assemblée nationale.

L'engagement de responsabilité porte sur l'ensemble du projet de loi tel que soumis par le président de la République ou tel que modifié par des amendements déposés ou acceptés par le gouvernement. Le gouvernement peut aussi engager sa responsabilité sur une partie seulement du projet de loi[260], comme par exemple celle à laquelle il tient, mais pour laquelle il n'a pas le soutien de bon nombre de députés sans qu'ils constituent la majorité. L'engagement de responsabilité permet ainsi d'écourter les débats sur la partie du texte qui

---

[256] Guy Carcassonne et Marc Guillaume, *op. cit.*, p. 198.
[257] *Ibid.*
[258] Décision n° 86-224 DC du 23 janvier 1987.
[259] Art. 34-4 C.
[260] Décision n° 79-110 DC du 24 décembre 1979 du Conseil constitutionnel français.

« bloque » et d'obliger les députés récalcitrants de la majorité à respecter la discipline du parti majoritaire ou du bloc majoritaire qui soutient le gouvernement (la majorité gouvernementale) ou à prendre le risque de faire tomber le gouvernement. Lequel, en représailles, peut appeler le président de la République à dissoudre l'Assemblée nationale, hypothèse que ne souhaite aucun député, qui serait alors obligé de retourner prématurément aux urnes sans assurance d'être ni investi par son parti, ni réélu.

Lorsque le gouvernement choisit cette technique de « passage en force », le débat est aussitôt suspendu, pour une durée de 24 heures. Le Premier ministre ayant engagé la responsabilité du gouvernement, les députés qui lui sont hostiles, soit de manière constante, soit simplement parce qu'il a refusé ou écourté le débat sur le texte en discussion, peuvent déposer une motion de censure durant cette suspension du débat. C'est la « motion de censure provoquée ». Le gouvernement est renversé si la motion de censure est votée à la majorité des deux tiers des membres composant l'Assemblée nationale. Seuls sont recensés les votes favorables à la censure[261]. Si cette majorité n'est pas réunie ou si aucune motion de censure n'a été introduite dans les délais, le président de l'Assemblée nationale en prend acte et déclare le texte sur lequel le Premier ministre a engagé la responsabilité du gouvernement « considéré comme adopté ».

L'engagement de responsabilité du gouvernement sur un texte constitue bien un infléchissement important de la procédure législative normale, puisqu'il interrompt brutalement celle-ci et aboutit à considérer comme adopté un texte, c'est-à-dire à le considérer comme loi, sans que ni l'Assemblée nationale ne l'ait jamais voté, ni le parlement (les deux chambres) ne l'ait adopté en termes identiques. Cette technique est une « arme absolue » entre les mains du gouvernement qui peut ainsi imposer un texte à l'Assemblée nationale (et, partant, au Sénat) sans qu'elle puisse ni la discuter jusqu'au bout, ni la voter. La poursuite de la navette n'est plus alors qu'une formalité puisque, quelle que soit la position du Sénat, c'est le texte « considéré comme adopté » qui deviendra loi. Il n'est cependant pas exclu que le Sénat modifie le projet de loi sur les dispositions ne faisant pas l'objet de l'engagement de responsabilité du gouvernement. Dans ces conditions, lors du retour de la navette à la chambre basse, cette dernière n'aura à se prononcer que sur les « dispositions restant en discussion », en application de la règle de « l'entonnoir ».

En tout état de cause, en deuxième lecture, l'Assemblée nationale reste, sur tout ou partie du texte, tributaire de la décision du gouvernement d'engager sa responsabilité sur le vote du texte, tel qu'il l'a déposé ou tel qu'amendé par l'une ou l'autre chambre sur son initiative ou avec son accord.

---

[261] Art. 34-3 et 33-4 C. Pour plus de développements sur le vote de la censure, v. *infra*, chap. V, sect. II, § 2.

CHAPITRE V

LA FONCTION POLITIQUE DU PARLEMENT

A l'inverse de l'activité législative ou normative des parlementaires qui s'apparente à une activité autonome à l'instar de l'activité réglementaire de l'exécutif (même si cette fonction normative est strictement encadrée par l'intervention du gouvernement pratiquement à toutes les étapes de la procédure législative en vertu des règles du parlementarisme rationnalisé), la fonction de contrôle de l'action du gouvernement est une véritable activité politique en ce sens qu'elle met face à face deux protagonistes, le parlement et le gouvernement, quand bien même le face à face ne serait pas toujours une opposition. Si l'engagement ou la mise en cause de la responsabilité du gouvernement apparaît généralement comme l'expression d'une forme d'opposition entre le gouvernement et le parlement, les questions écrites ou orales des parlementaires au gouvernement constituent des face à face, mais pas toujours une opposition, les parlementaires de la majorité ne se privant généralement pas de l'usage de cet exercice. Pour contrôler politiquement le gouvernement, le parlement dispose de deux grands types de mécanismes : le contrôle selon des procédures informatives non sanctionnées par un vote (section I) et la mise en cause de la responsabilité du gouvernement selon des procédures sanctionnées par un vote (section II). Cette distinction est justifiée par la nature de la chambre qui intervient dans la mise en œuvre du mécanisme. Les deux chambres ont un droit égal de contrôler l'action du gouvernement dans le cadre des procédures sans vote. En revanche, seule la chambre basse a le pouvoir d'exercer le contrôle en mettant en cause la responsabilité politique du gouvernement avec possibilité de le sanctionner à l'issue d'un vote.

SECTION I
LE CONTROLE DU GOUVERNEMENT NON SANCTIONNE PAR UN VOTE

Le contrôle non sanctionné par un vote est essentiellement fondé sur la procédure des questions (§ 1) et l'activité des commissions (§ 2). C'est ce que prévoit la Constitution qui dispose : « Le parlement contrôle l'action gouvernementale par voie des questions orales ou écrites et par la constitution des commissions d'enquêtes sur des objets déterminés »[11]. L'absence de sanction par le biais de ce type de contrôle est clairement prévue par le règlement intérieur du Sénat qui précise que « les questions orales ou écrites ne peuvent, en aucun cas, donner lieu au vote d'une quelconque résolution conduisant à la mise en cause de la responsabilité du gouvernement »[22]. Le règlement de la chambre basse devrait être à l'avenant.

§ 1. LA PROCEDURE DES QUESTIONS

Le droit d'interroger le gouvernement est une prérogative parlementaire constitutionnelle. Le droit parlementaire classique distingue plusieurs types d'interpellation du gouvernement ne donnant pas lieu à un vote : les questions orales (A), les questions écrites (B), les questions d'actualité (C), les pétitions (D), l'interpellation proprement dite (E). Le droit parlementaire camerounais ne connaît que la pratique des questions orales, des questions écrites et des pétitions.

A) LES QUESTIONS ORALES

Les questions orales sont un mode de contrôle effectué par la chambre entière réunie en séance publique. On distingue deux formes de questions orales : les questions orales avec débat et les questions orales sans débat. Le parlement camerounais ne connaît que la pratique des questions orales sans débat. Pourtant, la Constitution consacre implicitement les deux formes en proclamant : « Au cours de chaque session ordinaire, une séance par semaine est réservée par priorité aux questions des membres du parlement et aux réponses du gouvernement »[3]. L'option des deux chambres du parlement de limiter dans leurs règlements intérieurs les questions orales aux seules questions orales sans débat n'est pas justifiée, même si elle n'est pas inconstitutionnelle.

La séance hebdomadaire des questions orales échappe à l'ordre du jour prioritaire que fixe le gouvernement. Les deux ordres du jour ne sont d'ailleurs pas conflictuels. L'ordre du jour prioritaire du gouvernement concerne uniquement l'activité législative, c'est-à-dire la discussion des projets et propositions de loi[4], alors que la séance hebdomadaire des questions orales a plutôt trait aux activités de contrôle politique.

---

[1] Art. 35-1 C.
[2] Art. 92-6 RIS.
[3] Art. 35-3 C.
[4] Art. 18-4 et 23-4 C.

1. Caractères communs aux questions orales

Selon la Constitution, les questions peuvent être posées au gouvernement à tout moment lorsque le parlement est en session. Toutefois, elles ne peuvent être posées en session extraordinaire que si elles ont « trait à un des points inscrits à l'ordre du jour »[5]. Cette opportunité est curieuse car les chambres ne peuvent se réunir en session extraordinaire que sur un ordre du jour déterminé[6]. Lorsque l'on sait que les questions orales relèvent des activités de contrôle politique du gouvernement par le parlement et que les matières qui peuvent justifier la tenue d'une session extraordinaire relèvent davantage de l'activité législative, l'on imagine mal une telle session convoquée avec pour ordre du jour une séance de questions orales. Quelle urgence pourrait d'ailleurs justifier la convocation d'une session extraordinaire d'une assemblée réservée à des questions orales lors même que ce type de contrôle politique ne peut aboutir à la mise en cause de la responsabilité du gouvernement ? En tout état de cause, les questions qui seraient posées au gouvernement au cours de la discussion générale d'un texte objet de la tenue d'une session extraordinaire d'une assemblée, ne participent pas des activités de contrôle du gouvernement.

Contrairement à ce que leur appellation laisse penser, les questions orales, avec ou sans débat, sont formulées par écrit. Elles ne deviennent orales qu'au moment de leur présentation en séance publique.

Une question ne peut être signée que par un seul parlementaire[7]. Autrement dit, plusieurs parlementaires ne peuvent se réunir pour signer une même question. De même, la faculté de poser des questions n'appartient qu'aux membres du parlement. Les organes des assemblées ne peuvent s'en prévaloir. Ainsi, un président ou un rapporteur de commission ne peut poser une question au nom de sa commission[8].

Les questions orales doivent être sommairement rédigées et se limiter aux éléments indispensables à leur compréhension[9]. Elles ont trait à la politique générale du gouvernement ou à des affaires particulières relevant de la compétence d'un ministère donné. Seules les questions qui portent sur la politique générale du gouvernement sont posées au Premier ministre. Les autres doivent être adressées au membre du gouvernement compétent.

---

[5] Art. 75-3 RIAN, art. 90-2 RIS.

[6] Art. 16-3 C et 21-3 C.

[7] Art. 75-2 RIAN. Le règlement du Sénat ne pose pas explicitement cette exigence. Mais il ne devrait pas en aller autrement.

[8] Décision n° 69-37 du 20 novembre 1969 du Conseil constitutionnel français. Pierre Avril et Jean Gicquel, *op. cit.*, p. 300.

[9] Art. 76-2 RIAN, art. 90-4 RIS.

Les questions ne doivent contenir aucune « allusion d'ordre personnel » à l'égard de tiers nommément désignés[10].

Le terme « allusion d'ordre personnel » utilisé par les règlements intérieurs des deux chambres est impropre. Il s'agit plutôt « d'imputation d'ordre personnel ».

Le texte de la question orale ainsi rédigé est remis au président de la chambre. Celui-ci le communique d'abord à la chambre, puis le « fait tenir au membre du gouvernement interpellé [ou compétent] »[11]. La précision « membre du gouvernement compétent » utilisée dans le règlement intérieur du Sénat suppose-t-elle que l'auteur de la question peut se limiter à adresser sa question au gouvernement, à charge pour le président de la chambre de désigner le « membre du gouvernement compétent » et de lui adresser la question ? La formule utilisée dans le Règlement intérieur de l'Assemblée nationale a le mérite de la clarté. Le membre du gouvernement destinataire de la question est celui que le parlementaire souhaite « interpeler ». Il ne peut donc adresser sa question au gouvernement, sans préciser lequel de ses membres il interpelle. Si le ministre interpelé est absent lorsque la question orale est appelée en séance publique, celle-ci est reportée à l'ordre du jour de la séance des questions suivante, pour lui permettre de répondre en personne.

Le contrôle de recevabilité appartient au président de la chambre (et non à la conférence des présidents). Il porte uniquement sur trois éléments : le caractère sommaire de la rédaction de la question, l'absence d'imputation d'ordre personnel à l'égard de tiers nommément désignés, la signature de la question par un seul parlementaire adressée à un seul ministre. On admet toutefois qu'en vertu des règles de courtoisie qui gouvernent les rapports entre les différents pouvoirs constitutionnels, les questions des parlementaires qui ne respectent pas ces règles sont également irrecevables.

Les questions orales jugées recevables sont inscrites au fur et à mesure de leur dépôt au rôle[12] des questions orales (le cas échéant, au rôle des questions orales avec débat ou au rôle des questions orales sans débat). La conférence des présidents en prend simplement acte. Elle n'intervient que pour réserver une séance par semaine aux questions orales et inscrire celles recevables à l'ordre du jour de ladite séance[13], au regard des assurances données par le Premier ministre ou le ministre chargé des relations avec les assemblées quant à la disponibilité des ministres interpellés, dans le respect de leur rang d'inscription au rôle. La conférence des présidents peut toutefois décider de la jonction des questions orales portant sur des sujets identiques ou connexes. Elle peut renvoyer une question orale au rôle des questions écrites ou radier une question orale portant sur un sujet ayant déjà donné lieu à une réponse ou devenu sans objet. Elle peut,

---

[10] *Ibid.*

[11] Art. 76-1 RIAN, art. 90-3 RIS.

[12] Art. 76-3 RIAN, art. 90-4 RIS.

[13] Art. 78-1 et 78-2 RIAN, art. 92-1 RIS.

le cas échéant, transférer une question orale du rôle des questions orales avec débat au rôle des questions orales sans débat et inversement. Les questions orales qui proviennent de la conversion des questions écrites[14] bénéficient d'une priorité d'inscription.

Les membres du gouvernement ne peuvent répondre aux questions orales que lorsque le parlement est en session. Le délai pour répondre est de trois jours suivant la réception de la question[15]. Si les recherches documentaires auxquelles donne lieu la question sont trop longues, le membre du gouvernement interpellé en saisit l'auteur de la question par la voie du président de la chambre. Dans ce cas, il dispose d'un délai supplémentaire de trois jours pour procéder à ces recherches documentaires[16]. Ce délai peut exceptionnellement être prorogé de huit jours encore[17]. Les membres du gouvernement ont la « faculté de déclarer par écrit que l'intérêt public leur interdit de répondre »[18]. Les ministres ne font généralement pas usage de cette faculté. Il leur est en effet aisé de répondre de manière évasive à des questions délicates ou sensibles, quitte à préciser que l'intérêt public leur interdit de donner plus de précisions ou qu'il est prématuré de le faire. Ceci peut survenir dans le cadre d'affaires judiciaires en cours.

Les questions orales sont insérées à la suite du compte rendu *in extenso* des débats (le compte rendu intégral des débats) dans le Journal officiel des débats de la chambre.

Les séances des questions orales connaissent un certain succès populaire en raison de leur retransmission en direct ou, plus souvent, en différé sur certaines grandes chaînes de télévision nationales.

2. Les questions orales sans débat

Le terme « question orale sans débat » renvoie à l'absence, dans cet exercice, de l'intervention de parlementaires autres que l'auteur de la question. Pour les questions orales sans débat, le membre du gouvernement interpellé, « puis » l'auteur de la question, disposent, en effet, seuls de la parole[19]. Cet ordre de parole fixé par les règlements intérieurs des deux chambres est inexact puisque c'est l'auteur de la question qui prend toujours la parole en premier, à

[14] Art. 77-2 RIAN, art. 90-6 RIS.

[15] Art. 77-1 RIAN, art. 90-5 RIS. Il faut lever l'ambiguïté de cette disposition qui fixe le délai de réponse hors session à 15 jours et considérer que ce délai n'est valable que pour les questions écrites car leurs réponses peuvent être transmises à leurs auteurs hors session. En tout état de cause, toutes les questions, écrites comme orales, doivent être communiquées à la chambre en séance plénière (après inscription à l'ordre du jour par la conférence des présidents) avant transmission aux membres du gouvernement concernés.

[16] *Ibid.*

[17] Art. 79-1 RIAN, art. 92-4 RIS.

[18] *Ibid.*

[19] Art.78-3 RIAN, art. 92-2 RIS.

l'invitation du président. Le président appelle donc d'abord l'auteur de la question, qui expose celle-ci à la tribune.

L'auteur de la question « peut se faire suppléer par un de ses collègues »[20]. Cette formule ambiguë signifie-t-elle que l'auteur de la question, empêché, peut faire poser (lire) sa question par un de ses collègues ou signifie-t-elle qu'après avoir posé sa question, il peut la faire compléter ou préciser par un autre parlementaire ? La réponse à cette interrogation dépend de l'interprétation qui est donnée à la façon de présenter la question en séance.

La pratique parlementaire veut que l'auteur de la question s'en tienne strictement au texte de la question telle que transmise au ministre. Selon ce « précédent », l'auteur de la question ne peut ni ajouter, ni retrancher un mot au texte de la question qui a été transmis au gouvernement. Le ministre, ayant préparé sa réponse sur la base du texte de la question reçue, ne devrait en effet pas être surpris en séance par une modification de celle-ci. Sinon, on se retrouverait dans le cas des « questions d'actualité » en vigueur dans d'autres parlements, qui sont spontanées et appellent, de la part du gouvernement, des réponses tout aussi spontanées. La suppléance de l'auteur de la question par un de ses collègues ne peut donc supposer qu'un autre parlementaire puisse aller à la tribune compléter ou préciser la question initiale, avant ou après la réponse du ministre, ou répliquer après la réponse de ce dernier. La suppléance ne peut viser qu'à présenter la question d'un parlementaire absent par un autre collègue, telle qu'il l'a rédigée et telle qu'elle a été transmise au ministre intéressé.

Cette interprétation tirée de ce « précédent » mérite toutefois d'être nuancée au regard des précisions apportées par les règlements intérieurs des chambres selon lesquelles « les orateurs doivent limiter strictement leurs explications au cadre fixé par le texte de leurs questions »[21]. Les orateurs dont il s'agit sont les auteurs des questions puisqu'il est fait référence « au cadre fixé par le texte de leurs questions ». Cette précision tend à accréditer l'idée que le parlementaire n'est pas tenu de s'en tenir à la lecture du texte de sa question telle que transmise au ministre, mais qu'il peut présenter autrement sa question à condition de « limiter strictement ses explications au cadre fixé par le texte de sa question ». La suppléance du parlementaire par un de ses collègues devrait respecter les mêmes exigences.

« Ces explications ne peuvent excéder trois minutes » au Sénat, « cinq minutes » à l'Assemblée nationale[22]. Cette formulation corrobore l'idée que ce n'est pas le texte de la question qui doit être lu mot à mot à la tribune, mais un résumé tenant lieu d'« explications ». Ce sont donc les « explications », et non le texte initial de la question tel que transmis au ministre, qui ne doivent pas

---

[20] *Ibid.*
[21] Art. 78-4 RIAN, art. 92-2 RIS.
[22] *Ibid.*

excéder cette durée. Autrement dit, si le texte de la question, en mode lecture normale, excède trois ou cinq minutes selon le cas, l'auteur de la question est tenu de le résumer en trois ou cinq minutes maximum ou de le transformer en « explications » d'égale durée en veillant à rester dans le « cadre fixé par le texte de sa question ».

Dans la pratique, la formule de lecture intégrale du texte de la question orale étant privilégiée – ce qui enlève d'ailleurs à l'exercice son caractère vivant –, c'est en amont que la durée des questions devrait être fixée. Les questions orales qui apparaîtraient comme trop longues, devraient être déclarées irrecevables au motif qu'elles ne sont pas « sommairement » rédigées[23]. Cette interprétation est retenue au Sénat, sans qu'aucune norme soit fixée pour déterminer ce qu'est une question longue. Le président rejette souvent des questions orales en raison de leur trop grande longueur et renvoie leurs auteurs à une présentation plus sommaire.

Initialement, une interprétation erronée du règlement intérieur avait amené le Sénat à autoriser les auteurs des questions orales à donner lecture intégrale de leurs questions, quelle qu'en fût la longueur, et à demander au ministre qui répond de ne pas excéder trois minutes pour sa réponse. Les ministres, soucieux d'éclairer le plus possible le parlement, ont toujours pris tout leur temps pour répondre. Par courtoisie parlementaire, le président du Sénat n'a jamais interrompu un membre du gouvernement pour lui demander d'écourter sa réponse en lui rappelant que les trois minutes à lui imparties étaient dépassées. En fait, la limitation de la durée des « explications » des « orateurs » ne s'applique pas aux membres du gouvernement.

Après que l'auteur de la question a exposée celle-ci, le ministre répond. L'auteur de la question peut, s'il le demande, reprendre la parole. Le ministre peut répliquer. Aucune autre intervention ne peut avoir lieu par la suite. Après la première réponse du ministre, le président de la chambre demande à l'auteur de la question s'il en est satisfait. Les parlementaires membres de la majorité gouvernementale s'abstiennent généralement d'user de leur droit de réplique pour ne pas embarrasser le ministre, quand bien même celui-ci n'aurait pas convaincu ou apporté des éléments de réponse à tous les aspects de la question. Si le membre du gouvernement interpellé est absent lorsque la question est appelée en séance publique, elle est reportée à l'ordre du jour de la séance des questions suivante[24].

---

[23] En vertu des dispositions des articles 76-2 RIAN et 90-4 RIS.

[24] Art. 78-5 RIAN, art. 92-3 RIS.

3. Les questions orales avec débat

Dans les parlements où elle est en vigueur, la procédure des questions orales avec débat en séance plénière se déroule en trois phases : le président appelle l'auteur de la question orale. Il peut fixer le temps de parole auquel l'auteur aura droit. Le ministre concerné répond. Il peut différer sa réponse en annonçant que le gouvernement fera une communication avec débat sur le même sujet au cours de l'un des prochains jours de séance. Cette annonce interrompt le débat sur la question orale. La communication ainsi annoncée du gouvernement est inscrite d'office en tête de l'ordre du jour de la séance choisie par le ministre. Après la réponse du ministre, le président donne la parole aux orateurs inscrits, l'auteur de la question ayant priorité d'intervention.

Les autres modalités décrites pour les questions orales sans débat s'appliquent aux questions orales avec débat et notamment la limitation des parlementaires orateurs au cadre de la question et à un temps d'intervention donné, et la liberté des membres du gouvernement de répondre aussi longtemps qu'ils le souhaitent.

B) LES QUESTIONS ECRITES

A l'opposé du choix de la séance et de l'inscription des questions orales à ladite séance qui sont de la compétence de la conférence des présidents, les questions écrites sont directement adressées au gouvernement par les soins du président de la chambre après contrôle de recevabilité. La réponse du gouvernement est adressée à l'auteur de la question écrite, par le même canal. C'est pour cela qu'il est d'usage de dire que les questions écrites sont entièrement traitées en dehors de la tribune.

Comme les questions orales, les questions écrites peuvent être posées à tout moment. Comme pour les questions orales, les règlements intérieurs des deux assemblées prévoient que les questions écrites peuvent être posées en session extraordinaire si elles ont « trait à un des points inscrits à l'ordre du jour ». On a déjà évoqué la difficulté d'interprétation de cette disposition (v. *supra,* A 1.). Les questions écrites ont généralement pour objet de « retracer les difficultés individuelles que connaissent les électeurs » afin de pouvoir leur donner une suite concrète, de soulever une question de portée plus politique et de « contraindre le gouvernement à afficher publiquement sa position », de former des demandes de consultation juridique gratuite, parfois suggérées par des groupes d'intérêt[25].

Comme les questions orales, les questions écrites doivent être sommairement rédigées et ne peuvent contenir aucune imputation d'ordre personnel à l'égard

---

[25] Simon-Louis Formery, *op. cit.*, p. 104.

de tiers nommément désignés. Elles sont communiquées en séance publique, puis transmises au ministre concerné. Comme les questions orales, les questions écrites sont enregistrées sur un rôle spécial au fur et à mesure de leur dépôt. Les membres du gouvernement sont tenus de répondre aux questions écrites dans un délai de 15 jours. Ce délai est ramené à trois jours en période de session[26].

Le gouvernement ne pouvant répondre aux questions orales que durant les sessions, au cours de la séance qui leur est consacrée chaque semaine, le délai de 15 jours doit être compris comme ne concernant que les questions écrites traitables hors session, en tout cas après communication à la chambre en séance plénière au moment où la session va être ajournée. Si les recherches documentaires auxquelles donne lieu la question sont trop longues, le membre du gouvernement interpellé doit en aviser l'auteur de la question par la voie du président de la chambre. Dans ce cas, il dispose d'un délai supplémentaire de trois jours pour procéder à ces recherches documentaires, ce délai supplémentaire étant ramené à deux jours en période de session[27]. Dans la pratique, ces délais sont rarement respectés.

Les présidents des groupes parlementaires et les parlementaires non-inscrits ont la faculté de signaler au président de la chambre les questions de leurs membres ou leurs questions restées sans réponse. Le président les signale à son tour à l'attention du gouvernement. Ce signalement est mentionné au Journal officiel des débats. Comme pour les questions orales, les ministres disposent d'un délai supplémentaire de huit jours pour répondre. De même, ils « ont la faculté de déclarer par écrit que l'intérêt public leur interdit de répondre »[28].

Lorsqu'une question écrite n'a pas obtenu de réponse dans les délais prévus, son auteur est invité par le président de la chambre à lui faire connaître s'il entend ou non convertir sa question écrite en question orale. Dans la négative, le membre du gouvernement intéressé ne peut disposer, pour répondre à cette question écrite maintenue, que d'un délai supplémentaire de deux jours[29].

Les membres du gouvernement sont tenus de répondre oralement aux questions orales et par écrit aux questions écrites, sauf lorsqu'une question écrite n'ayant pas obtenu de réponse dans les délais prévus, son auteur est invité par le président de la chambre à lui faire connaître s'il entend convertir sa question écrite en question orale. Dans ce cas, c'est en réalité la question écrite qui obtient une réponse orale.

Les questions écrites et leurs réponses sont insérées à la suite d'un compte rendu *in extenso* dans le Journal officiel des débats de la chambre[30].

Il convient de signaler que « les réponses des ministres n'ont, en elles-mêmes, aucune valeur juridique et ne lient pas l'Administration, sauf en matière

---

[26] Art. 77-1 RIAN, art. 90-5 RIS. V. aussi la discussion sur ce point, note 15, *supra*.
[27] *Ibid*.
[28] Simon-Louis Formery, *op. cit.*, p. 104.
[29] Art. 77-2 et 77-3 RIAN, art. 90-6 RIS.
[30] Art. 77-4 RIAN, art. 91 RIS.

fiscale où elles sont considérées comme exprimant l'interprétation administrative des textes, au même titre que les instructions et les circulaires »[31].

C) LES QUESTIONS D'ACTUALITE

Non connues au parlement camerounais, les questions d'actualité, appelées aujourd'hui au parlement français « questions au gouvernement », doivent présenter un caractère d'actualité et d'intérêt général. Contrairement aux questions orales et écrites, il n'est pas tenu de rôle des questions d'actualité. Ces questions ont un caractère spontané, elles ne sont ni déposées, ni notifiées au gouvernement, ni publiées au Journal officiel des débats[32]. La conférence des présidents fixe la répartition du temps de parole entre les groupes et inscrit les questions à l'ordre du jour de la plus prochaine séance réservée aux questions orales. La première heure de séance leur est consacrée par priorité. La procédure en séance est encore plus sommaire que celle des questions orales sans débat. Le président appelle l'auteur de la question. Le ministre concerné répond. Aucune autre intervention n'a lieu.

D) LES PETITIONS

En droit parlementaire, une pétition est une demande présentée par écrit au président d'une assemblée par des parlementaires et tendant à obtenir réparation d'une injustice dont ils s'estiment victimes[33]. Le droit de pétition est « un droit politique parce qu'il donne à la chambre un moyen d'exercer la haute surveillance qui lui appartient »[34]. On examinera successivement les conditions de recevabilité (1) et le traitement des pétitions (2).

1. Objet et recevabilité des pétitions

Sous peine d'irrecevabilité, les pétitions adressées au parlement ne peuvent porter que sur des questions d'intérêt général relevant de sa compétence, c'est-à-dire, relatives soit à la législation, soit au contrôle de l'action du gouvernement[35]. Les pétitions peuvent ainsi avoir pour objet l'opposition à un avant-projet de loi dont les parlementaires auraient connaissance, la dénonciation de la non application d'une loi en raison de l'absence de textes d'application pendant une longue durée, du refus prolongé du gouvernement de répondre à certaines

---

[31] Arrêt du Conseil d'Etat français du 2 novembre 1955, *Livre des procédures pénales françaises*, art. L. 80A. Pierre Avril et Jean Gicquel, *op. cit.*, p. 318.
[32] Pierre Avril et Jean Gicquel, *op. cit.*, p. 301.
[33] *Ibid.*, p. 318.
[34] *Ibid.*, p. 319.
[35] Art. 82 RIAN, art. 95 RIS.

questions orales ou écrites, de l'empiètement du gouvernement, sans délégation, dans un domaine réservé à la loi (sans préjudice de la saisine du juge administratif en vertu du principe de légalité des actes réglementaires), etc.

Les pétitions ayant pour objet des intérêts individuels sont par conséquent irrecevables. Il en est ainsi d'une pétition tendant à demander un statut particulier pour certains députés ou sénateurs ou certains fonctionnaires de l'Assemblée nationale ou du Sénat, une revalorisation de l'indemnité parlementaire ou son alignement sur celle de l'autre chambre, le non paiement des droits ou des pensions de retraite de certaines personnes licenciées pour motif économique, la détention préventive pour une trop longue période sans jugement d'une personne, etc.

Est également irrecevable, toute pétition qui « tente à orienter ou à contrôler l'action du gouvernement dans des conditions non prévues par la Constitution ou vise à constituer une modalité d'exercice du droit d'initiative des parlementaires en matière législative dans des conditions autres que celles où l'exercice de ce droit est défini et limité par les dispositions [relatives aux matières relevant du domaine de la loi] de la Constitution »[36]. Sont également irrecevables, toutes pétitions apportées directement à la barre de l'assemblée (c'est-à-dire en séance publique) et toutes pétitions apportées ou transmises par un rassemblement formé sur la voie publique[37]. En réalité, ce qui est réprimé n'est pas tant la pétition apportée ou transmise à l'assemblée par un rassemblement formé sur la voie publique que la provocation que le contenu de la pétition pourrait constituer[38]. L'absence de l'indication dans la pétition de la demeure du ou des pétitionnaires ou l'absence de la légalisation de la signature du ou des pétitionnaires constituent également des motifs d'irrecevabilité[39].

2. Traitement des pétitions

Les pétitions sont inscrites sur un rôle spécial, dans l'ordre de leur arrivée. Elles sont adressées au président de la chambre. Contrairement à la procédure législative ordinaire, et à l'instar des questions écrites ou orales, ce n'est pas la conférence des présidents, mais le président qui juge de la recevabilité des pétitions. Dès réception de la pétition, le président, s'il la juge recevable, l'envoie à la Commission des Résolutions et des Pétitions. La Commission désigne un rapporteur. Après avoir entendu les conclusions du rapporteur, la Commission décide, soit de classer la pétition, soit de la renvoyer à la commission générale compétente pour l'objet de la pétition ou à une commission spéciale, soit, si la

---

[36] Décision n° 76-64 du 2 juin 1976 du Conseil constitutionnel français.

[37] Art. 81-3 RIAN, art. 93-3 RIS.

[38] Pierre Avril et Jean Gicquel, *ibid.*

[39] Art. 81-4 et 81-5 RIAN, art. 94 RIS.

pétition interpelle le gouvernement, de l'envoyer au ministre concerné, y compris, le cas échéant, au Premier ministre[40].

Les parlementaires peuvent prendre connaissance de l'objet de la pétition dans le rôle d'enregistrement des pétitions et demander, dans les huit jours de son arrivée, le rapport sur la pétition, en séance publique[41].

L'envoi d'une pétition au gouvernement doit être accompagné d'une lettre établie par la commission saisie demandant des explications sur le contenu de la pétition. Le gouvernement est tenu de répondre dans un délai de 15 jours. Si les recherches documentaires auxquelles donne lieu la pétition déposée sont trop longues, le ministre intéressé en avise la commission par la voie du président de la chambre. Il dispose alors d'un délai additionnel de trois jours pour procéder à ces recherches documentaires[42]. Si le ministre n'a pas répondu dans le délai fixé, le pétitionnaire ou tout parlementaire peut demander au président de l'assemblée que la pétition soit soumise à la chambre réunie en séance publique. Le président de la chambre soumet la demande à la conférence des présidents qui statue. Si la conférence des présidents ne fait pas droit à la demande, celle-ci est classée. Si elle y fait droit, elle l'inscrit à l'ordre du jour et le rapport de la pétition est distribué. Le ministre intéressé est invité. Le débat se déroule selon les modalités analogues à celles prévues pour les questions orales sans débat.

E) L'INTERPELLATION

Non connue au parlement camerounais, la demande d'interpellation constitue une procédure de contrôle plus lourde à mettre en mouvement. On a vu que les questions orales ou écrites ne peuvent émaner que d'un seul parlementaire. La demande d'interpellation d'un membre du gouvernement doit être signée par un nombre minimum de parlementaires. Elle doit être motivée. Elle est déposée sur le bureau de la chambre en séance plénière. A partir du dépôt, aucun des signataires ne peut demander à retirer sa signature.

Bien que déposée en séance plénière, la demande d'interpellation n'est pour autant pas examinée immédiatement. La plénière en prend simplement acte. Le président la renvoie à la conférence des présidents qui l'examine selon la procédure des questions urgentes pour son inscription à l'ordre du jour de la prochaine séance. Revenue en plénière, la demande d'interpellation est soumise aux parlementaires qui décident à la majorité simple si la demande d'interpellation est acceptée. Dans l'affirmative, le président de l'assemblée transmet, dans un délai donné, au gouvernement la demande devenue décision d'interpellation. La chambre peut aussi prendre une résolution à soumettre à

---

40 Art. 83-2 RIAN, art. 96-2 RIS.
41 Art. 85 RIAN, art. 98 RIS.
42 Art. 84 RIAN, art. 97 RIS.

l'appréciation du gouvernement. Le gouvernement, ou le membre du gouvernement interpellé, dispose d'un délai pour répondre. La réponse du gouvernement ou du ministre peut donner lieu à un débat non sanctionné par un vote.

Selon les pays, l'interpellation s'apparente ainsi à la question orale avec débat ou à la mise en cause soit du gouvernement, soit simplement d'un membre du gouvernement, mais non sanctionnée par un vote.

§ 2. LE CONTROLE PAR LES COMMISSIONS

Deux types de contrôle parlementaire de l'action gouvernementale peuvent être faits par les commissions : les contrôles par les commissions générales de la chambre (A) et les contrôles par les commissions d'enquête parlementaire (B).

A) LE CONTROLE PAR LES COMMISSIONS GENERALES

De manière générale, les commissions générales assurent l'information de la chambre pour lui permettre d'exécuter son contrôle sur la politique du gouvernement. A cette fin, elles peuvent confier à un ou plusieurs de leurs membres une mission d'information temporaire portant notamment sur les conditions d'application d'une législation.

Au parlement camerounais, le contrôle politique du gouvernement par les commissions générales est limité à celui effectué par les commissions des finances et du budget des deux chambres (1). Les commissions générales pourraient cependant, comme dans d'autres parlements, procéder à des auditions des membres du gouvernement et de personnalités extérieures au gouvernement et suivre l'application des lois (2).

1. Le contrôle par la Commission des Finances et du Budget

Au parlement camerounais, la Commission des Finances et du Budget de chaque assemblée « désigne chaque année, à l'ouverture de la première session ordinaire de l'année législative, un rapporteur général pour les recettes et des rapporteurs spéciaux chargés des dépenses publiques et du contrôle de l'usage des fonds publics, y compris des fonds de développement publics »[43].

Les rapporteurs spéciaux disposent du pouvoir de contrôle sur pièces et sur place. Tous les documents et renseignements d'ordre financier et administratif qu'ils demandent doivent leur être fournis, « réserve faite des sujets à caractère secret touchant à la défense nationale, au secret de l'instruction et au secret mé-

[43] Art. 69 RFE.

dical »[44]. Contrairement à d'autres parlements, les rapporteurs spéciaux du parlement camerounais ne peuvent procéder à des auditions, sauf lorsqu'ils participent à une mission dans le cadre d'une commission d'enquête parlementaire régulièrement constituée à l'issue du vote d'une proposition de résolution de la chambre tendant à la constitution d'une telle commission[45]. Les rapporteurs spéciaux envoient plutôt des questionnaires aux ministres dont ils examinent les crédits. Ces questionnaires, conçus par la Commission des Finances et du Budget, doivent être signés du président de la Commission afin d'engager l'ensemble de la Commission. Ils doivent mentionner le délai auquel les réponses devraient être apportées.

Le droit parlementaire camerounais ne dit pas ce qu'il advient si les documents ou renseignements demandés ne sont pas communiqués ou si la Commission, à l'issue de son contrôle, a des observations à faire au gouvernement. En France, la loi organique relative à la loi de finances (LOLF) prévoit que, « lorsque, dans le cadre d'une mission de contrôle et d'évaluation, la communication des renseignements demandés (...) ne peut être obtenue au terme d'un délai raisonnable (...), les présidents des commissions des finances peuvent demander à la juridiction compétente (la juridiction administrative), statuant en référé, de faire cesser cette entrave sous astreinte »[46]. Par ailleurs, si la mission de contrôle donne lieu à des observations à l'attention du gouvernement, la commission les notifie au gouvernement et celui-ci a deux mois pour y répondre par écrit[47].

Le contrôle de la Commission des Finances et du Budget donne lieu à la rédaction et à la présentation d'un rapport. Celui-ci est distribué à l'ensemble des parlementaires de la chambre et lu en séance. Il peut donner lieu à un débat, mais ne peut pas faire l'objet d'un quelconque vote[48].

2. Les auditions et le suivi de l'application des lois par les commissions

Au parlement français – le parlement camerounais pourrait s'en inspirer –, « les commissions permanentes assurent l'information de l'Assemblée pour lui permettre d'exercer son contrôle sur la politique du gouvernement »[49]. Pour recueillir les informations à cette fin, les commissions procèdent à l'audition des membres du gouvernement ou de personnalités extérieures au gouvernement telles que des dirigeants d'entreprises publiques ou parapubliques ou des hauts

[44] Art. 70 RFE.
[45] Art. 91-2 RIAN.
[46] Art. 59 LOLF France.
[47] Art. 60 LOLF France.
[48] Art. 71-4 RFE.
[49] Art. 145 RAN France. Lorsque les commissions générales siègent à cette fin, les membres du gouvernement n'ont pas accès aux travaux, sauf s'ils doivent être auditionnés.

fonctionnaires (avec l'autorisation de leur ministre et, si celui-ci le souhaite, en sa présence).

Les commissions permanentes peuvent également recueillir des informations sur les mesures prises pour appliquer les lois. Cette procédure est strictement réglementée : le rapporteur d'une loi est tenu de présenter, six mois après son entrée en application, un rapport sur la mise en application de celle-ci, de répéter ce contrôle, si nécessaire et, après 24 mois, de dresser un bilan de son application[50]. Dans les deux cas, la collecte d'informations des commissions permanentes donne lieu à la rédaction et à la présentation d'un rapport distribué à l'ensemble des parlementaires de la chambre et lu en séance. Comme au parlement camerounais, il peut donner lieu à débat sans vote.

B) LE CONTROLE PAR LES COMMISSIONS D'ENQUETE PARLEMENTAIRE

Les commissions d'enquête parlementaire sont formées pour recueillir des éléments d'information sur des faits déterminés, en particulier sur un sujet intéressant les finances publiques, examiner la gestion administrative, financière ou technique des services publics, informer la chambre sur l'état de certaines questions d'intérêt national[51]. En tout état de cause, la décision de constituer une commission d'enquête parlementaire est largement fonction de l'appréciation de l'opportunité politique.

> Ne sont pas considérées comme commissions d'enquête au sens du présent chapitre les commissions d'enquête constituées par l'Assemblée nationale pour examiner les contestations sur les cas d'incompatibilité des mandats des députés (v. *supra*, chap. II, sect. III).

Il existe deux voies pour constituer une commission d'enquête parlementaire : la voie du régime de droit commun (1) et la procédure simplifiée (2). Une fois la commission d'enquête créée, ses pouvoirs et son mode de fonctionnement sont les mêmes, quelle que soit la voie empruntée pour sa création (3).

1. La constitution des commissions d'enquête suivant le régime de droit commun

Selon le régime de droit commun, une commission d'enquête naît de la volonté d'un ou plusieurs parlementaires d'une chambre de la mettre sur pied. A cet effet, ils formulent par écrit une proposition de résolution tendant à la création d'une telle commission. Celle-ci est souvent suscitée par les répercussions d'une question dans l'opinion publique, à laquelle l'enquête parlementaire sert de « caisse de résonance ».

---

[50] Réforme du RAN France de février 2004.
[51] Art. 86-5 et 91-1 RIAN, art. 99-5 RIS.

a) La proposition de résolution

La proposition de résolution qui vise à créer une commission d'enquête parlementaire, doit déterminer avec précision, soit les faits qui donnent lieu à enquête, soit les services publics dont la commission d'enquête doit examiner la gestion administrative, financière ou technique[52]. Elle doit déterminer les conditions de fonctionnement de la commission d'enquête[53]. Ces conditions ne peuvent toutefois être que complémentaires, et non contraires, à celles prévues par la loi spéciale fixant les procédures de fonctionnement des commissions d'enquête parlementaire.

Les auteurs de la proposition de résolution adressent celle-ci au président de la chambre. Celui-ci la soumet à la conférence des présidents qui décide de sa recevabilité. L'exigence de précision des faits donnant lieu à enquête ou des services publics dont la gestion doit être examinée est une condition de la recevabilité. Si la conférence des présidents juge la proposition de résolution recevable, elle la transmet à la commission générale compétente[54]. Une commission spéciale ne peut pas être créée à ce stade pour se substituer à la commission générale compétente. La proposition de résolution est distribuée aux membres de la chambre.

Le président de la chambre notifie la proposition de résolution au garde des Sceaux, ministre de la Justice. Si le garde des Sceaux fait connaître que des poursuites judiciaires sont en cours sur les faits ayant motivé le dépôt de la proposition de résolution, celle-ci ne peut être mise en discussion. Si la commission saisie a commencé la discussion, celle-ci est immédiatement interrompue.

L'existence de poursuites ne constitue pas toujours une fin de non-recevoir de la proposition de résolution. Elle peut simplement conduire à une restriction du champ des investigations de la commission d'enquête afin d'en exclure les faits ayant donné lieu à poursuites[55]. La commission générale saisie dépose son rapport dans le délai fixé par la conférence des présidents. La commission d'enquête est créée lorsque l'assemblée a voté, à la majorité absolue[56], la proposition de résolution sur le rapport de la commission générale compétente.

b) Composition de la commission d'enquête

Les membres de la commission d'enquête, dont le nombre ne peut être supérieur à celui des parlementaires composant une commission générale de la chambre concernée, sont désignés, en même temps que le vote de la décision de

---

[52] Art. 86-2 RIAN, art. 99-2 RIS, art. 2-2 CEP.
[53] Art. 88-2 RIAN, art. 102-1 RIS.
[54] Art. 38-1(b) RIAN, art. 47-1(b) RIS.
[55] Pierre Avril et Jean Gicquel, *op. cit.*,p. 312.
[56] Art. 2-1 CEP.

création de la commission d'enquête, au scrutin de liste majoritaire à un tour[57]. Il est de convention que la composition de la commission reflète la configuration politique de la chambre. Lorsque l'enquête porte sur un sujet intéressant les finances publiques, les membres de la commission d'enquête sont désignés par le bureau de la chambre. Y sont automatiquement adjoints les rapporteurs spéciaux du secteur concerné[58].

2. La constitution des commissions d'enquête suivant la procédure simplifiée

L'assemblée peut, sur la demande d'une commission générale, octroyer à celle-ci le pouvoir d'enquêter sur les questions relevant de sa compétence[59]. Cette procédure permet de créer une commission d'enquête sans passer par la phase de la proposition de résolution qui, on l'a vu, est assez contraignante : rédaction de la proposition de résolution, examen de sa recevabilité par la conférence des présidents, envoi à une commission générale, rédaction du rapport de la commission générale saisie, adoption du rapport en séance.

Suivant la procédure simplifiée, la commission générale qui a l'intention de se constituer en commission d'enquête, adresse une demande au président de la chambre qui la communique directement à la chambre entière sans passer par l'étape de l'examen de la recevabilité par la conférence des présidents[60]. Si l'assemblée plénière approuve (à la majorité de la chambre et non à la majorité des membres présents) la demande de constitution d'une telle commission, la conférence des présidents l'inscrit à l'ordre du jour d'une prochaine séance. On peut néanmoins logiquement penser que la conférence des présidents ne peut inscrire à l'ordre du jour la demande d'une commission générale de se constituer en commission d'enquête, que si la demande remplit les conditions d'une proposition de résolution, notamment si elle détermine avec précision les faits qui donnent lieu à enquête ou les services publics dont la commission d'enquête doit examiner la gestion. La commission d'enquête est, en procédure simplifiée, constituée exclusivement des membres de la commission générale compétente.

3. Pouvoirs et fonctionnement des commissions d'enquête

Sous la présidence de son doyen d'âge, la commission d'enquête parlementaire, aussitôt après sa constitution, se réunit pour élire, au scrutin uninominal et à la majorité simple de ses membres, son bureau composé d'un président, d'un

[57] Art. 88-1 RIAN, art. 92 RIS, art. 2-3 CEP.
[58] Art. 91-2 RIAN.
[59] Art. 86-3 RIAN, art. 90-3 RIS.
[60] Art. 86-3 et 86-4 RIAN, art. 99-3 et 99-4 RIS.

vice-président et d'un rapporteur[61]. Chaque membre de la commission d'enquête prête ensuite serment.

> Debout, la main gauche posée sur la Constitution et la main droite levée et dégantée, chaque membre de la commission d'enquête parlementaire prête le serment suivant devant la chambre à laquelle il appartient : « *Moi, ..., je jure devant Dieu et devant les hommes de servir honnêtement le peuple de la République du Cameroun, de mener les enquêtes parlementaires conformément aux lois, règlements et coutumes du peuple camerounais, sans crainte, ni faveur, ni rancune, de garder le secret des délibérations et de me conduire en tout, partout et toujours digne et loyal.* »[62]

Les travaux de la commission d'enquête parlementaire se déroulent à huis clos et au siège des institutions de la République ou, en cas de nécessité, hors dudit siège après approbation du bureau de la chambre concernée. Le quorum de la majorité des membres de la commission est nécessaire pour la validité de ses délibérations[63].

La commission d'enquête exerce sa mission sur pièces et sur place. Tous les renseignements de nature à faciliter cette mission doivent lui être fournis. Elle peut demander à se faire communiquer tous documents de service, à l'exception de ceux revêtant un caractère secret et concernant la défense nationale, la sécurité intérieure ou extérieure de l'Etat, le secret de l'instruction et le secret médical[64]. Elle peut se faire assister des personnes de son choix et entendre toute personne dont l'audition est jugée utile[65]. Elle peut faire procéder à des mesures conservatoires, notamment à la saisie et au placement sous scellés de tout document relatif à l'objet de sa mission et nécessaire à la recherche de la vérité. Elle peut également requérir toute personne, tout fonctionnaire, toute autorité publique pour tenir la main ainsi que tout élément des forces de maintien de l'ordre pour lui prêter main forte[66].

Lorsque, après la création d'une commission d'enquête, une information judiciaire est ouverte sur les faits l'ayant motivée, le président de la chambre, saisi par le garde des Sceaux, en informe le président de la commission d'enquête. Celle-ci met immédiatement fin à ses travaux.

A l'inverse des commissions des finances et du budget des deux assemblées qui ne disposent pas de ressources juridiques pour faire cesser les entraves à la communication des documents ou renseignements demandés dans le cadre des missions de contrôle des rapporteurs spéciaux, les commissions d'enquête parlementaire ont la faculté de faire constater qu'une entrave à leur fonctionnement

---

[61] Art. 3-1 CEP.
[62] Art. 3-2 CEP.
[63] Art. 8 CEP.
[64] Art. 5-1 et 5-2 CEP, art. 70 RFE.
[65] Art. 91-3 RIAN, art. 6-1 CEP.
[66] Art. 5-3 et 5-4 CEP.

constitue « un obstacle à l'exécution d'une mission de service public »[67], y compris le refus de se faire auditionner.

Est punie des peines prévues par le Code pénal, la personne qui ne comparaît pas sans fournir d'excuse légitime, ou qui allègue une excuse fallacieuse, ou qui refuse de déposer, de prêter serment ou de communiquer les documents de service communicables. Il en est de même en cas de faux témoignage ou de subornation de témoin ou lorsqu'il est établi que la déposition du témoin qui déclare ne rien savoir est inexacte. Dans chacun de ces cas, les poursuites sont exercées à la requête du président de la commission d'enquête parlementaire ou, lorsque le rapport de celle-ci a déjà été déposé, à la requête du bureau de la chambre[68].

S'agissant de l'audition des témoins, les commissions d'enquête parlementaire bénéficient d'un droit de citation directe. La convocation des témoins, signée par le président de la commission d'enquête et indiquant l'objet, la date, le lieu et l'heure de l'audition, est notifiée aux témoins par les soins d'un huissier de justice ou d'un agent de la force publique[69]. Ils sont tenus de déférer à la convocation. Les témoins à auditionner ou les personnes à consulter sont entendus chacun à son tour et seul, de manière à préserver le secret des travaux de la commission.

De manière générale, au même titre que les membres des commissions d'enquête parlementaire, toutes les personnes qui, à un titre quelconque, assistent ou participent à leurs travaux, sont tenus au secret. Toute infraction à cette règle du secret est punie des peines prévues par la législation en matière de divulgation de secret d'Etat[70]. Le membre de la commission d'enquête qui n'a pas respecté l'obligation du secret, peut être en outre exclu de la commission par décision de la chambre prise sans débat, sur le rapport de la commission, après avoir entendu l'intéressé. L'intéressé peut être suspendu des travaux de la commission par le président de celle-ci, en attendant la décision de la chambre[71].

Les témoins prêtent serment de « dire la vérité, toute la vérité et rien que la vérité ». Ils déposent uniquement par oral. Ils ne peuvent déposer par écrit, mais ils peuvent fournir toute pièce écrite qu'ils jugent utile à l'appui de leurs déclarations et qu'ils contresignent. Ils ne sont pas tenus de justifier les renseignements (déclarations ou documents) qu'ils donnent ou d'en fournir les preuves. Ces renseignements ne peuvent faire l'objet de poursuites judiciaires contre eux, sauf en cas de faux témoignage[72]. Si le témoin déclare ne pouvoir donner un renseignement en raison de ce qu'il serait couvert par les règles du secret, mention du secret en est faite en marge du procès-verbal de sa déposition et signée

---

[67] Art. 91-4 RIAN
[68] Art. 6-2, 6-3 et 6-4 CEP.
[69] Art. 7 CEP.
[70] Art. 88-4 RIAN, art. 102-3 RIS.
[71] Art. 16-2 et 16-3 CEP.
[72] Art. 9-3 CEP.

par lui. Après son audition, il est invité à suivre la lecture du procès-verbal de sa déposition ou, le cas échéant, à y apporter, en les signant, des corrections manuscrites à la marge, et à signer ledit procès-verbal[73].

La mission de la commission d'enquête prend fin au plus tard à l'expiration d'un délai de douze mois à compter de la date de l'adoption de la résolution qui l'a créée. Ce délai est fixé à six mois, renouvelable, lorsqu'il s'agit d'une enquête sur un sujet intéressant les finances publiques[74].

L'enquête est clôturée par l'adoption, à la majorité absolue des membres de la commission d'enquête, d'un rapport signé du président et du rapporteur et qui est déposé sur le bureau de la chambre dans les cinq jours qui suivent la date d'expiration des délais ci-dessus prescrits à la commission. Le rapport est assorti d'une proposition de résolution. Y sont annexés tous les documents recueillis au cours de l'enquête, la liste des témoins auditionnés et des personnes consultées, les procès-verbaux et, éventuellement, les déclarations ou les réserves expressément formulées et signées de certains membres de la commission[75]. Si la commission d'enquête n'a pas déposé son rapport dans les délais prescrits, son président remet au bureau de la chambre les documents et procès-verbaux de l'enquête. Ceux-ci ne peuvent donner lieu à aucune publicité ni à aucun débat[76].

La proposition de résolution de la commission d'enquête conclut, selon le cas, à :

- la transmission des procès-verbaux des enquêtes aux administrations chargées de la justice pour suite à donner ;

- la demande en renvoi d'une personnalité devant la Haute Cour de justice, lorsque cette personnalité ou les faits de la cause ressortissent à la compétence de cette juridiction ;

- la saisine du gouvernement pour l'inviter à provoquer toute mesure politique, réglementaire ou administrative compte tenu des conclusions de la commission d'enquête parlementaire[77].

La proposition de résolution de la commission d'enquête (et non l'ensemble du rapport) est examinée et adoptée par les membres de la chambre suivant la procédure prévue par son règlement intérieur, notamment : application du principe de la délibération unique, audition en premier lieu du rapporteur de la commission, discussion générale du rapport, droit de poser la question préalable ou de présenter une motion préjudicielle, questions au gouvernement, adoption

[73] Art. 10 CEP.
[74] Art. 88-3 et 91-1 RIAN, art. 102-2 RIS, art. 4 CEP.
[75] Art. 13-1 et 13-2 CEP.
[76] Art. 13-3 CEP.
[77] Art. 14-2 CEP. La Haute Cour de justice, prévue par la Constitution de janvier 1996, n'est pas encore mise en place, plus de 20 ans après.

de la résolution[78]. Si l'ensemble du rapport de la commission d'enquête peut donner lieu à débat à la chambre, il ne peut en revanche faire l'objet d'un vote. Il ne peut être publié, en tout ou en partie, que par une décision ou un vote spécial de la chambre entière sur proposition de son président[79]. Toute personne qui publie une information relative aux travaux, aux délibérations, aux actes ou aux rapports non publiés des commissions d'enquête parlementaire, est passible des peines prévues par la législation en matière de divulgation de secret d'Etat[80].

Les commissions d'enquête parlementaire sont tenues de transmettre aux autorités judiciaires tout fait découvert au cours de leurs investigations qui, sans pouvoir le qualifier, serait susceptible d'entraîner une sanction pénale. Elles peuvent saisir l'organe de l'Etat chargé de la discipline budgétaire[81].

SECTION II
LE CONTROLE DU GOUVERNEMENT SANCTIONNE PAR UN VOTE

La notion de responsabilité est au cœur du contrôle de l'action gouvernementale. Le terme de responsabilité, emprunté au droit civil, évoque l'idée de faute et de sanction. Si lors du contrôle de son action par l'Assemblée nationale, le gouvernement est coupable d'avoir commis une faute, il est sanctionné. Mais, la notion de responsabilité renvoie également à la question de confiance. Lorsque le gouvernement vient à perdre la confiance de l'Assemblée nationale sur l'accord politique qui leur permettait de collaborer, l'Assemblée nationale sanctionne le gouvernement en le renversant ou en l'obligeant à démissionner. On l'a vu, seule l'Assemblée nationale peut mettre en cause la responsabilité politique du gouvernement. De même, comme contrepoids de cette prérogative, seule l'Assemblée nationale peut être dissoute. La mise en jeu de la responsabilité politique du gouvernement vise donc à tester la validité de l'accord politique qui lui permet de collaborer avec l'Assemblée nationale.

Il existe deux formes de test de validité de l'accord politique : une forme positive qui consiste, pour le gouvernement, à demander un vote de confiance de l'Assemblée nationale (§ 1) et une forme négative qui consiste, pour l'Assemblée nationale, à désavouer le gouvernement par la censure (§ 2).

> L'engagement de responsabilité du gouvernement sur le vote d'un texte ne constitue pas à proprement parler, un mode de contrôle parlementaire de l'action du gouvernement, mais simplement une arme du gouvernement au cours de la procédure législative (v. *supra*, chap. IV, sect. II, § 4).

---

[78] Art. 14-1 CEP.
[79] Art. 89 et 92-2 RIAN, art. 103 RIS.
[80] Art. 16-4 CEP, art. 90 RIAN, art. 104 RIS.
[81] Art. 14-3 CEP, art. 92-1 RIAN.

§ 1. LA QUESTION DE CONFIANCE

Le gouvernement pose la question de confiance en engageant devant l'Assemblée nationale sa responsabilité sur un programme ou sur une déclaration de politique générale[82]. La Constitution définit clairement la notion de « question de confiance ». Elle consiste, pour le Premier ministre, à engager devant l'Assemblée nationale, la responsabilité du gouvernement sur un programme ou sur une déclaration de politique générale. Concrètement, le Premier ministre demande aux députés d'approuver, par un vote, le programme qu'il leur présente ou la déclaration de politique générale qu'il leur délivre.

Lorsqu'on sait que la disposition constitutionnelle sur la question de confiance vient juste après celle qui demande au Premier ministre de présenter le programme économique, financier, social et culturel du gouvernement au début de la session budgétaire[83], on peut conclure que le constituant identifie le programme principal sur lequel le Premier ministre peut poser la question de confiance. Ceci est, du reste, logique puisque le programme économique, financier, social et culturel du gouvernement est le socle de l'action du gouvernement pour l'année à venir. C'est lui qui inspire le projet de loi de finances qui est soumis au Parlement au début de la session budgétaire. C'est à la même époque que le Premier ministre présente devant les députés ce programme.

Mais, le programme ou la déclaration de politique générale sur lequel le Premier ministre engage la responsabilité du gouvernement peut porter sur tout objet. Encore faut-il que le Conseil ministériel en ait délibéré. Le « programme » peut être le programme économique, financier, social et culturel que le Premier ministre présente au début de la session budgétaire devant la seule Assemblée nationale sur le fondement de l'article 34-1 de la Constitution, lequel vient juste avant l'alinéa 2 qui règle la question de confiance. Mais, le programme peut tout aussi bien être un programme présenté au lendemain de la nomination d'un nouveau Premier ministre (une sorte de vote d'investiture), d'un large remaniement ministériel ou de l'installation d'une Assemblée nationale fraîchement élue. Quant à la « déclaration de politique générale », il peut s'agir de toute déclaration faite « à n'importe quel moment pour des motifs d'opportunité politique, selon l'appréciation du Premier ministre »[84]. Dans tous les cas, l'exercice a pour but de tester la solidité de la relation entre la majorité parlementaire et le gouvernement, soit après la formation d'un nouveau gouvernement, soit après l'élection d'une nouvelle chambre, soit à l'occasion de la présentation d'un programme ou d'une réforme importante.

Poser la question de confiance est une faculté et non une obligation. Le Premier ministre ne peut engager la responsabilité de son gouvernement que s'il en

---

[82] Art. 34-2 C.
[83] Art. 34-1 C.
[84] Pauline Türk, *op. cit.*, p. 159.

juge l'opportunité. S'agissant de l'intervention du Conseil ministériel, la Constitution exige simplement qu'il en ait délibéré. Le communiqué de sortie du Conseil ou son procès-verbal doit l'attester. Il n'est pas exigé que le Conseil ministériel autorise le Premier ministre à engager la responsabilité du gouvernement. Un Premier ministre d'un bord politique différent de celui du président de la République peut ainsi engager la responsabilité du gouvernement sans l'approbation de celui-ci. Il suffit que le Conseil ministériel en ait délibéré.

Lorsque le Premier ministre, après délibération du Conseil ministériel, engage la responsabilité du gouvernement, la conférence des présidents de l'Assemblée nationale organise le débat en fixant le temps de parole attribué aux groupes parlementaires et aux non-inscrits. Après la clôture des débats, le président peut accorder la parole pour une explication de vote à l'orateur désigné par chaque groupe et aux orateurs non-inscrits. Le président met ensuite aux voix l'approbation du programme ou de la déclaration de politique générale du gouvernement.

Le vote, qui ne peut intervenir moins de 48 heures après la question de confiance, est émis par scrutin public. En effet, le mode de votation ordinaire (vote à main levée ou par assis et levé) est réservé aux matières non visées par la Constitution[85].

> Les matières pour lesquelles le vote à main levée ou par assis et levé n'est pas applicable, en conséquence pour lesquelles il doit être procédé par scrutin public, sont notamment : le vote par le Congrès du parlement des projets ou propositions de révision constitutionnelle[86], la prorogation et l'abrègement par l'Assemblée nationale de son mandat[87], le vote de la loi de finances[88], l'adoption par chaque chambre de son règlement intérieur[89], l'adoption en nouvelle délibération d'une loi à la demande du président de la République[90], l'adoption ou le rejet par l'une ou l'autre chambre du texte transactionnel élaboré par la commission mixte paritaire[91], le vote par l'Assemblée nationale de la question de confiance[92], le vote par l'Assemblée nationale de la motion de censure[93].

Alors que le règlement intérieur du Sénat distingue le scrutin public ordinaire et le scrutin public à la tribune, le règlement intérieur de l'Assemblée nationale ne fait pas de distinction entre les deux types de scrutin public[94]. Il est distribué à chaque député trois bulletins nominatifs, respectivement de couleurs verte, rouge et jaune. Chaque député dépose dans l'urne qui lui est présentée par un huissier à l'invitation du secrétaire général de la chambre (donc par appel

---

[85] Art. 67-1 RIAN, art. 79-1 RIS.
[86] Art. 14-4 et 63-3 C.
[87] Art. 15-4 C.
[88] Art. 16-2(b) C.
[89] Art. 17-2 et 22-2 C.
[90] Art. 19-3 et 24-3 C.
[91] Art. 30-3(c)-2 C.
[92] Art. 34-2 C.
[93] Art. 34-3 et 34-4 C.
[94] Art. 68 et 69 RIAN, art. 81 et 82 RIS.

nominal), une enveloppe contenant l'un des trois bulletins de vote qu'il a reçus, vert s'il est pour l'adoption, rouge s'il est contre et jaune s'il s'abstient[95]. Lorsque les bulletins ont été tous recueillis, le président prononce la clôture du scrutin. Les secrétaires en font le dépouillement, assistés de deux scrutateurs choisis par le président parmi les députés non membres du bureau et, le cas échéant, le premier parmi les députés de la majorité gouvernementale et le second parmi ceux de l'opposition[96]. Le président annonce le résultat du scrutin en communiquant à l'Assemblée nationale, le nombre de voix « pour », le nombre de voix « contre » et le nombre d'abstentions, puis il proclame en conséquence : « l'Assemblée nationale a adopté » ou « l'Assemblée nationale n'a pas adopté ». Le secrétaire général donne alors lecture des noms des députés ayant participé au scrutin, avec mention de la nature de leur vote[97].

La confiance ne peut être refusée au gouvernement qu'à la majorité absolue des députés composant l'Assemblée nationale. Seuls sont recensés les votes défavorables à la question de confiance. Dans la configuration actuelle de la chambre, s'il ne se trouve pas 91 députés qui refusent expressément la confiance au gouvernement, celle-ci est considérée comme obtenue. Peu importe ce qu'ont fait les 89 autres, qu'ils aient été présents ou non, qu'ils aient voté pour la confiance ou se soient abstenus.

Se pose la question de la constitutionnalité de la disposition du règlement intérieur de l'Assemblée nationale qui prévoit que le secrétaire général donne lecture des noms des députés ayant participé au scrutin, « avec mention de la nature de leur vote ». La conformité à la Constitution du règlement intérieur de la chambre s'imposant impérativement à celles de ses dispositions « qui reproduisent, ou prolongent nécessairement, des dispositions constitutionnelles »[98], la Constitution exigeant de ne recenser que les votes défavorables à la question de confiance, il serait inconstitutionnel de recenser les votes favorables à la confiance et, davantage, de donner lecture des noms de leurs auteurs, quand bien même ils seraient connus par déduction.

Lorsque la confiance est refusée, c'est-à-dire si 91 députés au moins ont émis un vote défavorable, le Premier ministre doit remettre au président de la République la démission du gouvernement.

Malgré l'assurance de recevoir la confiance de sa majorité à la fois large et disciplinée, le Premier ministre ne fait jamais usage de cet outil de vérification de la solidité de sa majorité. Il n'y a que durant la première législature de la nouvelle ère du pluralisme politique (1992-1997) que le RDPC (Rassemblement démocratique du peuple camerounais) ne disposait que d'une majorité relative au parlement (88 députés sur 180). Il avait néanmoins pu trouver des alliés parmi les partis les plus minoritaires (d'abord le MDR, Mouvement démocratique pour la défense de la République, avec ses 6 députés, ensuite l'UPC, Union des

[95] Art. 69-1 RIAN.
[96] Art. 69-2 et 69-3 RIAN.
[97] Art. 69-4 et 69-5 RIAN.
[98] Décision n° 78-97 DC du 27 juillet 1978 du Conseil constitutionnel français.

populations du Cameroun, avec ses 18 députés) pour gouverner, laissant l'UNDP (Union nationale pour la démocratie et le progrès, 68 députés) seule dans l'opposition parlementaire. Depuis lors, le gouvernement a toujours su compter sur un parti (le RDPC) disposant d'au moins les deux tiers des députés. Poser, de temps à autre, la question de confiance dans un tel contexte sans risque, serait un signe de vitalité de la vie politique.

§ 2. LA MOTION DE CENSURE

L'Assemblée nationale peut mettre en cause la responsabilité du gouvernement par le vote d'une motion de censure. Le mécanisme de la motion de censure est strictement encadré par les règles du « parlementarisme rationalisé », de telle sorte qu'elle ne puisse aboutir au renversement du gouvernement que dans des « situations d'une exceptionnelle gravité »[99].

Pour être recevable, une motion de censure doit être signée par un tiers au moins des membres de l'Assemblée nationale[100]. Ce nombre, pas facile à réunir, est destiné à bloquer ou à rendre difficile toute initiative.

La motion de censure doit être motivée. Concrètement, un document portant l'intitulé « motion de censure » est rédigé sous la forme de considérants et se conclut par la formule : « L'Assemblée nationale, conformément aux dispositions de l'alinéa 3 de l'article 34 de la Constitution, censure le gouvernement ». Puis, suivent les noms des députés signataires et leurs signatures.

L'objet déclaré de la motion de censure est ce que décident ses signataires. Elle peut concerner la politique d'ensemble du gouvernement ou l'attitude de celui-ci face à un événement particulier d'importance nationale. Mais, la motivation réelle de la motion de censure, presque toujours initiée par l'opposition, peut être la volonté d'ouvrir un débat solennel, non de renverser le gouvernement, ce qui est quasiment impossible car le gouvernement s'appuie toujours sur une majorité généralement stable pour conduire sa politique. Le risque majeur de « faire tomber » le gouvernement étant la dissolution immédiate de l'Assemblée nationale, les députés de la majorité n'ont aucune envie de voir leur mandat écourté et de retourner aux urnes précocement, sans aucune assurance d'être réélus, voire même d'être investis de nouveau par leur parti.

Le dépôt de la motion de censure est constaté par sa remise au président de l'Assemblée nationale, au cours d'une séance publique. Le président notifie la motion de censure au gouvernement, il en donne connaissance à l'assemblée et

[99] Général de Gaulle, 31 janvier 1964.

[100] Art. 34-3 C. En France, au Sénégal, au Tchad ou au Mali, un dixième des députés suffit pour engager la procédure. Au Gabon ou en République démocratique du Congo, un quart des députés suffit et au Togo, en Tunisie ou au Burkina Faso, un tiers des députés comme au Cameroun est nécessaire pour déclencher la procédure de la censure.

la fait afficher. Par dérogation à la priorité gouvernementale sur l'ordre du jour, c'est la conférence des présidents qui fixe la date de discussion de la motion de censure. Le débat sur la motion de censure est organisé dans les mêmes conditions que le débat sur la question de confiance. Aucun retrait d'une motion de censure n'est possible après sa mise en discussion. Lorsque la discussion est engagée, elle doit être poursuivie jusqu'au vote. Il ne peut être présenté d'amendement à une motion de censure.

Le vote ne peut intervenir moins de 48 heures après le dépôt de la motion de censure. Ce délai entre le dépôt et le vote a pour objet, d'une part, de favoriser la réflexion, de permettre aux protagonistes (gouvernement, majorité et opposition) de « préparer le vote par tout contact utile et ainsi d'éviter les embuscades et les crises improvisées » et, d'autre part, de permettre un débat approfondi avant le vote[101]. Un débat public peut donc avoir lieu, mais la mise aux voix de la motion ne peut intervenir avant 48 heures. Le vote a lieu au scrutin public comme pour la question de confiance. L'Assemblée nationale ne peut prononcer la censure du gouvernement qu'à la majorité des deux tiers de ses membres. Seuls sont recensés les votes favorables à la motion de censure[102].

La question de la constitutionnalité de la disposition du règlement intérieur de l'Assemblée nationale qui prévoit que le secrétaire général donne lecture des noms des députés ayant participé au scrutin, « avec mention de la nature de leur vote », évoquée pour la question de confiance, reste valable.

La doctrine considère que, puisque la Constitution n'impose pas de restrictions aux époques auxquelles la motion de censure peut intervenir, celle-ci est recevable durant une session extraordinaire, « lors même qu'elle ne figure pas à l'ordre du jour, pourtant limitatif » de la session extraordinaire, déterminé à la demande du président de la République ou d'un tiers des députés. En revanche, doit être déclarée irrecevable, une motion de censure déposée hors session[103].

Si la motion de censure est adoptée, comme pour la question de confiance, le Premier ministre doit remettre au président de la République la démission de son gouvernement. Si la motion de censure est rejetée, ses signataires ne peuvent en déposer une nouvelle avant le délai d'un an, sauf si, pendant ce délai, le gouvernement engage sa responsabilité devant l'Assemblée nationale, c'est-à-dire pose la question de confiance, cette fois sur le vote d'un texte.

> La motion de censure issue de cette procédure est également appelée « motion de censure spontanée », par opposition à la « motion de censure provoquée » par le gouvernement dans le cadre de l'engagement de sa responsabilité sur le vote d'un texte (v. *supra*, chap. IV, sect. II, § 4).

---

[101] Simon-Louis Formery, *op. cit.*, p. 107. Guy Carcassonne et Marc Guillaume, *op. cit.*, p. 250.
[102] Art. 34-3 C.
[103] Guy Carcassonne et Marc Guillaume, *op. cit.*, p. 249.

La majorité qualifiée (des deux tiers, soit 120 députés sur 180, dans la configuration actuelle de l'hémicycle, extrêmement difficile à réunir pour « faire tomber » le gouvernement), vise à préserver la stabilité gouvernementale. Elle est d'autant plus difficile à réunir que les abstentionnistes et les absents sont comptés comme favorables au gouvernement. Le vote de la motion de censure ne vise donc pas à savoir qui soutient le gouvernement, mais à compter combien de députés sont clairement contre lui. Compte tenu du rapport de forces dans la chambre qui rend ainsi peu probable l'adoption d'une motion de censure par un groupe ou des groupes d'opposition, la technique de la motion de censure répond davantage au souci de l'opposition de « se compter » et de bénéficier d'une tribune pour manifester solennellement la condamnation de la politique du gouvernement, surtout lorsque le Premier ministre s'abstient de poser la question de confiance. Encore faut-il qu'elle dispose du tiers de députés (60) pour présenter la motion de censure. Mais, même lorsqu'elle a ce nombre (comme au cours de la législature 1992-1997), l'opposition veut-elle déposer une motion de censure ?

ANNEXE I

CONSTITUTION DE LA REPUBLIQUE DU CAMEROUN

(Loi n° 96/6 du 18 janvier 1996, modifiée par la loi n° 2008/001 du 14 avril 2008)

PREAMBULE

Le Peuple camerounais,

Fier de sa diversité linguistique et culturelle, élément de sa personnalité nationale qu'elle contribue à enrichir, mais profondément conscient de la nécessité impérieuse de parfaire son unité,

Proclame solennellement qu'il constitue une seule et même nation, engagée dans le même destin et affirme sa volonté inébranlable de construire la Patrie camerounaise sur la base de l'idéal de fraternité, de justice et de progrès ;

Jaloux de l'indépendance de la Patrie camerounaise chèrement acquise et résolu à préserver cette indépendance ;

Convaincu que le salut de l'Afrique se trouve dans la réalisation d'une solidarité de plus en plus étroite entre les peuples africains,

Affirme sa volonté d'œuvrer à la construction d'une Afrique unie et libre, tout en entretenant avec les autres nations du monde des relations pacifiques et fraternelles conformément aux principes formulés par la Charte des Nations unies ;

Résolu à exploiter ses richesses naturelles afin d'assurer le bien-être de tous en relevant le niveau de vie des populations sans aucune discrimination,

Affirme son droit au développement ainsi que sa volonté de consacrer tous ses efforts pour le réaliser et se déclare prêt à coopérer avec tous les Etats désireux de participer à cette entreprise nationale dans le respect de sa souveraineté et de l'indépendance de l'Etat camerounais.

Le Peuple camerounais,

Proclame que l'être humain, sans distinction de race, de religion, de sexe, de croyance, possède des droits inaliénables et sacrés ;

Affirme son attachement aux libertés fondamentales inscrites dans la Déclaration universelle des droits de l'homme, la Charte des Nations unies, la Charte africaine des droits de l'homme et des peuples et toutes les conventions internationales y relatives et dûment ratifiées, notamment aux principes suivants :

- Tous les hommes sont égaux en droits et en devoirs. L'Etat assure à tous les citoyens les conditions nécessaires à leur développement ;

- L'Etat assure la protection des minorités et préserve les droits des populations autochtones conformément à la loi ;

- La liberté et la sécurité sont garanties à chaque individu dans le respect des droits d'autrui et de l'intérêt supérieur de l'Etat;

- Tout homme a le droit de se fixer en tout lieu et de se déplacer librement, sous réserve des prescriptions légales relatives à l'ordre, à la sécurité et à la tranquillité publics ;

- Le domicile est inviolable. Nulle perquisition ne peut avoir lieu qu'en vertu de la loi ;

- Le secret de toute correspondance est inviolable. Il ne peut y être porté atteinte qu'en vertu des décisions émanant de l'autorité judiciaire ;

- Nul ne peut être contraint de faire ce que la loi n'ordonne pas;

- Nul ne peut être poursuivi, arrêté ou détenu que dans les cas et selon les formes déterminées par la loi ;

- La loi ne peut avoir d'effet rétroactif. Nul ne peut être jugé et puni qu'en vertu d'une loi promulguée et publiée antérieurement au fait punissable ;

- La loi assure à tous les hommes le droit de se faire rendre justice ;

- Tout prévenu est présumé innocent jusqu'à ce que sa culpabilité soit établie au cours d'un procès conduit dans le strict respect des droits de la défense ;

- Toute personne a droit à la vie et à l'intégrité physique et morale. Elle doit être traitée en toute circonstance avec humanité. En aucun cas, elle ne peut être soumise à la torture, à des peines ou traitements cruels, inhumains ou dégradants ;

- Nul ne peut être inquiété en raison de ses origines, de ses opinions ou croyances, en matière religieuse, philosophique ou politique sous réserve du respect de l'ordre public et des bonnes mœurs ;

- L'Etat est laïc. La neutralité et l'indépendance de l'Etat vis-à-vis de toutes les religions sont garanties ;

- La liberté du culte et le libre exercice de sa pratique sont garantis ;

- La liberté de communication, la liberté d'expression, la liberté de presse, la liberté de réunion, la liberté d'association, la liberté syndicale et le droit de grève sont garantis dans les conditions fixées par la loi ;

- La Nation protège et encourage la famille, base naturelle de la société humaine. Elle protège la femme, les jeunes, les personnes âgées et les personnes handicapées ;

- L'Etat assure à l'enfant le droit à l'instruction. L'enseignement primaire est obligatoire. L'organisation et le contrôle de l'enseignement à tous les degrés sont des devoirs impérieux de l'Etat ;

- La propriété est le droit d'user, de jouir et de disposer des biens garantis à chacun par la loi. Nul ne saurait en être privé si ce n'est pour cause d'utilité publique et sous la condition d'une indemnisation dont les modalités sont fixées par la loi ;

- Le droit de propriété ne saurait être exercé contrairement à l'utilité publique, sociale ou de manière à porter préjudice à la sûreté, à la liberté, à l'existence ou à la propriété d'autrui ;

- Toute personne a droit à un environnement sain. La protection de l'environnement est un devoir pour tous. L'Etat veille à la défense et la promotion de l'environnement ;

- Tout homme a le droit et le devoir de travailler ;

- Chacun doit participer, en proportion de ses capacités, aux charges publiques ;

- Tous les citoyens contribuent à la défense de la Patrie ;

- L'Etat garantit à tous les citoyens de l'un et de l'autre sexes, les droits et libertés énumérés au préambule de la Constitution.

TITRE PREMIER
DE L'ETAT ET DE LA SOUVERAINETE

ARTICLE PREMIER.- (1) La République unie du Cameroun prend, à compter de l'entrée en vigueur de la présente loi, la dénomination de République du Cameroun.

(2) La République du Cameroun est un Etat unitaire décentralisé.

Elle est une et indivisible, laïque, démocratique et sociale.

Elle reconnaît et protège les valeurs traditionnelles conformes aux principes démocratiques, aux droits de l'homme et à la loi.

Elle assure l'égalité de tous les citoyens devant la loi.

(3) La République du Cameroun adopte l'anglais et le français comme langues officielles d'égale valeur.

Elle garantit la promotion du bilinguisme sur toute l'étendue du territoire.

Elle œuvre pour la protection et la promotion des langues nationales.

(4) La devise de la République du Cameroun est : « Paix - Travail - Patrie ».

(5) Son drapeau est : Vert, Rouge, Jaune, à trois bandes verticales d'égales dimensions.

Il est frappé d'une étoile d'or au centre de la bande rouge.

(6) L'hymne national est : « Ô Cameroun, berceau de nos ancêtres ».

(7) Le sceau de la République du Cameroun est une médaille circulaire en bas relief de 46 millimètres de diamètre, présentant à l'avers et au centre le profil d'une tête de jeune fille tournée à dextre vers une branche de caféier à deux feuilles et jouxtée à senestre par cinq cabosses de cacao avec, en exergue, en français sur l'arc supérieur : « République du Cameroun » et, sur l'arc inférieur la devise nationale : « Paix - Travail - Patrie », au revers et au centre les armoiries de la République du Cameroun avec en exergue, en anglais, sur l'arc supérieur : « Republic of Cameroon », et sur l'arc inférieur, « Peace - Work - Fatherland ».

Les armoiries de la République du Cameroun sont constituées par un écu chapé surmonté côté chef par l'inscription « République du Cameroun », et supporté par un double faisceau de licteurs entrecroisés avec la devise : « Paix - Travail - Patrie », côté pointe.

L'écu est composé d'une étoile d'or sur fond de sinople et d'un triangle de gueules, chargé de la carte géographique du Cameroun d'azur, et frappé du glaive de la balance de justice de sable.

(8) Le siège des institutions est à Yaoundé.

ARTICLE 2.- (1) La souveraineté nationale appartient au peuple camerounais qui l'exerce soit par l'intermédiaire du Président de la République et des membres du Parlement, soit par voie de référendum. Aucune fraction du peuple ni aucun individu ne peut s'en attribuer l'exercice.

(2) Les autorités chargées de diriger l'Etat tiennent leurs pouvoirs du peuple par voie d'élections au suffrage universel direct ou indirect, sauf dispositions contraires de la présente Constitution.

(3) Le vote est égal et secret ; y participent tous les citoyens âgés d'au moins vingt (20) ans.

ARTICLE 3.- Les partis et formations politiques concourent à l'expression du suffrage. Ils doivent respecter les principes de la démocratie, de la souveraineté et de l'unité nationales. Ils se forment et exercent leurs activités conformément à la loi.

ARTICLE 4.- L'autorité de l'Etat est exercée par :

- le Président de la République ;
- le Parlement.

TITRE II
DU POUVOIR EXECUTIF

CHAPITRE PREMIER
LE PRESIDENT DE LA REPUBLIQUE

ARTICLE 5.- (1) Le Président de la République est le Chef de l'Etat.

(2) Elu de la Nation toute entière, il incarne l'unité nationale.

Il définit la politique de la Nation.

Il veille au respect de la Constitution.

Il assure, par son arbitrage, le fonctionnement régulier des pouvoirs publics.

Il est le garant de l'indépendance nationale, de l'intégrité du territoire, de la permanence et de la continuité de l'Etat, du respect des traités et accords internationaux.

ARTICLE 6.- (1) Le Président de la République est élu au suffrage universel direct égal et secret, à la majorité des suffrages exprimés.

(2) Le Président de la République est élu pour un mandat de sept (7) ans. Il est rééligible.

(3) L'élection a lieu vingt (20) jours au moins et cinquante (50) jours au plus avant l'expiration des pouvoirs du Président de la République en exercice.

(4) En cas de vacance de la Présidence de la République pour cause de décès, de démission ou d'empêchement définitif constaté par le Conseil constitutionnel, le scrutin pour l'élection du nouveau Président de la République doit impérativement avoir lieu vingt (20) jours au moins et cent vingt (120) jours au plus après l'ouverture de la vacance.

a) L'intérim du Président de la République est exercé de plein droit, jusqu'à l'élection du nouveau Président de la République, par le Président du Sénat. Et si ce dernier est, à son tour, empêché, par son suppléant suivant l'ordre de préséance du Sénat.

b) Le Président de !a République par intérim – le Président du Sénat ou son suppléant – ne peut modifier ni la Constitution, ni la composition du Gouvernement. Il ne peut recourir au référendum. Il ne peut être candidat à l'élection organisée pour la Présidence de la République.

c) Toutefois, en cas de nécessité liée à l'organisation de l'élection présidentielle, le Président de la République par intérim peut, après consultation du Conseil constitutionnel, modifier la composition du Gouvernement.

(5) Les candidats aux fonctions de Président de la République doivent être des citoyens camerounais d'origine, jouir de leurs droits civiques et politiques et avoir trente-cinq (35) ans révolus à la date de l'élection.

(6) Le régime de l'élection à la Présidence de la République est fixé par la loi.

ARTICLE 7.- (1) Le Président de la République élu entre en fonction dès sa prestation de serment.

2) Il prête serment devant le peuple camerounais en présence des membres du Parlement, du Conseil constitutionnel et de la Cour suprême réunis en séance solennelle.

Le serment est reçu par le Président de l'Assemblée Nationale.

(3) La formule du serment et les modalités d'application des dispositions des alinéas 1er et 2 ci-dessus sont fixées par la loi.

(4) Les fonctions de Président de la République sont incompatibles avec toute autre fonction publique élective ou toute activité professionnelle.

ARTICLE 8.- (1) Le Président de la République représente l'Etat dans tous les actes de la vie publique.

(2) Il est le Chef des Forces armées.

(3) Il veille à la sécurité intérieure et extérieure de la République.

(4) Il accrédite les ambassadeurs et les envoyés extraordinaires auprès des puissances étrangères. Les ambassadeurs et les envoyés extraordinaires des puissances étrangères sont accrédités auprès de lui.

(5) Le Président de la République promulgue les lois dans les conditions prévues à l'article 31 ci-dessous.

(6) Le Président de la République saisit le Conseil constitutionnel dans les conditions déterminées par la Constitution.

(7) Il exerce le droit de grâce après avis du Conseil supérieur de la magistrature.

(8) Il exerce le pouvoir réglementaire.

(9) Il crée et organise les services publics de l'Etat.

(10) Il nomme aux emplois civils et militaires de l'Etat.

(11) Il confère les décorations et les distinctions honorifiques de la République.

(12) Le Président de la République peut, en cas de nécessité et après consultation du Gouvernement, des bureaux de l'Assemblée Nationale et du Sénat, prononcer la dissolution de l'Assemblée Nationale. L'élection d'une nouvelle Assemblée a lieu conformément aux dispositions de l'article 15, alinéa 4 ci-dessous.

ARTICLE 9.- (1) Le Président de la République peut, lorsque les circonstances l'exigent, proclamer par décret, l'état d'urgence qui lui confère des pouvoirs spéciaux dans les conditions fixées par la loi.

(2) Le Président de la République peut, en cas de péril grave menaçant l'intégrité du territoire, la vie, l'indépendance ou les institutions de la République, proclamer, par décret, l'état d'exception et prendre toutes mesures qu'il juge nécessaires. Il en informe la Nation par voie de message.

ARTICLE 10.- (1) Le Président de la République nomme le Premier ministre et, sur proposition de celui-ci, les autres membres du Gouvernement.

Il fixe leurs attributions.

Il met fin à leurs fonctions.

Il préside les conseils ministériels.

(2) Le Président de la République peut déléguer certains de ses pouvoirs au Premier ministre, aux autres membres du Gouvernement et à certains hauts responsables de l'Administration de l'Etat, dans le cadre de leurs attributions respectives.

(3) En cas d'empêchement temporaire, le Président de la République charge le Premier Ministre ou, en cas d'empêchement de celui-ci un autre membre du Gouvernement, d'assurer certaines de ses fonctions, dans le cadre d'une délégation expresse.

CHAPITRE II
LE GOUVERNEMENT

ARTICLE 11.- (1) Le Gouvernement est chargé de la mise en œuvre de la politique de la Nation telle que définie par le Président de la République.

(2) Il est responsable devant l'Assemblée Nationale dans les conditions et selon les procédures prévues à l'article 34 ci-dessous.

ARTICLE 12.- (1) Le Premier ministre est le chef du Gouvernement et dirige l'action de celui-ci.

(2) Il est chargé de l'exécution des lois.

(3) Le Premier ministre exerce le pouvoir réglementaire et nomme aux emplois civils, sous réserve des prérogatives reconnues au Président de la République dans ces domaines.

(4) Il dirige tous les services administratifs nécessaires à l'accomplissement de sa mission.

(5) Il peut déléguer certains de ses pouvoirs aux membres du Gouvernement et à des hauts responsables de l'Administration de l'Etat.

ARTICLE 13.- Les fonctions des membres du Gouvernement et assimilés sont incompatibles avec l'exercice de tout mandat parlementaire, la présidence d'un exécutif ou d'une assemblée d'une collectivité territoriale décentralisée, toute fonction de représentation professionnelle à caractère national et tout emploi ou activité professionnelle.

TITRE III
DU POUVOIR LEGISLATIF

ARTICLE 14.- (1) Le pouvoir législatif est exercé par le Parlement qui comprend deux (2) chambres :

- l'Assemblée Nationale ;
- le Sénat.

(2) Le Parlement légifère et contrôle l'action du Gouvernement.

(3) Les chambres du Parlement se réunissent aux mêmes dates:

a) En sessions ordinaires, chaque année aux mois de mars, juin et novembre sur convocation des bureaux de l'Assemblée Nationale et du Sénat, après consultation du Président de la République.

b) En sessions extraordinaires, à la demande du Président de la République ou du tiers des membres composant l'une et l'autre chambres.

Toutefois, les deux chambres ne sont convoquées simultanément que si les matières portées à l'ordre du jour concernent l'une et l'autre.

(4) Les deux chambres du Parlement peuvent se réunir en congrès, à la demande du Président de la République :

- pour entendre une communication ou recevoir un message du Président de la République ;
- pour recevoir le serment des membres du Conseil constitutionnel ;
- pour se prononcer sur un projet ou une proposition de révision constitutionnelle.

Lorsque le Parlement se réunit en congrès, le bureau de l'Assemblée Nationale préside les débats.

(5) Nul ne peut appartenir à la fois à l'Assemblée Nationale et au Sénat.

(6) La loi fixe le régime électoral de l'Assemblée Nationale et du Sénat ainsi que le régime des immunités, des inéligibilités, des incompatibilités, des indemnités et des privilèges des membres du Parlement.

CHAPITRE PREMIER
L'ASSEMBLEE NATIONALE

ARTICLE 15.- (1) L'Assemblée Nationale est composée de cent quatre-vingt (180) députés élus au suffrage universel direct et secret pour un mandat de cinq (5) ans.

Le nombre des députés élus à l'Assemblée Nationale peut être modifié par la loi.

(2) Chaque député représente l'ensemble de la Nation.

(3) Tout mandat impératif est nul.

(4) En cas de crise grave ou lorsque les circonstances l'exigent, le Président de la République peut, après consultation du Président du Conseil constitutionnel et des bureaux de l'Assemblée Nationale et du Sénat, demander à l'Assemblée Nationale de décider, par une loi, de proroger ou d'abréger son mandat. Dans ce cas, l'élection d'une nouvelle assemblée a lieu quarante (40) jours au moins et cent vingt (120) jours au plus après l'expiration du délai de prorogation ou d'abrègement de mandat.

ARTICLE 16.- (1) Au début de chaque législature, l'Assemblée Nationale se réunit de plein droit, en session ordinaire, dans les conditions fixées par la loi.

(2) Chaque année, l'Assemblée Nationale tient trois (3) sessions ordinaires d'une durée maximum de trente (30) jours chacune.

a) A l'ouverture de sa première session ordinaire, l'Assemblée Nationale élit son président et son bureau.

b) Au cours de l'une des sessions, l'Assemblée Nationale vote le budget de l'Etat. Au cas où le budget n'aurait pas été adopté avant la fin de l'année budgétaire en cours, le Président de la République est habilité à reconduire, par douzième, le budget de l'exercice précédent jusqu'à l'adoption du nouveau budget.

(3) L'Assemblée Nationale se réunit en session extraordinaire pour une durée maximum de quinze (15) jours, sur un ordre du jour déterminé, à la demande du Président de la République ou d'un tiers des députés.

La session extraordinaire est close dès épuisement de l'ordre du jour.

ARTICLE 17.- (1) Les séances de l'Assemblée Nationale sont publiques. A la demande du Gouvernement ou de la majorité absolue de ses membres, l'Assemblée Nationale peut, exceptionnellement, se réunir à huis clos.

(2) L'Assemblée Nationale fixe, elle-même, ses règles d'organisation et de fonctionnement sous forme de loi portant règlement intérieur.

ARTICLE 18.- (1) L'ordre du jour de l'Assemblée Nationale est fixé par la conférence des présidents.

(2) La conférence des présidents comprend : les présidents des groupes parlementaires, les présidents des commissions et les membres du bureau de l'Assemblée Nationale. Un membre du Gouvernement participe aux travaux de la conférence des présidents.

(3) Seuls les textes relevant de sa compétence en vertu de l'article 26 ci-dessous peuvent être inscrits à l'ordre du jour de l'Assemblée Nationale.

a) Sont irrecevables, les propositions de loi ou amendements qui auraient pour effet, s'ils sont adoptés, soit une diminution des ressources publiques, soit l'aggravation des charges publiques sans réduction à due concurrence d'autres dépenses ou création de recettes nouvelles d'égale importance.

b) En cas de doute ou de litige sur la recevabilité d'un texte, le Président de la République, le Président de l'Assemblée Nationale ou un tiers des députés saisit le Conseil constitutionnel qui en décide.

(4) L'ordre du jour comporte en priorité et dans l'ordre que le gouvernement a fixé, la discussion des projets de loi ou des propositions de loi qu'il a acceptées. Les autres propositions de loi retenues par la conférence des présidents sont examinées par la suite.

Lorsque, à l'issue de deux sessions ordinaires, une proposition de loi n'a pu être examinée, celle-ci est de plein droit examinée au cours de la session ordinaire suivante.

(5) L'urgence est de droit lorsqu'elle est demandée par le Gouvernement.

ARTICLE 19.- (1) L'Assemblée Nationale adopte les lois à la majorité simple des députés.

(2) L'Assemblée Nationale adopte ou rejette les textes soumis à son réexamen par le Sénat, conformément aux dispositions de l'article 30 ci-dessous.

(3) Avant leur promulgation, les lois peuvent faire l'objet d'une demande de seconde lecture par le Président de la République. Dans ce cas, ces lois sont adoptées à la majorité absolue des députés.

CHAPITRE II
LE SENAT

ARTICLE 20.- (1) Le Sénat représente les collectivités territoriales décentralisées.

(2) Chaque région est représentée au Sénat par (10) sénateurs dont sept (7) sont élus au suffrage universel indirect sur la base régionale et trois (3) nommés par le Président de la République.

(3) Les candidats à la fonction de sénateur ainsi que les personnalités nommées à ladite fonction par Président de la République, doivent avoir quarante (40) ans révolus à la date de l'élection ou de la nomination.

(4) La durée du mandat des sénateurs est de cinq (5) ans.

ARTICLE 21.- (1) Au début de chaque législature, le Sénat se réunit de plein droit en session ordinaire, dans les conditions fixées par la loi.

(2) Chaque année, le Sénat tient trois (3) sessions ordinaires d'une durée maximum de trente (30) jours chacune.

A l'ouverture de sa première session ordinaire, le Sénat élit son président et son bureau.

(3) Le Sénat se réunit en session extraordinaire pour une durée maximum de quinze (15) jours sur ordre du jour déterminé, à la demande du Président la République ou d'un tiers des sénateurs.

La session extraordinaire est close dès épuisement de l'ordre du jour.

ARTICLE 22.- (1) Les séances du Sénat sont publiques. A la demande du Gouvernement ou de la majorité absolue de ses membres, le Sénat peut, exceptionnellement, se réunir à huis clos.

(2) Le Sénat fixe lui-même ses règles d'organisation et de fonctionnement sous forme de loi portant règlement intérieur.

ARTICLE 23.- (1) L'ordre du jour du Sénat est fixé par la conférence des présidents.

(2) La conférence des présidents comprend : les présidents des groupes parlementaires, les présidents des commissions et les membres du bureau du Sénat. Un membre du Gouvernement participe aux travaux de la conférence des Présidents.

(3) Seuls les textes relevant de sa compétence en vertu de l'article 26 ci-dessous peuvent être inscrits à l'ordre du jour du Sénat.

a) Sont irrecevables, les propositions de loi ou amendements qui auraient pour effet, s'ils sont adoptés, soit une diminution des ressources publiques, soit l'aggravation des charges publiques sans réduction à due concurrence d'autres dépenses ou création de recettes nouvelles d'égale importance.

b) En cas de doute ou de litige sur la recevabilité d'un texte, le Président de la République ou le Président du Sénat ou un tiers des sénateurs saisit le Conseil constitutionnel qui en décide.

(4) L'ordre du jour comporte en priorité et dans l'ordre que le Gouvernement a fixé, la discussion de projets de loi ou des propositions de loi qu'il a acceptées. Les autres propositions de loi retenues par la conférence des présidents sont examinées par la suite.

Lorsque, à l'issue de deux sessions ordinaires une proposition de loi n'a pas pu être examinée, celle-ci est de plein droit examinée au cours de la session ordinaire suivante.

(5) L'urgence est de droit lorsqu'elle est demandée par le Gouvernement.

ARTICLE 24.- (1) Le Sénat adopte les lois à la majorité simple des sénateurs.

(2) Le Sénat peut apporter des amendements ou rejeter tout ou partie des textes soumis à son examen, conformément aux dispositions de l'article 30 ci-dessous.

(3) Avant leur promulgation, les lois peuvent faire l'objet d'une demande de seconde lecture par le Président de la République. Dans ce cas, les lois sont adoptées à la majorité absolue des sénateurs.

TITRE IV
DES RAPPORTS ENTRE LE POUVOIR EXECUTIF ET LE POUVOIR LEGISLATIF

ARTICLE 25.- L'initiative des lois appartient concurremment au Président de la République et aux membres du Parlement.

ARTICLE 26.- (1) La loi est votée par le Parlement.

(2) Sont du domaine de la loi :

a) Les droits, garanties et obligations fondamentaux du citoyen:
1. La sauvegarde de la liberté et de la sécurité individuelle ;
2. Le régime des libertés publiques ;
3. Le droit du travail, le droit syndical, le régime de la protection sociale ;
4. Les devoirs et obligations du citoyen en fonction des impératifs de la défense nationale.
b) Le statut des personnes et le régime des biens :
1. La nationalité, l'état et la capacité des personnes, les régimes matrimoniaux, les successions et libéralités ;
2. Le régime des obligations civiles et commerciales ;
3. Le régime de la propriété mobilière et immobilière.
c) L'organisation politique, administrative et judiciaire concernant :
1. Le régime de l'élection à la présidence de la République, le régime des élections à l'Assemblée Nationale, au Sénat et aux Assemblées régionales et locales et le régime des consultations référendaires ;
2. Le régime des associations et des partis politiques ;
3. L'organisation, le fonctionnement, la détermination des compétences et des ressources des collectivités territoriales décentralisées ;
4. Les règles générales d'organisation de la défense nationale ;
5. L'organisation judiciaire et la création des ordres de juridiction ;
6. La détermination des crimes et délits et l'institution des peines de toute nature, la procédure pénale, la procédure civile, les voies d'exécution, l'amnistie.
d) Les questions financières et patrimoniales suivantes :
1. Le régime d'émission de la monnaie ;
2. Le budget ;
3. La création des impôts et taxes et la détermination de l'assiette, du taux et des modalités de recouvrement de ceux-ci ;
4. Le régime domanial, foncier et minier ;
5. Le régime des ressources naturelles.
e) La programmation des objectifs de l'action économique et sociale.
f) Le régime de l'éducation.

ARTICLE 27.- Les matières autres que celles qui sont du domaine de la loi ressortissent au pouvoir réglementaire.

ARTICLE 28.- Dans les matières énumérées à l'article 26, alinéa 2 ci-dessus, le Parlement peut autoriser le Président de la République, pendant un délai limité et sur des objets déterminés, à prendre des ordonnances.

Ces ordonnances entrent en vigueur dès leur publication.

Elles sont déposées sur le bureau de l'Assemblée Nationale et sur celui du Sénat aux fins de ratification dans le délai fixé par la loi d'habilitation.

Elles ont un caractère réglementaire tant qu'elles n'ont pas été ratifiées.

Elles demeurent en vigueur tant que le Parlement n'a pas refusé de les ratifier.

ARTICLE 29.- (1) Les projets et propositions de loi sont déposés à la fois sur le bureau de l'Assemblée Nationale et sur celui du Sénat. Ils sont examinés par les commissions compétentes avant leur discussion en séance plénière.

(2) Le projet de loi examiné en séance plénière est le texte déposé par le Président de la République. La proposition de loi examinée en séance plénière est le texte élaboré par l'auteur ou les auteurs de celle-ci.

(3) Ces textes peuvent faire l'objet d'amendements lors de leur discussion.

ARTICLE 30.- (1) Les textes adoptés par l'Assemblée Nationale sont aussitôt transmis au président du Sénat par le président de l'Assemblée Nationale.

(2) Le président du Sénat, dès réception des textes transmis par le président de l'Assemblée Nationale, les soumet à la délibération du Sénat.

(3) Le Sénat, dans un délai de dix (10) jours à partir de la réception des textes ou dans un délai de cinq (5) jours pour les textes dont le Gouvernement déclare l'urgence, peut :

a) Adopter le texte.

Dans ce cas, le président du Sénat retourne le texte adopté au président de l'Assemblée Nationale qui le transmet dans les quarante-huit (48) heures au Président de la République aux fins de promulgation.

b) Apporter des amendements au texte.

Les amendements, pour être retenus, doivent être approuvés à la majorité simple des sénateurs.

Dans ce cas, le texte amendé est retourné à l'Assemblée Nationale par le président du Sénat pour un nouvel examen.

Les amendements proposés par le Sénat sont adoptés ou rejetés à la majorité simple des députés.

Le texte adopté définitivement est transmis par le président de l'Assemblée Nationale au Président de la République pour promulgation.

c) Rejeter tout ou partie du texte.

Le rejet doit être approuvé à la majorité absolue des sénateurs.

Dans ce cas, le texte en cause, accompagné de l'exposé des motifs du rejet, est retourné par le président du Sénat à l'Assemblée Nationale, pour un nouvel examen.

1. L'Assemblée Nationale, après délibération, adopte le texte à la majorité absolue des députés.

Le texte adopté définitivement par l'Assemblée Nationale est transmis au Président de la République pour promulgation.

2. En cas d'absence de majorité absolue, le Président de la République peut provoquer la réunion d'une commission mixte paritaire chargée de proposer un texte commun sur les dispositions rejetées par le Sénat.

Le texte élaboré par la commission mixte paritaire est soumis par le Président de la République pour approbation aux deux chambres.

Aucun amendement n'est recevable, sauf accord du Président de la République.

Si la commission mixte paritaire ne parvient pas à l'adoption du texte commun ou si ce texte n'est pas adopté par l'une et l'autre chambres, le Président de la République peut :

- soit demander à l'Assemblée Nationale de statuer définitivement ;
- soit déclarer caduc le projet ou la proposition de loi.

ARTICLE 31.- (1) Le Président de la République promulgue les lois adoptées par le Parlement dans un délai de quinze (15) jours à compter de leur transmission, s'il ne formule aucune demande de seconde lecture ou s'il n'en saisit le Conseil constitutionnel.

(2) A l'issue de ce délai, et après avoir constaté sa carence, le président de l'Assemblée Nationale peut se substituer au Président de la République.

(3) La publication des lois est effectuée au Journal officiel de la République en français et en anglais.

ARTICLE 32.- Le Président de la République peut, sur sa demande, être entendu par l'Assemblée Nationale, le Sénat, ou les deux chambres réunies en congrès. Il peut également leur adresser des messages.

Ces communications ne donnent lieu à aucun débat en sa présence.

ARTICLE 33.- Le Premier ministre et les autres membres du Gouvernement ont accès au Parlement et peuvent participer aux débats.

ARTICLE 34.- (1) Lors de la session au cours de laquelle le projet de loi de finances est examiné, le Premier ministre présente à l'Assemblée Nationale le programme économique, financier, social et culturel du Gouvernement.

(2) Le Premier ministre peut, après délibération du Conseil ministériel, engager devant l'Assemblée Nationale, la responsabilité du Gouvernement sur un programme ou, le cas échéant, sur une déclaration de politique générale.

Le vote ne peut intervenir moins de quarante-huit (48) heures après la question de confiance.

La confiance est refusée à la majorité absolue des membres de l'Assemblée Nationale.

Seuls sont recensés les votes défavorables à la question de confiance.

(3) L'Assemblée Nationale peut mettre en cause la responsabilité du Gouvernement par le vote d'une motion de censure. Pour être recevable, la motion de censure doit être signée par au moins un tiers des membres de l'Assemblée Nationale. Le vote ne peut intervenir moins de quarante-huit (48) heures après le dépôt de la motion de censure. La motion de censure est adoptée à la majorité des deux tiers des membres composant l'Assemblée Nationale. Seuls sont recensés les votes favorables à la motion de censure.

En cas de rejet de la motion de censure, les signataires ne peuvent en déposer une nouvelle avant le délai d'un (1) an, sauf dans le cas prévu à l'alinéa 4 ci-dessous.

(4) Le Premier ministre peut, après délibération du Conseil ministériel, engager devant l'Assemblée Nationale, la responsabilité du Gouvernement sur le vote d'un texte. Dans ce cas, ce texte est considéré comme adopté sauf si une motion de censure déposée dans les vingt-quatre (24) heures qui suivent est votée dans les conditions prévues à l'alinéa précédent.

(5) Lorsque l'Assemblée Nationale adopte une motion de censure ou refuse la confiance du Gouvernement, le Premier ministre doit remettre au Président de la République la démission du Gouvernement.

(6) Le Président de la République peut reconduire le Premier ministre dans ses fonctions et lui demander de former un nouveau Gouvernement.

ARTICLE 35.- (1) Le Parlement contrôle l'action gouvernementale par voie des questions orales ou écrites et par la constitution des commissions d'enquêtes sur des objets déterminés.

(2) Le Gouvernement, sous réserve des impératifs de la défense nationale, de la sécurité de l'Etat ou du secret d'information judiciaire, fournit des renseignements au Parlement.

(3) Au cours de chaque session ordinaire, une séance par semaine est réservée par priorité aux questions des membres du parlement et aux réponses du Gouvernement.

ARTICLE 36.- (1) Le Président de la République, après consultation du président du Conseil constitutionnel, du président de l'Assemblée Nationale et du président du Sénat, peut soumettre au référendum tout projet de réforme qui, bien que relevant du domaine de la loi, serait susceptible d'avoir des répercussions profondes sur l'avenir de la Nation et les institutions nationales.

Il en sera ainsi notamment :

1. Des projets de loi portant sur l'organisation des pouvoirs publics ou sur la révision de la Constitution ;

2. Des projets de loi tendant à la ratification des accords ou des traités internationaux présentant, par leurs conséquences, une importance particulière ;

3. De certains projets de réforme portant sur le statut des personnes et le régime des biens, etc.

(2) Le projet de loi est adopté à la majorité des suffrages exprimés.

(3) La loi détermine les procédures du référendum.

TITRE V
DU POUVOIR JUDICIAIRE

ARTICLE 37.- (1) La justice est rendue sur le territoire de la République au nom du peuple camerounais.

(2) Le pouvoir judiciaire est exercé par la Cour suprême, les cours d'appel, les tribunaux. Il est indépendant du pouvoir exécutif et du pouvoir législatif.

Les magistrats du siège ne relèvent dans leurs fonctions juridictionnelles que de la loi et de leur conscience.

(3) Le Président de la République est garant de l'indépendance du pouvoir judiciaire.

Il nomme les magistrats. Il est assisté dans cette mission par le Conseil supérieur de la magistrature qui lui donne son avis sur les propositions de nomination et sur les sanctions disciplinaires concernant les magistrats du siège.

L'organisation et le fonctionnement du Conseil supérieur de la magistrature sont déterminés par la loi.

ARTICLE 38.- (1) La Cour suprême est la plus haute juridiction de l'Etat en matière judiciaire, administrative et de jugement des comptes.

(2) Elle comprend :

- une Chambre judiciaire ;
- une Cambre administrative ;
- une Chambre des comptes.

ARTICLE 39.- La Chambre judiciaire statue souverainement sur :

- les recours en cassation admis par la loi contre les décisions rendues en dernier ressort par les cours et tribunaux de l'ordre judiciaire ;
- les décisions des juridictions inférieures de l'ordre judiciaire devenues définitives dans les cas où l'application du droit est en cause ;
- toute matière qui lui est expressément attribuée par la loi.

ARTICLE 40.- La Chambre administrative connaît de l'ensemble du contentieux administratif de l'Etat et des autres collectivités publiques.

Elle connaît en appel du contentieux des élections régionales et municipales.

Elle statue souverainement sur les décisions rendues en dernier ressort par les juridictions inférieures en matière de contentieux administratif.

Elle connaît de tout autre litige qui lui est expressément attribué par la loi.

ARTICLE 41.- La Chambre des comptes est compétente pour contrôler et statuer sur les comptes publics et ceux des entreprises publiques et parapubliques.

Elle statue souverainement sur les décisions rendues en dernier ressort par les juridictions inférieures des comptes.

Elle connaît de toute autre matière qui lui est expressément attribuée par la loi.

ARTICLE 42.- (1) L'organisation, le fonctionnement, la composition, les attributions de la Cour suprême et des chambres qui la composent ainsi que les conditions de saisine et la procédure suivie devant elles sont fixés par la loi.

(2) L'organisation, le fonctionnement, la composition, les attributions des cours d'appel, des tribunaux de l'ordre judiciaire, des tribunaux administratifs et des juridictions inférieures des comptes ainsi que les conditions de saisine et la procédure suivie devant eux sont fixés par la loi.

TITRE VI
DES TRAITES ET ACCORDS INTERNATIONAUX

ARTICLE 43.- Le Président de la République négocie et ratifie les traités et accords internationaux. Les traités et accords internationaux qui concernent le domaine de la loi, défini à l'article 26 ci-dessus, sont soumis, avant ratification, à l'approbation en forme législative par le Parlement.

ARTICLE 44.- Si le Conseil constitutionnel a déclaré qu'un traité ou accord international comporte une clause contraire à la Constitution, l'approbation en forme législative ou la ratification de ce traité ou de cet accord ne peut intervenir qu'après la révision de la Constitution.

ARTICLE 45.- Les traités ou accords internationaux régulièrement approuvés ou ratifiés ont, dès leur publication, une autorité supérieure à celle des lois, sous réserve pour chaque accord ou traité, de son application par l'autre partie.

TITRE VII
LE CONSEIL CONSTITUTIONNEL

ARTICLE 46.- Le Conseil constitutionnel est l'instance compétente en matière constitutionnelle. Il statue sur la constitutionnalité des lois. Il est l'organe régulateur du fonctionnement des institutions.

ARTICLE 47.- (1) Le Conseil constitutionnel statue souverainement sur :

- la constitutionnalité des lois, des traités et accords internationaux ;
- les règlements intérieurs de l'Assemblée Nationale et du Sénat, avant leur mise en application, quant à leur conformité à la Constitution ;

- les conflits d'attribution : entre les institutions de l'Etat ; entre l'Etat et les régions ; entre les régions.

(2) Le Conseil constitutionnel est saisi par le Président de la République, le président de l'Assemblée Nationale, le président du Sénat, un tiers des députés ou un tiers des sénateurs.

Les présidents des exécutifs régionaux peuvent saisir le Conseil constitutionnel lorsque les intérêts de leur région sont en cause.

(3) Avant leur promulgation, les lois ainsi que les traités et les accords internationaux peuvent être déférés au Conseil constitutionnel par le Président de la République, le président de l'Assemblée Nationale, le président du Sénat, un tiers des députés ou un tiers des sénateurs, les présidents des exécutifs régionaux conformément aux dispositions de l'alinéa (2) ci-dessus.

La saisine du Conseil constitutionnel suspend le délai de promulgation.

(4) Le Conseil constitutionnel donne des avis sur les matières relevant de sa compétence.

ARTICLE 48.- (1) Le Conseil constitutionnel veille à la régularité de l'élection présidentielle, des élections parlementaires, des consultations référendaires. Il en proclame les résultats.

(2) En cas de contestation sur la régularité de l'une des élections prévues à l'alinéa (1) ci-dessus, le Conseil constitutionnel peut être saisi par tout candidat, tout parti politique ayant pris part à l'élection dans la circonscription concernée ou toute personne ayant qualité d'agent du Gouvernement pour cette élection.

(3) En cas de contestation sur la régularité d'une consultation référendaire, le Conseil constitutionnel peut être saisi par le Président de la République, le président de l'Assemblée Nationale ou le président du Sénat, un tiers des députés ou un tiers des sénateurs.

ARTICLE 49.- Dans tous les cas de saisine, le Conseil constitutionnel statue dans un délai de quinze (15) jours.

Toutefois, à la demande du Président de la République, ce délai peut être ramené à huit (8) jours.

ARTICLE 50.- (1) Les décisions du Conseil constitutionnel ne sont susceptibles d'aucun recours. Elles s'imposent aux pouvoirs publics et à toutes les autorités administratives, militaires et juridictionnelles, ainsi qu'à toute personne physique ou morale.

(2) Une décision déclarée inconstitutionnelle ne peut être ni promulguée ni mise en application.

ARTICLE 51.- (1) Le Conseil constitutionnel comprend onze (11) membres, désignés pour un mandat de six (6) ans éventuellement renouvelable.

Les membres du Conseil constitutionnel sont choisis parmi les personnalités de réputation professionnelle établie.

Ils doivent jouir d'une grande intégrité morale et d'une compétence reconnue.

(2) Les membres du Conseil constitutionnel sont nommés par le Président de la République et désignés de la manière suivante :

- trois, dont le président du Conseil, par le Président de la République ;
- trois par le président de l'Assemblée Nationale après avis du Bureau ;
- trois par le président du Sénat après avis du Bureau ;
- deux par le Conseil supérieur de la magistrature.

En plus des onze (11) membres prévus ci-dessus, les anciens Présidents de la République sont, de droit, membres à vie du Conseil constitutionnel.

Le président du Conseil constitutionnel a voix prépondérante en cas de partage.

(3) En cas de décès ou de démission d'un membre, ou autre cause d'incapacité ou d'inadaptation dûment constatée par les organes compétents prévus par la loi, il est pourvu au remplacement de ce membre par l'autorité ou l'organe de désignation concerné. Le membre ainsi désigné et nommé achève le mandat commencé.

(4) Les membres du Conseil constitutionnel prêtent serment devant le Parlement réuni en Congrès dans les formes fixées par la loi.

(5) Les fonctions de membre du Conseil constitutionnel sont incompatibles avec celles de membre du Gouvernement, du Parlement ou de la Cour suprême. Les autres éléments du statut tels les incompatibilités, les obligations, les immunités et les privilèges sont fixés par la loi.

ARTICLE 52.- L'organisation et le fonctionnement du Conseil constitutionnel, les modalités de saisine, ainsi que la procédure suivie devant lui sont fixés par la loi.

TITRE VIII
LA HAUTE COUR DE JUSTICE

ARTICLE 53.- (1) La Haute Cour de Justice est compétente pour juger les actes accomplis dans l'exercice de leurs fonctions par :

- le Président de la République en cas de haute trahison ;
- le Premier ministre, les autres membres du Gouvernement et assimilés, les hauts responsables de l'Administration ayant reçu délégation de pouvoirs en application des articles 10 et 12 ci-dessus, en cas de complot contre la sûreté de l'Etat.

(2) Le Président de la République ne peut être mis en accusation que par l'Assemblée Nationale et le Sénat statuant par un vote identique au scrutin public et à la majorité des quatre cinquièmes des membres les composants.

(3) Les actes accomplis par le Président de la République en application des articles 5, 8, 9 et 10 ci-dessus, sont couverts par l'immunité et ne sauraient engager sa responsabilité à l'issue de son mandat.

(4) L'organisation, la composition, les conditions de saisine ainsi que la procédure suivie devant la Haute Cour de Justice sont déterminées par la loi.

TITRE IX
LE CONSEIL ECONOMIQUE ET SOCIAL

ARTICLE 54.- Il est créé un Conseil économique et social dont la composition, les attributions et l'organisation sont déterminées par la loi.

TITRE X
DES COLLECTIVITES TERRITORIALES DECENTRALISEES

ARTICLE 55.- (1) Les collectivités territoriales décentralisées de la République sont les régions et les communes.

Tout autre type de collectivité territoriale décentralisée est créé par la loi.

(2) Les collectivités territoriales décentralisées sont des personnes morales de droit public. Elles jouissent de l'autonomie administrative et financière pour la gestion des intérêts régionaux et locaux. Elles s'administrent librement par des conseils élus et dans les conditions fixées par la loi.

Les conseils des collectivités territoriales décentralisées ont pour mission de promouvoir le développement économique, social, sanitaire, éducatif, culturel et sportif de ces collectivités.

(3) L'Etat assure la tutelle sur les collectivités territoriales décentralisées dans les conditions fixées par la loi.

(4) L'Etat veille au développement harmonieux de toutes les collectivités territoriales décentralisées sur la base de la solidarité nationale, des potentialités régionales et de l'équilibre interrégional.

(5) L'organisation, le fonctionnement et le régime financier des collectivités territoriales décentralisées sont déterminés par la loi.

(6) Le régime des communes est déterminé par la loi.

ARTICLE 56.- (1) L'Etat transfère aux régions, dans les conditions fixées par la loi, des compétences dans les matières nécessaires à leur développement économique, social, sanitaire, éducatif, culturel et sportif.

(2) La loi détermine :

- le partage des compétences entre l'Etat et les régions dans les matières ainsi transférées ;
- les ressources des régions ;
- le domaine et le patrimoine particulier de la région.

ARTICLE 57.- (1) Les organes de la région sont :

- le Conseil régional ;
- le président du Conseil régional.

Le Conseil régional et le président du Conseil régional agissent dans le cadre des compétences transférées aux régions par l'Etat.

(2) Le Conseil régional est l'organe délibérant de la région. Les conseillers régionaux dont le mandat est de cinq (5) ans sont :

- les délégués des départements élus au suffrage universel indirect ;
- les représentants du commandement traditionnel élus par leurs pairs.

Le Conseil régional doit refléter les différentes composantes sociologiques de la région.

Le mode d'élection, le nombre, la proportion par catégorie, le régime des inéligibilités, des incompatibilités et des indemnités des conseillers régionaux sont fixés par la loi.

(3) Le Conseil régional est présidé par une personnalité autochtone de la région élue en son sein pour la durée du mandat du Conseil.

Le président du Conseil régional est l'Exécutif de la région. A ce titre, il est l'interlocuteur du représentant de l'Etat. Il est assisté par un bureau régional élu en même temps que lui au sein du Conseil. Le bureau régional doit refléter la composition sociologique de la région.

(4) Les parlementaires de la région assistent aux travaux du Conseil régional avec voix consultative.

ARTICLE 58.- (1) Dans la région, un délégué nommé par le Président de la République représente l'Etat. A ce titre, il a la charge des intérêts nationaux, du contrôle administratif, du respect des lois et règlements et du maintien de l'ordre public ; il supervise et coordonne sous l'autorité du Gouvernement, les services des administrations civiles de l'Etat dans la région.

(2) Il assure la tutelle de l'Etat sur la région.

ARTICLE 59.- (1) Le Conseil régional peut être suspendu par le Président de la République lorsque ledit organe :

- accomplit des actes contraires à la Constitution :
- porte atteinte à la sécurité de l'Etat ou à l'ordre public ;
- met en péril l'intégrité du territoire.

Les autres cas de suspension sont fixés par la loi.

(2) Le Conseil régional peut être dissous par le Président de la République, après avis du Conseil constitutionnel, dans tous les cas prévus à l'alinéa (1) ci-dessus.

Les autres cas de dissolution sont fixés par la loi.

(3) La substitution de plein droit par l'Etat dans les cas prévus aux alinéas (1) et (2) ci-dessus est décidée par le Président de la République.

(4) Les modalités d'application du présent article sont fixées par la loi.

ARTICLE 60.- (1) Le président et le bureau du Conseil régional peuvent être suspendus par le Président de la République lorsque lesdits organes :

- accomplissent des actes contraires à la Constitution ;
- portent atteinte à la sécurité de l'Etat ou à l'ordre public ;

- mettent en péril l'intégrité du territoire.

Les autres cas de suspension sont fixés par la loi.

(2) Le président et le bureau du Conseil régional peuvent être destitués par le Président de la République, après avis du Conseil constitutionnel, dans tous les cas prévus à l'alinéa (1) ci-dessus.

Les autres cas de destitution sont prévus par la loi.

(3) La substitution de plein droit par l'Etat dans les cas prévus aux alinéas (1) et (2) ci-dessus est décidée par le Président de la République.

(4) Les modalités d'application du présent article sont fixées par la loi.

ARTICLE 61.- (1) Sont constituées en régions, les provinces suivantes :

- l'Adamaoua ;
- le Centre ;
- l'Est ;
- l'Extrême-Nord ;
- le Littoral ;
- le Nord ;
- le Nord-Ouest ;
- l'Ouest ;
- le Sud ;
- le Sud-Ouest.

(2) Le Président de la République peut, en tant que de besoin :

a) modifier les dénominations et les délimitations géographiques des régions énumérées à l'alinéa (1) ci-dessus ;

b) créer d'autres régions. Dans ce cas, il leur attribue une dénomination et fixe leurs délimitations géographiques.

ARTICLE 62.- (1) Le régime général ci-dessus s'applique à toutes les régions.

(2) Sans préjudice des dispositions prévues au présent titre, la loi peut tenir compte des spécificités de certaines régions dans leur organisation et leur fonctionnement.

TITRE XI
DE LA REVISION DE LA CONSTITUTION

ARTICLE 63.- (1) L'initiative de la révision de la Constitution appartient concurremment au Président de la République et au Parlement.

(2) Toute proposition de révision émanant de membres du Parlement doit être signée par un tiers au moins des membres de l'une ou de l'autre chambre.

(3) Le Parlement se réunit en Congrès, lorsqu'il est appelé à se prononcer sur un projet ou une proposition de révision de la Constitution. Le texte est adopté à la majorité absolue des membres le composant. Le Président de la République peut demander

une seconde lecture. Dans ce cas, la révision est votée à la majorité de deux tiers des membres composant le Parlement.

(4) Le Président de la République peut décider de soumettre tout projet ou toute proposition de révision de la Constitution au référendum. Dans ce cas, le texte est adopté à la majorité simple des suffrages exprimés.

ARTICLE 64.- Aucune procédure de révision ne peut être retenue si elle porte atteinte à la forme républicaine, à l'unité et à l'intégrité territoriale de l'Etat et aux principes démocratiques qui régissent la République.

TITRE XII
DISPOSITIONS SPECIALES

ARTICLE 65.- Le Préambule fait partie intégrante de la Constitution.

ARTICLE 66.- Le Président de la République, le Premier ministre, les membres du Gouvernement et assimilés, le président et les membres du bureau de l'Assemblée Nationale, le président et les membres du bureau du Sénat, les députés, les sénateurs, tout détenteur d'un mandat électif, les secrétaires généraux des ministères et assimilés, les directeurs des administrations centrales, les directeurs généraux des entreprises publiques et parapubliques, les magistrats, les personnels des administrations chargées de l'assiette, du recouvrement et du maniement des recettes publiques, tout gestionnaire de crédits et des biens publics, doivent faire une déclaration de leurs biens et avoirs au début et à la fin de leur mandat ou de leur fonction.

Une loi détermine les autres catégories de personnes assujetties aux dispositions du présent article et en précise les modalités d'application.

TITRE XIII
DISPOSITIONS TRANSITOIRES ET FINALES

ARTICLE 67.- (1) Les nouvelles institutions de la République prévues par la présente Constitution seront progressivement mises en place.

(2) Pendant leur mise en place et jusqu'à cette mise en place, les institutions de la République actuelles demeurent et continuent de fonctionner :

a) le Président de la République en exercice demeure en fonction jusqu'au terme de son mandat en cours, sous réserve de l'application des dispositions prévues à l'article 6, alinéa (4) de la Constitution ;

b) les députés à l'Assemblée Nationale restent en fonction jusqu'à la fin de leur mandat en cours, sous réserve de l'application des dispositions de l'article 8, alinéa (12).

(3) L'Assemblée Nationale exerce la plénitude du pouvoir législatif et jouit de l'ensemble des prérogatives reconnues au Parlement jusqu'à la mise en place du Sénat.

(4) La Cour suprême exerce les attributions du Conseil constitutionnel jusqu'à la mise en place de celui-ci.

(5) L'organisation territoriale de l'Etat reste inchangée jusqu'à la mise en place des régions.

(6) Au cas où la mise en place du Sénat intervient avant celle des régions, le collège électoral pour l'élection des sénateurs est composé exclusivement des conseillers municipaux.

ARTICLE 68.- La législation résultant des lois et règlements applicables dans l'Etat fédéral du Cameroun et dans les Etats fédérés à la date de prise d'effet de la présente Constitution reste en vigueur dans ses dispositions qui ne sont pas contraires aux stipulations de celle-ci, tant qu'elle n'aura pas été modifiée par voie législative ou réglementaire.

ARTICLE 69.- La présente loi sera enregistrée, publiée suivant la procédure d'urgence puis insérée au Journal officiel en français et en anglais. Elle sera exécutée comme Constitution de la République du Cameroun./-

Le Président de la République,

Paul BIYA.

ANNEXE II

REGLEMENT INTERIEUR DE L'ASSEMBLEE NATIONALE

(Loi n° 2014/016 du 9 septembre 2014)

CHAPITRE PREMIER
DISPOSITIONS GENERALES

ARTICLE 1er.- La présente loi porte Règlement Intérieur de l'Assemblée Nationale.

ARTICLE 2.- Les membres de l'Assemblée Nationale portent le titre de «Député».

ARTICLE 3.- (1) Le mandat des Députés est de cinq (05) ans. Il commence le jour de l'ouverture de la session ordinaire de plein droit qui suit le scrutin.

(2) Au début de chaque législature, l'Assemblée Nationale se réunit de plein droit en session ordinaire, le deuxième mardi suivant la proclamation des résultats des élections législatives par le Conseil Constitutionnel.

(3) Chaque année, l'Assemblée Nationale tient trois (03) sessions ordinaires d'une durée maximale de trente (30) jours chacune.

(4) L'année législative de l'Assemblée Nationale est arrimée à l'année civile.

(5) La première session ordinaire de l'Assemblée Nationale s'ouvre au mois de mars, la deuxième au mois de juin et la troisième au mois de novembre.

(6) Après concertation avec le Bureau du Sénat et consultation du Président de la République, la date d'ouverture de chaque session est fixée par Arrêté du Bureau de l'Assemblée Nationale.

(7) L'Assemblée Nationale se réunit en session extraordinaire, pour une durée maximale de quinze (15) jours, sur un ordre du jour déterminé, à la demande du Président de la République ou d'un tiers des Députés.

(8) La session extraordinaire est close dès épuisement de l'ordre du jour.

CHAPITRE II
DES CONDITIONS D'EXERCICE DU MANDAT DE DEPUTE

SECTION I
DE LA VERIFICATION DES CAS D'INCOMPATIBILITE

ARTICLE 4.- (1) L'Assemblée Nationale veille à l'application des dispositions relatives aux incompatibilités prévues par la Constitution et par le Code Electoral.

(2) Le mandat de Député est incompatible avec l'exercice de fonctions publiques rétribuées sur les fonds de l'Etat. Par conséquent, tout agent public, élu Député, est immédiatement remplacé dans ses fonctions. En outre, il est placé en position de détachement auprès du Parlement si, dans le mois suivant son élection, il n'a pas fait connaître qu'il n'accepte pas le mandat qui lui est confié.

(3) Toutefois, sont exemptés des dispositions de l'alinéa 2 ci-dessus, les Députés chargés de missions temporaires ou extraordinaires par le Gouvernement.

(4) Le cumul du mandat législatif et de la mission ne peut excéder deux (02) ans. Toutefois, à l'expiration de ce délai, la mission peut être renouvelée par décret, pris après avis du Bureau.

(5) L'octroi d'une mission par le Gouvernement est immédiatement porté à la connaissance du Bureau de l'Assemblée nationale.

ARTICLE 5.- Après la proclamation des résultats des élections législatives, chaque Député doit fournir au Secrétariat Général de l'Assemblée Nationale les pièces suivantes :

- un extrait d'acte de naissance ou un jugement supplétif en tenant lieu ;
- une copie certifiée conforme de la carte nationale d'identité ;
- un document attestant de la fin ou de la suspension de toute activité incompatible avec le mandat de Député ;
- une déclaration sur l'honneur de la fin ou de la suspension des activités incompatibles.

ARTICLE 6.- (1) La vérification des incompatibilités est faite par des Bureaux créés à cet effet. Chaque Bureau de vérification statue individuellement sur le cas des Députés dont les noms figurent sur la liste à lui soumise.

(2) L'élection des membres des Bureaux de vérification, qui doit refléter autant que possible la configuration politique de la Chambre, a lieu en séance plénière, au scrutin de liste majoritaire secret. Les bulletins blancs ou nuls n'entrent pas en compte pour le calcul de la majorité. Si la majorité absolue n'a pas été acquise au premier tour du scrutin, il est procédé à un second tour. Dans ce dernier cas, la majorité simple suffit.

ARTICLE 7.- (1) Les Bureaux de vérification sont élus pour la durée de la législature. En cas de démission pour incompatibilité, constatée d'office par le Président d'un Bureau de vérification ou le Président de l'Assemblée Nationale, selon le cas, il est procédé au remplacement du démissionnaire par un autre candidat présenté par son Groupe ou, à défaut, son parti politique.

(2) Chaque Bureau de vérification élit un Président, un Vice-président et deux (02) Secrétaires.

(3) Les Bureaux de vérification désignent les élus chargés des fonctions de Rapporteur et procèdent sans délai à l'examen des pièces justificatives visées à l'article 5 ci-dessus.

(4) Chaque Bureau dresse procès-verbal de ses délibérations.

(5) Les Députés peuvent prendre communication, sur place et sans déplacement, des procès-verbaux des Bureaux de vérification, ainsi que des documents qui leur ont été remis.

(6) A l'expiration de la législature, ces procès-verbaux et documents sont déposés aux Archives de l'Assemblée Nationale.

ARTICLE 8.- (1) Les copies du procès-verbal de proclamation des résultats des élections législatives par le Conseil Constitutionnel sont réparties équitablement entre les Bureaux selon l'ordre alphabétique des candidats proclamés élus.

(2) Les réclamations doivent être adressées au Doyen d'âge en début de législature et au Président de l'Assemblée Nationale en cours de législature, en cas d'élection partielle. Le Doyen d'âge ou le Président saisit le Bureau compétent.

(3) Les Bureaux doivent saisir le Doyen d'âge ou le Président de l'Assemblée Nationale, selon le cas, de leurs conclusions dans un délai maximal de cinq (05) jours. L'examen de ces conclusions est inscrit d'office à l'ordre du jour de la séance qui suit l'expiration de ce délai.

ARTICLE 9 - (1) Les rapports des Bureaux de vérification doivent être affichés et distribués aux Députés.

a) Si le rapport d'un Bureau ne fait état d'aucun cas d'incompatibilité, il est adopté sans débat en séance plénière.

b) Si le rapport d'un Bureau fait état d'un cas d'incompatibilité, l'Assemblée Nationale, en séance plénière, donne un délai de dix (10) jours à l'élu concerné pour se démettre du mandat ou de la fonction incompatible.

A l'expiration de ce délai, si le cas d'incompatibilité persiste, la démission d'office du concerné est constatée.

(2) Le remplacement du Député dont la démission d'office est constatée se fait conformément aux dispositions du Code Electoral.

ARTICLE 10.- (1) En cas de contestation portant sur un cas d'incompatibilité, l'Assemblée Nationale, en séance plénière, crée une Commission d'enquête complémentaire. Celle-ci dispose d'un délai de soixante douze (72) heures pour déposer ses conclusions.

(2) La Commission visée à l'alinéa 1 ci-dessus est composée des Présidents et des Secrétaires des Bureaux de vérification.

(3) L'élu dont le cas est soumis à enquête peut désigner un Député à adjoindre à ladite Commission. Ce dernier ne dispose que d'une voix consultative.

(4) Après avoir procédé à l'enquête demandée par l'Assemblée Nationale, la Commission donne connaissance de ses conclusions à celle-ci dans un délai de soixante-douze (72) heures. Il est alors procédé au vote définitif sur ce cas.

ARTICLE 11.- L'élu dont le cas est soumis à enquête par décision de l'Assemblée Nationale ne peut prendre part au vote le concernant. Il ne peut déposer ni proposition de loi ou de résolution, ni amendement.

SECTION II
DE LA DEMISSION

ARTICLE 12.- (1) Tout élu dont le mandat a été vérifié, peut se démettre de ses fonctions.

(2) La démission donnée par un élu avant la vérification de son mandat ne dessaisit pas l'Assemblée Nationale du droit de procéder à cette vérification.

(3) Les démissions, en cours de législature, sont adressées au Président de l'Assemblée Nationale qui en donne connaissance à la Chambre lors de la prochaine séance.

(4) La démission est acceptée par l'Assemblée Nationale, qui ne peut la refuser lorsqu'elle constate que le Député se démet de son mandat en toute liberté.

ARTICLE 13.- La démission intervient également dans les conditions déterminées aux articles 9 et 101 du présent Règlement Intérieur.

CHAPITRE III
DE LA CONSTITUTION DE L'ASSEMBLEE NATIONALE

ARTICLE 14.- (1) Au début d'une législature, ainsi qu'à l'ouverture de la première session ordinaire de l'année législative de l'Assemblée Nationale, le plus âgé des Députés présents et les deux (02) plus jeunes forment le Bureau d'âge qui reste en fonction jusqu'à l'élection du Bureau définitif.

(2) a) Aucun débat, aucun vote, à l'exception des débats sur la vérification des cas d'incompatibilité, en début ou en cours de législature, et de l'élection du Président de l'Assemblée Nationale, ne peut avoir lieu sous la présidence du Doyen d'âge.

b) Toutefois, si l'Assemblée Nationale est amenée, sous cette présidence, à débattre d'un point touchant à son Règlement Intérieur, il est créé une Commission ad hoc dans les conditions prévues à l'article 123 ci-dessous.

ARTICLE 15.- (1) A l'ouverture de la session ordinaire de plein droit, le Doyen d'âge donne lecture à l'Assemblée Nationale du procès-verbal de proclamation des résultats des élections législatives et des noms des candidats proclamés élus, transmis par le Conseil Constitutionnel. La moitié plus un au moins de ces élus doivent être présents à cette séance. Le Doyen d'âge, après vérification, informe l'Assemblée Nationale que le quorum est atteint.

(2) A l'ouverture de chaque session ordinaire ou extraordinaire, le Doyen d'âge ou le Président en fonction, assisté des deux (02) plus jeunes Députés ou d'un secrétaire, selon le cas, et du Secrétaire Général de l'Assemblée Nationale, donne d'abord lecture de l'Arrêté portant convocation de la Chambre en application de l'article 3, alinéa 6 ci-dessus. Le Doyen d'âge ou le Président déclare ensuite la séance ouverte.

(3) La constatation de la présence des Députés, manifestée par leur signature sur un registre spécialement ouvert à cet effet et après vérification du quorum fixé à l'article 47

ci-dessous, et éventuellement après lecture des communications à la Chambre, le Président passe à l'examen de l'ordre du jour.

(4) Au début de la législature ou de la première session ordinaire de l'année législative de l'Assemblée Nationale, il est procédé avant toute délibération et sous réserve des dispositions de l'article 14 ci-dessus, à l'élection du Bureau définitif.

CHAPITRE IV
DU BUREAU DEFINITIF DE L'ASSEMBLEE NATIONALE

ARTICLE 16.- (1) Le Bureau définitif de l'Assemblée Nationale comprend :

- un (01) Président ;
- un (01) Premier Vice-président ;
- cinq (05) Vice-présidents ;
- quatre (04) Questeurs ;
- douze (12) Secrétaires.

(2) Le Secrétaire Général de l'Assemblée Nationale est membre *ex officio* du Bureau définitif.

ARTICLE 17.- (1) Le Président de l'Assemblée Nationale est élu au scrutin uninominal, à la majorité absolue des suffrages valablement exprimés. A défaut de la majorité absolue au premier tour, il est procédé à un second tour pour lequel la majorité relative suffit.

(2) Deux (02) scrutateurs désignés par le Doyen d'âge dépouillent le scrutin dont le Doyen d'âge proclame les résultats.

(3) Le Doyen d'âge invite le Président élu à prendre place immédiatement au fauteuil de Président de l'Assemblée Nationale.

(4) Le Premier Vice-président est élu au scrutin uninominal, à la majorité absolue des suffrages valablement exprimés. A défaut de la majorité absolue au premier tour, il est procédé à un second tour pour lequel la majorité relative suffit.

(5) Deux (02) scrutateurs désignés par le Président de l'Assemblée Nationale dépouillent le scrutin dont il proclame les résultats.

(6) Les Vice-présidents, autres que le Premier, les Questeurs et les Secrétaires sont élus en même temps, au cours de la même séance plénière, à la majorité des suffrages valablement exprimés sur une liste commune présentée par les partis politiques représentés à l'Assemblée Nationale.

(7) L'élection visée à l'alinéa 6 ci-dessus a lieu en s'efforçant de reproduire au sein du Bureau, la configuration politique de l'Assemblée Nationale, sauf refus de certains partis politiques de participer au Bureau.

(8) Les membres du Bureau définitif sont élus pour un an. Ils sont rééligibles.

(9) Toutefois, les membres du Bureau définitif élus au cours de la session de plein droit restent en fonction jusqu'à l'élection du Bureau définitif de l'Assemblée Nationale à l'ouverture de la première session ordinaire de l'année législative suivante.

ARTICLE 18- Le Bureau définitif a tous les pouvoirs pour présider les délibérations de l'Assemblée Nationale, ainsi que pour organiser tous ses services. Il représente l'Assemblée Nationale dans toutes les cérémonies publiques.

ARTICLE 19.- (1) Le Président de l'Assemblée Nationale préside le Bureau définitif et la Conférence des Présidents. Il a la haute direction des débats en séance plénière.

(2) En cas d'absence ou d'empêchement du Président de l'Assemblée Nationale, pour quelque cause que ce soit, le Premier Vice-président et les Vice-présidents le suppléent dans l'ordre de préséance établi par le Bureau.

(3) Les Secrétaires supervisent la rédaction du procès-verbal et en donnent lecture si elle est demandée. Ils inscrivent les Députés qui demandent la parole, contrôlent les votes et dépouillent les scrutins.

(4) Les Questeurs, sous la haute direction du Bureau de l'Assemblée Nationale, sont chargés de l'évaluation, de l'audit et du contrôle des services de l'Assemblée Nationale suivant les modalités fixées par Arrêté du Bureau.

CHAPITRE V
DES GROUPES PARLEMENTAIRES

ARTICLE 20.- (1) Les Députés peuvent s'organiser en Groupes par partis politiques. Aucun Groupe ne peut comprendre moins de quinze (15) membres, non compris les Députés apparentés.

(2) Les Députés qui n'appartiennent à aucun Groupe peuvent s'apparenter à un Groupe de leur choix, avec l'agrément du Bureau de ce Groupe, afin de pouvoir figurer sur sa liste.

(3) Les Groupes sont constitués après remise au Doyen d'âge ou au Président de l'Assemblée Nationale d'une liste de leurs membres et des Députés apparentés accompagnée d'une déclaration publique, commune à tous les membres, signée par eux et tenant lieu de programme d'action politique.

(4) Aucun Député ne peut appartenir à plus d'un Groupe.

(5) Les Députés apparentés comptent pour le calcul des sièges à accorder aux Groupes dans les diverses Commissions de l'Assemblée Nationale prévues par le présent Règlement Intérieur.

(6) Chaque Groupe communique au Président de l'Assemblée Nationale la composition de son Bureau qui comprend un Président, un Vice-président et un Secrétaire.

(7) Toute modification dans la composition d'un Groupe est portée à la connaissance du Président de l'Assemblée Nationale, sous la signature du Président du Groupe et sous la double signature du Député et du Président du Groupe, s'il s'agit d'une adhésion ou d'un apparentement.

(8) Ces modifications sont communiquées à l'Assemblée Nationale par le Président, puis publiées au Journal Officiel des Débats en français et en anglais.

CHAPITRE VI
DES COMMISSIONS

SECTION I
DES COMMISSIONS GENERALES

ARTICLE 21.- (1) Chaque année, après l'élection du Bureau définitif, l'Assemblée Nationale constitue neuf (09) Commissions générales composées en nombre égal de Députés, pour l'étude des affaires qui lui sont soumises :

a) Commission des Lois Constitutionnelles, des Droits de l'Homme et des Libertés, de la Justice, de la Législation et du Règlement, de l'Administration : Constitution, règlement, statut des personnes, justice, collectivités territoriales décentralisées... ;

b) Commission des Finances et du Budget : budget, fiscalité, contributions, monnaie et crédit, contrôle budgétaire... ;

c) Commission des Affaires Etrangères : traités, conventions internationales... ;

d) Commission de la Défense Nationale et de la Sécurité : défense nationale, armées, gendarmerie, sûreté nationale, justice militaire, sapeurs pompiers... ;

e) Commission des Affaires Economiques, de la Programmation et de l'Aménagement du Territoire : aménagement du territoire, lois-programmes, domaine de l'Etat, entreprises nationales, urbanisme, équipement et travaux publics... ;

f) Commission de l'Education, de la Formation Professionnelle et de la Jeunesse : enseignement du premier et du second degré, enseignement supérieur, éducation populaire... ;

g) Commission des Affaires Culturelles, Sociales et Familiales : culture, arts, information, communication, santé publique, loisirs, œuvres sociales, prévoyance sociale, famille, femme, enfant, personnes âgées... ;

h) Commission de la Production et des Echanges : agriculture, élevage, eaux et forêts, chasse, pêche, énergie et industries, tourisme, recherche scientifique, consommation, commerce intérieur et extérieur... ;

i) Commission des Résolutions et des Pétitions : examen des propositions de résolution, des pétitions, de l'activité interne de l'Assemblée Nationale, exploitation des relations interparlementaires de l'Assemblée Nationale.

(2) Toutefois, en raison de l'importance d'un texte dans la vie politique, économique, sociale et culturelle de la Nation, la Conférence des Présidents peut décider de le soumettre à l'examen de la Chambre entière.

(3) Les travaux de cette Chambre ne peuvent porter que sur la discussion générale du texte ; la discussion au fond et la mise en forme définitive étant réservées à la Commission générale compétente.

(4) Le Président de l'Assemblée Nationale préside les débats de la Chambre.

(5) Les Commissions générales peuvent constituer des sous-commissions.

(6) A l'exception de la Commission des Finances et du Budget qui peut siéger en tant que de besoin, les autres Commissions et sous-commissions ne peuvent valablement siéger que durant les sessions.

(7) les modalités des réunions de la Commission des Finances et du Budget pendant l'intersession seront fixées par arrêté du Bureau de l'Assemblée Nationale.

ARTICLE 22.- (1) Avant la constitution des Commissions générales, les Présidents de Groupe remettent au Président de l'Assemblée Nationale la liste de leurs membres. Cette liste est affichée et consignée au procès-verbal, puis publiée au Journal Officiel des Débats.

(2) Les Groupes disposent, dans chaque Commission générale, d'un nombre de sièges proportionnel à leur importance numérique.

(3) Les sièges sont ainsi répartis proportionnellement entre les Groupes régulièrement constitués dans les conditions fixées à l'article 20 ci-dessus selon la règle de la plus forte moyenne. Les sièges restés vacants après cette répartition sont attribués par le Président de l'Assemblée Nationale aux Députés n'appartenant à aucun Groupe.

(4) Avant la constitution des Commissions générales, les Présidents de Groupe remettent au Président de l'Assemblée Nationale la liste des candidats qu'ils ont établie.

(5) La liste des candidats aux Commissions générales est, après affichage pendant une période minimale de douze (12) heures, soumise à l'adoption de l'Assemblée Nationale si, avant cette adoption, elle n'a pas suscité d'opposition de quatorze (14) Députés au moins.

(6) Les oppositions motivées sont remises par écrit au Président de l'Assemblée Nationale et consignées au procès-verbal *in extenso*, puis publiées au Journal Officiel des Débats. En cas d'opposition, l'Assemblée Nationale procède à un vote par scrutin de liste en séance plénière, étant entendu que ce vote ne saurait modifier la représentation numérique des Groupes au sein des Commissions.

(7) La démission d'un membre ou son exclusion du Groupe entraîne pour ce Député, la perte des avantages dont il bénéficiait en qualité de membre de ce Groupe et notamment la qualité de Commissaire au sein de la Commission où il avait été désigné par son Groupe. Le Groupe procède au remplacement de ce membre exclu ou démissionnaire dans les meilleurs délais.

(8) Aucun Député ne peut faire partie de plus de deux (02) Commissions générales.

ARTICLE 23.- (1) Après sa constitution, chaque Commission générale est convoquée par le Président de l'Assemblée Nationale, afin d'élire au scrutin uninominal, son Bureau composé d'un Président, d'un Vice-président et de deux (02) Secrétaires. Seule la Commission des Finances et du Budget nomme un Rapporteur général.

(2) La Commission des Finances et du Budget désigne également chaque année, à l'ouverture de la première session ordinaire de l'année législative, un Rapporteur géné-

ral pour les recettes et des Rapporteurs spéciaux chargés des dépenses publiques et du contrôle de l'usage des fonds publics, y compris les fonds de développement publics.

(3) Toutefois, les modalités d'exécution des missions du Rapporteur Général pour les recettes et des Rapporteurs spéciaux chargés des dépenses publiques et du contrôle de l'usage des fonds publics ainsi que des fonds de développement publics seront déterminées par arrêté du Bureau de l'Assemblée Nationale.

(4) La Présidence d'une Commission générale ne peut être cumulée avec celle d'une Commission spéciale.

ARTICLE 24.- (1) Les Commissions sont saisies par la Conférence des Présidents de toutes les affaires relevant de leur compétence. Communication de cette saisine est faite à l'Assemblée Nationale à sa prochaine séance.

(2) Le rapport sur le fond d'une affaire ne peut être confié qu'à une seule Commission. Toutefois, les autres Commissions peuvent demander à donner leur avis sur la même affaire.

(3) Pour chaque affaire ; un Rapporteur est désigné par la Commission au fond. Les Commissions saisies pour avis désignent également des Rapporteurs chargés d'exprimer leur avis sur la même affaire.

(4) L'avis visé à l'alinéa 2 ci-dessus peut être transmis au Président de la Commission saisie au fond.

ARTICLE 25.- (1) Les Commissions générales sont convoquées à la diligence du Secrétaire Général de l'Assemblée Nationale.

(2) Les Députés qui ne sont pas membres d'une Commission générale peuvent assister aux travaux de cette Commission, sur autorisation de son Président qui en assure la police.

(3) Seuls ont droit de parole et de vote aux travaux des Commissions, les Députés désignés à cet effet en qualité de Commissaires.

(4) Les membres du Gouvernement ont accès aux Commissions lors de l'étude des projets de loi. En outre, ils doivent être entendus quand ils le demandent. Ils peuvent se faire accompagner et assister par de proches collaborateurs.

(5) L'auteur d'une proposition de loi ou d'un amendement peut être convoqué aux séances de la Commission consacrées à l'examen de son texte. Il se retire au moment du vote.

(6) Les amendements des Députés cessent d'être recevables en Commission dès le début de la discussion des articles.

(7) Le Rapporteur général de la Commission des Finances et du Budget doit être entendu par toute Commission qui examine un budget particulier soumis à son avis.

ARTICLE 26.- (1) Les Commissions générales sont toujours en nombre pour discuter. Toutefois, la présence de la moitié plus un de leurs membres est nécessaire pour la validité de leurs votes.

(2) Si le quorum visé à l'alinéa 1 ci-dessus n'est pas atteint avant le vote, la séance de la Commission générale est suspendue pendant deux (02) heures. A sa reprise, le vote devient valable quel que soit le nombre des votants. Dans ce cas, il doit être fait mention du défaut de quorum dans le rapport de la Commission.

(3) Lorsque sur une affaire soumise à l'examen de l'Assemblée Nationale, la procédure d'urgence est mise en vigueur conformément à l'article 56 ci-dessous, la séance de la Commission est seulement suspendue pendant une heure ; aucun quorum n'étant exigé lors de sa reprise.

(4) Par dérogation aux dispositions de l'article 97 ci-dessous, le Président de la Commission, après consultation du Bureau de la Commission, peut prononcer le rappel à l'ordre à l'encontre de tout Député qui, par ses attaques personnelles, ses interruptions, empêche le déroulement normal des travaux ou la liberté des délibérations en Commission.

(5) Lorsqu'un Commissaire aura été trois (03) fois rappelé à l'ordre au cours d'une même séance, le Président de la Commission en informe le Président de l'Assemblée Nationale qui peut lui appliquer les sanctions disciplinaires prévues à l'article 96 ci-dessous.

ARTICLE 27.- (1) Les décisions des Commissions générales sont prises à la majorité simple des suffrages exprimés.

(2) Les votes en Commission ont lieu à main levée, par assis et levé ou par procédé électronique. Seules les nominations ou désignations personnelles donnent lieu à un vote par scrutin secret. En cas d'égalité de voix, la question mise aux voix n'est pas adoptée.

(3) Les rapports et avis des Commissions doivent être approuvés en Commission avant leur dépôt sur le Bureau de l'Assemblée Nationale. Ils sont ensuite distribués aux Députés.

ARTICLE 28.- (1) Il est établi un procès-verbal des réunions des Commissions, lequel doit indiquer notamment les noms des membres présents, excusés ou absents, les décisions de la Commission ainsi que les résultats des votes.

(2) Seuls les membres de la Commission ont la faculté de prendre communication, sur place, des procès-verbaux des Commissions et des documents qui leur ont été remis.

(3) Toutefois, le Bureau de la Commission peut autoriser les Députés non membres de la Commission à en prendre connaissance. La Commission peut aussi, par un vote, permettre la communication sur place des procès-verbaux à un membre du Gouvernement.

(4) A l'expiration de la législature, ces procès-verbaux et documents sont déposés aux Archives de l'Assemblée Nationale.

ARTICLE 29.- Les fonctions de membre d'une Commission générale sont incompatibles avec les fonctions de Président de l'Assemblée Nationale.

ARTICLE 30.- (1) Toute Commission peut proposer de charger un ou plusieurs de ses membres d'une mission relative à des objets relevant de sa compétence et nécessaires à la bonne exécution de ses travaux.

(2) Si cette mission doit, par suite de déplacements notamment, entraîner des dépenses à la charge du budget de l'Assemblée Nationale, la Commission en soumet la proposition au Bureau qui décide.

SECTION II
DES COMMISSIONS SPECIALES

ARTICLE 31.- L'Assemblée Nationale peut constituer des Commissions spéciales pour un objet déterminé, notamment d'intérêt national majeur. La résolution portant création d'une Commission spéciale fixe également la procédure à suivre pour la nomination de ses membres.

SECTION III
DES COMMISSIONS MIXTES PARITAIRES

ARTICLE 32.- Conformément à l'article 30 (3) de la Constitution, le Président de la République peut provoquer la réunion d'une Commission mixte paritaire chargée de proposer un texte commun sur les dispositions d'un projet ou d'une proposition de loi rejetée par le Sénat.

ARTICLE 33.- (1) Le nombre de représentants de chaque Chambre du parlement au sein de la Commission mixte paritaire est fixé à sept (7).

(2) Le Président de chacune des Chambres procède, par Arrêté, à la désignation de ses représentants dans une Commission mixte paritaire, en tenant compte de la configuration politique de la Chambre.

ARTICLE 34.- (1) La composition d'une Commission mixte paritaire est constatée par un Arrêté conjoint du Président de l'Assemblée Nationale et du Président du Sénat, au plus tard dans les vingt-quatre (24) heures suivant la demande du Président de la République, à l'initiative du Président de l'Assemblée Nationale.

(2) L'Arrêté conjoint visé à l'alinéa 1 ci-dessus précise la Chambre du Parlement où siège la Commission mixte paritaire.

ARTICLE 35.- (1) Au cours de la première réunion, il est notamment procédé à la mise en place du Bureau de la Commission mixte paritaire.

(2) Le Bureau de la Commission se compose ainsi qu'il suit :

- Président : le Président de la Commission générale compétente de la Chambre abritant les travaux ;
- Vice-président : le Président de la Commission générale compétente de la Chambre conviée ;

- Deux (02) Rapporteurs : le Rapporteur de la Commission générale compétente de la Chambre abritant les travaux et le Rapporteur de la Commission générale compétente de la Chambre conviée.

ARTICLE 36.- (1) Les Commissions mixtes paritaires se réunissent, alternativement par affaire, dans les locaux de l'Assemblée nationale ou du Sénat.

(2) Elles suivent, dans leurs travaux, les règles ordinaires applicables aux Commissions générales. En cas de divergence entre les Règlements Intérieurs des deux (02) Chambres, celui de la Chambre où siège la Commission prévaut.

ARTICLE 37.- (1) La Commission mixte paritaire, dans un délai maximal de soixante-douze (72) heures à compter de sa mise en place, transmet son rapport aux Présidents des deux (02) Chambres.

(2) Elle est dissoute de plein droit après la transmission de son rapport.

(3) Le Président de l'Assemblée Nationale, dès réception du rapport ces travaux de la Commission mixte paritaire, le transmet au Président de la République, dans un délai de vingt-quatre (24) heures.

(4) Le texte élaboré par la Commission mixte paritaire est soumis par le Président de la République, pour approbation, aux deux (02) Chambres. Aucun amendement n'est recevable, sauf accord du Président de la République.

(5) Si la Commission mixte paritaire ne parvient pas à l'adoption du texte commun, ou si ce texte n'est pas adopté par l'une et l'autre Chambres, le Président de la République peut :

- soit demander à l'Assemblée Nationale de statuer définitivement ;
- soit déclarer caduc le projet ou la proposition de loi.

CHAPITRE VII
DU DEPOT DES PROJETS DE LOI ET PROPOSITIONS DE LOI OU DE RESOLUTION

ARTICLE 38.- (1) a) Les projets de loi dont l'Assemblée Nationale est saisie par le Président de la République sont déposés sur le Bureau de la Chambre pour être transmis par le Président de l'Assemblée Nationale à la Conférence des Présidents qui décide de leur recevabilité et de leur attribution à une Commission générale. Il en est donné connaissance aux Députés en séance plénière.

b) Les propositions de loi ou de résolution émanant des Députés doivent être formulées par écrit. Elles sont adressées au Président de l'Assemblée Nationale pour être transmises à la Conférence des Présidents qui décide de leur recevabilité et de leur transmission à une Commission générale.

(2) Les projets et propositions de loi ne peuvent porter que sur des matières définies à l'article 26 de la Constitution.

(3) La Conférence des Présidents se prononce sur la recevabilité des textes. En cas de doute ou de litige sur la recevabilité d'un texte, le Président de la République, le

Président de l'Assemblée Nationale ou un tiers des Députés saisit le Conseil Constitutionnel qui en décide.

(4) Sont irrecevables conformément à l'article 18 (3) (a) de la Constitution, les propositions de loi et amendements qui auraient pour effet, s'ils sont adoptés, soit une diminution des ressources publiques, soit l'aggravation des charges publiques sans réduction à due concurrence d'autres dépenses ou création de recettes nouvelles d'égale importance.

(5) Les projets de loi et les propositions de loi ou de résolution sont distribués aux Députés et envoyés à l'examen de la Commission compétente dans les conditions prévues à l'alinéa 1 ci-dessus. Ils sont inscrits et numérotés dans l'ordre de leur arrivée, sur un rôle général et portant mention de la suite qui leur a été donnée.

CHAPITRE VIII
DU REGLEMENT DE L'ORDRE DU JOUR

ARTICLE 39.- (1) L'ordre du jour de l'Assemblée Nationale est fixé par la Conférence des Présidents.

(2) La Conférence des Présidents comprend : les Présidents des Groupes parlementaires, les Présidents des Commissions générales et les membres du Bureau de l'Assemblée Nationale. Un membre du Gouvernement participe aux travaux de la Conférence des Présidents.

(3) Le Président de l'Assemblée Nationale préside la Conférence des Présidents.

(4) L'ordre du jour de l'Assemblée Nationale comporte en priorité et dans l'ordre que le Gouvernement a fixé, la discussion des projets de loi ou des propositions de loi qu'il a acceptées. Les autres propositions de loi retenues par la Conférence des Présidents sont examinées par la suite.

(5) Lorsque, à l'issue de deux (02) sessions ordinaires, une proposition de loi n'a pu être examinée, celle-ci est, de plein droit, examinée au cours de la session ordinaire suivante.

ARTICLE 40.- (1) Le Gouvernement ou la Commission saisie au fond peut demander le vote sans débat d'un projet ou d'une proposition. Cette demande doit être adressée au Président de l'Assemblée Nationale qui en saisit la Conférence des Présidents.

(2) Lorsque le rapport et, s'il y a lieu, le ou les avis ont été distribués, le vote sans débat de l'affaire est inscrit sur la décision de la Conférence dont le Président donne communication à l'Assemblée Nationale en tête de l'ordre du jour de la séance suivant sa distribution.

ARTICLE 41.- (1) Le Gouvernement peut s'opposer à l'inscription à l'ordre du jour du vote sans débat d'une affaire.

(2) Lorsque l'inscription a eu lieu, le Gouvernement peut en demander le retrait.

(3) Tout Député peut faire opposition à un vote sans débat inscrit à l'ordre du jour s'il désire présenter des observations ou un amendement. Sa demande doit être adressée par

écrit au Président de l'Assemblée Nationale, deux (02) heures avant l'ouverture de la séance plénière à l'ordre du jour de laquelle est inscrite l'affaire et doit être soutenue par la signature de quinze (15) Députés au moins.

(4) Le projet ou la proposition est, dans ce cas, retiré de l'ordre du jour et la Commission saisie au fond doit entendre le Gouvernement ou l'auteur de l'opposition.

(5) La Commission saisit l'Assemblée Nationale d'un rapport supplémentaire qui doit mentionner toutes les objections formulées.

ARTICLE 42.- (1) Lorsque l'opposition au vote sans débat est retirée au cours de la séance où elle a joué ou avant que la Commission ait déposé son rapport supplémentaire, le vote sans débat peut être immédiatement réinscrit.

(2) Lorsqu'à la suite d'une opposition et après distribution du rapport supplémentaire, le vote sans débat d'une affaire est à nouveau inscrit à l'ordre du jour, il ne peut être retiré que sur la demande du Gouvernement ou sur une demande signée par trente (30) Députés, entérinée par un vote sans débat émis à la majorité des membres présents. A la suite de ce deuxième retrait, le vote sans débat ne peut être inscrit à l'ordre du jour.

(3) Lorsque personne ne s'oppose à un vote sans débat ou lorsque, conformément aux dispositions de l'article 41, alinéa 3 ci-dessus, l'opposition est irrecevable ou que l'Assemblée Nationale décide un vote sans débat, le Président met successivement aux voix les différents articles, puis l'ensemble du projet ou de la proposition.

CHAPITRE IX
DE L'ORGANISATION DES DEBATS

ARTICLE 43.- (1) La Conférence des Présidents peut proposer à l'Assemblée Nationale, qui statue sans débat, d'organiser une discussion.

(2) Si cette organisation est décidée, il y est procédé par les soins de ladite Conférence à laquelle est (sont) adjoint (s) le (ou les) rapporteur (s) du (ou des) projet (s) ou de la (des) proposition (s) devant être inscrit (s) à l'ordre du jour.

(3) L'organisation du débat indique la répartition du temps de parole dans le cadre des séances dont la Conférence visée à l'alinéa 2 ci-dessus fixe le nombre et la date.

(4) Elle peut limiter le nombre des orateurs ainsi que le temps de parole attribué à chacun d'eux.

(5) Les décisions de la Conférence visée à l'alinéa 2 ci-dessus sont définitives.

CHAPITRE X
DE LA TENUE DES SEANCES

ARTICLE 44.- (1) Le Président de la République peut, sur sa demande, être entendu par l'Assemblée Nationale conformément aux dispositions de l'article 32 de la Constitution.

(2) Il peut également adresser à l'Assemblée Nationale des messages qui sont lus par le Premier Ministre ou un autre membre du Gouvernement.

(3) Les membres du Gouvernement assistent aux séances à l'ordre du jour desquelles sont inscrites des affaires relevant de leur compétence. En cas d'empêchement, ils peuvent se faire suppléer par un autre membre du Gouvernement.

(4) Les membres du Gouvernement peuvent se faire assister par de proches collaborateurs.

ARTICLE 45.- (1) Les séances plénières de l'Assemblée Nationale sont publiques.

(2) Néanmoins, l'Assemblée Nationale peut exceptionnellement, à la majorité des suffrages exprimés et sans débat, décider qu'elle délibérera à huis-clos lorsque la demande en est faite par le Gouvernement ou par la majorité absolue de ses membres, conformément à l'article 17 de la Constitution.

ARTICLE 46.- (1) Le Président de l'Assemblée Nationale ouvre la séance, dirige les débats, fait observer le Règlement Intérieur et maintient l'ordre. Il peut à tout moment, suspendre ou lever la séance.

(2) Avant de lever la séance, le Président de l'Assemblée Nationale indique la date et l'ordre du jour de la séance suivante, tels qu'arrêtés par la Conférence des Présidents.

ARTICLE 47.- (1) Les délibérations de l'Assemblée Nationale ne sont valables qu'en présence de la moitié plus un des Députés. Si le quorum n'est pas atteint au jour et à l'heure fixés pour l'ouverture d'une séance, celle-ci est renvoyée de plein droit à la deuxième heure qui suit. Les délibérations ne sont alors valables que si le tiers des Députés est présent.

(2) Lorsque, en cours de séance et avant l'ouverture d'un scrutin, les Députés présents ne forment pas la majorité plus un, le vote n'est valable que si le tiers des Députés est présent.

(3) Le quorum d'un tiers des Députés exigé par les alinéas 1 et 2 ci-dessus, en cas de renvoi, soit de l'ouverture d'une séance, soit d'un vote, n'est point requis lorsque l'Assemblée Nationale se réunit en application de l'article 56 ci-dessous.

(4) Dans tous les cas prévus aux alinéas 1 et 2 ci-dessus, les noms des absents sont inscrits au procès-verbal.

ARTICLE 48.- (1) Une heure au moins avant la séance de son adoption, le procès-verbal est distribué aux Députés.

(2) Le procès-verbal de la dernière séance d'une session est soumis à l'approbation de l'Assemblée Nationale avant que cette séance ne soit levée.

(3) Le procès-verbal de chaque séance est signé du Président et des Secrétaires, et déposé aux Archives de l'Assemblée Nationale en quatre (04) exemplaires.

(4) Les procès-verbaux font l'objet d'une publication par les soins du Secrétariat Général de l'Assemblée Nationale.

ARTICLE 49.- Avant de passer à l'ordre du jour, le Président donne connaissance à l'Assemblée Nationale des excuses présentées par ses membres ainsi que les communications qui la concernent. L'Assemblée Nationale peut ordonner l'impression immédiate de ces communications ou de l'une d'entre elles, indépendamment de leur publication au Journal Officiel des Débats.

ARTICLE 50.- Aucune affaire ne peut être soumise à l'examen, aux délibérations et au vote de l'Assemblée Nationale sans avoir, au préalable, fait l'objet d'un rapport de la Commission générale compétente au fond.

ARTICLE 51.- (1) Tout Député ne peut parler qu'après avoir demandé la parole au Président et l'avoir obtenue, même s'il est exceptionnellement autorisé à un orateur de l'interrompre.

(2) Les Députés qui demandent la parole sont inscrits suivant l'ordre de leur demande. Ils peuvent céder leur tour de parole à l'un de leurs collègues ou intervertir l'ordre de leur inscription.

(3) Le temps de parole de chaque orateur est limité à dix (10) minutes. Toutefois, au regard du nombre d'orateurs inscrits, le Président de l'Assemblée Nationale peut décider de limiter ce temps de parole à trente (30) minutes par Groupe parlementaire.

(4) L'orateur parle à la tribune.

(5) Si l'orateur parle sans avoir obtenu la parole ou s'il prétend la conserver après que le Président la lui a retirée, le Président peut déclarer que ses paroles ne figurent pas au procès-verbal.

(6) L'orateur ne doit pas s'écarter de la question en discussion sinon le Président l'y rappelle. S'il ne se conforme pas à cette invitation, le Président peut décider que ses paroles ne figureront pas au procès-verbal. S'il y a persistance dans le refus opposé à l'invitation du Président, l'orateur est rappelé à l'ordre.

(7) Tout orateur invité par le Président à quitter la tribune, et qui ne défère pas à cette invitation, peut faire l'objet d'un rappel à l'ordre avec inscription au procès-verbal et, le cas échéant, d'une censure et d'une expulsion temporaire, dans les conditions prévues à l'article 97 ci-dessous.

ARTICLE 52.- Le Président de l'Assemblée Nationale ne peut prendre la parole dans un débat que pour présenter l'état de la question et y ramener. S'il veut prendre part aux débats, il cède le fauteuil à un des Vice-présidents dans l'ordre de préséance et ne peut le reprendre qu'après que la discussion a été épuisée sur la question.

ARTICLE 53.- (1) Les Présidents et les Rapporteurs des Commissions générales intéressées ainsi que les membres du Gouvernement concernés obtiennent la parole quand ils la demandent.

(2) Un Député peut toujours obtenir la parole pour leur répondre.

(3) En dehors des cas prévus à l'alinéa 1 ci-dessus, les Députés, membres des Commissions intéressées, ne peuvent obtenir la parole dans le cadre de la discussion générale.

ARTICLE 54.- (1) La parole est accordée, par priorité sur la question principale, à tout Député qui la demande pour un rappel au Règlement Intérieur. Si, manifestement, son intervention n'a aucun rapport avec le Règlement Intérieur, le Président peut lui retirer la parole et lui appliquer les dispositions de l'article 51, alinéas 6 et 7 ci-dessus.

(2) La parole peut être également accordée, mais seulement en fin de séance et à la discrétion du Président, à tout Député qui la demande par écrit pour un fait personnel. Le Président déclare ensuite que l'incident est clos.

ARTICLE 55.- (1) Lorsqu'au moins deux (02) orateurs d'avis contraire, ayant traité la question au fond, ont pris part à une discussion, le Président ou tout Député peut en proposer la clôture.

(2) Lorsque la parole est demandée contre la clôture, elle ne peut être accordée que pour trois (03) minutes et à un seul orateur qui doit se limiter à cet objet. Le premier des orateurs demeurant inscrit, dans l'ordre d'inscription, a priorité de parole contre la clôture.

(3) Si la demande de clôture est rejetée par l'Assemblée Nationale, la discussion continue, mais la clôture peut être à nouveau demandée, et il est statué sur cette nouvelle demande dans les conditions prévues par le présent Règlement Intérieur.

CHAPITRE XI
DE LA PROCEDURE DE DISCUSSION EN SEANCE PLENIERE

ARTICLE 56.- (1) L'urgence peut être demandée, sur des affaires soumises à l'examen de l'Assemblée Nationale, soit par le Gouvernement, soit par un Député.

(2) L'urgence est de droit si elle est demandée par :

- le Gouvernement ;
- la moitié des Députés plus un.

(3) Les débats pour lesquels l'urgence est de droit ou acceptée ont priorité sur l'ordre du jour. Pour les autres cas, la demande d'urgence est mise immédiatement aux voix sans débat.

(4) Si l'urgence est déclarée, l'Assemblée Nationale fixe immédiatement la date de la discussion sur le fond, sur le rapport de la Commission compétente. Si l'urgence est repoussée, l'affaire est examinée selon la procédure ordinaire.

ARTICLE 57.- (1) Les projets de loi et les propositions de loi ou de résolution sont, en principe, soumis à une seule délibération en séance publique.

(2) Il est procédé tout d'abord à l'audition du (ou des) Rapporteur (s) de la (ou des) Commission (s) saisie (s) pour avis et ensuite à celle du Rapporteur de la Commission saisie au fond.

(3) Dès que le Rapporteur de la Commission générale a présenté son rapport, tout Député peut poser la question préalable tendant à décider qu'il n'y a pas lieu de délibérer. Il peut motiver verbalement sa demande sur laquelle ne peuvent intervenir que le Président ou le Rapporteur de la Commission générale saisie au fond et le membre du Gouvernement intéressé participant aux travaux. Seul l'auteur de la question préalable peut se prévaloir de la faculté ouverte par l'article 53, alinéa 3 ci-dessus.

(4) Si la question préalable est adoptée, le projet est rejeté. Si elle est repoussée, la discussion du rapport se poursuit.

ARTICLE 58.- (1) Il est procédé à une discussion générale des projets de loi et propositions de loi ou de résolution.

(2) Au cours de cette discussion générale et jusqu'à sa clôture, il peut être présenté des motions préjudicielles tendant soit à l'ajournement du débat jusqu'à la réalisation de certaines conditions, soit au renvoi au fond ou à l'examen, pour avis, d'une autre Commission. La discussion des motions préjudicielles a lieu suivant la procédure prévue à l'article 57 ci-dessus. Toutefois, le renvoi à la Commission générale saisie au fond est de droit si celle-ci ou le Gouvernement le demande ou l'accepte.

(3) Après la clôture de la discussion générale, le Président consulte l'Assemblée Nationale sur le passage à la discussion des articles du projet ou de la proposition.

(4) Lorsque la Commission générale saisie au fond conclut au rejet du projet ou de la proposition, le Président, immédiatement après la clôture de la discussion générale, met aux voix le rejet.

(5) Lorsque le Rapporteur de la Commission générale saisie au fond ne présente pas son rapport ou que ladite Commission ne présente pas de conclusions, l'Assemblée Nationale est appelée à se prononcer sur le passage à la discussion des articles du texte du projet ou de la proposition.

(6) Dans tous les cas où l'Assemblée Nationale décide de ne pas passer à la discussion des articles, le Président déclare que le projet ou la proposition n'est pas adopté.

ARTICLE 59.- (1) Après que le passage à la discussion des articles a été décidé, il est éventuellement procédé à l'examen des contre-projets.

(2) Les contre-projets constituent des amendements à l'ensemble du texte en discussion. Ils ne sont appelés en séance plénière que s'ils ont été jugés recevables par la Conférence des Présidents et antérieurement soumis à la Commission générale compétente. L'Assemblée Nationale ne peut être consultée que sur leur prise en considération ; si elle est prononcée, le contre-projet est renvoyé à la Commission qui doit le prendre comme base de discussion et présenter un nouveau rapport dans le délai que l'Assemblée Nationale peut impartir.

(3) Après que l'Assemblée Nationale a décidé le passage à la discussion des articles et que, le cas échéant, ont été rejetés les contre-projets, l'examen et la discussion des textes portent successivement sur chaque article et sur les amendements qui s'y rattachent, dans les conditions prévues à l'article 61 ci-dessous.

ARTICLE 60.- (1) Le projet de loi examiné en séance plénière est le texte déposé par le Président de la République ou celui transmis par le Président du Sénat.

(2) Le projet de loi de finances est examiné en deux (02) temps. La première partie de ce projet de loi est discutée et votée article par article. La deuxième partie de la loi de finances ne peut être discutée par le Parlement qu'après l'adoption de la première partie. Le vote des dépenses s'effectue par chapitre, après examen en deux (02) temps : l'ensemble de programmes d'une part, les moyens détaillés par section et par paragraphe, d'autre part.

(3) La proposition de loi examinée en séance plénière est le texte élaboré par l'auteur ou les auteurs de celle-ci. Toutefois, lorsqu'une proposition de loi fait l'objet d'un amendement portant sur l'ensemble du texte, le texte examiné en séance plénière est le texte adopté par la Commission.

(4) La proposition de résolution examinée en séance plénière est le texte adopté par la Commission.

(5) Après le vote de tous les articles, il est procédé au vote de l'ensemble du projet ou de la proposition. Lorsqu'il n'a pas été présenté d'article additionnel à l'article unique d'un projet ou d'une proposition, le vote de cet article équivaut à un vote sur l'ensemble et aucun article additionnel ne peut plus être présenté.

(6) Avant le vote de l'ensemble du projet ou de la proposition, sont admises les explications sommaires de vote d'une durée maximum de trois (03) minutes. Les dispositions de l'article 55 ci-dessus sont applicables aux explications de vote.

ARTICLE 61.- (1) Les contre-projets sont déposés, par écrit, sur le Bureau de l'Assemblée Nationale et envoyés par le Président de l'Assemblée Nationale à la Conférence des Présidents qui décide de leur recevabilité. Ils sont ensuite communiqués à la Commission compétente et, à la fois, multipliés et distribués aux Députés.

(2) Les amendements sont déposés, par écrit, sur le Bureau de l'Assemblée Nationale. Ils doivent être sommairement motivés et signés par leur (s) auteur (s). Ils sont communiqués par le Président de l'Assemblée Nationale à la Commission compétente et, à la fois, multipliés et distribués aux Députés.

(3) Les amendements ne sont recevables que :

- s'ils s'appliquent effectivement au texte en discussion ou, s'agissant de contre-projets et d'articles additionnels, s'ils sont proposés dans le cadre audit texte ;
- s'ils ont été antérieurement soumis à la Commission compétente.

(4) En cas de litige, le Conseil Constitutionnel se prononce sur leur recevabilité dans les conditions fixées à l'article 38, alinéa 3 ci-dessus.

(5) En dehors de ces cas prévus aux alinéas 1, 2 et 3 ci-dessus, sont seuls recevables en séance publique :

a) les amendements dont le Gouvernement ou la Commission générale saisie au fond accepte la discussion ;

b) les amendements déposés au nom d'une Commission générale saisie pour avis, sous réserve de leur examen préalable par la Commission générale saisie au fond ;

c) les amendements présentés par le Gouvernement ;

d) les amendements se rapportant directement à des dispositions modifiées par l'Assemblée Nationale en cours de discussion, sous réserve de leur acceptation par le Gouvernement ou par la Commission générale saisie au fond.

ARTICLE 62.- (1) Les amendements sont mis en discussion par priorité sur le texte servant de base à la discussion.

(2) L'Assemblée Nationale ne délibère sur aucun amendement s'il n'est soutenu par son (ou ses) auteur(s) lors de la discussion.

(3) Les amendements à un même alinéa ou à un même article peuvent faire l'objet d'une discussion commune.

(4) Sont appelés, dans l'ordre ci-après, s'ils viennent en concurrence :

- les amendements relatifs à la suppression d'un article ;
- les autres amendements, en commençant par ceux qui s'écartent le plus du texte proposé.

(5) Dans la discussion des contre-projets et des amendements, peuvent seuls intervenir : l'un des signataires, un orateur d'opinion contraire, le représentant de la Commission saisie au fond et le représentant du Gouvernement.

(6) Les amendements avant un objet identique ne donnent lieu qu'à un seul vote.

(7) Lorsque tous tes amendements proposés à un alinéa d'un article ou à un article ont été discutés et que l'examen des alinéas ou articles suivants a commencé, il n'est plus possible de déposer d'amendements aux alinéas ou articles déjà examinés.

ARTICLE 63.- (1) Avant le vote de l'ensemble d'un projet ou d'une proposition, l'Assemblée Nationale peut décider, sur la demande d'un Député, soit qu'il sera procédé à une deuxième délibération, soit que le texte sera renvoyé à la Commission générale saisie au fond pour révision et mise en cohérence.

(2) La seconde délibération ou le renvoi est de droit si la Commission générale saisie au fond le demande ou l'accepte.

(3) Lorsqu'il y a lieu à seconde délibération, les textes adoptés lors de la première délibération sont renvoyés à la Commission générale saisie au fond qui doit présenter un nouveau rapport. Dans sa deuxième délibération, l'Assemblée Nationale ne statue que sur les textes nouveaux proposés par ladite Commission ou sur les modifications apportées par elle aux textes précédemment adoptés.

(4) Lorsqu'il y a lieu à renvoi à la Commission générale saisie au fond pour révision et mise en cohérence, celle-ci présente sans délai son travail. Lecture en est donnée à l'Assemblée Nationale et la discussion ne peut porter que sur la rédaction adoptée par la Commission.

ARTICLE 64.- (1) Les textes adoptés par l'Assemblée Nationale sont transmis, au plus tard dans les quarante-huit (48) heures, au Président du Sénat par le Président de l'Assemblée Nationale.

(2) Les textes ainsi transmis peuvent être adoptés, amendés ou rejetés par le Sénat.

(3) En cas d'amendement, le texte en cause est retourné par le Président du Sénat à l'Assemblée Nationale, pour un nouvel examen. Dès réception, il est inscrit à l'ordre du jour. Sa discussion est limitée aux dispositions pour lesquelles les deux (02) Chambres n'ont pu parvenir à un accord.

(4) Il ne peut être fait exception à l'alinéa 3 ci-dessus qu'en vue de corriger une erreur matérielle.

(5) Les amendements proposés par le Sénat sont adoptés ou rejetés à la majorité simple des Députés.

(6) En cas de rejet, le texte en cause, accompagné de l'exposé des motifs du rejet, est retourné par le Président du Sénat à l'Assemblée Nationale, pour un nouvel examen.

a) Après délibération, le texte sous examen est adopté à la majorité absolue des Députés.

b) En cas d'absence de majorité absolue, le Président de la République peut provoquer la réunion d'une Commission mixte paritaire.

ARTICLE 65.- (1) Avant leur promulgation, les textes adoptés par le Parlement peuvent faire l'objet d'une demande de seconde lecture par le Président de la République.

(2) Cette demande de seconde lecture doit être formulée dans un délai de quinze (15) jours à compter de la transmission desdits textes par le Président de l'Assemblée Nationale au Président de la République. L'Assemblée Nationale délibère dans le cadre de cette seconde lecture suivant la même procédure que durant sa première lecture. L'adoption du texte en seconde lecture se fait à la majorité absolue des Députés.

(3) Le Président de la République promulgue les lois adoptées par le Parlement dans un délai de quinze (15) jours à compter de leur transmission s'il ne formule aucune demande de seconde lecture ou s'il n'en saisit le Conseil Constitutionnel. A l'issue de ce délai, le Président de l'Assemblée Nationale peut se substituer à lui, après avoir constaté sa carence.

(4) La publication est, en toutes circonstances, effectuée dans les deux (02) langues officielles de la République et insérée au Journal Officiel.

CHAPITRE XII
DE L'ADOPTION DES QUESTIONS SOUMISES A L'ASSEMBLEE NATIONALE ET DU MODE DE VOTATION

ARTICLE 66.- (1) Sur les questions qui sont soumises à l'Assemblée Nationale, pour adoption ou rejet d'un article, d'un amendement, d'un contre-projet, d'une motion ou de l'ensemble d'un texte, le Président demande s'il y a opposition.

(2) S'il n'y a pas opposition, l'article, l'amendement, le contre-projet, la motion ou l'ensemble du texte faisant l'objet de la question est adopté.

(3) S'il y a opposition, le Président appelle l'Assemblée Nationale à voter à main levée ou par assis et levé.

(4) L'Assemblée Nationale vote normalement à main levée.

(5) En cas de doute sur le résultat du vote à main levée, il est procédé au vote par assis et levé. Si le doute persiste, le vote par assis et levé a lieu par parti politique représenté à l'Assemblée Nationale.

(6) Nul ne peut obtenir la parole au cours du vote ou entre les différentes phases du vote.

(7) Les Secrétaires, assistés du Secrétaire Général de l'Assemblée Nationale, font le compte des suffrages exprimés.

(8) Le Président annonce le résultat du vote en communiquant à l'Assemblée Nationale le nombre de voix « pour», le nombre de voix « contre » et le nombre d'abstentions, puis il proclame en conséquence :

« l'Assemblée Nationale a adopté » ou

« l'Assemblée Nationale n'a pas adopté ».

ARTICLE 67.- (1) Le vote à main levée ou par assis et levé est le mode de votation ordinaire, sauf dans les matières visées par la Constitution.

(2) Il est toujours procédé par scrutin secret aux nominations personnelles et aux sanctions prévues par l'article 98 ci-dessous.

(3) Lors du scrutin secret, il est distribué aux Députés des bulletins verts, rouges et jaunes. Chaque Député dépose dans une urne qui lui est présentée par un huissier, une enveloppe contenant un bulletin de vote, vert s'il est pour l'adoption, rouge s'il est contre, et jaune s'il s'abstient.

(4) Lorsque les bulletins ont été recueillis, le Président prononce la clôture du scrutin et les Secrétaires en font le dépouillement. Le Président en proclame le résultat en ces termes :

« l'Assemblée Nationale a adopté » ou

« l'Assemblée Nationale n'a pas adopté ».

ARTICLE 68.- Le scrutin public est obligatoire pour tout vote en matière de révision constitutionnelle et dans le cas de motion de censure ou de question de confiance.

ARTICLE 69.- (1) Lors du scrutin public, il est distribué à chaque Député trois (03) bulletins nominatifs, respectivement de couleurs verte, rouge et jaune. Chaque Député dépose dans l'urne qui lui est présentée par un huissier à l'invitation du Secrétaire Général, une enveloppe contenant un bulletin de vote à son nom, vert s'il est pour l'adoption, rouge s'il est contre et jaune s'il s'abstient.

(2) Lorsque les bulletins ont été recueillis, le Président prononce la clôture du scrutin.

(3) Les Secrétaires en font le dépouillement assistés de deux (02) scrutateurs choisis par le Président parmi les Députés non membres du Bureau et, le cas échéant, le premier parmi les Députés de la majorité gouvernementale, et le second parmi ceux de l'opposition.

(4) Le Président annonce le résultat du scrutin en communiquant à l'Assemblée Nationale, le nombre de voix « pour », le nombre de voix « contre » et le nombre d'abstentions, puis il proclame en conséquence :

« l'Assemblée Nationale a adopté » ou

« l'Assemblée Nationale n'a pas adopté ».

(5) Le Secrétaire Général donne alors lecture des noms des Députés ayant participé au scrutin, avec mention de la nature de leur vote.

ARTICLE 70.- Les questions mises aux voix ne sont déclarées adoptées que si elles ont recueilli la majorité simple des suffrages exprimés, sauf lorsque la Constitution en dispose autrement. En cas d'égalité de voix, la question mise aux voix est rejetée.

CHAPITRE XIII
DE LA DELEGATION DU DROIT DE VOTE

ARTICLE 71.- Les Députés ne sont autorisés à déléguer leur droit de vote en séance plénière que dans les cas suivants :

a) maladie, accident, événements familiaux graves, cataclysme ou troubles empêchant le Député de se déplacer ;

b) missions confiées par le Gouvernement ou l'Assemblée Nationale ;

c) participation aux travaux des organismes extra-parlementaires ou des assemblées internationales en vertu d'une désignation faite par l'Assemblée Nationale ;

d) en cas de session extraordinaire, absence du territoire national de la République du Cameroun ;

e) exercice d'un mandat syndical, à condition que la demande sollicitée à cet effet, par lettre dûment motivée du Député concerné au Président de l'Assemblée Nationale, ait été préalablement agréée par la Chambre.

ARTICLE 72.- (1) La délégation doit être écrite et signée par le délégant qui la transmet au Député devant voter en ses lieu et place. Pour être prise en considération, la délégation doit être notifiée au Président de l'Assemblée Nationale par le Président de Groupe ou, à défaut, par le délégataire avant l'ouverture du scrutin ou du premier des scrutins auxquels l'intéressé ne peut prendre part.

(2) La notification doit indiquer le nom du Député appelé à voter en lieu et place du délégant, ainsi que le motif de l'empêchement.

(3) La délégation ainsi que sa notification doivent, en outre, indiquer la durée de l'empêchement.

(4) Toute délégation peut être retirée dans les mêmes formes au cours de sa période de validité.

(5) En cas d'urgence, la délégation et sa notification peuvent être faites par télécopie, sous réserve de confirmation dans les formes prévues dans le présent Règlement Intérieur.

ARTICLE 73.- (1) En Commission, les Députés peuvent également déléguer leur droit de vote lorsqu'ils se trouvent dans l'un des cas visés à l'article 71 ci-dessus. Ils ne peuvent toutefois le déléguer qu'à un autre membre de la Commission. La délégation est notifiée au Président de la Commission.

(2) Un même Commissaire ne peut exercer plus d'une délégation. Un Commissaire ne peut déléguer qu'un seul suppléant à la même séance.

(3) Le délégant doit remettre au Commissaire qui le supplée une procuration signée qui, dans les mêmes conditions que la délégation notifiée au Président de la Commission, doit donner, soit un mandat général pendant la durée de l'absence, soit un mandat limitatif précisant l'objet de l'affaire pour laquelle le pouvoir est donné.

(4) La notification de la délégation du droit de vote doit être faite au Président de la Commission, si possible dès le début des travaux, pour le moins avant qu'il soit procédé au vote.

ARTICLE 74.- Au regard des règles du quorum définies par les articles 27 et 47 ci-dessus, les Députés ayant régulièrement délégué leur droit de vote conformément aux dispositions ci-dessus définies sont considérés comme étant présents.

CHAPITRE XIV
DES MOYENS D'INFORMATION ET DE CONTROLE DE L'ASSEMBLEE NATIONALE

SECTION I
DES QUESTIONS ORALES OU ECRITES

ARTICLE 75.- (1) Les Députés peuvent, en application de l'article 35 de Constitution, poser aux membres du Gouvernement des questions orales écrites relatives aux affaires relevant de leur compétence.

(2) Les questions écrites ou orales sont individuellement posées par les Députés.

(3) Les questions écrites ou orales ne peuvent être posées en session extraordinaire que si elles ont trait à l'un des points inscrits à l'ordre du jour.

ARTICLE 76.- (1) Tout Député qui désire poser des questions orales ou écrites à un membre du Gouvernement, doit les remettre au Président de l'Assemblée Nationale qui les fait tenir au membre du Gouvernement interpellé, après communication à l'Assemblée Nationale.

(2) Les questions doivent être très sommairement rédigées et ne contenir aucune allusion d'ordre personnel à l'égard de tiers nommément désignés.

(3) Les questions orales sont inscrites sur un rôle spécial au fur et à mesure de leur dépôt.

ARTICLE 77.- (1) Les membres du Gouvernement sont tenus de répondre dans un délai de quinze (15) jours. Ce délai est ramené à trois (03) jours en période de session. Si les recherches documentaires auxquelles donne lieu la question sont trop longues, le membre du Gouvernement interpellé en avise l'auteur de la question par la voie du Président de l'Assemblée Nationale. Dans ce cas, il dispose d'un délai supplémentaire de trois (03) jours pour procéder à ces recherches documentaires, ce délai supplémentaire étant ramené à deux (02) jours en période de session.

(2) Lorsqu'une question écrite n'a pas obtenu de réponse dans les délais visés à l'alinéa 1 ci-dessus, son auteur est invité par le Président de l'Assemblée Nationale à lui faire connaître s'il entend ou non convertir sa question écrite en question orale.

(3) Dans la négative, le membre du Gouvernement intéressé ne peut disposer, pour répondre à cette question écrite maintenue, que d'un délai supplémentaire de deux (02) jours.

(4) Les questions écrites et leurs réponses, ainsi que les questions orales, sont insérées à la suite d'un compte rendu in extenso dans le Journal Officiel des Débats de l'Assemblée Nationale.

ARTICLE 78.- Une séance par semaine est, à l'initiative de la Conférence des Présidents, réservée en priorité aux questions orales.

(2) L'inscription des questions orales à l'ordre du jour est décidée par la Conférence des Présidents.

(3) Le membre du Gouvernement interpellé, puis l'auteur de la question, disposent seuls de la parole. L'auteur de la question peut se faire suppléer par l'un de ses collègues.

(4) Les orateurs doivent limiter strictement leurs explications au cadre fixé par le texte de leurs questions. Ces explications ne peuvent excéder cinq (05) minutes.

(5) Si le membre du Gouvernement interpellé est absent lorsque la question est appelée en séance publique, elle est reportée à l'ordre du jour de la séance suivante.

ARTICLE 79.- (1) Les membres du Gouvernement interpellés ont la faculté de déclarer par écrit que l'intérêt public leur interdit de répondre ou, à titre exceptionnel, qu'ils réclament un délai supplémentaire pour rassembler les éléments de leur réponse. Ce délai supplémentaire ne peut excéder huit (08) jours.

(2) Lorsque, par suite de deux (02) absences successives d'un membre du Gouvernement interpellé, une question est appelée pour la troisième fois en séance publique, et si, sans avoir répondu dans les conditions fixées aux articles précédents ce membre du Gouvernement est de nouveau absent, l'auteur de la question peut la développer séance tenante en une intervention dont la durée ne peut excéder vingt (20) minutes et qui peut être close par le dépôt d'une proposition de résolution. Cette proposition de résolution est ultérieurement examinée par la Commission compétente puis par l'Assemblée Nationale selon la procédure ordinaire.

ARTICLE 80.- Les membres du Gouvernement sont tenus de répondre oralement aux questions orales, par écrit aux questions écrites.

SECTION II
DES PETITIONS

ARTICLE 81.- (1) Les pétitions doivent être adressées au Président de l'Assemblée Nationale par un ou plusieurs Députés.

(2) Il est interdit d'apporter des pétitions en séance plénière.

(3) Aucune pétition apportée ou transmise par un rassemblement formé sur la voie publique ne peut être reçue par le Président, ni déposée sur le Bureau, sans préjudice des sanctions prévues par la loi.

(4) Toute pétition doit indiquer la demeure du (ou des) pétitionnaire (s) et être revêtue de sa (ou de leurs) signature (s).

(5) Les signatures des pétitionnaires doivent être légalisées. Si la légalisation a été refusée, le pétitionnaire doit faire mention de ce refus à la suite de sa pétition.

ARTICLE 82.- Aucune pétition ayant pour objet des intérêts individuels n'est recevable. L'Assemblée Nationale n'est compétente que pour connaître des questions d'intérêt général relevant de sa compétence.

ARTICLE 83.- (1) Les pétitions sont inscrites sur un rôle général dans l'ordre de leur arrivée.

(2) Dès réception, le Président les renvoie à la Commission générale compétente qui décide, suivant le cas, soit de les renvoyer à un membre du Gouvernement ou à une autre Commission générale ou spéciale de l'Assemblée Nationale, soit de les classer purement et simplement.

(3) Avis est donné au pétitionnaire du numéro d'ordre attribué à sa pétition et de la décision la concernant.

ARTICLE 84.- Lorsque la Commission générale compétente renvoie aux membres du Gouvernement les pétitions qui lui sont adressées et quand elle leur demande des explications sur leur contenu, ceux-ci sont tenus de répondre dans un délai de quinze (15) jours. Si les recherches documentaires auxquelles donne lieu la question déposée sont trop longues, le membre du Gouvernement intéressé devra en aviser la Commission par la voie du Président de l'Assemblée Nationale. Dans ce cas, il dispose d'un délai supplémentaire de trois (03) jours pour procéder à ces recherches documentaires.

ARTICLE 85.- Les Députés peuvent prendre connaissance de l'objet de la pétition dans le rôle d'enregistrement qui leur est consacré et demander dans les huit (08) jours de son arrivée, le rapport sur la pétition, en séance publique.

SECTION III
DES COMMISSIONS D'ENQUETE PARLEMENTAIRE

ARTICLE 86.- (1) En application de l'article 35 (1) de la Constitution, l'Assemblée Nationale peut, par le vote d'une proposition de résolution déposée sur son Bureau, conformément aux dispositions de l'article 38 ci-dessus, constituer une Commission d'enquête parlementaire.

(2) La proposition de résolution visée à l'alinéa 1 ci-dessus doit déterminer avec précision soit les faits qui donnent lieu à enquête, soit les services publics dont la Commission d'enquête parlementaire doit examiner la gestion dans les conditions prévues à l'alinéa 5 du présent article. Une loi détermine les conditions de fonctionnement des Commissions d'enquête parlementaire.

(3) A la majorité des Députés, l'Assemblée Nationale peut, sur la demande des Commissions générales, octroyer à celles-ci le pouvoir d'enquêter sur les questions relevant de leur compétence.

(4) La demande visée à l'alinéa 3 ci-dessus doit être adressée au Président qui la communique à l'Assemblée Nationale. Elle est inscrite à l'ordre du jour de l'Assemblée Nationale, sur décision de la Conférence des Présidents.

(5) Les Commissions d'enquête parlementaire sont formées pour :

a) recueillir des éléments d'information sur des faits déterminés et soumettre leurs conclusions à l'Assemblée Nationale;

b) examiner la gestion administrative, financière ou technique des services publics, en vue d'informer l'Assemblée Nationale du résultat de leur examen ;

c) informer l'Assemblée Nationale sur l'état de certaines questions d'intérêt national et, lui permettre de faire des propositions adéquates.

ARTICLE 87.- Il ne peut être créé de Commission d'enquête parlementaire lorsque les faits ont donné lieu à des poursuites judiciaires et aussi longtemps que ces poursuites sont en cours. Si une Commission a déjà été créée, sa mission prend fin dès l'ouverture d'une information judiciaire relative aux faits qui ont motivé sa création.

ARTICLE 88.- (1) Les membres des Commissions d'enquête parlementaire sont désignés au scrutin de liste majoritaire à un tour.

(2) Les Commissions d'enquête parlementaire ont un caractère temporaire. Les résolutions les créant déterminent également leurs conditions de fonctionnement.

(3) La mission des Commissions d'enquête parlementaire prend fin par le dépôt de leur rapport et au plus tard à l'expiration d'un délai de douze (12) mois à compter de la date de l'adoption de la résolution qui les a créées. Elles ne peuvent être reconstituées avec le même objet avant l'expiration d'un délai de douze (12) mois à compter de la fin de leur mission.

(4) Tous les membres des Commissions d'enquête parlementaire, ainsi que ceux qui, à un titre quelconque, assistent ou participent à leurs travaux, sont tenus au secret. Toute infraction à cette disposition est punie des peines prévues par la législation en matière de divulgation de secret d'Etat.

ARTICLE 89.- L'Assemblée Nationale peut seule, sur proposition de son Président ou de la Commission, décider de la publication de tout ou partie du rapport d'une Commission d'enquête parlementaire.

ARTICLE 90.- Sont punis des peines édictées par la législation en matière de divulgation de secret d'Etat, ceux qui publient une information relative aux travaux, aux délibérations, aux actes ou aux rapports non publiés des Commissions d'enquête parlementaire.

ARTICLE 91.- (1) Outre les Commissions d'enquête parlementaire visées aux alinéas ci-dessus, l'Assemblée Nationale peut créer des Commissions d'enquête parlementaire sur un sujet intéressant les finances publiques, pour une durée n'excédant pas six (06) mois. Cette durée est renouvelable en cas de besoin.

(2) Les membres des Commissions d'enquête parlementaire ainsi constituées, auxquels sont adjoints les Rapporteurs spéciaux du secteur concerné, sont désignés par le Bureau de l'Assemblée Nationale.

(3) Ces Commissions disposent des pouvoirs prévus dans la loi portant régime financier de l'Etat. Elles peuvent se faire assister des personnes de leur choix et procéder à des auditions.

(4) A l'exception du Président de la République, les personnes dont l'audition est requise ne peuvent refuser d'y déférer. Toute entrave au fonctionnement d'une Commission d'enquête parlementaire est considérée comme un obstacle à l'exécution d'une mission de service public.

ARTICLE 92.- (1) Les Commissions d'enquête parlementaire sont tenues de transmettre aux autorités judiciaires, tout fait susceptible d'entraîner une sanction pénale dont elles auraient connaissance. Elles peuvent saisir l'organe chargé de la discipline budgétaire.

(2) Elles établissent un rapport à l'issue de leurs travaux. Ce rapport peut donner lieu à débat, sans vote, à l'Assemblée Nationale.

CHAPITRE XV
DE LA POLICE INTERIEURE DE L'ASSEMBLEE NATIONALE

ARTICLE 93.- (1) Le Président de l'Assemblée Nationale assure la police dans l'enceinte de l'Assemblée Nationale.

(2) Il peut faire expulser de la salle des séances, ou arrêter toute personne étrangère qui trouble l'ordre.

(3) Le Président de l'Assemblée Nationale fixe l'importance des forces de maintien de l'ordre dont il juge le concours nécessaire pour assurer la sécurité du Palais de l'Assemblée Nationale. Il a le droit de requérir les forces publiques et toutes les autorités dont il juge le concours nécessaire. Celles-ci doivent impérativement y obtempérer.

ARTICLE 94.- (1) Toute personne étrangère à l'Assemblée Nationale ne peut s'introduire dans son enceinte.

(2) Lors des sessions, des places sont réservées aux personnes détentrices de cartes spéciales d'accès aux séances plénières pour la durée de la session et délivrées par le Secrétaire Général de l'Assemblée Nationale dans le cadre des instructions données par le Bureau.

(3) Les personnes admises dans la partie affectée au public doivent avoir une tenue décente, demeurer découvertes et observer le silence le plus absolu.

(4) Toute personne qui donne des marques bruyantes d'approbation ou de désapprobation peut, si les circonstances l'exigent, être exclue sur-le-champ par les huissiers ou agents chargés du maintien de l'ordre, sur ordre du Président de l'Assemblée Nationale.

(5) Des cartes permanentes d'accès au Palais de l'Assemblée Nationale peuvent être délivrées à des personnalités ayant des obligations fonctionnelles à remplir auprès de

l'Assemblée Nationale ou de ses services. Le format et les caractéristiques en sont fixés par le Secrétaire Général.

(6) L'accès aux salles de Commission est strictement interdit au public. Le port d'arme est interdit à toute personne circulant dans l'enceinte de l'Assemblée Nationale, à l'exception toutefois du service d'ordre introduit dans l'enceinte du Palais à la demande expresse du Président, ou des personnes assurant la garde des hautes personnalités.

ARTICLE 95.- (1) Toute attaque personnelle, toute manifestation ou interruption troublant l'ordre, toute interpellation de collègue à collègue sont interdites.

(2) Si l'hémicycle est tumultueux, le Président peut annoncer qu'il va suspendre la séance. Si le calme ne se rétablit pas, il suspend la séance.

(3) Lorsque la séance est reprise et si les circonstances l'exigent à nouveau, le Président lève la séance.

(4) Pendant les suspensions de séance, les Députés sortent de la salle.

CHAPITRE XVI
DES SANCTIONS DISCIPLINAIRES

SECTION I
DES SANCTIONS APPLICABLES PENDANT LES TRAVAUX

ARTICLE 96.- Les sanctions disciplinaires applicables aux Députés sont :

a) le rappel à l'ordre ;

b) le rappel à l'ordre avec inscription au procès-verbal ;

c) la censure avec inscription au procès-verbal ;

d) la censure avec exclusion temporaire.

ARTICLE 97.- (1) Le rappel à l'ordre est prononcé par le Président seul.

(2) Est rappelé à l'ordre, tout Député qui :

- refuse d'accomplir un acte qui lui est prescrit par le Président de l'Assemblée Nationale, le Doyen d'âge ou un organe de l'Assemblée Nationale ;
- cause un trouble quelconque à l'Assemblée Nationale par ses interruptions, ses attaques personnelles, ou de toute autre manière.

(3) La parole est accordée à celui qui, rappelé à l'ordre, s'y est soumis et demande à se justifier.

(4) Lorsqu'un Député a été rappelé deux (02) fois à l'ordre au cours d'une même séance, le Président, après lui avoir accordé la parole pour se justifier, s'il la demande, doit consulter l'Assemblée Nationale qui se prononce sans débat, pour savoir s'il sera de nouveau entendu sur la même question.

(5) Le rappel à l'ordre avec inscription au procès-verbal peut être prononcé par le Président contre tout Député qui :

- au cours de la même séance ou de séances consécutives, aura été rappelé trois (03) fois à l'ordre ;
- en Commission, aura été rappelé trois (03) fois à l'ordre par le Président de la Commission conformément aux dispositions de l'article 26, alinéa 5 ci-dessus.

ARTICLE 98.- (1) Les deux (02) dernières sanctions prévues à l'article 96 ci-dessus ne peuvent, sur la proposition du Président, être prononcées que par l'Assemblée Nationale à la majorité des Députés présents et au scrutin secret.

(2) La censure peut être prononcée contre tout Député qui a :

a) encouru cinq (05) fois le rappel à l'ordre ou qui, après un rappel à l'ordre avec inscription au procès-verbal, encourt un nouveau rappel à l'ordre au cours d'une même séance ou de séances consécutives ;

b) provoqué une scène tumultueuse en séance publique ;

c) adressé à un ou plusieurs de ses collègues des injures, provocations ou menaces.

(3) La censure avec inscription au procès-verbal entraîne l'interdiction de prendre la parole au cours de la séance durant laquelle elle a été prononcée ainsi qu'au cours des trois séances suivantes. Elle entraîne également la privation de l'indemnité spéciale dite « de mandat » pendant deux (02) mois.

(4) La censure avec exclusion temporaire du Palais de l'Assemblée Nationale est prononcée contre tout Député qui :

a) a résisté à la censure simple ou qui a subi deux (02) fois cette sanction ;

b) a fait appel à la violence en séance publique ;

c) s'est rendu coupable d'outrage envers l'Assemblée Nationale ou envers son Président ;

d) s'est rendu coupable d'injures, provocations ou menaces envers le Président de la République et/ou un membre du Gouvernement.

(5) La censure avec exclusion temporaire entraîne l'interdiction de prendre part aux travaux de l'Assemblée Nationale et de réapparaître dans son enceinte jusqu'à expiration de la septième séance qui suit celle où la mesure a été prononcée. Elle entraîne également la privation de l'indemnité spéciale dite « de mandat » pendant six (06) mois.

(6) En cas de refus du Député de se conformer à l'injonction qui lui est faite par le Président de sortir de l'hémicycle, la séance est suspendue. Dans ce cas et aussi dans le cas où la censure avec exclusion temporaire est appliquée pour la deuxième fois à un Député, l'exclusion s'étend à trente (30) jours de séance.

ARTICLE 99.- (1) En cas de voie de fait d'un Député à l'égard d'un de ses collègues, le Président peut proposer au Bureau la peine de censure avec exclusion temporaire. A défaut du Président, cette sanction peut être demandée par écrit au Bureau par un Député.

(2) Lorsque la censure avec exclusion temporaire est, dans ces conditions, proposée contre un Député, le Président convoque le Bureau qui entend le Député mis en cause. Le Bureau peut appliquer l'une des peines prévues à l'article 96 ci-dessus. Le Président communique au Député la décision du Bureau. Si le Bureau conclut à la censure avec exclusion temporaire, le Député est reconduit jusqu'à la porte du Palais de l'Assemblée Nationale par le chef des huissiers.

SECTION II
DES SANCTIONS APPLICABLES EN CAS D'ABSENCE

ARTICLE 100.- (1) Lorsqu'un Député est absent à trois (03) séances consécutives, sans excuse légitime admise par l'Assemblée Nationale, il perd le bénéfice de la moitié de son indemnité législative pendant la durée de son absence et les deux (02) mois qui suivent sa reprise d'activité.

(2) Le Bureau doit toutefois inviter l'intéressé à fournir toutes explications ou justifications qu'il jugerait utiles et lui impartir un délai à cet effet.

(3) Ce n'est qu'après examen desdites explications ou justifications ou, à défaut, à l'expiration du délai imparti, que la sanction pécuniaire est valablement infligée par le Bureau de l'Assemblée Nationale.

(4) Les dispositions du présent article sont également applicables aux cas d'absences injustifiées des Députés aux séances des Commissions générales dont ils sont membres.

ARTICLE 101.- Lorsque l'absence d'un Député s'étend sur trois (03) sessions ordinaires consécutives, sans excuse légitime admise par l'Assemblée Nationale, le Bureau de l'Assemblée Nationale constate la démission d'office du Député concerné.

CHAPITRE XVII
DES SERVICES ADMINISTRATIFS DE L'ASSEMBLEE NATIONALE

ARTICLE 102.- (1) L'Assemblée Nationale jouit de l'autonomie administrative et financière. Ses services sont placés sous l'autorité du Bureau et sous la responsabilité d'un Secrétaire Général, assisté de deux (02) Secrétaires Généraux adjoints nommés par Arrêté du Bureau.

(2) Le Secrétaire Général et les Secrétaires Généraux Adjoints assistent le Bureau dans l'exercice de ses fonctions.

(3) Le Secrétaire Général peut donner délégation à l'un de ses Adjoints. Le Secrétaire Général et les Secrétaires Généraux Adjoints répondent de leurs actes devant le Bureau de l'Assemblée Nationale.

ARTICLE 103.- (1) La gestion des finances est assurée par le Président de l'Assemblée Nationale, ordonnateur du Budget de la Chambre.

(2) Le Secrétaire Général en est l'ordonnateur délégué.

(3) L'ordonnateur du Budget ou l'ordonnateur délégué ne peut arrêter et constater les droits des créanciers que pour des services faits.

(4) La constatation des droits est faite d'office ou sur la demande des intéressés. Elle résulte des pièces justificatives établies dans les formes réglementaires.

ARTICLE 104.- (1) Les Questeurs assurent le contrôle des finances de l'Assemblée Nationale. A cet effet, ils émettent leurs avis sur les engagements de dépenses soumis dans les limites fixées par Arrêté du Bureau. En outre, l'Agent comptable est tenu de leur fournir tous les documents et toutes les pièces nécessaires à l'exercice de leur contrôle.

(2) Les Questeurs préparent le projet de budget de l'Assemblée Nationale et le soumettent au Bureau avant son examen et son vote par la Commission des Finances et du Budget fonctionnant comme Commission de comptabilité budgétaire dans les conditions prévues à l'article 106 ci-dessous.

(3) Ils rapportent le projet de budget visé à l'alinéa 2 ci-dessus devant la Commission des Finances et du Budget.

(4) Dans l'exercice de leurs fonctions, les Questeurs peuvent, en cas de besoin, se faire assister par des Services spécialisés de l'Etat, à la demande du Bureau.

ARTICLE 105.- (1) Sur proposition du Secrétaire Général, le Président de l'Assemblée Nationale, en accord avec le Bureau, arrête l'organisation administrative de ses services.

(2) Sur proposition du Secrétaire Général, le Bureau détermine le statut des fonctionnaires de l'Assemblée Nationale. Ces derniers ont qualité de fonctionnaires de l'Etat.

ARTICLE 106.- (1) La Commission des Finances et du Budget, siégeant en Commission de comptabilité budgétaire, examine le budget de l'Assemblée Nationale qui est soumis par le Bureau après l'élaboration d'un projet par les Questeurs.

(2) Ce budget, présenté sous forme de programmes, fait ressortir les objectifs d'une part et les moyens d'autre part.

(3) Après le vote par la Commission des Finances et du Budget, le budget de l'Assemblée Nationale est inscrit pour ordre au budget général de l'Etat.

(4) La Commission des Finances et du Budget, siégeant en Commission de comptabilité budgétaire, contrôle l'emploi des crédits de l'Assemblée Nationale.

(5) Le compte administratif annuel de l'ordonnateur du Budget ainsi que les comptes-matières, les comptes de gestion de l'Agent comptable sont, en même temps que le compte prévisionnel de l'exercice prochain, soumis à la Commission des Finances et du Budget siégeant en Commission de comptabilité budgétaire.

(6) A cet effet, elle vérifie et apure les comptes. Dans l'exercice de ses fonctions, la Commission des Finances et du Budget peut, en cas de besoin, se faire assister par des Services spécialisés de l'Etat, à la demande du Bureau de l'Assemblée Nationale.

(7) A la fin de chaque exercice, la Commission rend compte à l'Assemblée Nationale de l'exécution du mandat qui lui a été confié.

ARTICLE 107.- (1) Le paiement des dépenses de l'Assemblée Nationale est effectué par un Agent comptable nommé par Arrêté du Bureau.

(2) Les modalités pratiques d'exécution du budget de l'Assemblée Nationale sont déterminées par Arrêté du Bureau.

CHAPITRE XVIII
DU TRAITEMENT DES DEPUTES

ARTICLE 108.- Après vérification des incompatibilités liées à son mandat et remise de ses attributs, le Député a droit aux avantages de toute nature fixés par Arrêté du Bureau.

ARTICLE 109.- Les rangs et privilèges protocolaires du Président de l'Assemblée Nationale, des membres du Bureau et des autres Députés sont fixés par décret du Président de la République.

ARTICLE 110.- (1) Les Députés perçoivent mensuellement une indemnité dite indemnité législative de base, une indemnité pour frais de mandat, ainsi qu'une dotation mensuelle pour la rémunération d'assistants parlementaires.

(2) Ils ont droit à une indemnité de session.

(3) Le montant et les modalités de paiement des avantages cités aux alinéas 1 et 2 ci-dessus sont déterminés par arrêté du Bureau de l'Assemblée Nationale.

ARTICLE 111.- (1) Les agents publics, exception faite des retraités, élus à l'Assemblée Nationale et les Députés à qui des fonctions rétribuées auraient été confiées dans la Fonction publique ou dans un organisme parapublic depuis leur élection, ne peuvent cumuler l'indemnité législative de base et le traitement afférent à ces fonctions.

(2) Lorsque le traitement de l'agent public est inférieur au montant de l'indemnité législative de base, celle-ci, augmentée de l'indemnité spéciale dite de mandat, est mandatée au profit du Député par le Secrétaire Général de l'Assemblée Nationale pendant la durée du mandat législatif.

(3) Lorsque le montant du traitement est supérieur à celui de l'indemnité législative de base, ce traitement, augmenté de l'indemnité spéciale dite de mandat, est mandaté au Député par le Secrétaire Général de l'Assemblée Nationale.

(4) Dans tous les cas, les droits des fonctionnaires à une pension de retraite continuent à courir comme s'ils jouissaient sans interruption de la totalité de leur traitement.

ARTICLE 112.- La traitement visé à l'article 111 ci-dessus comprend pour tous les agents publics, l'ensemble des éléments de traitement et suppléments de toute autre nature assujettis à la retenue pour pension au profit du Trésor public et alloués par les règlements à la position d'activité ainsi que le supplément familial de traitement et les avantages familiaux prévus par la législation en vigueur.

ARTICLE 113.- Le Doyen d'âge, les deux (02) plus jeunes Députés, les membres des Bureaux des Commissions et les Rapporteurs de la Commission des Finances et du

Budget perçoivent une indemnité spéciale de session dont le montant et les modalités de paiement sont fixés par le Bureau.

ARTICLE 114.- L'indemnité spéciale pour frais de mandat et l'indemnité spéciale de session versées au Doyen d'âge, aux deux (02) plus jeunes Députés, aux membres des Bureaux des Commissions, aux Rapporteurs de la Commission des Finances et du Budget et, en ce qui concerne les membres du Bureau de l'Assemblée Nationale et les membres des Bureaux des Groupes parlementaires, les indemnités de fonction ou pour frais de représentation, ne sont ni saisissables, ni soumises à impôts.

ARTICLE 115.- L'indemnité législative de base, l'indemnité pour frais de mandat et les indemnités de fonction ou les frais de représentation attribués aux membres du Bureau seront mandatés mensuellement par le Secrétaire Général dans les mêmes conditions que la solde et les accessoires de solde des fonctionnaires de l'Assemblée Nationale.

ARTICLE 116.- Tout fonctionnaire, élu Député, bénéficie automatiquement de ses avancements dans la Fonction publique pendant la durée de son mandat.

ARTICLE 117.- (1) Les Députés, anciens agents publics, continuent de bénéficier de leur pension de retraite.

(2) Les Députés, anciens travailleurs du secteur privé et parapublic, continuent de percevoir la pension de retraite à laquelle ils avaient droit avant leur élection.

ARTICLE 118.- (1) Les Députés bénéficient de la pension proportionnelle ou d'ancienneté à la suite de deux (02) ou trois (03) mandats consécutifs sans condition d'âge.

(2) Toutefois, un Député peut prétendre à la pension de retraite parlementaire, à condition de cumuler dix (10) annuités de cotisation pour une pension proportionnelle ou quinze (15) annuités pour la pension d'ancienneté au cours d'un ou de deux mandats.

(3) Les modalités de mise en œuvre du mécanisme de pension de retraite parlementaire sont fixées par arrêté du Bureau de l'Assemblée Nationale.

ARTICLE 119.- (1) Le Président, le Premier Vice-président, les Vice-présidents et les Questeurs ont droit à un hôtel de fonction, aux moyens de transport et à du personnel domestique dont le nombre est fixé par un Arrêté du Bureau.

(2) Les Présidents de Groupe ont rang et prérogatives de Vice-président.

(3) Les Vice-présidents de Groupe ont rang et prérogatives de Questeur.

(4) Les Secrétaires de Groupe ont rang et prérogatives de Secrétaire du Bureau de l'Assemblée Nationale.

(5) Les Bureaux de Groupes parlementaires ont droit à un local servant de bureau et à un secrétariat dont la composition sera définie par Arrêté du Bureau.

(6) Le montant des indemnités, des frais de représentation et les frais de mission versés aux membres du Bureau, ainsi que les frais de mission des autres Députés, sont fixés par Arrêté du Bureau.

(7) Le Bureau de l'Assemblée Nationale fixe les indemnités, les avantages en nature ainsi que la préséance parlementaire des Présidents de Groupe.

ARTICLE 120.- (1) Des insignes sont portés par les Députés et le membre *ex officio* de son Bureau lorsqu'ils sont en mission, dans les cérémonies publiques et en toutes circonstances où ils ont à faire connaître leur qualité.

(2) La nature de ces insignes est déterminée par le Bureau de l'Assemblée Nationale.

ARTICLE 121.- Il est interdit à tout Député, sous peine des sanctions disciplinaires prévues par l'article 98 ci-dessus, d'exciper ou laisser user de sa qualité dans des entreprises financières, industrielles ou commerciales ou dans l'exercice de professions libérales ou autres, et, d'une façon générale, d'user de son titre pour d'autres motifs que pour l'exercice de son mandat.

ARTICLE 122.- (1) Lorsque l'Assemblée Nationale est appelée à se faire représenter dans des Assemblées internationales, cette représentation est assurée par des Députés désignés par le Bureau.

(2) Les Commissions peuvent faire parvenir au Bureau toutes propositions qu'elles jugent utiles par rapport à ce choix.

(3) Les Députés appelés à représenter l'Assemblée Nationale dans des organismes extraparlementaires et interparlementaires sur mandat du Bureau, sont tenus de remettre au Président de l'Assemblée Nationale un rapport sur l'accomplissement de leur mission.

CHAPITRE XIX
DE LA MODIFICATION DU REGLEMENT INTERIEUR

ARTICLE 123.- (1) En début de législature, le présent Règlement intérieur ne peut être soumis à modification que si la proposition en est faite par au moins seize (16) Députés.

(2) La proposition est remise au Doyen d'âge qui, après en avoir donné communication à l'Assemblée Nationale, et après vérification des mandats au moins des trois cinquièmes des Députés, saisit une Commission ad hoc de trente (30) membres élus à la majorité des suffrages valablement exprimés sur une liste commune présentée par tous les partis politiques représentés à l'Assemblée Nationale.

(3) Les membres de la Commission visée à l'alinéa 2 ci-dessus élisent un Bureau comprenant :

- un (01) Président ;
- un (01) Vice-président ;
- deux (02) Secrétaires ;
- un (01) Rapporteur.

(4) Les propositions de la Commission visée à l'alinéa 2 ci-dessus sont soumises directement à l'Assemblée Nationale pour adoption sous forme de loi, à la majorité absolue des Députés.

(5) En cours de législature, toute proposition de loi tendant à modifier le présent Règlement intérieur doit émaner d'au moins seize (16) Députés.

(6) La proposition de loi présentée en vertu des alinéas 1 et 5 ci-dessus, est soumise à l'Assemblée Nationale sur rapport de la Commission des Lois Constitutionnelles ou de la Commission ad hoc, selon le cas. Elle ne peut être adoptée qu'à la majorité absolue des Députés.

CHAPITRE XX
DISPOSITIONS FINALES

ARTICLE 124.- Les modalités d'application de la présente loi, sont, en tant que de besoin, déterminées par Arrêté du Bureau.

ARTICLE 125.- La présente loi, qui abroge toutes les dispositions antérieures contraires, sera enregistrée, publiée suivant la procédure d'urgence et insérée au Journal Officiel en français et en anglais./-

Yaoundé, le 9 septembre 2014.

Le Président de la République,

Paul BIYA.

ANNEXE III

REGLEMENT INTERIEUR DU SENAT

(Loi n° 2013/006 du 10 juin 2013,
modifiée et complétée par la loi n° 2016/011 du 27 octobre 2016)

CHAPITRE PREMIER
DISPOSITIONS GENERALES

ARTICLE 1er.- La présente loi porte Règlement Intérieur du Sénat.

ARTICLE 2.- Les membres du Sénat portent le titre de « Sénateur ».

ARTICLE 3.- (1) Le mandat des Sénateurs est de cinq (05) ans. Il commence le jour de l'ouverture de la session ordinaire de plein droit qui suit le scrutin.

(2) Au début de chaque législature, le Sénat se réunit de plein droit en session ordinaire, le troisième mardi suivant la proclamation des résultats des élections sénatoriales par le Conseil Constitutionnel.

ARTICLE 4.- (1) Chaque année, le Sénat tient trois (3) sessions ordinaires d'une durée maximum de trente (30) jours chacune. La première session ordinaire du Sénat s'ouvre au mois de mars, la deuxième au mois de juin et la troisième au mois de novembre.

(2) Après concertation avec le Bureau de l'Assemblée Nationale et consultation du Président de la République, la date d'ouverture de chaque session est fixée par arrêté du Bureau du Sénat.

(3) Le Sénat se réunit en session extraordinaire pour une durée maximum de quinze (15) jours, sur un ordre du jour déterminé, à la demande du Président de la République ou d'un tiers des Sénateurs. La session extraordinaire est close dès épuisement de l'ordre du jour.

ARTICLE 5.- A l'ouverture de chaque session ordinaire ou extraordinaire, le Doyen d'âge ou le Président en fonction, assisté des deux plus jeunes membres ou d'un secrétaire selon le cas et du Secrétaire Général du Sénat, donne lecture de l'arrêté portant convocation de la Chambre.

Le Président ou le Doyen d'âge déclare ensuite la séance ouverte.

CHAPITRE II
DES CONDITIONS D'EXERCICE DU MANDAT DE SENATEUR

SECTION I
DE LA VERIFICATION DES CAS D'INCOMPATIBILITE

ARTICLE 6.- Le Sénat veille à l'application des dispositions relatives aux incompatibilités prévues par la Constitution et le Code Electoral.

ARTICLE 7.- (1) Nul ne peut siéger à la fois au Sénat et à l'Assemblée Nationale.

(2) L'exercice du mandat de Sénateur est incompatible avec les fonctions de membre du Gouvernement et assimilé, de membre du Conseil Constitutionnel, de membre du Conseil Economique et Social, de Maire, de Délégué du Gouvernement auprès d'une communauté urbaine, de Président de Conseil Régional, de toute fonction publique non élective ainsi que de Président de Chambre Consulaire.

(3) De même, le statut de Sénateur et l'exercice du mandat qui s'y rattache sont incompatibles avec les fonctions de Président de Conseil d'Administration ou le statut de salarié dans un établissement public ou une entreprise du secteur public ou parapublic.

(4) L'acceptation de l'une des fonctions visées par l'un des alinéas 1, 2 et 3 ci-dessus entraîne la vacance du poste du Sénateur concerné.

(5) Toutefois, sont exceptés des dispositions qui précèdent, les Sénateurs chargés de missions temporaires ou extraordinaires par le Gouvernement.

(6) Le cumul du mandat parlementaire et de la mission visée à l'alinéa 5 ci-dessus ne peut excéder deux (02) ans. Toutefois, à l'expiration de ce délai, la mission peut être renouvelée par décret après avis du Bureau.

(7) La placement en position de mission par le Gouvernement est immédiatement porté à la connaissance du Bureau du Sénat.

ARTICLE 8.- A la session de plein droit, le Sénat vérifie le respect des conditions d'incompatibilité des Sénateurs, après que chaque Sénateur a adressé au Secrétariat Général du Sénat, en double exemplaire et sur imprimé spécial, une déclaration sur l'honneur en indiquant les cas d'incompatibilité dans lesquels il pourrait se trouver, tout en précisant son choix.

ARTICLE 9.- (1) La vérification des incompatibilités est faite par des Bureaux créés à cet effet. Les Bureaux de vérification sont composés de vingt-cinq (25) membres au plus et reflètent la composition politique du Sénat.

(2) L'élection des membres des Bureaux de vérification a lieu en séance plénière au scrutin de liste secret, à la majorité absolue. Si la majorité absolue n'a pas été acquise au premier tour de scrutin, il est procédé à un second tour. Dans ce cas, la majorité simple suffit.

(3) Les Bureaux de vérification sont élus pour la durée de la législature. En cas de démission d'office d'une liste, il est procédé au remplacement du démissionnaire par un autre candidat présenté par son Groupe ou, à défaut, son parti politique.

(4) Chaque Bureau de vérification élit un (01) Président, un (01) Vice-président et deux (02) Secrétaires. En outre, il désigne un Sénateur chargé des fonctions de Rapporteur.

(5) Chaque Bureau de vérification, dans un délai maximal de soixante-douze (72) heures, dresse procès-verbal de ses travaux.

(6) Les Sénateurs peuvent prendre communication sur place et sans déplacement, des procès-verbaux des Bureaux de vérification. En fin de législature, ces procès-verbaux sont déposés aux archives du Sénat.

ARTCILE 10.- (1) Les rapports des Bureaux de vérification doivent être affichés et distribués aux Sénateurs.

a) Si le rapport d'un Bureau ne fait état d'aucun cas d'incompatibilité, il est adopté sans débat en séance plénière.

b) Si le rapport d'un Bureau fait état d'un cas d'incompatibilité, le Sénat, en séance plénière, donne un délai de dix (10) jours au concerné pour se démettre du mandat ou de la fonction incompatible.

A l'expiration de ce délai, si le cas d'incompatibilité persiste, la démission d'office du concerné est constatée.

(2) Le remplacement du Sénateur dont la démission d'office est constatée se fait conformément aux dispositions du Code Electoral.

SECTION II
DE LA DEMISSION

ARTICLE 11.- (1) Après vérification des incompatibilités, tout Sénateur dont le mandat a été vérifié, peut se démettre de ses fonctions.

(2) La démission donnée par un Sénateur avant la vérification des incompatibilités ne dessaisit pas le Sénat du droit de procéder à cette vérification.

(3) Les démissions en cours de législature sont adressées au Président du Sénat qui en donne connaissance à la Chambre.

(4) La démission est acceptée par le Sénat, qui ne peut la refuser lorsqu'il constate que le Sénateur se démet de son mandat en toute liberté.

(5) La démission d'un Sénateur nommé est immédiatement notifiée au Président de la République par le Président du Sénat.

CHAPITRE III
DU BUREAU DU SENAT

SECTION I
DU BUREAU D'AGE

ARTICLE 12.- (1) Au début de chaque législature, ainsi qu'à l'ouverture de la première session ordinaire de l'année législative du Sénat, le plus âgé des Sénateurs présents et les deux plus jeunes forment le Bureau d'âge qui reste en fonction jusqu'à l'élection du Bureau définitif du Sénat.

(2) Aucun débat, aucun vote, à l'exception des débats de vérification en début ou en cours de législature et de l'élection du Président du Sénat, ne peut avoir lieu sous la présidence du Doyen d'âge.

(3) Toutefois, si le Sénat est amené, sous cette présidence, à débattre d'un point touchant à son Règlement Intérieur, il est créé une Commission spéciale comprenant vingt cinq (25) membres.

Les membres de cette Commission, désignés par les partis politiques représentés au Sénat, élisent en leur sein un Bureau comprenant :

- un (01) Président ;
- un (01) Vice-président ;
- deux (02) Secrétaires ;
- un (01) Rapporteur.

(4) Les membres de la Commission visée à l'alinéa 3 ci-dessus doivent refléter la configuration politique du Sénat.

(5) Les propositions de la Commission visée à l'alinéa 3 ci-dessus sont soumises directement au Sénat pour adoption sous forme de loi, à la majorité simple de ses membres en exercice.

ARTICLE 13.- (1) A l'ouverture de la première session ordinaire de plein droit, le Doyen d'âge donne lecture au Sénat du procès-verbal de proclamation des résultats des élections sénatoriales et des noms des Sénateurs proclamés élus, transmis par le Conseil Constitutionnel. En outre, il donne lecture du décret du Président de la République portant nomination des autres Sénateurs.

(2) La présence de la moitié plus un au moins des Sénateurs est impérative à cette séance. Le Doyen d'âge, après vérification, informe le Sénat que le quorum est atteint.

(3) Dès la constatation de la présence des Sénateurs, manifestée par leur signature sur un registre spécialement ouvert à cet effet et après vérification du quorum et éventuellement après lecture des communications à la Chambre, le Président passe à l'examen de l'ordre du jour.

SECTION II
DU BUREAU DEFINITIF

ARTICLE 14.- (1) Au début de la législature ou de la première session ordinaire de l'année législative, il est procédé avant toute délibération et sous réserve des dispositions de l'article 12 ci-dessus, à l'élection du Bureau définitif du Sénat.

(2) Le Bureau définitif du Sénat comprend :

- un (01) Président ;
- un (01) Premier Vice-président ;
- quatre (04) Vice-présidents ;
- trois (03) Questeurs ;
- huit (08) Secrétaires.

ARTICLE 15.- (1) Le Président du Sénat est élu au scrutin uninominal, à la majorité absolue des suffrages valablement exprimés. A défaut de la majorité absolue au premier tour, il est procédé à un second tour pour lequel la majorité relative suffit pour être déclaré élu.

(2) Deux (02) scrutateurs désignés par le Doyen d'âge dépouillent le scrutin dont il proclame les résultats.

(3) Le Doyen d'âge invite le Président élu à prendre place immédiatement au fauteuil de Président du Sénat.

ARTICLE 16.- (1) Le Premier Vice-président est élu au scrutin uninominal à la majorité absolue des suffrages valablement exprimés. A défaut de la majorité absolue au premier tour, il est procédé à un second tour pour lequel la majorité relative suffit pour être déclaré élu.

(2) Deux (02) scrutateurs désignés par le Président du Sénat dépouillent le scrutin dont le Président proclame les résultats.

ARTICLE 17.- (1) Les Vice-présidents, autres que le Premier, les Questeurs et les Secrétaires sont élus en même temps au cours de la même séance plénière au scrutin secret à la majorité relative des suffrages valablement exprimés, sur une liste commune présentée par les partis politiques représentés au Sénat.

(2) La liste visée à l'alinéa 1 ci-dessus doit tenir compte, au sein du Bureau, de la configuration politique du Sénat, sauf refus de certains partis politiques de participer au Bureau.

(3) Les membres du Bureau sont élus pour un (01) an. Ils sont rééligibles. Toutefois, les membres du Bureau définitif élus au cours de la session de plein droit restent en fonction jusqu'à la prochaine élection du Bureau à l'ouverture de la première session ordinaire de l'année législative.

(4) Le Président du Sénat notifie au Président de la République, au Président de l'Assemblée Nationale, au Premier Ministre, Chef du Gouvernement et au Président du Conseil Constitutionnel, la composition du Bureau définitif du Sénat.

ARTICLE 18.- (1) Le Président du Sénat préside le Bureau et la Conférence des Présidents. Il a la haute direction des débats en séance plénière. Il assure la police des délibérations.

(2) Le Bureau du Sénat a les pleins pouvoirs pour présider les délibérations du Sénat, ainsi que pour organiser tous ses services. Il représente le Sénat dans toutes les cérémonies publiques.

ARTICLE 19.- En cas d'absence ou d'empêchement, le Président du Sénat est suppléé par le Premier Vice-président et, si ce dernier est à son tour absent ou empêché, les autres Vice-présidents le suppléent dans l'ordre de préséance établi par le Bureau.

ARTICLE 20.- Les Questeurs, sous la direction du Bureau, sont chargés du contrôle des services administratifs et financiers du Sénat.

ARTICLE 21.- Les Secrétaires veillent à la rédaction des procès-verbaux et en donnent lecture si elle est demandée. Ils inscrivent les Sénateurs qui demandent la parole, contrôlent les votes et dépouillent les scrutins.

ARTICLE 22.- Le Secrétaire Général du Sénat est nommé par arrêté du Bureau. Il est membre *ex officio* du Bureau du Sénat. A ce titre, il reçoit une cocarde tricolore pour son véhicule et bénéficie des avantages fixés par arrêté du Bureau.

CHAPITRE IV
DES ATTRIBUTS DES SÉNATEURS

ARTICLE 23.- (1) Chaque Sénateur reçoit, au cours d'une cérémonie solennelle et pour la durée de la législature :

- un (01) insigne ;
- une (01) écharpe tricolore qu'il porte au cours des cérémonies officielles ;
- une (01) cocarde tricolore pour son véhicule.

(2) Les attributs cités à l'alinéa 1 ci-dessus sont restitués au Secrétariat Général du Sénat en cas d'interruption du mandat, pour quelque raison que ce soit.

(3) Nonobstant les dispositions de l'alinéa 1 ci-dessus, les Sénateurs qui intègrent le Sénat au cours de la législature reçoivent leurs attributs à la première session à laquelle ils prennent part.

ARTICLE 24.- Des insignes sont portés par les Sénateurs lorsqu'ils sont en mission, dans les cérémonies publiques et en toutes circonstances où ils ont à faire connaître leur qualité. La nature de ces insignes est déterminée par le Bureau du Sénat.

CHAPITRE V
DES IMMUNITÉS DES SENATEURS

ARTICLE 25.- (1) Les Sénateurs jouissent des immunités conformément à la loi.

(2) Aucun Sénateur ne peut être poursuivi, recherché, arrêté, détenu ou jugé à l'occasion des opinions ou votes émis par lui dans l'exercice de ses fonctions.

(3) Sauf en cas de flagrant délit ou de crimes et délits commis contre la sûreté intérieure ou la sûreté extérieure de l'Etat tels qu'ils sont fixés par le Code pénal, aucun Sénateur ne peut être poursuivi en matière criminelle ou correctionnelle qu'avec l'autorisation du Sénat pendant les sessions ou, hors session, de son Bureau :

- par le Parquet compétent ;
- par le Ministre en charge de la Défense en cas de compétence des juridictions militaires.

CHAPITRE VI
DES CAS DE VACANCE

ARTICLE 26.- En cas d'interruption de mandat et dans tous les cas de vacance autre que le décès du titulaire, le suppléant est appelé à siéger au Sénat à la place du titulaire jusqu'à la fin du mandat.

ARTICLE 27.- Pour le cas des Sénateurs nommés, le décès, la démission ou la nomination à une fonction incompatible conduit à un remplacement du Sénateur concerné par un décret du Président de la République.

CHAPITRE VII
DES GROUPES PARLEMENTAIRES

ARTICLE 28.- (1) Les Sénateurs peuvent s'organiser en Groupes par partis politiques. Aucun Groupe ne peut comprendre moins de dix (10) membres, non compris les Sénateurs apparentés.

(2) Les Sénateurs qui n'appartiennent à aucun Groupe peuvent s'apparenter à un Groupe de leur choix, avec l'agrément du Bureau dudit Groupe, afin de pouvoir figurer sur sa liste.

ARTICLE 29.- (1) Les Groupes sont constitués après remise au Doyen d'âge ou au Président du Sénat d'une liste de leurs membres, assortie, le cas échéant, des Sénateurs apparentés, accompagnée d'une déclaration publique, commune à tous les membres, signée par eux et tenant lieu de programme d'action politique.

(2) Aucun Sénateur ne peut appartenir ou être apparenté à plus d'un Groupe.

(3) Les Sénateurs apparentés comptent pour le calcul des sièges à accorder aux Groupes dans les diverses Commissions du Sénat prévues par le présent Règlement Intérieur.

(4) Chaque Groupe communique au Président du Sénat la composition de son Bureau qui comprend un Président, un Vice-président et un Secrétaire.

(5) Toute modification dans la composition d'un Groupe est portée à la connaissance du Président du Sénat, sous la signature du Président du Groupe et sous la double signature du Sénateur et du Président du Groupe, s'il s'agit d'une adhésion ou d'un apparentement. Ces modifications sont communiquées au Sénat par le Président du Sénat, puis publiées au Journal Officiel des Débats en français et en anglais.

CHAPITRE VIII
DES COMMISSIONS

SECTION I
DES COMMISSIONS GENERALES

ARTICLE 30.- (1) Chaque année, après l'élection du Bureau, le Sénat constitue neuf (09) Commissions générales pour l'étude des affaires qui lui sont soumises. Chaque Commission doit comporter au moins dix (10) membres.

(2) Les Commissions visées à l'alinéa 1 ci-dessus se présentent ainsi qu'il suit :

a) Commission des Lois Constitutionnelles, des Droits de l'Homme et des Libertés, de la Justice, de la Législation et du Règlement, de l'Administration : Constitution, règlement, statut des personnes, justice, collectivités territoriales décentralisées… ;

b) Commission des Finances et du Budget : budget, fiscalité, contributions, monnaie et crédit, contrôle budgétaire... ;

c) Commission des Affaires Etrangères : traités, conventions internationales, organisations internationales... ;

d) Commission de la Défense Nationale et de la Sécurité : défense nationale, armées, gendarmerie, sûreté nationale, justice militaire, sapeurs pompiers... ;

e) Commission des Affaires Economiques, de la Programmation et de l'Aménagement du Territoire : aménagement du territoire, lois-programmes, domaine de l'Etat, entreprises nationales, urbanisme, équipement et travaux publics... ;

f) Commission de l'Education, de la Formation Professionnelle et de la Jeunesse : enseignement du premier et du second degré, enseignement supérieur, éducation populaire... ;

g) Commission des Affaires Culturelles, Sociales et Familiales : culture, arts, information, communication, santé publique, loisirs, œuvres sociales, prévoyance sociale, famille, femme, enfant, personnes âgées... ;

h) Commission de la Production et des Echanges : agriculture, élevage, eaux et forêts, chasse, pêche, énergie et industrie, tourisme, recherche scientifique, consommation, commerce intérieur et extérieur... ;

i) Commission des Résolutions et des Pétitions : examen des propositions de résolution, des pétitions, de l'activité interne du Sénat, exploitation des relations interparlementaires du Sénat...

(3) Toutefois, compte tenu de l'importance d'un texte dans la vie politique, économique, sociale et culturelle de la Nation, la Conférence des Présidents peut décider de le soumettre à l'examen de la Chambre entière.

Les travaux de cette Chambre ne peuvent porter que sur la discussion générale du texte, la discussion au fond et la mise en forme définitive étant réservées à la Commission générale compétente.

Le Président du Sénat préside aux débats de la Chambre entière.

(4) Les Commissions peuvent constituer des Sous-commissions.

A l'exception de la Commission des Finances et du Budget qui peut siéger en tant que de besoin, les autres Commissions et Sous-commissions ne peuvent valablement siéger que durant les sessions.

(5) Aucun Sénateur ne peut faire partie de plus de deux (02) Commissions générales visées aux alinéas 1 et 2 ci-dessus.

ARTICLE 31.- (1) Avant la constitution des Commissions, les Présidents de Groupe remettent au Président du Sénat la liste de leurs membres. Cette liste est affichée et consignée au procès-verbal et publiée au Journal Officiel des Débats.

(2) Les Groupes disposent, dans chaque Commission, d'un nombre de sièges proportionnel à leur importance numérique.

(3) Les sièges sont répartis proportionnellement entre les Groupes régulièrement constitués et selon la règle de la plus forte moyenne. Les sièges restés vacants après cette répartition sont attribués par le Président du Sénat aux Sénateurs n'appartenant à aucun Groupe.

(4) Avant la constitution des Commissions, les Présidents de Groupe remettent au Président du Sénat la liste des candidats qu'ils ont établie.

(5) La liste des candidats aux Commissions est, après affichage pendant une période minimum de douze heures, adoptée par le Sénat si, avant cette adoption, elle n'a pas suscité l'opposition d'au moins dix (10) Sénateurs.

(6) Les oppositions motivées sont remises par écrit au Président et consignées au procès-verbal *in extenso* et publiée au Journal Officiel des Débats. En cas d'opposition, le Sénat procède à un vote au scrutin de liste en séance plénière, étant entendu que ce vote ne saurait modifier la représentation numérique des Groupes au sein des Commissions.

(7) La démission d'un membre ou son exclusion du Groupe entraîne pour ce membre la perte des avantages dont il bénéficiait en qualité de membre de ce Groupe et notamment la qualité de Commissaire au sein de la Commission où il avait été désigné par son Groupe. Ledit Groupe procède au remplacement au sein de la Commission, de ce membre exclu ou démissionnaire dans les meilleurs délais.

ARTICLE 32.- (1) Après sa constitution, chaque Commission est convoquée par le Président du Sénat afin d'élire au scrutin uninominal son Bureau composé d'un (01) Président, d'un (01) Vice-président et de deux (02) Secrétaires. Seule la Commission des Finances et du Budget nomme un Rapporteur Général.

(2) La Commission des Finances et du Budget désigne également chaque année, à l'ouverture de la première session ordinaire de l'année législative, un Rapporteur général pour les recettes et des Rapporteurs spéciaux chargés des dépenses publiques et du contrôle de l'usage des fonds publics, y compris les fonds de développement publics.

(3) Lorsque le Président et le Vice-président d'une Commission sont empêchés et ne peuvent de ce fait remplir leurs fonctions, la Commission désigne un Président et un

Vice-président temporaires dont le mandat prend fin dès que les titulaires sont en mesure d'assumer leurs fonctions.

(4) La présidence d'une Commission générale ne peut être cumulée avec celle d'une Commission spéciale.

ARTICLE 33.- (1) Les Commissions sont saisies par la Conférence des Présidents de toutes les affaires relevant de leur compétence. Communication de cette saisine est faite au Sénat à sa prochaine séance.

(2) Le rapport sur le fond d'une affaire ne peut être confié qu'à une seule Commission. Toutefois, les autres Commissions peuvent demander à donner leur avis sur la même affaire.

(3) Pour chaque affaire, un Rapporteur est désigné par la Commission compétente au fond. Les Commissions saisies pour avis désignent également des Rapporteurs.

(4) L'avis visé à l'alinéa 2 ci-dessus est transmis au Président de la Commission saisie au fond.

ARTICLE 34.- (1) Les Commissions sont convoquées à la diligence du Secrétaire Général du Sénat.

(2) Les Sénateurs qui ne sont pas membres d'une Commission générale peuvent assister aux travaux de cette Commission sur autorisation du Président qui en assure la police.

(3) Seuls ont droit de parole et de vote lors des travaux des Commissions, les Sénateurs désignés à cet effet en qualité de Commissaires.

(4) Les membres du Gouvernement ont accès aux Commissions lors des discussions portant sur des textes relevant de la compétence du Gouvernement. Ils doivent être entendus quand ils le demandent. Ils peuvent se faire accompagner et assister par de proches collaborateurs.

(5) L'auteur d'une proposition ou d'un amendement peut être convoqué aux séances de la Commission consacrées à l'examen de son texte. Il se retire au moment du vote.

(6) Les amendements des Sénateurs cessent d'être recevables en Commission dès le début de la discussion des articles.

(7) Le Rapporteur Général de la Commission des Finances doit être entendu par toute Commission qui examine un budget particulier soumis à son avis.

ARTICLE 35.- (1) Les Commissions sont toujours en nombre pour discuter. Toutefois, la présence de la moitié plus un de leurs membres est nécessaire pour la validité de leurs votes.

(2) Si le quorum visé à l'alinéa 1 ci-dessus n'est pas atteint avant le vote, la séance de la Commission est suspendue pendant deux (02) heures. A la reprise, le vote devient valable quel que soit le nombre des votants. Dans ce cas, il doit être fait mention du défaut de quorum dans le rapport de la Commission.

(3) Lorsque sur une affaire soumise à l'examen du Sénat, la procédure d'urgence est mise en vigueur conformément à l'article 68 ci-dessous, la séance de la Commission est seulement suspendue pendant une heure, aucun quorum n'étant exigé lors de sa reprise.

(4) Par dérogation aux dispositions de l'article 113 du présent Règlement Intérieur, le Président de la Commission, après consultation du Bureau de la Commission, peut prononcer le rappel à l'ordre à l'encontre de tout Sénateur qui, par ses attaques personnelles, ses interruptions, empêche le déroulement normal des travaux ou la liberté des délibérations en Commission.

(5) Lorsqu'un Commissaire aura été trois (03) fois rappelé à l'ordre au cours d'une même séance, le Président de la Commission en informe le Président du Sénat qui peut lui appliquer les sanctions disciplinaires prévues à l'article 112 ci-dessous.

ARTICLE 36.- (1) Les décisions des Commissions sont prises à la majorité simple des suffrages exprimés.

(2) Les votes en Commission ont lieu à main levée, par assis et levé ou par procédé électronique. Seules les nominations ou désignations personnelles donnent lieu à un vote par scrutin secret. En cas d'égalité de voix, la question mise aux voix n'est pas adoptée.

(3) Les rapports et avis des Commissions doivent être approuvés en Commission avant leur dépôt sur le Bureau du Sénat. Ils sont distribués aux Sénateurs.

ARTICLE 37.- (1) Il est établi un procès-verbal des réunions des Commissions qui indique notamment les noms des membres présents, excusés ou absents, les décisions de la Commission, ainsi que les résultats des votes.

(2) Seuls les membres de la Commission ont la faculté de prendre communication, sur place, des procès-verbaux des Commissions et des documents qui leur ont été remis.

(3) Toutefois, le bureau de la Commission peut autoriser les Sénateurs non membres de la Commission à en prendre connaissance. La Commission peut aussi, par un vote, permettre la communication sur place des procès-verbaux à un membre du Gouvernement.

(4) A l'expiration de la législature, les procès-verbaux et documents de la Commission sont déposés aux archives du Sénat.

ARTICLE 38.- Les fonctions de membre d'une Commission générale sont incompatibles avec les fonctions de Président du Sénat.

ARTICLE 39.- (1) Toute Commission peut proposer de charger un ou plusieurs de ses membres d'une mission portant sur des objets relevant de ses attributions et nécessaires à la bonne exécution de ses travaux.

(2) Si cette mission doit, par suite de déplacements notamment, entraîner des dépenses à la charge du budget du Sénat, la Commission en soumet la proposition au Bureau qui décide.

SECTION II
DES COMMISSIONS SPECIALES

ARTICLE 40.- Le Sénat peut constituer des Commissions spéciales pour un objet déterminé, notamment d'intérêt national majeur. La résolution portant création d'une Commission spéciale fixe également la procédure à suivre pour la nomination de ses membres.

SECTION III
DES COMMISSIONS MIXTES PARITAIRES

ARTICLE 41.- Conformément aux dispositions de l'article 30 (3) de la Constitution, le Président de la République peut provoquer la réunion d'une Commission mixte paritaire chargée de proposer un texte commun sur les dispositions d'un projet ou d'une proposition de loi rejetées par le Sénat.

ARTICLE 42.- (1) Le nombre de représentants de chaque Chambre du Parlement au sein de la Commission mixte paritaire est fixé à sept (07).

(2) Le Président de chacune des Chambres procède, par arrêté, à la désignation de ses représentants dans la Commission mixte paritaire, en tenant compte de la configuration politique de la Chambre.

ARTICLE 43.- (1) La composition de la Commission mixte paritaire est constatée par un arrêté conjoint du Président de l'Assemblée nationale et du Président du Sénat, dans les vingt-quatre (24) heures suivant la demande du Président de la République, à l'initiative du Président de l'Assemblée Nationale.

(2) L'arrêté conjoint visé à l'alinéa 1 ci-dessus précise la Chambre du Parlement où siège la Commission mixte paritaire.

ARTICLE 44.- (1) Au cours de la première réunion, il est notamment procédé à la mise en place du Bureau de la Commission mixte paritaire.

(2) Le Bureau de la Commission se compose ainsi qu'il suit :

- Président : le Président de la Commission générale compétente de la Chambre abritant les travaux ;
- Vice-président : le Président de la Commission générale compétente de la Chambre conviée ;
- Deux (02) Rapporteurs : le Rapporteur de la Commission générale compétente de la Chambre abritant les travaux et le Rapporteur de la Commission générale compétente de la Chambre conviée.

ARTICLE 45.- (1) Les Commissions mixtes paritaires se réunissent, alternativement par affaire, dans les locaux de l'Assemblée nationale ou du Sénat.

(2) Elles suivent, dans leurs travaux, les règles ordinaires applicables aux Commissions générales. En cas de divergence entre les Règlements Intérieurs des deux (02) Chambres, celui de la Chambre où siège la Commission prévaut.

ARTICLE 46.- (1) La Commission mixte paritaire, dans un délai de soixante-douze (72) heures à compter de sa mise en place, transmet son rapport aux Présidents des deux (02) Chambres.

(2) Elle est dissoute de plein droit après la transmission de son rapport.

(3) Le Président de l'Assemblée Nationale, dès réception du rapport des travaux de la Commission mixte paritaire, le transmet au Président de la République, dans un délai de vingt-quatre (24) heures.

(4) Le texte élaboré par la Commission mixte paritaire est soumis par le Président de la République, pour approbation, aux deux (02) Chambres. Aucun amendement n'est recevable, sauf accord du Président de la République.

(5) Si la Commission mixte paritaire ne parvient pas à l'adoption du texte commun, ou si ce texte n'est pas adopté par l'une et l'autre Chambres, le Président de la République peut :

- soit demander à l'Assemblée Nationale de statuer définitivement ;
- soit déclarer caduc le projet ou la proposition de loi.

CHAPITRE IX
DU DEPOT DES PROJETS DE LOI ET PROPOSITIONS DE LOI OU DE RESOLUTION

ARTICLE 47.- (1) a) Les projets de loi dont le Sénat est saisi par le Président de la République sont déposés sur le Bureau de la Chambre pour être transmis par le Président du Sénat à la Conférence des Présidents qui décide de leur recevabilité et de leur attribution à une Commission générale. Il en est donné connaissance au Sénat au cours d'une séance plénière.

b) Les propositions de loi et de résolution émanant des Sénateurs doivent être formulées par écrit. Elles sont adressées au Président du Sénat pour être transmises à la Conférence des Présidents qui décide de leur recevabilité et de leur transmission à une Commission générale.

(2) Les projets et propositions de loi ne peuvent porter que sur des matières définies à l'article 26 de la Constitution.

(3) La Conférence des Présidents se prononce sur la recevabilité des textes. En cas de doute ou de litige sur la recevabilité d'un texte, le Président de la République, le Président du Sénat ou un tiers des Sénateurs saisit le Conseil Constitutionnel qui en décide.

(4) Sont irrecevables, conformément aux dispositions de l'article 23 (3) (a) de la Constitution, les propositions de loi et amendements qui auraient pour effet, s'ils sont adoptés, soit une diminution des ressources publiques, soit l'aggravation des charges publiques sans réduction à due concurrence d'autres dépenses ou création de recettes nouvelles d'égale importance.

(5) Les projets et propositions de loi ou de résolution sont distribués aux membres du Sénat et envoyés à l'examen de la Commission compétente dans les conditions prévues à l'alinéa 1 ci-dessus. Ils sont inscrits et numérotés dans l'ordre de leur arrivée, sur un rôle général et portant mention de la suite qui leur a été réservée.

CHAPITRE X
DE L'ORDRE DU JOUR

ARTICLE 48.- (1) L'ordre du jour du Sénat est fixé par la Conférence des Présidents.

(2) La Conférence des Présidents comprend :

- les Présidents des Groupes parlementaires ;
- les Présidents des Commissions générales ;
- les membres du Bureau du Sénat.

(3) Un membre du Gouvernement participe aux travaux de la Conférence des Présidents.

(4) Le Président du Sénat préside la Conférence des Présidents.

(5) L'ordre du jour du Sénat comporte en priorité et dans l'ordre que le Gouvernement a fixé, la discussion des projets de loi ou des propositions de loi qu'il a acceptées. Les autres propositions de lois retenues par la Conférence des Présidents sont examinées par la suite.

(6) Lorsque, à l'issue de deux sessions ordinaires, une proposition de loi n'a pu être examinée, celle-ci est de plein droit examinée au cours de la session ordinaire suivante.

ARTICLE 49.- (1) Le Gouvernement ou la Commission saisie au fond peut demander le vote sans débat d'un projet ou d'une proposition.

(2) La demande visée à l'alinéa 1 ci-dessus doit être adressée au Président du Sénat qui en saisit la Conférence des Présidents.

(3) Lorsque le rapport et, s'il y a lieu, le ou les avis ont été distribués, le vote sans débat de l'affaire est inscrit sur la décision de la Conférence dont le Président donne communication au Sénat en tête de l'ordre du jour de la séance suivant sa distribution.

ARTICLE 50.- (1) Le Gouvernement peut s'opposer à l'inscription à l'ordre du jour du vote sans débat d'une affaire.

(2) Lorsque l'inscription a eu lieu, le Gouvernement peut en demander le retrait.

(3) Tout Sénateur peut faire opposition à un vote sans débat inscrit à l'ordre du jour s'il désire présenter des observations ou un amendement. Sa demande doit être adressée par écrit au Président du Sénat deux (02) heures avant l'ouverture de la séance plénière à l'ordre du jour de laquelle est inscrite l'affaire et doit être soutenue par la signature de vingt (20) Sénateurs au moins.

Le projet ou la proposition est, dans ce cas, retiré (e) de l'ordre du jour et la Commission saisie au fond doit entendre le Gouvernement ou l'auteur de l'opposition.

La Commission saisit le Sénat d'un rapport supplémentaire qui doit mentionner toutes les objections formulées.

ARTICLE 51.- (1) Lorsque l'opposition au vote sans débat est retirée au cours de la séance où elle a joué ou avant que la Commission ait déposé son rapport supplémentaire, le vote sans débat peut être immédiatement réinscrit.

(2) Lorsqu'à la suite d'une opposition et après distribution du rapport supplémentaire le vote sans débat d'une affaire est à nouveau inscrit à l'ordre du jour, il ne peut être retiré que sur la demande du Gouvernement ou sur une demande signée par vingt (20) Sénateurs, entérinée par un vote sans débat émis à la majorité des membres présents. A la suite de ce deuxième retrait, le vote sans débat ne peut être inscrit à l'ordre du jour.

(3) Lorsque personne ne s'oppose à un vote sans débat ou lorsque, conformément aux dispositions de l'article 50 alinéa 3 ci-dessus, l'opposition est irrecevable ou que le Sénat décide un vote sans débat, le Président met successivement aux voix les différents articles, puis l'ensemble du projet ou de la proposition de loi.

CHAPITRE XI
DE L'ORGANISATION DES DEBATS

ARTICLE 52.- (1) La Conférence des Présidents peut proposer au Sénat, qui statue sans débat, d'organiser une discussion.

(2) Si cette organisation est décidée, il y est procédé par les soins de ladite Conférence à laquelle est (sont) adjoint (s) le (ou les) rapporteur (s) du ou des projet (s) ou de la (des) proposition (s) devant être inscrit (s) à l'ordre du jour.

ARTICLE 53.- (1) L'organisation du débat indique la répartition des temps de parole dans le cadre des séances dont la Conférence visée à l'alinéa 2 de l'article 52 ci-dessus fixe le nombre et la date.

(2) Elle peut limiter le nombre des orateurs ainsi que le temps de parole attribué à chacun d'eux.

(3) Les décisions de la Conférence visée à l'alinéa 2 de l'article 52 ci-dessus sont définitives.

CHAPITRE XII
DE LA TENUE DES SEANCES

ARTICLE 54. – (1) Le Président de la République peut, sur sa demande, être entendu par le Sénat conformément aux dispositions de l'article 32 de la Constitution.

(2) Il peut également adresser au Sénat des messages qui sont lus par le Premier Ministre ou un autre membre du Gouvernement. Ces messages ne donnent lieu à aucun débat en sa présence.

ARTICLE 55.- (1) Les membres du Gouvernement assistent aux séances à l'ordre du jour desquelles sont inscrites des affaires qui relèvent de leurs compétences. En cas d'empêchement, ils peuvent se faire suppléer par un autre membre du Gouvernement.

(2) Les membres du Gouvernement peuvent se faire assister par des proches collaborateurs.

ARTICLE 56.- Les séances plénières du Sénat sont publiques. A la demande du Gouvernement ou de la majorité absolue de ses membres, le Sénat peut, exceptionnellement, se réunir à huis clos.

ARTICLE 57.- (1) Le Président ouvre la séance, dirige les débats, fait observer le Règlement Intérieur et maintient l'ordre. Il peut, à tout moment, suspendre ou lever la séance.

(2) Avant de lever la séance, le Président indique la date et l'ordre du jour de la séance suivante, tels qu'arrêtés par la Conférence des Présidents.

ARTICLE 58.- (1) Les délibérations du Sénat ne sont valables qu'autant que la moitié plus un des membres en exercice est présente. Si le quorum n'est pas atteint au jour et à l'heure fixés pour l'ouverture d'une séance, celle-ci est renvoyée de plein droit à la deuxième heure qui suit. Les délibérations ne sont alors valables que si le tiers des membres est présent.

(2) Lorsque, en cours de séance et avant l'ouverture d'un scrutin, les membres présents ne forment pas la majorité du Sénat, le vote n'est valable que si le tiers des membres est présent.

(3) Le quorum d'un tiers des Sénateurs exigé par l'alinéa 2 ci-dessus en cas de renvoi, soit de l'ouverture d'une séance, soit d'un vote, n'est point requis lorsque le Sénat se réunit en application de l'article 68 ci-dessous.

(4) Dans tous les cas prévus aux alinéas 1 et 2 ci-dessus, les noms des absents sont inscrits au procès-verbal.

ARTICLE 59.- (1) Une heure au moins avant la séance de son adoption, le procès-verbal est distribué aux Sénateurs. Le procès-verbal de la dernière séance d'une session est soumis à l'approbation du Sénat avant que cette séance ne soit levée.

(2) Le procès-verbal de chaque séance, signé du Président et des Secrétaires, est déposé aux archives du Sénat en quatre (04) exemplaires. Les procès-verbaux font l'objet d'une publication par les soins du Secrétaire Général du Sénat.

ARTICLE 60.- Avant de passer à l'ordre du jour, le Président donne connaissance au Sénat des excuses présentées par ses membres, ainsi que des communications qui le concernent. Le Sénat peut ordonner l'impression immédiate de ces communications ou de l'une d'entre elles, indépendamment de leur publication au Journal Officiel des Débats.

ARTICLE 61.- Aucune affaire ne peut être soumise à l'examen, aux délibérations et au vote du Sénat sans avoir, au préalable, fait l'objet d'un rapport de la Commission compétente au fond.

ARTICLE 62.- (1) Tout Sénateur ne peut parler qu'après avoir demandé la parole au Président et l'avoir obtenue, même s'il est exceptionnellement autorisé par un orateur à l'interrompre.

(2) Les Sénateurs qui demandent la parole sont inscrits suivant l'ordre de leur demande. Ils peuvent céder leur tour de parole à l'un de leurs collègues ou intervertir l'ordre de leurs inscriptions.

(3) Le temps de parole de chaque orateur est limité à dix (10) minutes. Toutefois, au regard du nombre d'orateurs inscrits, le Président du Sénat peut décider de limiter ce temps de parole à trente (30) minutes par Groupe parlementaire.

ARTICLE 63.- (1) L'orateur parle à la tribune.

(2) Si l'orateur parle sans avoir obtenu la parole ou s'il prétend la conserver après que le Président la lui a retirée, le Président peut déclarer que ses paroles ne figureront pas au procès-verbal.

(3) L'orateur ne doit pas s'écarter de la question en discussion sinon le Président l'y rappelle. S'il ne se conforme pas à cette invitation, le Président peut décider que ses paroles ne figureront pas au procès-verbal. S'il y a persistance dans le refus opposé à l'invitation du Président, l'orateur est rappelé à l'ordre.

(4) Tout orateur invité par le Président à quitter la tribune et qui n'y défère pas, peut faire l'objet d'un rappel à l'ordre avec inscription au procès-verbal et, le cas échéant, d'une censure et d'une expulsion temporaire, dans les conditions prévues à l'article 114 du présent Règlement Intérieur.

ARTICLE 64 - Le Président du Sénat ne peut prendre la parole dans un débat que pour présenter l'état de la question et y ramener. S'il veut prendre part aux débats, il cède le fauteuil à un des Vice-présidents dans l'ordre de préséance et ne peut le reprendre qu'après que la discussion a été épuisée sur la question.

ARTICLE 65 - (1) Les Présidents et les Rapporteurs des Commissions générales intéressées, ainsi que les membres du Gouvernement concernés obtiennent la parole quand ils la demandent. Un Sénateur peut toujours obtenir la parole pour leur répondre.

(2) En dehors des cas prévus à l'alinéa 1 ci-dessus, les Sénateurs membres des Commissions intéressées ne peuvent obtenir la parole dans le cadre de la discussion générale.

ARTICLE 66.- (1) La parole est accordée, par priorité sur la question principale, à tout Sénateur qui la demande pour un rappel au Règlement Intérieur. Si, manifestement, son intervention n'a aucun rapport avec le Règlement Intérieur, le Président peut lui retirer la parole et lui appliquer les dispositions de l'article 63, alinéas 3 et 4 ci-dessus.

(2) La parole peut être également accordée, mais seulement en fin de séance et à la discrétion du Président, à tout Sénateur qui la demande par écrit pour un fait personnel. Le Président déclare ensuite que l'incident est clos.

ARTICLE 67.- (1) Lorsqu'au moins deux (02) orateurs d'avis contraire ayant traité la question au fond ont pris part à une discussion, le Président ou tout Sénateur peut en proposer la clôture.

(2) Lorsque la parole est demandée contre la clôture, elle ne peut être accordée que pour trois (03) minutes et à un seul orateur qui doit se limiter à cet objet. Le premier des orateurs demeurant inscrit, dans l'ordre d'inscription, a priorité de parole contre la clôture. Si la demande de clôture est rejetée par le Sénat, la discussion continue, mais la clôture peut être à nouveau demandée, et il est statué sur cette nouvelle demande dans les conditions prévues par le présent Règlement intérieur.

CHAPITRE XIII
DE LA PROCEDURE DE DISCUSSION EN SEANCE PLENIERE

ARTICLE 68.- (1) L'urgence peut être demandée, sur des affaires soumises à l'examen du Sénat, soit par le Gouvernement, soit par un Sénateur.

(2) L'urgence est de droit si elle est demandée par le Gouvernement ou par la moitié plus un des Sénateurs.

(3) Les débats pour lesquels l'urgence est de droit ou acceptée ont priorité sur l'ordre du jour. Pour les autres cas, la demande d'urgence est mise immédiatement aux voix sans débat. Si l'urgence est déclarée, le Sénat fixe immédiatement la date de la discussion sur le fond, sur le rapport de la Commission compétente. Si l'urgence est repoussée, l'affaire est examinée selon la procédure ordinaire.

ARTICLE 69.- (1) Les projets de loi et les propositions de loi ou de résolution sont, en principe, soumis à une seule délibération en séance publique. Il est procédé tout d'abord à l'audition du (ou des) Rapporteur (s) de la (ou des) Commission (s) saisie (s) pour avis et ensuite à celle du Rapporteur de la Commission saisie au fond.

(2) Dès que le Rapporteur de la Commission saisie au fond a présenté son rapport, tout Sénateur peut poser la question préalable tendant à décider qu'il n'y a pas lieu de délibérer. Il peut motiver verbalement sa demande sur laquelle ne peuvent intervenir que le Président ou le Rapporteur de la Commission saisie au fond et le membre du Gouvernement intéressé siégeant au banc du Gouvernement. Seul l'auteur de la question préalable peut prendre la parole suivant les dispositions de l'article 65 (2) ci-dessus.

(3) Si la question préalable est adoptée, le projet est rejeté ; si elle est repoussée, la discussion du rapport se poursuit.

ARTICLE 70.- (1) Il est procédé à une discussion générale des projets de loi et propositions de loi ou de résolution. Au cours de cette discussion générale et jusqu'à la clôture, il peut être présenté des motions préjudicielles tendant soit à l'ajournement du débat jusqu'à la réalisation de certaines conditions, soit au renvoi au fond à la Commission générale compétente ou à l'examen, pour avis, d'une autre Commission. La discussion des motions préjudicielles se fait suivant la procédure prévue à l'article 69 ci-dessus.

(2) Toutefois, le renvoi à la Commission saisie au fond est de droit si celle-ci ou le Gouvernement le demande ou l'accepte. Après la clôture de la discussion générale, le Président consulte le Sénat sur le passage à la discussion des articles du projet ou de la proposition.

(3) Lorsque la Commission générale saisie au fond conclut au rejet du projet ou de la proposition, le Président, immédiatement après la clôture de la discussion générale, met aux voix le rejet.

(4) Lorsque le Rapporteur de la Commission générale saisie au fond ne présente pas son rapport ou que la Commission ne présente pas de conclusions, le Sénat est appelé à se prononcer sur le passage à la discussion des articles du texte du projet ou de la proposition.

(5) Dans tous les cas où le Sénat décide de ne pas passer à la discussion des articles, le Président déclare que le projet ou la proposition n'est pas adopté.

(6) Après que le passage à la discussion des articles a été décidé, il est éventuellement procédé à l'examen des contre-projets. Les contre-projets constituent des amendements à l'ensemble du texte en discussion. Ils ne sont appelés en séance plénière que s'ils ont été jugés recevables par la Conférence des Présidents et antérieurement soumis à la Commission générale compétente. Le Sénat ne peut être consulté que sur leur prise en considération. Si elle est prononcée, le contre-projet est renvoyé à la Commission qui doit le prendre comme base de discussion et présenter un nouveau rapport dans le délai que le Sénat peut impartir.

(7) Après que le Sénat a décidé le passage à la discussion des articles et que, le cas échéant, ont été rejetés les contre-projets, l'examen et la discussion des textes portent successivement sur chaque article et sur les amendements qui s'y rattachent, dans les conditions prévues à l'article 73 ci-dessous.

ARTICLE 71.- (1) Le projet de loi examiné en séance plénière est le texte déposé par le Président de la République ou celui transmis par le Président de l'Assemblée Nationale.

(2) La proposition de loi ou de résolution examinée en séance plénière est le texte élaboré par l'auteur ou les auteurs de celle-ci. Toutefois, lorsqu'une proposition de loi fait l'objet d'un amendement à l'ensemble de la proposition, le texte examiné en séance plénière est celui établi par la Commission.

(3) La proposition de résolution examinée en séance plénière est celle établie par la Commission.

(4) Lorsqu'il n'a pas été présenté d'article additionnel à l'article unique d'un projet ou d'une proposition, le vote de cet article équivaut à un vote de l'ensemble et aucun article additionnel ne peut plus être présenté.

(5) Avant le vote de l'ensemble du projet ou de la proposition, sont admises des explications sommaires de vote d'une durée maximum de trois (03) minutes. Les dispositions de l'article 67 ci-dessus s'appliquent aux explications de vote.

ARTICLE 72.- Sans préjudice des dispositions de l'article 70, alinéa 2 ci-dessus, lors de l'examen du budget, chaque chapitre du budget doit faire l'objet d'une délibération particulière. Après le vote de tous les articles, il est procédé au vote de l'ensemble du projet ou de la proposition.

ARTICLE 73.- (1) Les contre-projets sont déposés, par écrit, sur le Bureau du Sénat et envoyés par le Président du Sénat à la Conférence des Présidents qui décide de leur recevabilité. Ils sont ensuite communiqués à la Commission compétente et, si possible, multipliés et distribués aux Sénateurs.

(2) Les amendements sont déposés, par écrit, sur le Bureau du Sénat. Ils doivent être sommairement motivés et signés par leur (s) auteur (s). Ils sont communiqués par le Président du Sénat à la Commission compétente et, si possible, multipliés et distribués aux Sénateurs.

(3) Les amendements ne sont recevables que :

- s'ils s'appliquent effectivement au texte en discussion ou, s'agissant de contre-projets et d'articles additionnels, s'ils sont proposés dans le cadre dudit texte ;
- s'ils ont été antérieurement soumis à la Commission compétente.

(4) En cas de litige, le Conseil Constitutionnel se prononce sur leur recevabilité dans les conditions fixées par l'article 47, alinéa 3 ci-dessus.

(5) En dehors des cas prévus aux alinéas 1, 2 et 3 ci-dessus, sont seuls recevables en séance publique :

a) les amendements dont le Gouvernement ou la Commission saisie au fond accepte la discussion ;

b) les amendements déposés au nom d'une Commission saisie pour avis, sous réserve de leur examen préalable par la Commission saisie au fond ;

c) les amendements présentés par le Gouvernement ;

d) les amendements se rapportant directement à des dispositions modifiées par le Sénat en cours de discussion, sous réserve de leur acceptation par le Gouvernement ou par la Commission saisie au fond.

ARTICLE 74.- (1) Les amendements sont mis en discussion par priorité sur le texte servant de base à la discussion. Le Sénat ne délibère sur aucun amendement s'il n'est soutenu par son (ou ses) auteur (s) lors de la discussion.

(2) Les amendements à un même alinéa ou à un même article peuvent faire l'objet d'une discussion commune.

(3) Sont appelés dans l'ordre ci-après s'ils viennent en concurrence :

a) les amendements relatifs à la suppression d'un article ;

b) les autres amendements, en commençant par ceux qui s'écartent le plus du texte proposé.

(4) Dans la discussion des contre-projets et des amendements, peuvent seuls intervenir l'un des signataires, un orateur d'opinion contraire, le représentant de la Commission saisie au fond et le représentant du Gouvernement.

(5) Les amendements ayant un objet identique ne donnent lieu qu'à un seul vote.

(6) Lorsque tous les amendements proposés à un alinéa d'un article ou à un article ont été discutés et que l'examen des alinéas ou articles suivants a commencé, il n'est plus possible de déposer d'amendements aux alinéas ou articles déjà examinés.

ARTICLE 75.- (1) Avant le vote de l'ensemble d'un projet ou d'une proposition, le Sénat peut décider, sur la demande d'un Sénateur, soit qu'il sera procédé à une deuxième délibération, soit que le texte sera renvoyé à la Commission saisie au fond pour révision et mise en cohérence.

(2) La seconde délibération ou le renvoi est de droit si la Commission saisie au fond le demande ou l'accepte.

(3) Lorsqu'il y a lieu à seconde délibération, les textes adoptés lors de la première délibération sont renvoyés à la Commission qui doit présenter un nouveau rapport. Dans sa deuxième délibération, le Sénat ne statue que sur les textes nouveaux proposés par la Commission ou sur les modifications apportées par elle aux textes précédemment adoptés.

(4) Lorsqu'il y a lieu à renvoi à la Commission pour révision et mise en cohérence, la Commission présente sans délai son travail ; lecture en est donnée au Sénat et la discussion ne peut porter que sur la rédaction adoptée par la Commission.

ARTICLE 76.- (1) Les textes adoptés par le Sénat sont retournés au Président de l'Assemblée Nationale dans les conditions prévues par l'article 30 de la Constitution.

(2) Le Président du Sénat, dès réception des textes transmis par le Président de l'Assemblée Nationale, les soumet à la délibération du Sénat.

(3) Le Sénat, dans un délai de dix (10) jours à partir de la réception des textes ou dans un délai de cinq (05) jours pour les textes dont le Gouvernement déclare l'urgence, peut :

a- Adopter le texte. Dans ce cas, le Président du Sénat retourne le texte adopté au Président de l'Assemblée Nationale qui le transmet dans les quarante-huit (48) heures au Président de la République aux fins de promulgation.

b- Apporter des amendements au texte. Les amendements, pour être retenus, doivent être approuvés à la majorité simple des Sénateurs. Dans ce cas, le texte amendé est retourné à l'Assemblée Nationale par le Président du Sénat pour un nouvel examen.

c- Rejeter tout ou partie du texte. Le rejet doit être approuvé à la majorité absolue des Sénateurs. Dans ce cas, le texte en cause, accompagné de l'exposé des motifs du rejet, est retourné par le Président du Sénat à l'Assemblée Nationale, pour un nouvel examen et une éventuelle adoption à la majorité absolue des Députés.

En cas d'absence de majorité absolue, le Président de la République peut provoquer la réunion d'une Commission mixte paritaire conformément aux dispositions de l'article 41 du présent Règlement Intérieur.

ARTICLE 77.- (1) Avant leur promulgation, les textes adoptés par le Parlement peuvent faire l'objet d'une demande de seconde lecture par le Président de la République. Cette demande de seconde lecture doit être formulée dans un délai de quinze (15) jours à compter de la transmission desdits textes par le Président de l'Assemblée Nationale au Président de la République.

(2) Le Sénat délibère dans le cadre de cette seconde lecture suivant la même procédure que durant sa première lecture. L'adoption du texte en seconde lecture se fait à la majorité absolue des Sénateurs.

(3) Le Président de la République promulgue les lois adoptées par le Parlement dans un délai de quinze (15) jours à compter de leur transmission, s'il ne formule aucune demande de seconde lecture ou s'il n'en saisit le Conseil Constitutionnel.

(4) La publication est, en toutes circonstances, effectuée dans les deux langues officielles de la République et insérée au Journal Officiel.

CHAPITRE XIV
DE L'ADOPTION DES QUESTIONS SOUMISES AU SENAT ET DU MODE DE VOTATION

ARTICLE 78.- (1) Sur les questions qui sont soumises au Sénat, pour adoption ou rejet d'un article, d'un amendement, d'un contre-projet, d'une motion ou de l'ensemble d'un texte, le Président demande s'il y a opposition.

(2) S'il n'y a pas opposition, l'article, l'amendement, le contre-projet, la motion ou l'ensemble du texte faisant l'objet de la question est adopté.

(3) S'il y a opposition, le Président appelle le Sénat à voter à main levée ou par assis et levé.

(4) Le Sénat vote normalement à main levée. En cas de doute sur le résultat du vote à main levée, il est procédé au vote par assis et levé. Si le doute persiste, le vote par assis et levé a lieu par parti politique représenté au Sénat.

(5) Nul ne peut obtenir la parole au cours du vote ou entre les différentes phases du vote.

(6) Les Secrétaires, assistés du Secrétaire Général du Sénat, font le décompte des suffrages exprimés.

(7) Le Président annonce le résultat du vote en communiquant au Sénat le nombre de voix « pour », le nombre de voix « contre » et le nombre d'abstentions, puis il proclame en conséquence :

- « le Sénat a adopté » ou

- « le Sénat n'a pas adopté ».

ARTICLE 79.- (1) Le vote à main levée ou par assis et levé est le mode de votation ordinaire, sauf dans les matières visées par la Constitution.

(2) Il est toujours procédé par scrutin secret aux nominations personnelles et aux sanctions prévues par l'article 114 ci-dessous.

(3) Lors du scrutin secret, il est distribué aux Sénateurs des bulletins verts, rouges et jaunes.

(4) Chaque Sénateur dépose dans une urne qui lui est présentée par un huissier, une enveloppe contenant un bulletin de vote, vert s'il est pour l'adoption, rouge s'il est contre, et jaune s'il s'abstient. Lorsque les bulletins ont été recueillis, le Président prononce la clôture du scrutin et les Secrétaires procèdent au décompte des suffrages exprimés. Le Président en proclame le résultat en ces termes :

- « le Sénat a adopté » ou

- « le Sénat n'a pas adopté ».

ARTICLE 80.- Le scrutin public peut être un scrutin public ordinaire ou un scrutin public à la tribune pour tout vote en matière de révision constitutionnelle ou en cas de vote de la loi de finances en première lecture.

ARTICLE 81.- Le scrutin public ordinaire se déroule dans les conditions suivantes :

a) Le Président annonce l'ouverture du scrutin lorsque les Secrétaires sont prêts à recueillir les bulletins de vote.

b) Les Sénateurs votant « pour » remettent un bulletin vert au Secrétaire qui se tient à droite du perchoir de l'hémicycle.

c) Les Sénateurs votant « contre » remettent un bulletin rouge au Secrétaire qui se tient à gauche du perchoir de l'hémicycle.

d) Les Sénateurs qui s'abstiennent remettent au Secrétaire qui se tient au centre de l'hémicycle un bulletin jaune.

e) Le Président prononce la clôture du scrutin lorsqu'il constate que tous les Sénateurs ayant manifesté l'intention d'y participer ont pu le faire.

ARTICLE 82.- (1) Pour un scrutin public à la tribune tous les Sénateurs sont appelés nominalement par le Secrétaire Général. Sont appelés les premiers ceux dont le nom commence par une lettre préalablement tirée au sort par le Président et affichée.

(2) À la suite de ce premier appel nominal, il est procédé à un nouvel appel des Sénateurs qui n'ont pas répondu à l'appel de leur nom.

(3) Les Sénateurs remettent leur bulletin au Secrétaire qui se tient à la tribune et qui le dépose dans l'une des trois urnes placées auprès de lui.

(4) Des Secrétaires procèdent à l'émargement des noms des votants.

ARTICLE 83.- Les Sénateurs auxquels a été délégué le vote de l'un de leurs collègues, doivent présenter au Secrétaire placé près de l'urne l'accusé de réception de la notification par lequel le Président du Sénat fait connaître l'accord du Bureau sur les motifs de l'empêchement.

ARTICLE 84.- Lorsque les bulletins ont été recueillis, le Président prononce la clôture du scrutin. Les Secrétaires en font le dépouillement assistés de deux scrutateurs choisis par le Président parmi les Sénateurs non membres du Bureau et, le cas échéant, le premier parmi les Sénateurs de la majorité gouvernementale, et le second parmi les membres de l'opposition. Le Président annonce le résultat du scrutin en communiquant au Sénat le nombre de voix « pour », le nombre de voix « contre » et le nombre d'abstentions, puis il proclame en conséquence :

- « le Sénat a adopté » ou

- « le Sénat n'a pas adopté ».

ARTICLE 85.- Les questions mises aux voix ne sont déclarées adoptées que si elles obtiennent la majorité simple des suffrages exprimés, sauf disposition contraire de la Constitution. En cas d'égalité de voix, la question mise aux voix est rejetée.

CHAPITRE XV
DE LA DELEGATION DE VOTE

ARTICLE 86.- Les Sénateurs ne sont autorisés à déléguer leur droit de vote en séance plénière que dans les cas suivants :

a) maladie, accident, événements familiaux graves, cataclysme ou troubles empêchant le Sénateur de se déplacer ;

b) missions confiées par le Gouvernement ou le Sénat ;

c) participation aux travaux des assemblées internationales en vertu d'une désignation faite par le Sénat ;

d) en cas de session extraordinaire, lorsque le Sénateur est absent du territoire national de la République du Cameroun.

ARTICLE 87.- (1) La délégation doit être écrite et signée par le délégant qui la transmet au Sénateur devant voter en ses lieu et place. Pour être prise en considération, la délégation doit être notifiée au Président du Sénat par le Président de Groupe ou à défaut par le délégataire avant l'ouverture du scrutin ou du premier des scrutins auxquels l'intéressé ne peut prendre part.

(2) La notification doit indiquer le nom du Sénateur appelé à voter en lieu et place du délégant, ainsi que le motif de l'empêchement. La délégation, ainsi que sa notification doivent en outre indiquer la durée de l'empêchement.

(3) Toute délégation peut être retirée dans les mêmes formes au cours de sa période de validité.

(4) En cas d'urgence, la délégation et sa notification peuvent être faites par télécopie, sous réserve de confirmation dans les formes prévues par le présent Règlement Intérieur.

ARTICLE 88.- (1) En Commission, les Sénateurs peuvent également déléguer leur droit de vote lorsqu'ils se trouvent dans l'un des cas visés à l'article 86 ci-dessus. Ils ne peuvent toutefois le déléguer qu'à un autre membre de la Commission. La délégation est notifiée au Président de la Commission.

(2) Un même Commissaire ne peut être porteur de plus d'une délégation. Un Commissaire ne peut déléguer qu'un seul suppléant à la même séance.

(3) Le délégant doit remettre au Commissaire qui le supplée une procuration signée qui, dans les mêmes conditions que la délégation notifiée au Président de la Commis-

sion, doit donner, soit un mandat général pendant la durée de l'absence, soit un mandat limitatif précisant l'objet de l'affaire pour laquelle le pouvoir est donné.

(4) La notification de la délégation du droit de vote doit être faite au Président de la Commission, si possible dès le début de la réunion, ou au plus tard avant qu'il soit procédé au vote.

ARTICLE 89.- Au regard des règles du quorum définies par les articles 35 et 58 du présent Règlement Intérieur, les Sénateurs ayant régulièrement délégué leur droit de vote conformément aux dispositions ci-dessus définies, sont considérés comme étant présents.

CHAPITRE XVI
DES MOYENS D'INFORMATION ET DE CONTROLE

SECTION I
DES QUESTIONS ORALES OU ECRITES

ARTICLE 90.- (1) Les Sénateurs peuvent, en application de l'article 35 de la Constitution, poser aux membres du Gouvernement des questions orales ou écrites relatives aux affaires relevant de leurs attributions.

(2) Les questions écrites ou orales ne peuvent être posées en session extraordinaire que si elles ont trait à un des points inscrits à l'ordre du jour.

(3) Tout Sénateur qui désire poser des questions orales ou écrites à un membre du Gouvernement, doit les remettre au Président du Sénat qui les fait tenir au membre du Gouvernement compétent, après communication au Sénat.

(4) Les questions doivent être très sommairement rédigées et ne contenir aucune allusion d'ordre personnel à l'égard de tiers nommément désignés. Les questions orales sont inscrites sur un rôle spécial au fur et à mesure de leur dépôt.

(5) Les membres du Gouvernement sont tenus de répondre dans un délai de quinze (15) jours. Ce délai est ramené à trois (03) jours en période de session. Si les recherches documentaires auxquelles donne lieu la question sont trop longues, le membre du Gouvernement intéressé doit en aviser l'auteur de la question par la voie du Président du Sénat. Dans ce cas, il dispose d'un délai supplémentaire de trois (03) jours pour procéder à ces recherches documentaires, ce délai supplémentaire étant ramené à deux (02) jours en période de session.

(6) Lorsqu'une question écrite n'a pas obtenu de réponse dans les délais visés à l'alinéa 5 ci-dessus, son auteur est invité par le Président du Sénat à lui faire connaître s'il entend ou non convertir sa question écrite en question orale. Dans la négative, le membre du Gouvernement intéressé ne peut disposer, pour répondre à cette question écrite maintenue, que d'un délai supplémentaire de deux (02) jours.

ARTICLE 91.- Les questions écrites et leurs réponses, ainsi que les questions orales, sont insérées à la suite d'un compte rendu *in extenso* dans le Journal Officiel des Débats du Sénat.

ARTICLE 92.- (1) Une séance par semaine est, à l'initiative de la Conférence des Présidents, réservée en priorité aux questions orales. L'inscription des questions orales à l'ordre du jour de cette séance est décidée par la Conférence des Présidents.

(2) Le membre du Gouvernement, puis l'auteur de la question, disposent seuls de la parole ; l'auteur de la question peut se faire suppléer par un de ses collègues. Les orateurs doivent limiter strictement leurs explications au cadre fixé par le texte de leurs questions. Ces explications ne peuvent excéder trois (03) minutes.

(3) Si le membre du Gouvernement intéressé est absent lorsque la question est appelée en séance publique, elle est reportée à l'ordre du jour de la séance suivante.

(4) Les membres du Gouvernement ont la faculté de déclarer par écrit que l'intérêt public leur interdit de répondre ou, à titre exceptionnel, qu'ils réclament un délai supplémentaire pour rassembler les éléments de leur réponse ; ce délai supplémentaire ne peut excéder huit (08) jours.

(5) Lorsque, par suite de deux absences successives d'un membre du Gouvernement, une question est appelée pour la troisième fois en séance publique, et si, sans avoir répondu dans les conditions fixées aux alinéas précédents, le membre du Gouvernement est de nouveau absent, l'auteur de la question peut la développer séance tenante en une intervention dont la durée ne peut excéder vingt (20) minutes.

(6) Les membres du Gouvernement sont tenus de répondre oralement aux questions orales, par écrit aux questions écrites. Toutefois, les questions orales ou écrites ne peuvent en aucun cas donner lieu au vote d'une quelconque résolution conduisant à la mise en cause de la responsabilité du Gouvernement.

SECTION II
DES PETITIONS

ARTICLE 93.- (1) Les pétitions doivent être adressées au Président du Sénat par un ou plusieurs Sénateurs.

(2) Il est interdit d'apporter des pétitions en séance plénière.

(3) Aucune pétition apportée ou transmise par un rassemblement formé sur la voie publique ne peut être reçue par le Président, ni déposée sur le Bureau, sans préjudice des sanctions prévues par la loi.

ARTICLE 94.- Toute pétition doit indiquer, sous peine d'irrecevabilité, la demeure du ou des pétitionnaires et être revêtue de sa (ou de leurs) signature(s) légalisée(s). Si la légalisation a été refusée, le pétitionnaire doit faire mention de ce refus à la suite de sa pétition.

ARTICLE 95.- Aucune pétition ayant pour objet des intérêts individuels n'est recevable. Le Sénat n'est compétent que pour connaître des pétitions d'intérêt général relevant de sa compétence.

ARTICLE 96.- (1) Les pétitions sont inscrites sur un rôle général dans l'ordre de leur arrivée.

(2) Dès réception, le Président les renvoie à la Commission compétente qui décide, suivant le cas, soit de les renvoyer à un membre du Gouvernement ou à une autre Commission générale ou spéciale du Sénat, soit de les classer purement et simplement.

(3) Avis est donné au pétitionnaire du numéro d'ordre attribué à sa pétition et de la décision la concernant.

ARTICLE 97.- Lorsque la Commission compétente renvoie aux membres du Gouvernement les pétitions qui lui sont adressées et quand elle leur demande des explications sur leur contenu, ceux-ci sont tenus de répondre dans un délai de quinze (15) jours. Si les recherches documentaires auxquelles donne lieu la question déposée sont trop longues, le membre du Gouvernement intéressé devra en aviser la Commission par la voie du Président du Sénat. Dans ce cas, il disposera d'un délai supplémentaire de trois (03) jours pour procéder à ces recherches documentaires.

ARTICLE 98.- Les Sénateurs peuvent prendre connaissance de l'objet de la pétition dans le rôle d'enregistrement qui leur est consacré et demander dans les huit (08) jours de son arrivée, le rapport sur la pétition en séance publique.

SECTION III
DES COMMISSIONS D'ENQUETE PARLEMENTAIRE

ARTICLE 99.- (1) En application de l'article 35 (1) de la Constitution, le Sénat peut, par le vote d'une proposition de résolution déposée sur son Bureau conformément aux dispositions de l'article 47 ci-dessus, constituer une Commission d'enquête parlementaire.

(2) La proposition de résolution visée à l'alinéa 1 ci-dessus doit déterminer avec précision, soit les faits qui donnent lieu à enquête, soit les services publics dont la Commission d'enquête parlementaire doit examiner la gestion dans les conditions prévues à l'alinéa 5 paragraphes a et b ci-dessous.

(3) A la majorité de ses membres, le Sénat peut, sur la demande des Commissions, octroyer à celles-ci le pouvoir d'enquêter sur les questions relevant de leur compétence.

(4) La demande visée à l'alinéa 3 ci-dessus doit être adressée au Président du Sénat qui la communique au Sénat. Elles sont inscrites à l'ordre du jour du Sénat, sur décision de la Conférence des Présidents.

(5) Les Commissions d'enquête parlementaire sont formées pour :

a) recueillir des éléments d'information sur des faits déterminés et soumettre leurs conclusions au Sénat ;

b) examiner la gestion administrative, financière ou technique des services publics, en vue d'informer le Sénat du résultat de leur examen ;

c) informer le Sénat sur l'état de certaines questions d'intérêt national et lui permettre de faire des propositions adéquates.

ARTICLE 100.- Il ne peut être créé de Commission d'enquête parlementaire lorsque les faits ont donné lieu à des poursuites judiciaires et aussi longtemps que ces poursuites sont en cours. Si une Commission a déjà été créée, sa mission prend fin dès l'ouverture d'une information judiciaire relative aux faits qui ont motivé sa création.

ARTICLE 101.- Les membres des Commissions d'enquête parlementaire sont désignés au scrutin de liste majoritaire à un tour.

ARTICLE 102.- (1) Les Commissions d'enquête parlementaire ont un caractère temporaire. Les résolutions créant les Commissions d'enquête parlementaire déterminent leurs conditions de fonctionnement.

(2) La mission des Commissions d'enquête parlementaire prend fin par le dépôt de leur rapport, et au plus tard à l'expiration d'un délai de douze (12) mois à compter de la date de l'adoption de la résolution qui les a créées. Elles ne peuvent être reconstituées avec le même objet avant l'expiration d'un délai de douze (12) mois à compter de la fin de leur mission.

(3) Tous les membres des Commissions d'enquête parlementaire, ainsi que ceux qui, à un titre quelconque, assistent ou participent à leurs travaux, sont tenus au secret. Toute infraction à cette disposition sera punie des peines prévues par la législation en vigueur en matière de divulgation de secret d'Etat.

ARTICLE 103.- Le Sénat peut seul, sur proposition de son Président ou de la Commission d'enquête parlementaire, décider de la publication de tout ou partie du rapport d'une Commission d'enquête parlementaire.

ARTICLE 104.- Sont punis des peines prévues par la législation en matière de divulgation de secret d'Etat, ceux qui publient une information relative aux travaux, aux délibérations, aux actes ou aux rapports non publiés des Commissions d'enquête parlementaire.

CHAPITRE XVII
DE LA REPRESENTATION DU SENAT AU SEIN DES ORGANISMES PUBLICS, DES INSTITUTIONS INTERPARLEMENTAIRES ET GROUPES PARLEMENTAIRES D'AMITIE

SECTION I
DES ORGANISMES PUBLICS

ARTICLE 105.- Les Sénateurs qui représentent le Sénat au sein d'autres instances des pouvoirs constitutionnels sont désignés par le Président du Sénat, après avis du Bureau du Sénat.

SECTION II
DES INSTITUTIONS INTERPARLEMENTAIRES

ARTICLE 106.- (1) Les Sénateurs peuvent être membres des institutions interparlementaires qui entretiennent des relations avec le Sénat.

(2) Après consultation des Groupes parlementaires, le Président du Sénat désigne les représentants du Sénat dans ces institutions.

SECTION III
DES GROUPES PARLEMENTAIRES D'AMITIÉ

ARTICLE 107.- (1) Les Groupes parlementaires d'amitié sont constitués à l'initiative d'un ou plusieurs Sénateurs pour développer des relations d'amitié avec les membres des assemblées parlementaires de même nature de pays amis. Ces Groupes d'amitié ne sont constitués qu'après agrément par le Bureau du Sénat qui doit être saisi de tous les éléments d'appréciation.

(2) Les Groupes parlementaires d'amitié doivent adresser au Président du Sénat et au Bureau qui les agrée, des rapports d'activités annuels.

(3) Pour tout motif légitime, le Bureau du Sénat peut prononcer la dissolution des Groupes parlementaires d'amitié.

ARTICLE 108.- (1) Lorsque le Sénat est appelé à se faire représenter dans des organismes extérieurs, cette représentation est assurée par des Sénateurs désignés par le Bureau.

(2) Les Commissions peuvent faire tenir au Bureau toutes propositions qu'elles jugent utiles à ce choix.

(3) Les Sénateurs appelés à représenter le Sénat dans des organismes extraparlementaires et interparlementaires sur mandat du Bureau du Sénat, sont tenus de remettre au Président du Sénat un rapport sur l'accomplissement de leur mission.

CHAPITRE XVIII
DE LA POLICE AU SEIN DU SENAT

ARTICLE 109.- (1) Le Président du Sénat assure la police au sein du Sénat. Il peut faire expulser de la salle des séances, ou faire arrêter toute personne étrangère qui trouble l'ordre.

(2) Le Président du Sénat fixe l'importance des forces de maintien de l'ordre dont il juge le concours nécessaire pour assurer la sécurité du Palais du Sénat. II peut requérir les forces de police et toutes les autorités dont il juge le concours nécessaire. Celles-ci doivent y obtempérer impérativement.

ARTICLE 110.- (1) Le site du Sénat est un lieu protégé. Nulle personne étrangère aux travaux du Sénat ne peut s'introduire dans l'hémicycle des débats sans l'autorisation préalable du Président du Sénat.

(2) Lors des sessions, des places sont réservées aux personnes détentrices de cartes spéciales d'accès aux séances plénières pour la durée de la session et délivrées par le Secrétaire Général du Sénat, dans le cadre des instructions données par le Bureau.

(3) Les personnes admises dans la partie affectée au public doivent arborer une tenue décente, demeurer découvertes et observer le silence le plus absolu.

(4) Toute personne qui donne des marques bruyantes d'approbation ou de désapprobation peut, si les circonstances l'exigent, être exclue sur-le-champ par les huissiers ou agents chargés du maintien de l'ordre, sur ordre du Président.

(5) Des cartes permanentes d'accès au Palais du Sénat peuvent être délivrées à des personnalités ayant des obligations professionnelles à remplir auprès du Sénat ou de ses services. Le format et les caractéristiques en sont fixés par le Secrétaire Général.

(6) L'accès aux salles de Commission est strictement interdit au public.

(7) Le port d'arme est interdit à toute personne circulant dans l'enceinte du Sénat, à l'exception toutefois du service d'ordre introduit dans l'enceinte du Palais à la demande expresse du Président ou des personnes assurant la garde des hautes personnalités.

ARTICLE 111.- (1) Toute attaque personnelle, toute manifestation ou interruption troublant l'ordre, toute interpellation de collègue à collègue sont interdites.

(2) Si le Sénat est tumultueux, le Président peut annoncer qu'il va suspendre la séance. Si le calme n'est pas rétabli, il suspend la séance.

(3) Lorsque la séance est reprise et si les circonstances l'exigent à nouveau, le président lève la séance.

(4) Pendant les suspensions de séance, les Sénateurs sortent de la salle.

CHAPITRE XIX
DE LA DISCIPLINE

ARTICLE 112.- Les sanctions disciplinaires applicables aux Sénateurs sont :

a) le rappel à l'ordre ;

b) le rappel à l'ordre avec inscription au procès-verbal ;

c) la censure avec inscription au procès-verbal ;

d) la censure avec exclusion temporaire.

ARTICLE 113.- (1) Le rappel à l'ordre est prononcé par le Président seul.

(2) Est rappelé à l'ordre tout Sénateur qui :

- refuse d'accomplir un acte qui lui est prescrit par le Président, le Doyen d'âge ou un organe du Sénat ;
- cause un trouble quelconque au Sénat par ses interruptions, ses attaques personnelles, ou de toute autre manière.

(3) La parole est accordée à celui qui, rappelé à l'ordre, s'y est soumis et demande à se justifier.

(4) Lorsqu'un Sénateur a été rappelé deux (02) fois à l'ordre au cours d'une même séance, le Président, après lui avoir accordé la parole pour se justifier, s'il la demande, doit consulter le Sénat qui se prononce sans débat, pour savoir s'il sera de nouveau entendu sur la même question.

(5) Le rappel à l'ordre avec inscription au procès-verbal peut être prononcé par le Président contre tout Sénateur qui :

- au cours de la même séance ou de séances consécutives, aura été rappelé trois (03) fois à l'ordre ;
- en Commission, aura été rappelé trois (03) fois à l'ordre par le Président de la Commission conformément aux dispositions de l'article 35 (5) ci-dessus.

ARTICLE 114.- (1) La censure avec inscription au procès-verbal et la censure avec exclusion temporaire ne peuvent, sur la proposition du Président, être prononcées que par le Sénat à la majorité des Sénateurs présents et au scrutin secret.

(2) La censure avec inscription au procès-verbal peut être prononcée contre tout Sénateur qui a :

a) encouru cinq (05) fois le rappel à l'ordre dans le cours d'une session ou qui, après un rappel à l'ordre avec inscription au procès-verbal, encourt un nouveau rappel à l'ordre au cours d'une même séance ou de séances consécutives ;

b) provoqué une scène tumultueuse en séance publique ;

c) adressé à un ou plusieurs de ses collègues des injures, provocations ou menaces.

(3) La censure avec inscription au procès-verbal entraîne l'interdiction de prendre la parole au cours de la séance durant laquelle elle a été prononcée, ainsi qu'au cours des trois séances suivantes. Elle entraîne également la privation de l'indemnité spéciale dite « de mandat » pendant deux (02) mois.

(4) La censure avec exclusion temporaire du Sénat est prononcée contre tout Sénateur qui :

a) a résisté à la censure simple ou qui a subi deux (02) fois cette sanction ;

b) a fait appel à la violence en séance publique ;

c) s'est rendu coupable d'outrages envers le Sénat ou envers son Président ;

d) s'est rendu coupable d'injures, provocations ou menaces envers le Président de la République ou les membres du Gouvernement.

(5) La censure avec exclusion temporaire entraîne l'interdiction de prendre part aux travaux du Sénat et de reparaître dans le Palais du Sénat jusqu'à expiration de la septième séance qui suit celle où la mesure a été prononcée. Elle entraîne également la privation de l'indemnité spéciale dite « de mandat » pendant six (06) mois.

(6) En cas de refus du Sénateur de se conformer à l'injonction qui lui est faite par le Président de sortir du Sénat, la séance est suspendue. Dans ce cas et aussi dans le cas où la censure avec exclusion temporaire est appliquée pour la deuxième fois à un Sénateur, l'exclusion s'étend à trente (30) jours de séance.

ARTICLE 115.- (1) En cas de voie de fait d'un Sénateur à l'égard d'un de ses collègues, le Président peut proposer au Bureau la peine de censure avec exclusion temporaire. A défaut du Président, elle peut être demandée par écrit au Bureau par un Sénateur.

(2) Lorsque la censure avec exclusion temporaire est, dans ces conditions, proposée contre un Sénateur, le Président convoque le Bureau qui entend le Sénateur concerné. Le Bureau peut appliquer l'une des peines prévues à l'article 112 ci-dessus. Le Président communique au Sénateur la décision du Bureau. Si le Bureau conclut à la censure avec exclusion temporaire, le Sénateur est reconduit jusqu'à la porte de l'enceinte du Sénat par le chef des huissiers.

ARTICLE 116.- (1) Lorsqu'un Sénateur est absent à trois (03) séances consécutives sans excuses légitimes admises par le Sénat, il perd le bénéfice de la moitié de son indemnité parlementaire pendant la durée de son absence et les deux (02) mois qui suivent sa reprise d'activité.

(2) Lorsqu'un Sénateur est absent au-delà de la période visée à l'alinéa 1 ci-dessus et sans excuse légitime, il perd toutes ses indemnités.

(3) Le Bureau invite le Sénateur mis en cause à fournir toutes explications ou justifications qu'il juge utiles et lui impartit un délai à cet effet.

(4) Après examen des explications ou justifications visées à l'alinéa 3 ci-dessus ou, à défaut, à l'expiration du délai imparti, la sanction pécuniaire est valablement infligée par le Bureau du Sénat.

(5) Les dispositions ci-dessus du présent article sont également applicables aux cas d'absences injustifiées des Sénateurs aux séances des Commissions générales dont ils sont membres.

(6) Lorsque l'absence d'un Sénateur s'étend sur trois (03) sessions ordinaires consécutives sans excuses légitimes, le Bureau du Sénat constate la démission d'office du Sénateur mis en cause.

CHAPITRE XX
DES SERVICES ADMINISTRATIFS DU SENAT

ARTICLE 117.- Le Sénat jouit de l'autonomie administrative et financière.

ARTICLE 118.- Les services du Sénat sont placés sous l'autorité du Bureau du Sénat et sous la responsabilité du Secrétaire Général. Le Secrétaire Général du Sénat est assisté de deux Secrétaires Généraux Adjoints nommés par arrêté du Bureau.

ARTICLE 119.- (1) La gestion des finances est assurée par le Président du Sénat, ordonnateur du budget du Sénat.

(2) le Secrétaire Général en est l'ordonnateur délégué.

(3) L'ordonnateur du budget ou l'ordonnateur délégué ne peut arrêter et constater les droits des créanciers que pour des services faits.

(4) La constatation des droits est faite d'office ou sur la demande des intéressés. Elle résulte des pièces justificatives établies dans les formes réglementaires.

(5) Les ressources du Sénat sont des deniers publics. En conséquence, elles doivent être gérées suivant les règles fixées par le régime financier de l'État.

ARTICLE 120.- (1) Le Secrétaire Général peut donner délégation de signature à ses adjoints. Le Secrétaire Général et les Secrétaires Généraux Adjoints répondent de leurs actes devant le Bureau du Sénat.

(2) Le Secrétaire Général et les Secrétaires Généraux Adjoints assistent le Bureau dans l'exercice de ses fonctions.

ARTICLE 121.- Les Questeurs assurent le contrôle des finances du Sénat. A cet effet, ils émettent leurs avis sur les engagements de dépenses soumis dans les limites fixées par arrêté du Bureau du Sénat.

ARTICLE 122.- (1) Sur proposition du Secrétaire Général, le Président du Sénat, en accord avec le Bureau, arrête l'organisation administrative de ses services.

(2) Sur proposition du Secrétaire Général, le Bureau détermine le statut des fonctionnaires du Sénat qui, à ce titre, ont qualité de fonctionnaires de l'État.

ARTICLE 123.- (1) Le Secrétaire Général, en concertation avec les Questeurs, préparent le projet de budget du Sénat et le soumet au Bureau avant son examen et son vote par la Commission des Finances et du Budget fonctionnant comme Commission de comptabilité budgétaire.

(2) Le Secrétaire Général rapporte le projet de budget visé à l'alinéa 1 ci-dessus devant ladite Commission.

(3) Après le vote par la Commission des Finances et du Budget, le budget du Sénat est inscrit pour ordre au budget général de l'Etat.

ARTICLE 124.- A la fin de chaque exercice, la Commission rend compte au Sénat de l'exécution du mandat qui lui a été confié.

ARTICLE 125.- Le paiement des dépenses du Sénat est effectué par un agent comptable nommé par arrêté du Bureau, sur proposition du Secrétaire Général.

ARTICLE 126.- (1) Les Questeurs assurent le contrôle des finances du Sénat. A cet effet, l'agent comptable est tenu de leur fournir tous les documents et toutes les pièces nécessaires à l'exercice de leur contrôle.

(2) Les Questeurs émettent leurs avis sur les engagements de dépenses soumis, dans les limites fixées par arrêté du Bureau du Sénat.

(3) Dans l'exercice de leurs fonctions, les Questeurs peuvent, en cas de besoin, se faire assister par un inspecteur d'Etat ou par les services compétents de l'Etat, à la demande du Bureau du Sénat.

(4) Les modalités pratiques d'exécution du budget du Sénat sont déterminées par arrêté du Bureau.

CHAPITRE XXI
DISPOSITIONS DIVERSES ET FINALES

ARTICLE 127.- (1) Après vérification des incompatibilités liées à son mandat et remise de ses attributs, le Sénateur a droit aux avantages de toute nature fixés par arrêté du Bureau.

(2) Les rangs et privilèges protocolaires du Président du Sénat, des membres du Bureau et des autres Sénateurs sont fixés par décret du Président de la République.

ARTICLE 128.- (1) Les Sénateurs perçoivent mensuellement une indemnité législative de base et une indemnité dite indemnité pour frais de mandat.

(2) Ils ont droit à une indemnité de session.

ARTICLE 129.- (1) Les agents publics, exception faite des retraités, élus ou nommés au Sénat et les Sénateurs auxquels des fonctions rétribuées sont confiées dans la fonction publique ou dans un organisme parapublic depuis leur élection, ne peuvent cumuler l'indemnité législative de base et le traitement afférent à leurs fonctions.

(2) Lorsque le traitement du fonctionnaire est inférieur au montant de l'indemnité législative de base, celle-ci, augmentée de l'indemnité spéciale dite de mandat, est mandatée au profit du Sénateur par le Secrétaire Général du Sénat pendant la durée du mandat parlementaire.

(3) Si le montant du traitement est supérieur à celui de l'indemnité législative de base, ce traitement, augmenté de l'indemnité spéciale dite de mandat, est mandaté au Sénateur par le Secrétaire Général du Sénat.

(4) Dans tous les cas, les droits des fonctionnaires à une pension de retraite continueront à courir comme s'ils jouissaient sans interruption de la totalité de leur traitement.

(5) Le traitement visé aux alinéas ci-dessus comprennent, pour tous les agents publics, l'ensemble des traitements et suppléments de toute autre nature assujettis à la retenue pour pension au profit du Trésor public et alloués par les règlements à la position d'activité, ainsi que le supplément familial de traitement et les avantages familiaux prévus par la législation en vigueur.

ARTICLE 130.- Le Doyen d'âge, les deux plus jeunes Sénateurs, les membres des Bureaux des Commissions, le Rapporteur général et les Rapporteurs spéciaux de la Commission des Finances et du Budget perçoivent une indemnité spéciale de session dont le montant et les modalités de paiement sont fixés par le Bureau.

ARTICLE 131.- L'indemnité spéciale pour frais de mandat et l'indemnité spéciale de session versée au Doyen d'âge, aux deux plus jeunes Sénateurs, aux membres des Bureaux des Commissions, aux Rapporteurs de la Commission des Finances et du Budget et, en ce qui concerne les membres du Bureau du Sénat et les membres des Bureaux des Groupes parlementaires, les indemnités de fonction ou pour frais de représentation, ne sont ni soumises à impôts, ni saisissables.

ARTICLE 132.- L'indemnité parlementaire de base, l'indemnité pour frais de mandat et les indemnités de fonction ou pour frais de représentation attribués aux membres du

Bureau seront mandatés mensuellement par le Secrétaire Général dans les mêmes conditions que la solde et les accessoires de solde des fonctionnaires.

ARTICLE 133.- (1) Tout fonctionnaire élu ou nommé au Sénat est automatiquement placé en position de détachement suivant les dispositions du Statut Général de la Fonction Publique.

(2) Les agents relevant du Code du travail élus ou nommés voient leurs contrats suspendus pendant la durée du mandat, sous réserve des dispositions du Code du travail.

ARTICLE 134.- (1) Le Président, les Vice-présidents et les Questeurs ont droit à un hôtel de fonction, aux moyens de transport et à un personnel domestique dont le nombre est fixé par un arrêté du Bureau.

(2) Les Présidents de Groupe ont rang et avantages de Vice-président.

(3) Les Vice-présidents de Groupe ont rang et avantages de Questeur.

(4) Les Secrétaires de Groupe ont rang et avantages de Secrétaire du Bureau du Sénat.

(5) Les Bureaux de Groupes parlementaires ont droit à un local de service et à un secrétariat dont la composition sera définie par arrêté du Bureau.

(6) Le montant des indemnités, des frais de représentation et de mission versé aux membres du Bureau, ainsi que les frais de mission des Sénateurs est fixé par arrêté du Bureau.

(7) Le Bureau fixe les indemnités, les avantages en nature, ainsi que la préséance parlementaire des Présidents de Groupe.

ARTICLE 135.- Il est interdit à tout Sénateur, sous peine des sanctions disciplinaires prévues par l'article 112 du présent Règlement Intérieur, d'exciper ou laisser user de sa qualité dans des entreprises financières, industrielles ou commerciales ou dans l'exercice de professions libérales ou autres et, d'une façon générale, d'user de son titre pour d'autres motifs que pour l'exercice de son mandat.

ARTICLE 136.- En début de législature, le présent Règlement Intérieur ne peut être soumis à modification que si la proposition en est faite par au moins seize (16) sénateurs.

ARTICLE 137.- Les modalités d'application du présent Règlement Intérieur sont en tant que de besoin précisées par arrêtés du Bureau.

ARTICLE 138.- En cas d'absence, de silence, de difficulté d'interprétation ou pour les cas non prévus par le présent Règlement Intérieur, les dispositions de la Constitution prévalent.

ARTICLE 139.- La présente loi sera enregistrée, publiée suivant la procédure d'urgence, puis insérée au Journal Officiel en français et en anglais./-

Yaoundé, le 27 octobre 2016.

Le Président de la République,

Paul BIYA.

ANNEXE IV

REGLEMENT INTERIEUR DU CONGRES DU PARLEMENT

(Loi n° 2014/017 du 9 septembre 2014)

CHAPITRE 1er
DISPOSITIONS GENERALES

ARTICLE 1er.- La présente loi porte Règlement Intérieur du Congrès du Parlement.

ARTICLE 2.- (1) Les deux (02) Chambres du Parlement peuvent se réunir en Congrès, à la demande du Président de la République, pour :

- entendre une communication ou recevoir un message du Président de la République ;
- recevoir le serment des membres du Conseil Constitutionnel ;
- se prononcer sur un projet ou une proposition de révision constitutionnelle.

(2) Le Congrès se réunit pour une durée maximale de quinze (15) jours.

ARTICLE 3.- Lorsque le Parlement se réunit en Congrès, le Bureau de l'Assemblée Nationale préside les débats.

ARTICLE 4.- (1) Le Congrès siège dans les locaux de l'Assemblée Nationale ou, à défaut, dans les locaux du Sénat. (2)

Toutefois, lorsque les circonstances l'exigent, le Congrès peut se réunir en tout autre lieu, à la demande du Président de !a République.

CHAPITRE II
DES ORGANES DU CONGRES

ARTICLE 5.- Les organes du Congrès sont :

- le Bureau ;
- la Conférence des Présidents ;
- la Commission Spéciale.

SECTION I
DU BUREAU

ARTICLE 6.- Le Bureau du Congrès est celui de l'Assemblée Nationale.

ARTICLE 7.- (1) Le Président de l'Assemblée Nationale préside les travaux du Congrès. Il assure la police des délibérations et fait observer le présent Règlement Intérieur.

(2) En cas d'absence ou d'empêchement, le Président de l'Assemblée Nationale est suppléé par le Premier Vice-président et, si ce dernier est, à son tour, absent ou empêché, les autres Vice-présidents le suppléent, dans l'ordre de préséance établi par le Bureau.

ARTICLE 8.- (1) Le Bureau dispose des pouvoirs les plus étendus pour organiser et diriger tous les services dans les conditions déterminées par le présent Règlement Intérieur.

(2) Toutefois, la liste du personnel mis à la disposition du Congrès est dressée conjointement par les Secrétaires Généraux des deux (02) Chambres.

SECTION II
DE LA CONFERENCE DES PRESIDENTS

ARTICLE 9.- La Conférence des Présidents a pour mission :

- de préparer les séances de travail du Congrès ;
- de se prononcer sur la recevabilité d'un projet ou d'une proposition de loi relatif à la révision de la Constitution.

ARTICLE 10.- (1) La Conférence des Présidents comprend :

- les membres de la Conférence des Présidents de l'Assemblée Nationale ;
- les membres de la Conférence des Présidents du Sénat.

(2) Elle est convoquée et présidée par le Président du Congrès.

(3) Un membre du Gouvernement participe aux travaux de la Conférence des Présidents.

SECTION III
DE LA COMMISSION SPECIALE

ARTICLE 11.- Créée par le Congrès, sur proposition de la Conférence des Présidents, la Commission Spéciale est chargée de l'étude de tout projet ou proposition de loi relatif à la révision constitutionnelle.

ARTICLE 12.- (1) La Commission Spéciale est composée de trente (30) membres, à parité égale de Députés et de Sénateurs. Sous la présidence de son Doyen d'âge, elle élit au scrutin uninominal son Bureau qui comprend :

- un (01) Président ;
- un (01) Vice-président ;
- deux (02) Secrétaires ;
- un (01) Rapporteur.

(2) Les membres de ladite Commission sont désignés en tenant compte de la configuration politique du Congrès, sauf refus de certains partis politiques d'y participer.

ARTICLE 13.- (1) Les travaux de la Commission Spéciale se déroulent selon les règles ordinaires applicables aux Commissions générales des deux Chambres.

En cas de divergence, les membres de la Commission procèdent au vote pour choisir le Règlement Intérieur applicable.

En cas d'égalité de vote, la voix du Président de la Commission Spéciale est prépondérante.

(2) La Commission Spéciale est dissoute de plein droit dès la clôture des travaux du Congrès au cours desquels elle a été mise sur pied.

CHAPITRE III
DES MATIERES RELEVANT DU CONGRES

ARTICLE 14.- L'Assemblée Nationale et le Sénat peuvent se réunir en Congrès dans les cas limitativement énumérés à l'article 2, alinéa 1 ci-dessus.

SECTION I
DE L'AUDITION D'UNE COMMUNICATION OU DE LA RECEPTION D'UN MESSAGE DU PRESIDENT DE LA REPUBLIQUE

ARTICLE 15.- (1) Le Président de la République peut, sur sa demande, être entendu par les deux (02) Chambres réunies en Congrès, conformément aux dispositions de l'article 32 de la Constitution.

(2) Il peut également adresser des messages au Congrès.

(3) Les messages visés à l'alinéa 2 ci-dessus sont lus par le Premier Ministre ou un autre membre du Gouvernement.

SECTION II
DE LA RECEPTION DU SERMENT DES MEMBRES DU CONSEIL CONSTITUTIONNEL

ARTICLE 16.- (1) Avant leur entrée en fonction, les membres du Conseil Constitutionnel prêtent serment au cours d'une cérémonie solennelle devant le Parlement réuni en Congrès.

(2) La main gauche posée sur la Constitution et la main droite levée et dégantée devant le drapeau national, ils prêtent le serment suivant :

« Je jure de bien et fidèlement remplir mes fonctions, de les exercer en toute impartialité dans le respect de la Constitution, de garder le secret des délibérations et des votes, de ne prendre aucune position publique, de ne donner aucune consultation sur les questions relevant de la compétence du Conseil ».

(3) Acte est donné de la prestation de serment par le Président de l'Assemblée Nationale et procès-verbal en est dressé par le Secrétariat Général de l'Assemblée Nationale.

SECTION III
DE LA REVISION DE LA CONSTITUTION

ARTICLE 17.- Toute proposition de révision de la Constitution émanant des membres du Parlement doit être signée par un tiers au moins des membres de l'une ou de l'autre Chambre.

ARTICLE 18.- (1) Le Parlement se réunit en Congrès, lorsqu'il est appelé à se prononcer sur un projet ou une proposition de révision de la Constitution. Le texte est adopté à la majorité absolue des membres le composant.

(2) Le Président de la République peut demander une seconde lecture. Dans ce cas, la révision est votée à la majorité des deux tiers (2/3) des membres composant le Parlement.

ARTICLE 19.- Aucune procédure de révision ne peut être retenue si elle porte atteinte à la forme républicaine, à l'unité et à l'intégrité territoriales de l'Etat et aux principes démocratiques qui régissent la République.

CHAPITRE IV
DE LA TENUE DES SEANCES

ARTICLE 20.- Le Congrès se réunit en séance publique.

ARTICLE 21.- (1) Le Congrès ne siège valablement qu'en présence de la moitié plus un des Députés et de la moitié plus un des Sénateurs. (2) Si le quorum n'est pas atteint au jour et à l'heure fixés pour l'ouverture d'une séance, celle-ci est renvoyée de plein droit à la deuxième heure qui suit. Les délibérations ne sont alors valables qu'en présence du tiers des Députés et du tiers des Sénateurs.

ARTICLE 22.- (1) Les membres du Congrès sont installés sur des sièges nominatifs, par ordre alphabétique et par Groupe parlementaire, indépendamment de la Chambre à laquelle ils appartiennent.

(2) Toutefois, le Président du Sénat est installé sur un fauteuil placé à côté du fauteuil du Président du Congrès.

ARTICLE 23.- Les communications visées à l'article 15 ci-dessus ne donnent lieu à aucun débat en présence du Président de la République ou de son représentant.

ARTICLE 24.- (1) Après la suspension de séance, et dans le cas où la déclaration ou le message du Président de la République donne lieu à un débat, les Groupes parlementaires de chaque Chambre disposent d'un temps de parole de trente (30) minutes chacun, sauf décision contraire du Bureau du Congrès.

(2) Tout Député ou Sénateur, n'appartenant à aucun groupe parlementaire et qui s'est fait inscrire dans le débat, dispose d'un temps de parole de cinq (05) minutes.

(3) Le débat visé aux alinéas 1 et 2 ci-dessus ne fait l'objet d'aucun vote.

ARTICLE 25.- (1) Tout membre du Congrès ne peut parler qu'après avoir demandé la parole au Président et l'avoir obtenue, même s'il est exceptionnellement autorisé à un orateur de l'interrompre.

(2) Les membres du Congrès qui demandent la parole sont inscrits suivant l'ordre de leur demande ; ils peuvent céder leur tour de parole à l'un de leurs collègues ou intervertir l'ordre de leur inscription.

(3) Le temps de parole de chaque orateur est limité à cinq (05) minutes. Toutefois, au regard du nombre d'orateurs inscrits, le Président du Congrès peut décider de limiter ce temps de parole à quarante-cinq (45) minutes par Groupe parlementaire.

ARTICLE 26.- (1) L'orateur parle à la tribune.

(2) Si l'orateur parle sans avoir obtenu la parole ou s'il prétend la conserver après que le Président la lui a retirée, le Président peut déclarer que ses paroles ne figureront pas au procès-verbal.

(3) L'orateur ne doit pas s'écarter de la question en discussion sinon le Président l'y rappelle. S'il ne se conforme pas à cette invitation, le Président peut décider que ses paroles ne figureront pas au procès-verbal. S'il y a persistance dans le refus opposé à l'invitation du Président, l'orateur est rappelé à l'ordre.

(4) Tout orateur invité par le Président à quitter la tribune et qui n'y défère pas, peut faire l'objet d'un rappel à l'ordre avec inscription au procès-verbal et, le cas échéant, d'une censure et d'une expulsion temporaire, dans les conditions prévues au Règlement intérieur de la Chambre à laquelle il appartient.

ARTICLE 27.- Il est établi pour chaque séance publique, un compte rendu intégral publié au Journal Officiel des Débats, tant de l'Assemblée Nationale que du Sénat.

CHAPITRE V
DU MODE DE VOTATION ET DE LA DELEGATION DE VOTE

SECTION I
DU MODE DE VOTATION

ARTICLE 28.- (1) Le mode de votation ordinaire du Congrès est le vote à main levée ou, à défaut, par assis et levé.

(2) En cas de doute sur le résultat du vote à main levée, il est procédé au vote par assis et levé ; si le doute persiste, le vote par scrutin public ordinaire est de droit.

(3) Nul ne peut obtenir la parole au cours du vote ou entre les différentes phases du vote.

ARTICLE 29.- (1) En matière de révision constitutionnelle, il est organisé un scrutin public ordinaire ou un scrutin public à la tribune.

(2) Lors du scrutin public visé à l'alinéa 1 ci-dessus, il est distribué aux membres du Congrès des bulletins verts, rouges et jaunes. Chacun dépose dans une urne qui lui est présentée par un huissier, une enveloppe contenant un bulletin de vote, vert s'il est pour l'adoption, rouge s'il est contre et jaune s'il s'abstient.

ARTICLE 30.- (1) Le résultat des délibérations du Congrès est proclamé par le Président en ces termes :

- « Le Congrès a adopté » ou

- « Le Congrès n'a pas adopté ».

(2) Aucune rectification de vote n'est admise.

SECTION II
DE LA DELEGATION DU DROIT DE VOTE

ARTICLE 31.- (1) Le vote des membres du Congrès est personnel.

(2) Toutefois, les membres du Congrès peuvent déléguer leur droit de vote dans les cas déterminés et suivant les conditions fixées par le Règlement Intérieur de la Chambre à laquelle appartiennent les délégants.

CHAPITRE VI
DE LA POLICE AU SEIN DU CONGRES

ARTICLE 32.- (1) Le Président du Congrès assure la police du Congrès.

(2) A ce titre, il :

- veille à la sécurité du Congrès ;
- peut faire expulser de la salle des séances, ou faire arrêter toute personne étrangère qui trouble l'ordre ;
- peut requérir les forces de maintien de l'ordre et toutes les autorités dont il juge le concours nécessaire.

ARTICLE 33.- Toute attaque personnelle, toute manifestation ou interruption troublant l'ordre, ainsi que toute interpellation de membre du Congrès à membre du Congrès sont interdites.

CHAPITRE VII
DU REGIME DISCIPLINAIRE

ARTICLE 34.- En cas de violation d'une disposition du présent Règlement intérieur par un membre du Congrès, ce dernier est passible des sanctions disciplinaires prévues par le Règlement Intérieur de la Chambre à laquelle il appartient.

CHAPITRE VIII
DES MOYENS FINANCIERS DU CONGRES

ARTICLE 35.- Les dépenses occasionnées par les travaux du Congrès sont supportées par le Budget de l'Etat. Le Président du Congrès en assure la gestion.

ARTICLE 36.- Les prévisions budgétaires du Congrès sont élaborées conjointement par les Secrétaires Généraux des deux (02) Chambres du Parlement.

CHAPITRE IX
DISPOSITIONS DIVERSES ET FINALES

ARTICLE 37.- (1) Le présent Règlement Intérieur ne peut être soumis à modification qu'à l'initiative des Bureaux des deux (02) Chambres, ou sur proposition d'un tiers des Députés ou d'un tiers des Sénateurs.

(2) Le texte est adopté à la majorité absolue des membres de l'une et de l'autre Chambres.

(3) Avant sa mise en application, et sur saisine du Président de l'Assemblée Nationale, le Conseil Constitutionnel statue souverainement sur le Règlement Intérieur du Congrès du Parlement, quant à sa conformité à la Constitution.

ARTICLE 38.- Les modalités d'application du présent Règlement Intérieur sont, en tant que de besoin, précisées par arrêté conjoint des Bureaux des deux (02) Chambres.

ARTICLE 39.- La présente loi sera enregistrée, publiée selon la procédure d'urgence, puis insérée au Journal Officiel en français et en anglais./-

Yaoundé, le 9 septembre 2014.

Le Président de la République,

Paul BIYA.

ANNEXE V

PROCEDURES DE FONCTIONNEMENT DES COMMISSIONS D'ENQUETE PARLEMENTAIRE

(Loi n° 2014/015 du 18 juillet 2014)

CHAPITRE PREMIER
DISPOSITIONS GÉNÉRALES

Article 1er.- La présente loi fixe les procédures de fonctionnement des Commissions d'enquête parlementaire prévues par les dispositions de la Constitution et celles de la loi portant Régime Financier de l'Etat.

CHAPITRE II
DE LA CONSTITUTION DES COMMISSIONS D'ENQUÊTE PARLEMENTAIRE

Article 2.- (1) Les Commissions d'enquête parlementaire visées à l'article 1er ci-dessus sont créées dans l'une ou l'autre Chambre, par une résolution prise à la majorité absolue des Députés ou des Sénateurs, selon le cas.

(2) La résolution visée à l'alinéa 1 ci-dessus doit déterminer avec précision soit les faits qui donnent lieu à une enquête, soit les services publics dont la gestion administrative, financière ou technique doit être examinée.

(3) Cette résolution mentionne la liste des membres, dont le nombre ne saurait être supérieur à celui des parlementaires composant une Commission générale dans la Chambre concernée.

Article 3.- (1) Aussitôt après sa constitution, la Commission d'enquête parlementaire se réunit, sous la présidence de son Doyen d'âge, pour élire, à la majorité simple de ses membres et au scrutin uninominal, son bureau composé d'un Président, d'un Vice-président et d'un Rapporteur.

(2) Par la suite, chaque membre de la Commission d'enquête parlementaire, debout, la main gauche posée sur la Constitution et la main droite levée et dégantée, prête le serment suivant devant la Chambre à laquelle il appartient :

« *Moi, ………, Je jure devant Dieu et devant les hommes de servir honnêtement le peuple de la République du Cameroun, de mener les enquêtes parlementaires, conformément aux lois, règlements et coutumes du peuple camerounais, sans crainte, ni faveur, ni rancune, de garder le secret des délibérations et de me conduire en tout, partout et toujours digne et loyal.* »

Article 4.- (1) La mission d'une Commission d'enquête parlementaire prend fin avec le dépôt de son rapport et au plus tard à l'expiration d'un délai de douze (12) mois à compter de la date de l'adoption de la résolution qui l'a créée. Elle ne peut être reconstituée avec le même objet avant l'expiration d'un délai de douze (12) mois à compter de la fin de sa mission.

(2) Lorsqu'il s'agit d'un sujet intéressant les finances publiques, la mission visée à l'alinéa 1 ci-dessus ne peut excéder une durée de six (6) mois, renouvelable en tant que de besoin.

CHAPITRE III
DU FONCTIONNEMENT DES COMMISSIONS D'ENQUÊTE PARLEMENTAIRE

Article 5.- (1) La Commission d'enquête parlementaire exerce sa mission sur pièces et sur place. Tous les renseignements de nature à faciliter sa mission doivent lui être fournis.

(2) A cet effet, elle est habilitée à se faire communiquer tous les documents de service, à l'exception de ceux revêtant un caractère secret et concernant la défense nationale, la sécurité intérieure ou extérieure de l'Etat.

(3) La Commission d'enquête parlementaire peut faire procéder à des mesures conservatoires, notamment à la saisie et au placement sous scellés de tout document relatif à l'objet de sa mission et nécessaire à la recherche de la vérité.

(4) Pour l'accomplissement de sa mission, elle peut également, au nom du Peuple camerounais, requérir toute personne, tout fonctionnaire, toute autorité publique pour tenir la main, ainsi que tout élément des forces de maintien de l'ordre pour lui prêter main forte.

Article 6.- (1) Toute personne dont une Commission d'enquête parlementaire a jugé l'audition utile est tenue de déférer à la convocation qui lui est délivrée à cet effet.

(2) La personne qui ne comparaît pas sans fournir d'excuse légitime, ou qui allègue une excuse fallacieuse, ou qui refuse de déposer, de prêter serment ou de communiquer les documents de service, sous réserve des dispositions de l'article 5 ci-dessus, est punie, selon les cas, des dispositions du Code Pénal.

(3) En cas de faux témoignage ou de subornation de témoin ou lorsqu'il est établi que la déposition du témoin qui déclare ne rien savoir est inexacte, les dispositions du Code Pénal sont applicables.

(4) Dans chacun des cas prévus aux alinéas 2 et 3 ci-dessus, les poursuites sont exercées à la requête du Président de la Commission ou, lorsque le rapport de celle-ci a déjà été déposé, à la requête du Bureau de la Chambre concernée.

Article 7.- La convocation des témoins est signée du Président de la Commission, et est notifiée par les soins d'un huissier de justice ou d'un agent de la force publique. Elle indique notamment l'objet, la date, le lieu et l'heure de l'audition.

Article 8.- (1) Les travaux de la Commission d'enquête parlementaire se déroulent à huis clos et au siège des institutions de la République.

(2) Toutefois, s'ils doivent s'effectuer hors du siège visé à l'alinéa 1 ci-dessus, le déplacement de la Commission d'enquête parlementaire doit être préalablement soumis, pour approbation, au Bureau de la Chambre concernée.

(3) Les travaux de la Commission d'enquête parlementaire se déroulent en présence de la majorité de ses membres.

CHAPITRE IV
DE L'AUDITION DES TÉMOINS

Article 9.- (1) Les témoins à auditionner ou les personnes à consulter sont entendus chacun à son tour, seul et de manière à préserver le secret des travaux de la Commission.

(2) Les témoins déposent oralement et peuvent fournir toute pièce écrite qu'ils jugent utile à l'appui de leurs déclarations et qu'ils contresignent. Ils prêtent serment de dire la vérité, toute la vérité et rien que la vérité.

(3) Ces déclarations et documents ne peuvent faire l'objet de poursuites judiciaires contre eux, sous réserve des dispositions de l'article 6, alinéa 3 ci-dessus.

Article 10.- (1) Les témoins répondent de la même manière aux questions que peuvent leur poser les membres de la Commission, étant entendu que ces questions ont pour objet de recueillir les renseignements et non d'exiger les justifications ou les preuves des renseignements demandés.

(2) Toutefois, le témoin n'est pas tenu de livrer les renseignements qui sont couverts par les règles du secret mentionné à l'article 5, alinéa 2 ci-dessus. Mention du secret est faite, le cas échéant, en marge du procès-verbal de la déposition du témoin et signée par celui-ci.

(3) Après son audition, le témoin est invité à suivre la lecture du procès-verbal de sa déposition ou, le cas échéant, à y apporter, en les signant, des corrections manuscrites en marge, et à signer ledit procès-verbal.

Article 11.- (1) Lorsque le témoin ne connaît pas la langue de travail de la Commission, le Président fait appel à un interprète qui prête serment « *d'apporter son concours à la Commission en son honneur et en sa conscience* », il est fait mention de ce serment au procès-verbal d'audition.

(2) Le procès-verbal d'audition, rédigé sans interlignes, est signé par les membres de la Commission, l'interprète et le témoin. Ils approuvent éventuellement les renvois en marge et les mots rayés nuls. Si le témoin ne sait pas signer, il appose ses empreintes digitales au bas du procès-verbal et la mention « *le témoin persiste et déclare ne savoir signer* » est portée sur ce document.

Article 12.- (1) Au cours de sa mission, la Commission d'enquête parlementaire informe le Bureau de la Chambre concernée, le cas échéant, des difficultés qu'elle rencontre et qui sont de nature à empêcher l'accomplissement de cette mission.

(2) Si ces difficultés persistent jusqu'au terme des délais qui lui ont été prescrits, elle en fait rapport demandant éventuellement la prorogation de sa mission.

Article 13.- (1) L'enquête est clôturée par l'adoption, à la majorité absolue des membres de la Commission d'enquête parlementaire, d'un rapport signé du Président et du Rapporteur, et qui est déposé sur le Bureau de la Chambre concernée au plus tard dans les cinq (05) jours qui suivent la date d'expiration des délais prescrits à ladite Commission.

(2) Le rapport est assorti d'une proposition de résolution. En outre, y sont annexés, tous les documents recueillis au cours de l'enquête, la liste des témoins et des personnes consultées, les procès-verbaux et, éventuellement, les déclarations ou les réserves expressément formulées et signées de certains membres de la Commission.

(3) Si la Commission d'enquête parlementaire n'a pas déposé son rapport dans les délais prévus à l'article 4 ci-dessus, son Président remet au Bureau de la Chambre concernée les documents en sa possession. Ceux-ci ne peuvent donner lieu à aucune publicité, ni à aucun débat.

CHAPITRE V
DE LA CONCLUSION DES TRAVAUX DE LA COMMISSION D'ENQUÊTE PARLEMENTAIRE

Article 14.- (1) La résolution de la Commission d'enquête parlementaire est examinée et adoptée par les membres de la Chambre concernée suivant la procédure prévue par les dispositions de son Règlement Intérieur.

(2) Elle conclut, selon les cas, à :

- la transmission des procès-verbaux des enquêtes aux administrations chargées de la justice pour suite à donner ;

- la demande en renvoi d'une personnalité devant la Haute Cour de Justice, lorsque cette personnalité ou les faits de la cause ressortissent à la compétence de cette haute juridiction ;

- la saisine du Gouvernement pour l'inviter à provoquer toute mesure politique, réglementaire ou administrative compte tenu des conclusions de la Commission d'enquête parlementaire.

(3) En matière de finances publiques, les Commissions d'enquête parlementaires sont tenues de transmettre aux autorités judiciaires, tout fait susceptible d'entraîner une sanction pénale dont elle aurait connaissance. En outre, elles peuvent saisir l'organe chargé de la discipline budgétaire.

CHAPITRE VI
DISPOSITIONS FINALES

Article 15.- Les documents des Commissions d'enquête parlementaire sont déposés sous scellés aux Archives de la Chambre concernée. Il en est de même des rapports ou parties des rapports dont ladite Chambre a décidé de ne pas autoriser la publication.

Article 16.- (1) Les membres des Commissions d'enquête, ainsi que ceux qui, à un titre quelconque, assistent ou participent à leurs travaux, sont tenus au secret.

(2) Le membre d'une Commission d'enquête parlementaire, qui n'a pas respecté l'obligation du secret, peut être exclu de la Commission par décision de la Chambre prise sans débat, sur le rapport de la Commission, après avoir entendu l'intéressé.

(3) Le Président de la Commission d'enquête peut, en attendant la décision de Chambre entière, suspendre le Parlementaire des travaux de la Commission d'enquête.

(4) Sont punis des peines prévues par la législation en matière de divulgation de secret d'Etat, ceux qui publient une information relative aux travaux, aux délibérations, aux actes ou aux rapports non publiés des Commissions d'enquête.

Article 17.- Les dépenses afférentes au fonctionnement des Commissions d'enquête parlementaire sont imputées au budget de la Chambre concernée, après approbation de son Bureau.

Article 18.- La présente loi sera enregistrée, publiée suivant la procédure d'urgence, puis insérée au Journal Officiel en français et en anglais./-

Yaoundé, le 18 juillet 2014.

Le Président de la République,

Paul BIYA.

ANNEXE VI

MODELE DE PRESENTATION D'UNE PROPOSITION D'AMENDEMENT

Yaoundé, le (…)

Réf. : Le Sénateur (…)

A
Monsieur le Président du Sénat
YAOUNDE

Objet : Proposition d'amendement au projet de loi n° (…) portant (…)

Monsieur le Président du Sénat,

J'ai l'honneur très respectueusement de vous exposer:

Que le *projet de loi n° …/PJL/SEN/… portant (…)* a été reçu le (…) par la Conférence des présidents du Sénat qui l'a jugé recevable conformément aux dispositions de l'article 26-2 de la Constitution et l'a envoyé à la Commission de (…) pour son examen ;

Que la Constitution donne aux sénateurs le droit de proposer des amendements aux projets et propositions de loi ;

Qu'elle dispose notamment :

« Le Sénat peut apporter des amendements (…) aux textes soumis à son examen (…) » (art. 24-2 de la Constitution) ;

« [Les projets et propositions de loi] peuvent faire l'objet d'amendements lors de leur discussion » (art. 29-3 de la Constitution) ;

« Le Sénat (…) peut (…) apporter des amendements au texte [adopté par l'Assemblée nationale et transmis au président du Sénat par le président de l'Assemblée nationale] » (art. 30-3b de la Constitution) ;

Que ce droit constitutionnel des sénateurs de proposer des amendements est confirmé par la loi portant Règlement intérieur du Sénat qui en fixe les modalités en son article 73, alinéa 2 qui dispose : « Les amendements [des sénateurs] sont déposés, par écrit, sur le Bureau du Sénat. Ils doivent être sommairement motivés et signés par leur(s) auteur(s). Ils sont communiqués par le Président du Sénat à la Commission compétente et, si possible, multipliés et distribués aux sénateurs » ;

Que le droit d'amendement constituant ainsi un droit fondamental des sénateurs, j'entends user de ce droit pour proposer l'amendement ci-après au *projet de loi n° …/PJL/SEN/… portant (…).*

PROPOSITION D'AMENDEMENT AU PROJET DE LOI
N° .../PJL/SEN/... PORTANT (...).

[Présentation de l'amendement proposé]

C'EST POURQUOI JE PRIE MONSIEUR LE PRESIDENT DU SENAT :

- Vu la Constitution qui fait du droit d'amendement un droit fondamental du parlementaire (articles 24-2, 29-3 et 30-3b) ;

- Vu le Règlement intérieur du Sénat, notamment :

. son article 73, alinéa 3 qui dispose : « les amendements ne sont recevables que :
* s'ils s'appliquent effectivement au texte en discussion (...) ;
* s'ils ont été antérieurement soumis à la Commission compétente » ;

. son article 34, alinéa 6 qui dispose : « Les amendements des sénateurs cessent d'être recevables en Commission dès le début de la discussion des articles » ;

. son article 34, alinéa 5 qui dispose : « L'auteur d'une proposition ou d'un amendement peut être convoqué aux séances de la Commission consacrées à l'examen de son texte. Il se retire au moment du vote. » ;

- Vu la doctrine qui précise que, pour être recevable, « l'amendement doit se rapporter à un seul article du texte, doit être écrit, sommairement motivé, comprendre un dispositif normatif qui s'insère dans le texte auquel il s'applique en supprimant, ajoutant ou remplaçant une de ses dispositions, il doit être signé par son auteur et déposé sur le bureau » (*Droit parlementaire*, Pierre Avril et Jean Gicquel, Ed. Montchrétien, 4e éd, 2010, p. 201) ;

- Considérant que l'amendement que je propose :

* s'applique effectivement au *projet de loi n° .../PJL/SEN/... portant (...)* ;
* se rapporte à un seul article ;
* est écrit ;
* est motivé ;
* comprend « un dispositif normatif qui s'insère dans le texte auquel il s'applique en supprimant, ajoutant et remplaçant certaines de ses dispositions » ;
* est signé comme fait ci-dessous ;
* est déposé ce jour alors que la Commission de (...) n'a pas encore entamé la discussion des articles dudit projet de loi ;

DE BIEN VOULOIR :

- Recevoir la présente proposition d'amendement comme faite dans les formes et les délais de la loi portant Règlement intérieur du Sénat ;

- En conséquence, la communiquer à la Commission de (...), la multiplier et la distribuer à tous les sénateurs afin qu'ils se prononcent en plénière en connaissance de cause ;

- Autoriser le président de la Commission de (...) à me convoquer aux séances consacrées à l'examen de ma proposition d'amendement pour la défendre.

Je prie enfin Monsieur le Président du Sénat d'agréer l'expression de mes salutations déférentes.

(é) Le Sénateur (...)

ANNEXE VII

MODELE DE PRESENTATION D'UNE PROCURATION EN VUE DE L'EXERCICE DE LA DELEGATION DU DROIT DE VOTE

PROCURATION
EN VUE DE L'EXERCICE DE LA DELEGATION DU DROIT DE VOTE
(à porter par le[s] délégataire[s])

Je, soussigné, M. ……………………………………………………………………………., , Sénateur,

DONNE PROCURATION

au Sénateur …………………………………………………………………………

pour voter en mes lieu et place en séance plénière

et au Sénateur ………………………………………………………………………. en Commission

pendant la période allant du …………………… au……………………………………………..

En foi de quoi j'établis la présente procuration et la délivre aux intéressés pour servir et valoir ce que de droit.

Fait à Yaoundé, le (…)

(é) Le Sénateur

ANNEXE VIII

MODELE DE PRESENTATION D'UNE NOTIFICATION DE DELEGATION DU DROIT DE VOTE

(Notification à établir par le président de groupe parlementaire lorsque le délégant appartient à un groupe ou est apparenté à un groupe, par le parlementaire lui-même s'il est non-inscrit)

Yaoundé, le (...)

Réf. :

Le Sénateur (...)
Président de Groupe parlementaire (...)

A
Monsieur le Président du Sénat
YAOUNDE

Objet : NOTIFICATION D'UNE DELEGATION DU DROIT DE VOTE

Monsieur le Président du Sénat,

J'ai l'honneur très respectueusement de vous notifier par la présente, la procuration en vue de l'exercice de la délégation du droit de vote du

Sénateur ....

qui m'a fait connaître ne pouvoir assister aux travaux de notre Assemblée pendant la période allant

du .... au ....

pour cause de (ou en raison de) ....
....

Il vous prie de bien vouloir l'en excuser.

Pendant cette période, il délègue son droit de vote

au Sénateur .... en plénière

et au Sénateur .... en Commission.

Veuillez agréer, Monsieur le Président du Sénat, l'expression de mes salutations déférentes.

(é) Le Sénateur
Président du Groupe parlementaire (..)

TABLE DES MATIERES

Questions juridiques aux éditions L'Harmattan

Dernières parutions

CONCILIATION ET MÉDIATION DEVANT LA JURIDICTION ADMINISTRATIVE
Actes du colloque du Conseil d'État du 17 juin 2015
Sous la direction de Jacques Biancarelli et Béatrice Blohorn-Brenneur
Voici près de 25 ans que le Conseil d'État, confronté à une judiciarisation croissante de la société, réfléchit aux modes alternatifs de règlement des différends afin de les pacifier et de rendre les justiciables davantage confiants en la justice administrative. Après avoir rappelé le contexte juridique et les enjeux d'une telle impulsion, un bilan comparatif des pratiques du juge administratif et du juge judiciaire a permis de mesurer combien il est nécessaire et urgent de compléter la boîte à outils dont dispose le premier. Voici une réflexion, les références et les outils nécessaires à la juridiction administrative.
(Coédition GEMME, 24.00 euros, 246 p.)
ISBN : 978-2-343-07270-8, ISBN EBOOK : 978-2-336-39774-0

L'ERREUR JUDICIAIRE
Apprendre à douter pour lutter contre les erreurs judiciaires
Sous la direction de Xavier Pin
L'erreur judiciaire hante autant qu'elle jalonne l'histoire de notre justice pénale. Nous avons tous en mémoire de retentissants procès ayant vu des individus accusés ou condamnés, avant d'être disculpés, graciés ou réhabilités. Le législateur y est sensible au point de réformer régulièrement la procédure pénale pour tenter d'éviter, de corriger ou de réparer, autant que possible, de telles erreurs. Une loi du 20 juin 2014 réforme les procédures de révision et de réexamen des condamnations pénales définitives : elle est l'occasion d'essayer de comprendre ces fiascos judiciaires.
(Coll. Droit privé et sciences criminelles, 15.00 euros, 126 p.)
ISBN : 978-2-343-07284-5, ISBN EBOOK : 978-2-336-39807-5

LE DROIT CONSTITUTIONNEL DE LA Ve RÉPUBLIQUE
(Treizième édition)
Lascombe Michel, Toulemonde Gilles
Cet ouvrage s'adresse aux étudiants en droit, aux élèves des instituts d'études politiques et aux candidats aux concours administratifs. Il couvre l'essentiel du programme de droit constitutionnel, c'est-à-dire aussi bien les constitutions françaises depuis 1789 que l'actuel texte constitutionnel. Cette nouvelle édition tient compte des derniers développements induits par les changements politiques, des dernières réformes des règlements des assemblées et de la jurisprudence la plus récente.
(Coll. Logiques Juridiques, 42.00 euros, 506 p.)
ISBN : 978-2-343-07916-5, ISBN EBOOK : 978-2-336-39877-8

LA PROXIMITÉ EN DROIT INTERNATIONAL PRIVÉ DE LA FAMILLE
Bouyahia Sabrine Maya - Préface de Lotfi Chedly et Marie Goré
Parmi les méthodes proposées pour trancher les litiges présentant un élément d'extranéité, figure celle reposant sur le principe de proximité. L'étude porte sur deux systèmes de droit international privé de la famille différents (droit français et droit tunisien) pour mettre en exergue d'une

part l'adaptation de cette méthode aux spécificités de chaque ordre étatique et d'autre part son adéquation avec tous les différents systèmes de droit.
(Coll. Logiques Juridiques, 54.00 euros, 618 p.)
ISBN : 978-2-343-05464-3, ISBN EBOOK : 978-2-336-39866-2

QUARTIER-FEMMES ÉCROU 10970
Boh-Petit Dominique
Cellule 24 : une femme dit toute sa souffrance d'être enfermée. Elle a tué. Son histoire est à la rubrique des faits divers. La Cour d'assises la jugera. Bien des années plus tard, elle est libérée. La vie doit reprendre. Ce récit est parfaitement conforme à la réalité. Tout a existé et existe encore.
(Coll. La justice au quotidien, 15.00 euros, 130 p.)
ISBN : 978-2-343-07436-8, ISBN EBOOK : 978-2-336-39812-9

GABELOUS ET CONTREBANDIERS
Histoire des fermiers généraux de Dijon (1760-1780)
Evrard Sébastien - Préface de Marc Fradet
En exhumant un registre du personnel de la direction des fermes de Dijon, l'auteur retrace, entre 1760 et 1780, la vie méconnue de centaines d'agents au service du doit et de l'impôt. Ces derniers servaient un système protecteur (la retraite fait son apparition dès 1768), parfois très rémunérateur, mais qui s'avère aussi, sous certains aspects, une machine à broyer les hommes : le régime des sanctions que met en place la Ferme est d'une efficacité redoutable. En définitive, la Ferme présente un aspect mitigé.
(Coll. Mémoires des Douanes, 28.50 euros, 278 p.)
ISBN : 978-2-343-06683-7, ISBN EBOOK : 978-2-336-39845-7

DICTIONNAIRE OHADA
(3e édition)
Bitsamana Hilarion Alain
Ce dictionnaire spécial du droit des affaires OHADA propose une définition claire et précise, avec tous les compléments nécessaires, des principaux termes utilisés tous les jours se rapportant à l'OHADA. Un ouvrage de référence permettant de décoder l'OHADA, accessible à toute personne s'intéressant au monde des affaires en Afrique comme à l'étranger.
(39.00 euros, 398 p.)
ISBN : 978-2-343-07656-0, ISBN EBOOK : 978-2-336-39786-3

LA DÉJUDICIARISATION ET LES PROCÉDURES NON CONTENTIEUSES EN AFRIQUE
Amboulou Hygin Didace
La déjudiciarisation comprend l'ensemble des mécanismes de gestion des différends en rationalisant les moyens matériels et humains de la justice, afin de pallier les déficiences du système judiciaire et de limiter les surcharges des juridictions. Les institutions de nombreux pays sont analysées et les déjudiciarisations en droit public et en droit privé sont abordées.
(Coll. Études africaines, 17.50 euros, 156 p.)
ISBN : 978-2-343-06928-9, ISBN EBOOK : 978-2-336-39805-1

COMMENT RENFORCER L'INDÉPENDANCE DE LA MAGISTRATURE AU SÉNÉGAL ?
Ngom Babacar
Préface de Amadou Mahtar Mbow
L'ouvrage présente dans une première partie les garanties légales d'indépendance de la justice, notamment la règle de la séparation des pouvoirs, le principe de la soumission des juges à l'autorité de la loi et celui de l'inamovibilité du magistrat du siège. Après une analyse critique de ces dispositions, l'auteur formule des propositions de renforcement de l'indépendance de la magistrature.
(13.50 euros, 124 p.)
ISBN : 978-2-343-05158-1, ISBN EBOOK : 978-2-336-39837-2

LE DROIT PÉNAL DES AFFAIRES AU CAMEROUN
Djila Kouayi Kemajou Rose
Préface de Victor-Emmanuel Bokalli
Dans le domaine des affaires, la liberté d'entreprendre et d'investir comporte de nombreux risques, au rang desquels le risque pénal. La délinquance en col blanc n'étant plus réservée aux grandes sociétés commerciales, les moyens de lutte et de sécurisation des investisseurs nécessitent un droit pénal des affaires dont l'objectif est la recherche d'une éthique dans ce domaine.
(Coll. Études africaines, 35.50 euros, 350 p.)
ISBN : 978-2-343-07840-3, ISBN EBOOK : 978-2-336-39777-1

50 ANS DE MARIAGE
Réflexions d'un notaire sur l'évolution du couple ces cinquante dernières années
Dauptain Pierre
De la pilule contraceptive jusqu'au mariage pour tous, l'auteur nous propose une réflexion sur les lois qui ont accompagné l'évolution du couple au cours des cinquante dernières années. Il analyse cette évolution pour aborder les problématiques juridiques et morales qui font tant débat de nos jours. Il s'appuie sur des travaux de juristes ou de sociologues, des articles de presse, mais aussi sur les chansons et les films qui ont marqué ces années et qui témoignent de façon si éclairante des changements de mentalités.
(Éditions Pepper, 16.50 euros, 148 p.)
ISBN : 978-2-343-07677-5, ISBN EBOOK : 978-2-336-39690-3

MÉTHODOLOGIE ET ASPECTS FORMELS DE LA RECHERCHE
Petit manuel à l'usage des juristes
Marain Gaëtan
L'ouvrage propose un véritable apprentissage du formalisme qui doit permettre aux étudiants et aux professionnels confrontés à la rédaction d'une thèse ou d'un mémoire juridique d'aborder ce travail avec sérénité. L'auteur donne une méthode de recherche pour définir le sujet, trouver et compulser les références utiles, échafauder un plan. Il aborde également les thèmes des citations d'auteur, notes de bas de page, mise en page. Il traite enfin du travail de relecture et de l'épreuve de soutenance.
(19.00 euros, 178 p.)
ISBN : 978-2-343-07638-6, ISBN EBOOK : 978-2-336-39556-2

RISQUES, ACCIDENTS ET CATASTROPHES
Liber amicorum
En l'honneur de Madame le professeur Marie-France Steinlé-Feuerbach
Sous la direction Hervé Arbousset, Caroline Lacroix et Benoît Steinmetz
L'étude et l'analyse des risques sont au cœur des réflexions du Professeur Steinlé-Feuerbach. Ses nombreux écrits de doctrine sur la thématique des accidents et des catastrophes ont amené à ce que ses collègues et amis lui dédient cet ouvrage. Ces mélanges donnent une vue d'ensemble d'une matière devenue une véritable discipline transcendant le clivage droit public-droit privé.
(Coll. Sciences criminelles, 34.00 euros, 334 p.)
ISBN : 978-2-343-07169-5, ISBN EBOOK : 978-2-336-39677-4

ÉTAT, COLLECTIVITÉS TERRITORIALES ET DROITS SOCIAUX
Étude du droit comparé
Sous la direction d'Olivier Lecucq
Comment, selon leur organisation territoriale respective, La France, l'Espagne et l'Italie œuvrent à la satisfaction des droits sociaux. Quels sont les rôles de l'État en ce domaine ? Quelles sont les actions qui en découlent et comment se coordonnent-elles ? Quelles en sont les implications en termes d'égalité des citoyens et des territoires ? L'ouvrage tente de répondre à ces questions en interpellant la réalisation de l'État social dans un contexte de crise, de réduction des déficits et de maîtrise des dépenses.
(Coll. Bibliothèques de droit, 22.50 euros, 221 p.)
ISBN : 978-2-343-07585-3, ISBN EBOOK : 978-2-336-39683-5

LE PRINCIPE DE PRÉCAUTION

Au carrefour de la philosophie, du droit et des sciences

Calderaro Norbert

La notion de principe de précaution, qui donne lieu à beaucoup de controverses, nécessite de la part d'un juriste une analyse objective pour écarter ce qu'elle n'est pas et définir son contenu véritable. Après un aperçu des sources philosophiques, l'auteur réalise une synthèse du principe de précaution en droit international, européen, en droit comparé et en droit interne. Il intègre notamment les tout derniers développements de la jurisprudence du Conseil d'État.

(18.50 euros, 180 p.)

ISBN : 978-2-343-05457-5, ISBN EBOOK : 978-2-336-39452-7

LES COLLECTIVITÉS TERRITORIALES ET LA SPÉCULATION

Goasdoué Mélissa - Avant-propos de Michel Verpeaux

Préface de Julien Martin

L'ancien dispositif empêchant la conclusion d'opérations financières spéculatives par les collectivités locales ayant échoué, un nouveau dispositif fonctionnant au cas par cas a été mis en place. Après une étude des imperfections de la notion de spéculation puis des liens unissant ces imperfections à l'échec du précédent dispositif dans la protection des collectivités contre les risques spéculatifs, le présent ouvrage s'attache à démontrer comment et dans quelle mesure cette protection est désormais rendue possible.

(Coll. Droit des collectivités territoriales, série Travaux, 15.00 euros, 140 p.)

ISBN : 978-2-343-07619-5, ISBN EBOOK : 978-2-336-39520-3

LE DROIT DE LA GUERRE

Traité sur l'emploi de la force armée en droit international (3 volumes)

Cumin David

Aussi ancien que la guerre et que le droit international dont il constitue le cœur historique, le droit de la guerre existe. Croisant droit et polémologie, portant sur les conflits armés internationaux et internes, ce traité expose, explique et reconstruit l'ensemble du droit international contemporain relatif à l'emploi de la force armée - auteurs et acteurs de la belligérance, ses buts, moyens, théâtres, régimes - et propose une analyse critique de la responsabilité réparatrice et punitive.

Volume 1 (Coll. Droit comparé, 46.00 euros, 458 p.)

ISBN : 978-2-343-06498-7, ISBN EBOOK : 978-2-336-39588-3

Volume 2 (Coll. Droit comparé, 60.00 euros, 760 p.)

ISBN : 978-2-343-07707-9, ISBN EBOOK : 978-2-336-39589-0

Volume 3 (Coll. Droit comparé, 48.00 euros, 468 p.)

ISBN : 978-2-343-07708-6, ISBN EBOOK : 978-2-336-39590-6

LA RESPONSABILITÉ DE PROTÉGER

Nouvelle approche du droit international

Gandou D'Isseret Crépin Gyscard

Le droit d'ingérence humanitaire se comprend comme une éthique de détresse, une obligation de protéger les personnes en danger de mort. La responsabilité de protéger traduit en acte la nécessité impérative de prendre soin de l'homme, ou de la collectivité humaine en général, quand les conditions de son existence connaissent une détérioration significative ou quand elles sont sur le point de le devenir.

(Coll. Harmattan Congo, 16.50 euros, 152 p.)

ISBN : 978-2-343-06724-7, ISBN EBOOK : 978-2-336-39575-3

L'HARMATTAN ITALIA
Via Degli Artisti 15; 10124 Torino
harmattan.italia@gmail.com

L'HARMATTAN HONGRIE
Könyvesbolt ; Kossuth L. u. 14-16
1053 Budapest

L'HARMATTAN KINSHASA
185, avenue Nyangwe
Commune de Lingwala
Kinshasa, R.D. Congo
(00243) 998697603 ou (00243) 999229662

L'HARMATTAN CONGO
67, av. E. P. Lumumba
Bât. – Congo Pharmacie (Bib. Nat.)
BP2874 Brazzaville
harmattan.congo@yahoo.fr

L'HARMATTAN GUINÉE
Almamya Rue KA 028, en face
du restaurant Le Cèdre
OKB agency BP 3470 Conakry
(00224) 657 20 85 08 / 664 28 91 96
harmattanguinee@yahoo.fr

L'HARMATTAN MALI
Rue 73, Porte 536, Niamakoro,
Cité Unicef, Bamako
Tél. 00 (223) 20205724 / +(223) 76378082
poudiougopaul@yahoo.fr
pp.harmattan@gmail.com

L'HARMATTAN CAMEROUN
TSINGA/FECAFOOT
BP 11486 Yaoundé
699198028/675441949
harmattancam@yahoo.com

L'HARMATTAN CÔTE D'IVOIRE
Résidence Karl / cité des arts
Abidjan-Cocody 03 BP 1588 Abidjan 03
(00225) 05 77 87 31
etien_nda@yahoo.fr

L'HARMATTAN BURKINA
Penou Achille Some
Ouagadougou
(+226) 70 26 88 27

L'HARMATTAN SÉNÉGAL
10 VDN en face Mermoz, après le pont de Fann
BP 45034 Dakar Fann
33 825 98 58 / 33 860 9858
senharmattan@gmail.com / senlibraire@gmail.com
www.harmattansenegal.com

Achevé d'imprimer par Corlet Numérique - 14110 Condé-sur-Noireau
N° d'Imprimeur : 136175 - Dépôt légal : février 2017 - *Imprimé en France*

www.ingramcontent.com/pod-product-compliance
Lightning Source LLC
LaVergne TN
LVHW011442061026
849535LV00004BA/918